MACROECONOMIA

MACROECONOMIA

"IT DOES REQUIRE MATURITY TO REALIZE THAT MODELS ARE TO BE USED BUT NOT TO BE BELIEVED." [Theil (1971), p. VI].

"THE PROOF OF THE PUDDING IS IN THE EATING."

"ANY POLICY-MAKER OR ADVISER WHO THINKS HE IS NOT USING A MODEL IS KIDDING BOTH HIMSELF AND US."[Tobin, James, citado por Lombra e Moran (1980), p.41].

"...IN THE DYNAMIC FIELD OF SCIENCE THE MOST IMPORTANT GOAL IS TO BE SEMINAL AND PATHBREAKING, TO LOOK FORWARD BOLDLY EVEN IF IMPERFECTLY."[Samuelson (1971), p. X–XI].

"IT IS MUCH EASIER TO DEMONSTRATE TECHNICAL VIRTUOSITY THAN TO MAKE A CONTRIBUTION TO KNOWLEDGE. UNFORTUNATELY IT IS ALSO MUCH LESS USEFUL." [Summers (1991), p. 18].

"GENTLEMEN, IT IS A DISAGREEABLE CUSTOM TO WHICH ONE IS TO EASILY LED BY THE HARSHNESS OF THE DISCUSSIONS, TO ASSUME EVIL INTENTIONS. IT IS NECESSARY TO BE GRACIOUS AS TO INTENTIONS; ONE SHOULD BELIEVE THEM GOOD, AND APPARENTLY THEY ARE; BUT WE DO NOT HAVE TO BE GRACIOUS AT ALL TO INCONSISTENT LOGIC OR TO ABSURD REASONING. BAD LOGICIANS HAVE COMMITED MORE INVOLUNTARY CRIMES THAN BAD MEN HAVE DONE INTENTIONALLY." [Pierre S. du Pont, citado por Friedman(1994), p. 265].

FERNANDO DE HOLANDA BARBOSA

MACROECONOMIA

FGV EDITORA

Copyright © 2017 Fernando de Holanda Barbosa

EDITORA FGV
Rua Jornalista Orlando Dantas, 37
22231-010 — Rio de Janeiro, RJ — Brasil
Tels.: 0800-021-7777 — (21) 3799-4427
Fax: (21) 3799-4430
editora@fgv.br pedidoseditora@fgv.br
www.fgv.br/editora

Impresso no Brasil | *Printed in Brazil*

Todos os direitos reservados. A reprodução não autorizada desta publicação, no todo ou em parte, constitui violação do copyright.
(Lei nº 9.610/98).

Os conceitos emitidos neste livro são de inteira responsabilidade dos autores.

1ª edição — 2017

Revisão: Aleidis de Beltran
Editoração: Cristina Maria Igreja
Capa: Studio 513

Ficha catalográfica elaborada pela Biblioteca Mario Henrique Simonsen/FGV

Barbosa, Fernando de Holanda
    Macroeconomia / Fernando de Holanda Barbosa. – Rio de Janeiro :
FGV Editora, 2017.
    467 p.
    Inclui bibliografia e índice.
    ISBN: 978-85-225-1984-2
    1. Macroeconomia. I. Fundação Getulio Vargas. II. Título.

CDD – 339

PREFÁCIO

Ao escrever este livro de macroeconomia procurei evitar a idiossincrasia, deixando de lado temas que fossem apenas do meu interesse. O livro contém os principais modelos de crescimento econômico, de flutuação econômica e de determinação do nível de preços, que fazem parte do núcleo desta disciplina.

A partir de meados da década de 1980, a agenda Lucas, que será analisada na Introdução, produziu uma nova safra de modelos que têm como principal característica o fato de serem micro fundamentados, leia-se baseados na teoria microeconômica. Os livros textos de macroeconomia para a pós-graduação abordam, praticamente, os modelos desta agenda. Por outro lado, os livros textos para a graduação apresentam, com raras exceções, os modelos keynesianos sem micro fundamentos.

Este livro, de introdução a macroeconomia para cursos de pós-graduação, apresenta tanto os modelos com e sem micro fundamentos. Existem duas razões que justificam minha decisão. A primeira, didática. O modelo de Solow, por exemplo, de crescimento econômico, com sua simplicidade e elegância, é o primeiro degrau na aprendizagem dos modelos de crescimento econômico. Por outro lado, o modelo keynesiano, na sua vertente moderna, com as curvas IS, de Phillips e regra de Taylor, deve ser parte da formação acadêmica de quem deseja estudar os modelos novokeynesianos e analisar as diferenças e semelhanças entre os mesmos. A segunda razão que justifica minha opção é uma questão de metodologia científica. Um modelo, em última instância, deve ser avaliado pela sua capacidade de explicar os fatos, e não somente pelo seu rigor formal. A despeito do imenso progresso nos últimos anos na formalização dos modelos da macroeconomia, a evidência empírica ainda não rejeitou os modelos sem micro fundamentos.

Este livro diferencia-se de outros livros de macroeconomia pela ênfase dada aos modelos da macroeconomia aberta. A minha experiência ensinando macroeconomia nas últimas três décadas mostrou-me um vício muito comum entre alguns economistas brasileiros. Eles analisam a nossa economia como se ela fosse uma economia fechada. Eu atribuo este vício ao hábito de aplicarem, sem refletir, os modelos de economias fechadas, dos livros importados, que tratam, por exemplo, a economia americana como se fosse uma economia fechada. No caso americano, a aproximação ainda se justifica em virtude do seu tamanho. Todavia, esta hipótese, cada dia que passa, perde relevância em virtude do crescimento das economias do resto do mundo.

O modelo do agente representativo, um carro chefe da macroeconomia moderna, quando aplicado a uma economia aberta produz resultados pouco críveis. O Capítulo 2, um capítulo aparentemente idiossincrático, mostra as diversas hipóteses sugeridas na literatura para permitir o uso do modelo do agente representativo na economia aberta. Estas hipóteses deixam a desejar, seja porque não têm micro fundamentos ou porque fere o senso comum.

MACROECONOMIA

Os países latino-americanos têm uma vasta experiência em crises econômicas. Estas crises são manifestações de quatro patologias: i) dívida pública; ii) inflação crônica; iii) hiperinflação, e iv) dívida externa. Este livro tem um capítulo dedicado exclusivamente à restrição orçamentária do governo, o arcabouço teórico adequado para a análise das patologias da não sustentabilidade da dívida pública e da hiperinflação. A crise da dívida externa pode ser analisada com uma simples extensão do exercício da sustentabilidade da dívida pública, como se mostra na terceira seção do Capítulo 4. A sexta seção do Capítulo 7 trata do fenômeno da inflação crônica, que não requer um modelo especial para sua compreensão, mas simplesmente um modelo, como o keynesiano, com uma regra de política monetária, na qual o Banco Central emite moeda para financiar o déficit público.

Este livro pode ser usado, como material básico, em quatro cursos de pós-graduação: i) Macroeconomia; ii) Macroeconomia Aberta; iii) Economia Monetária e iv) Crescimento Econômico. O curso de macroeconomia deve incluir os capítulos 1, 3, 6, 7 e 10. O curso de macroeconomia aberta abrange os capítulos 1, 2, 3, 8 e 9. O curso de economia monetária compreende os capítulos 1, 6, 7, 10 e 11. O curso de crescimento econômico engloba os capítulos 1, 3, 4 e 5. Cada curso, obviamente, deve ser acompanhado de uma lista de leitura com artigos recentes sobre os temas abordados. Este livro, também, pode ser usado num curso de graduação em economia, de tópicos em macroeconomia, para alunos que estejam no último ano de seu curso.

Agradecimentos

Ao longo do tempo que escrevi este livro contraí várias dívidas. Regina Helena Luz, que foi minha secretária por mais de vinte anos, tornou-se doutora em diagramas de fases, e nunca reclamou dos gráficos que lhe pedia para desenhar. O agradecimento que faço aqui não faz justiça ao trabalho que lhe dei. Nos últimos anos, Vera Lúcia de Abreu contribuiu, com dedicação e eficiência, no trabalho de confecção e revisão de um bom número de gráficos e de texto. Agradeço sua paciência, boa vontade e colaboração nesta empreitada. Agradeço, também, a Cristina Maria Igreja que elaborou a versão final do livro no processador de texto LaTeX.

A publicação deste livro pela Editora da Fundação Getúlio Vargas deve-se ao apoio da Escola Brasileira de Economia e Finanças (FGV/EPGE). Agradeço ao seu Diretor, Rubens Penha Cysne, esta iniciativa que foi fundamental para tornar meu projeto uma realidade.

Costumo dizer que o palco de um professor é a sala de aula, aonde nós somos contadores de histórias. Este livro é o resultado das histórias que contei ao longo de três décadas, no Mestrado em Engenharia de Produção, da Universidade Federal Fluminense, da qual já me aposentei, e nos cursos de Mestrado e Doutorado da EPGE/FGV. Agradeço a todos os meus alunos que me ajudaram a por no papel as tramas das histórias da macroeconomia moderna que lhes contei em sala de aula.

Sumário

Introdução   **1**
     1. Macroeconomia 1
     2. Ferramenta Matemática: Sistemas Dinâmicos 7
     3. Organização do Livro 9

PARTE I: MODELOS COM PREÇOS FLEXÍVEIS   **14**

Capítulo 1: Agente Representativo   **15**
     1. Modelo Básico 15
     2. Economia com Governo 20
     3. Economia Monetária 24
         3.1 Regra de Política Monetária: Controle do Estoque de Moeda   24
         3.2 Regra de Política Monetária: Controle da Taxa de Juros
             Nominal 28
     4. Ciclos Reais 33
     5. Exercícios 40

Capítulo 2: Agente Representativo na Economia Aberta   **45**
     1. Agregação de Bens 45
     2. Taxa de Preferência Intertemporal Constante 48
     3. Taxa de Preferência Intertemporal Variável 51
     4. Prêmio de Risco na Taxa de Juros 55
     5. Mercados Completos: Curva IS Novokeynesiana 59
     6. Exercícios 69

Capítulo 3: Gerações Superpostas   **74**
     1. Gerações Superpostas com Vida Infinita 74
     2. Economia com Governo 81
     3. Economia Aberta 82
     4. Curva IS Novokeynesiana GSP (OLG) 85
     5. Gerações Superpostas com Vida Finita 88
     6. Exercícios 97

Fernando de Holanda Barbosa

Capítulo 4: Modelo de Crescimento de Solow   100
1. Modelo de Solow 100
2. Modelo de Solow com Capital Humano 117
3. Modelo de Solow na Economia Aberta Pequena 120
4. Contabilidade do Crescimento 125
5. Exercícios 128

Capítulo 5: Crescimento Econômico: Poupança e Crescimento Endógenos   130
1. Modelo de Ramsey/Cass/Koopmans 130
2. Modelo de Gerações Superpostas 138
3. Modelos de Crescimento Endógeno: Uma Introdução 143
4. Modelo AK 148
5. Modelo AK de uma Economia Aberta de Acemoglu/Ventura . . 151
6. Modelo de Capital Humano de Lucas 153
7. Modelo de Variedades de Insumos de Romer 156
8. Modelo Schumpeteriano de Aghion/Howit 157
9. Exercícios 160

PARTE II: MODELOS COM PREÇOS RÍGIDOS   163

Capítulo 6: As Curvas IS e LM, a Regra de Taylor e a Curva de Phillips   164
1. Curva IS Keynesiana 165
2. Curva IS Novokeynesiana 169
    2.1 Preferências do Consumidor 170
    2.2 Equilíbrio do Consumidor: Equação de Euler 172
    2.3 Curva IS Novokeynesiana: Variáveis Discretas 174
    2.4 Curva IS Novokeynesiana: Variáveis Contínuas 177
3. Taxa de Juros Natural 178
4. Curva LM 179
5. Curva LM: Microfundamentos 182
    5.1 Moeda na Função Utilidade (MIU) 182
    5.2 Restrição Prévia de Liquidez (CIA) 184
    5.3 Custo de Transação 185
6. Regra de Taylor 186
7. Curva de Phillips Keynesiana 188
8. Curva de Phillips Novokeynesiana 198
9. Exercícios 201

Capítulo 7: Flutuação e Estabilização   208
1. Modelo Keynesiano: Inércia da Inflação 208
2. Modelo Keynesiano: sem Inércia da Inflação 217
3. Modelo Novokeynesiano 219

MACROECONOMIA

    4. Modelo Keynesiano Abrangente 225
    5. Modelo Friedmaniano 235
    6. Inflação Crônica 241
    7. Exercícios 247

Capítulo 8: Macroeconomia da Economia Aberta   252

    1. Arbitragem de Preços dos Bens e Serviços 252
        1.1 Paridade do Poder de Compra Absoluta 252
        1.2 Paridade do Poder de Compra Relativa 253
        1.3 Bens Comercializáveis e Bens Não Comercializáveis 254
        1.4 Termos de Troca e Taxa de Câmbio Real 255
    2. Arbitragem da Taxa de Juros 256
        2.1 Paridade da Taxa de Juros Descoberta 256
        2.2 Determinação da Taxa de Câmbio 257
        2.3 Paridade da Taxa de Juros Coberta 259
        2.4 Paridade da Taxa de Juros Real Descoberta 260
    3. Condição de Marshall-Lerner 260
    4. Curva IS na Economia Aberta 262
        4.1 Curva IS Keynesiana 263
        4.2 Curva IS Novokeynesiana 265
    5. Taxa de Câmbio Natural 266
    6. Regra de Taylor na Economia Aberta 269
    7. Curva de Phillips na Economia Aberta 270
        7.1 Curva de Phillips Keynesiana 270
        7.2 Curva de Phillips Novokeynesiana 272
    8. Exercícios 275

Capítulo 9: Flutuação e Estabilização na Economia Aberta   279

    1. Modelo Mundell/Fleming/Dornbusch: Câmbio Fixo 279
    2. Modelo Keynesiano Ampliado: Câmbio Fixo 285
    3. Modelo Novokeynesiano: Câmbio Fixo 291
    4. Modelo Mundell/Fleming/Dornbusch: Câmbio Flexível 296
    5. Modelo Keynesiano Ampliado: Câmbio Flexível 306
    6. Modelo Novokeynesiano: Câmbio Flexível 309
    7. Exercícios 312

PARTE III: MODELOS DE POLÍTICAS MONETÁRIA E FISCAL   317

Capítulo 10: Restrição Orçamentária do Governo   318

    1. Consolidação das Contas do Tesouro e do Banco Central 318
    2. Sustentabilidade da Dívida Pública 321
        2.1 Déficit (Superávit) Primário Constante 321
        2.2 Déficit (Superávit) Primário Variável 323

3. Imposto Inflacionário 325
4. Hiperinflação 330
    4.1 Bolha 331
    4.2 Equilíbrio Múltiplo 332
    4.3 Crise Fiscal e Rigidez 333
    4.4 Enfoque Intertemporal 337
5. Equivalência Ricardiana 340
6. Teoria Fiscal do Nível de Preços 342
7. Sustentabilidade do Regime Monetário 344
8. Exercícios 345

Capítulo 11: Teoria e Política Monetária   352

1. Preço da Moeda 352
    1.1 Bolhas × Fundamentos 353
    1.2 Equilíbrio Múltiplo 356
    1.3 Indeterminação 357
2. Quantidade Ótima de Moeda 358
3. Limite Zero da Taxa de Juros Nominal 360
4. Inconsistência Dinâmica 362
5. Suavização da Taxa de Juros 363
    5.1 Modelo Keynesiano 364
    5.2 Modelo Novokeynesiano 367
6. Programa de Metas de Inflação 373
7. Procedimentos Operacionais da Política Monetária 375
8. Estrutura a Termo da Taxa de Juros 377
9. Exercícios 382

PARTE IV: APÊNDICE MATEMÁTICO   385

APÊNDICE A: Equações Diferenciais   386

1. Equação Diferencial Linear de Primeira Ordem 386
2. Equação Diferencial Linear de Segunda Ordem 387
3. Sistema Linear de Equações Diferenciais de Primeira Ordem . . 391
4. Sistema Linear de n Equações Diferenciais de Primeira Ordem . 396
5. Condições Iniciais e Terminais da Solução do Sistema de Equações Diferenciais 398
6. Histerese 399
7. Exercícios 402

APÊNDICE B: Teoria do Controle Ótimo   409

1. Controle Ótimo: Problema Básico 409
2. Hamiltoniano e Condição de Transversalidade 412
3. Controle Ótimo com Taxa de Desconto e Horizonte Infinito . . . 415
4. Controle Ótimo Linear 418

MACROECONOMIA

    5. Dinâmica Comparativa 418
        5.1 Mudança Permanente: Não Antecipada × Antecipada . . 419
        5.2 Mudança Transitória: Não Antecipada × Antecipada . . . 421
    6. Exercícios 423

APÊNDICE C: Equações de Diferenças Finitas   **432**
    1. Equação de Diferenças Finitas de Primeira Ordem 432
    2. Modelos Prospectivo e Retroativo 434
    3. Modelo Keynesiano 435
    4. Modelo Novokeynesiano 436
    5. Modelo Keynesiano Abrangente 439
    6. Modelos Híbridos 440
    7. Modelo Novokeynesiano Híbrido 445
    8. Exercícios 449

Bibliografia   **451**
    I) Geral 451
    II) Clássicos 459
    III) Livros-Textos, Manuais e Coletâneas 460

ÍNDICE   **464**

Introdução

1. Macroeconomia

Macroeconomia é a aplicação da teoria econômica ao estudo do crescimento, do ciclo e da determinação do nível de preços da economia. A macroeconomia leva em conta os fatos estilizados, observados no mundo real, e constrói arcabouços teóricos que sejam capazes de explicá-los. Nestes arcabouços existem, em geral, dois tipos de mecanismos: impulso e propagação. Os mecanismos de impulso, ou choques, são as causas das mudanças nas variáveis do modelo. Os mecanismos de propagação, como o próprio nome indica, transmitem os impulsos, ao longo do tempo, e são responsáveis pela dinâmica do modelo.

O crescimento econômico é um fato estilizado das economias de mercado, desde a revolução industrial do século XIX na Inglaterra. Até então, a pobreza era um bem comum da humanidade. O crescimento econômico consiste no aumento persistente, suave e sustentado da renda *per capita*. Por que um país tem um nível de renda *per capita* mais elevado que outro? Que forças fazem com que um país cresça mais rapidamente que outro? Qual o papel do mercado e do estado no crescimento? Esta pergunta faz parte de qualquer discussão econômica. A resposta é, na maioria das vezes, baseada em juízos de valor. Este livro trata apenas da economia positiva e não aborda qualquer problema do ponto de vista da economia normativa.

Em qualquer economia de mercado existem períodos de expansão e contração da atividade econômica. Este fenômeno denomina-se ciclo econômico. As principais características do ciclo são: i) fase de contração da economia curta e fase de expansão longa e ii) duração variável de cada ciclo. Quais são as causas do ciclo econômico? Que tipo de choque, nominal e (ou) real, provoca oscilação na atividade econômica? Qual o papel do mercado e do estado no ciclo?

A determinação do nível de preços, ou do valor da moeda, é um tema fascinante da macroeconomia. O valor da moeda é o poder de compra da mesma, medida em termos de uma cesta de bens e serviços. Portanto, o poder de compra é equivalente ao inverso do nível de preços. Porque um ativo financeiro como o papel moeda, sem qualquer valor intrínseco, dominado por qualquer outro ativo financeiro que renda juros, tem valor? O valor da moeda afeta o ciclo econômico? O valor da moeda afeta o crescimento econômico? Em que condições o valor da moeda vira pó, como ocorre nas hiperinflações?

Um fato estilizado, observado nas economias de mercado, é a não neutralidade da moeda no curto prazo. A redução da taxa de juros nominal pelo Banco Central produz uma expansão do produto real. Um aumento da taxa de juros provoca uma contração no produto real da economia. Os programas de estabilização exitosos acabaram as hiperinflações sem a ocorrência de recessão. Como conciliar a não neutralidade da moeda no ciclo e a neutralidade da mesma no final das hiperinflações?

O governo além de emitir moeda pelo Banco Central emite títulos públicos, pelo Tesouro, com diferentes características, que pagam juros. A emissão destes títulos afeta as variáveis reais e (ou) nominais da economia? Em que condições a dívida pública torna-se impagável pelo governo?

As economias não são fechadas, autárquicas, mas vivem em permanente contato com outras economias num mundo cada vez mais globalizado. Cada país (ou um grupo de países) tem sua própria moeda e existe mobilidade de bens e serviços e de capitais entre países. A mobilidade da mão de obra é, em geral, restrita por políticas de imigração. O regime de determinação da taxa de câmbio afeta o funcionamento da economia? Um fato estilizado do regime de câmbio flexível, desde que ele foi adotado pelas principais economias do mundo na primeira metade da década de 1970, é a correlação positiva entre as taxas de câmbio nominal e real. Como explicar esta não neutralidade da moeda? O crescimento e o ciclo são afetados pelo grau de abertura da economia?

Agenda Keynes

A macroeconomia surge com a Teoria Geral. Esta obra inovadora de Keynes (1936) foi motivada pela grande depressão que começou em 1929 e se prolongou pela década de 1930. O ajuste da economia de mercado, numa situação de desemprego, seria pelo mecanismo do sistema de preços. O salário real e a taxa de juros real se encarregariam de colocar a economia no pleno emprego. Este mecanismo, segundo Keynes, não estava funcionando. A Teoria Geral tinha o propósito não somente de explicar o que estava ocorrendo, mas também de propor políticas econômicas para solucionar o problema.

A Teoria Geral determinou a agenda de pesquisa por quase meio século. A agenda Keynes levou Hicks (1937), Modigliani (1944), Phillips (1958), Mundell (1963), Fleming (1962) e Friedman (1968) a desenharem a arquitetura do modelo macroeconômico do final da década de 1960 e dos livros textos de graduação na segunda metade da década de 1970. O modelo básico de curto prazo desta agenda, para uma economia fechada, consiste na combinação das curvas IS/LL de Hicks (1937), denominada IS/LM por Hansen (1949), rigidez de preços e (ou) salários de Modigliani (1944) e uma curva de Phillips (1958) vertical no longo prazo, na versão de Friedman (1968).

Na economia aberta o mecanismo de determinação do preço da moeda de um país (ou grupo de países) *vis à vis* as moedas dos outros países e a mobilidade de capitais entre os países são cruciais no funcionamento da economia. Dois regimes cambiais, como casos polares, existem: os regimes de câmbio fixo e de câmbio flexível. No regime de câmbio fixo o preço da moeda estrangeira é determinado pelo Banco Central. No regime de câmbio flexível este preço é determinado pelo mercado. Na prática, não existe regime de câmbio fixo que seja eterno nem tampouco regime de câmbio flexível sem intervenção do governo. Mundell (1963) e Fleming (1962) estenderam o arcabouço do modelo de curto prazo de uma economia fechada, da agenda Keynes, para uma economia aberta, introduzindo a relação entre as taxas de juros interna e externa em virtude da mobilidade do capital e do processo de arbitragem que este movimento produz. Adicionalmente, analisaram o comportamento da economia de acordo com o regime cambial em vigor.

A agenda Keynes na área de crescimento econômico teve início com os trabalhos pioneiros de Harrod (1939) e Domar (1946). Este modelo de crescimento produzia um fio de navalha por onde a economia deveria caminhar. Fora do fio de navalha não tinha salvação, pois não havia mecanismo que conduzisse a economia ao pleno emprego do trabalho e do capital. Solow (1956) mostrou que este fio de navalha na verdade não existia. O sistema de preços daria conta da alocação dos recursos pela mudança na relação capital/produto. O modelo de Solow tornou-se, então, o modelo básico de crescimento econômico desta agenda.

No início da década de 1970 a agenda Keynes chega ao seu final, com duas contribuições de Lucas [(1972), (1976)]. A primeira, denominada de expectativas racionais, permite que se construam modelos consistentes nos quais as expectativas dos agentes para os eventos futuros desempenham papel crucial. Até então, os agentes tinham uma previsão e o modelo produzia outra, completamente diferente da expectativa do agente. Depois de pouco tempo, as expectativas racionas foram completamente absorvidas pelos modelos da agenda Keynes, numa opção pelo rigor, coerência e evidência empírica.

Agenda Lucas

A segunda contribuição de Lucas é conhecida na literatura econômica pelo nome crítica de Lucas. A crítica de Lucas é devastadora para os modelos econométricos desenvolvidos pela agenda Keynes. Por quê? Porque ela afirma que as pessoas mudam seu comportamento quando as regras mudam. A explicação desta proposição é tão simples que depois que você entende você se pergunta: por que não pensei nisto antes? Admita que você jogue futebol duas vezes por semana com seus amigos, e que sempre exista um time do lado de fora esperando por sua vez para jogar. Num dia da semana, a organização é a seguinte: o time que ganha fica para o próximo jogo, e o time que perde sai. No outro dia da semana a pelada tem outra organização. Na primeira partida vale o critério do vencedor. Da segunda partida em diante, cada time, ganhando ou perdendo, joga apenas duas partidas. O comportamento do jogador, que joga nos dois dias da semana, é o mesmo? A resposta é óbvia: cada um de nós dança de acordo com a música.

A agenda Lucas fez uso de dois tipos de modelos que tinham sido previamente desenvolvidos, mas que não faziam parte do treinamento dos macroeconomistas até meados da década de 1970. O modelo do agente representativo de Ramsey (1928), Cass (1965), e Koopmans (1965) e o modelo de gerações superpostas de Samuelson (1958).

No início da década de 1980, Kydland e Prescott (1982) construiu um modelo, baseado no arcabouço do agente representativo, para explicar o ciclo econômico, que recebeu o nome de ciclo real, em virtude de o ciclo ser causado por choques tecnológicos, em vez de choques nominais dos modelos de ciclo econômico da agenda de Keynes. Este modelo influenciou toda uma geração de economistas por duas razões. Em primeiro lugar porque não fazia uso de nenhuma hipótese casuística, como a hipótese de rigidez de preços da agenda de Keynes. Em segundo lugar porque um modelo de equilíbrio geral, na tradição de Arrow/Debreu, era capaz de produzir o fenômeno do ciclo econômico. Todavia, boa parte da profissão não ficou convencida de que os choques tecnológicos teriam a magnitude necessária para provocar os ciclos econômicos. Nem tampouco que choques nominais da política monetária seriam irrelevantes no ciclo econômico.

No modelo de crescimento econômico da agenda Keynes, o modelo de Solow, a taxa de progresso tecnológico, que determina a taxa de crescimento da renda *per capita*, no longo prazo, é uma variável exógena. No curto prazo, diferenças das taxas de crescimento da renda *per capita* podem ser explicadas pela dinâmica da trajetória de transição para o equilíbrio de longo prazo da economia. Todavia, esta não é uma solução satisfatória para compreenderem-se as diferenças observadas nas taxas de crescimento da renda *per capita* entre países.

A agenda Lucas, na área do crescimento econômico, provocou o renascimento deste campo de pesquisa com dois trabalhos que deram origem aos modelos de crescimento endógeno, um do próprio Lucas (1988) e outro do Romer (1986), que têm como objetivo tornar endógena a taxa de crescimento, de longo prazo, da renda *per capita*. Estes modelos podem ser classificados em quatro grupos quanto aos mecanismos que produzem taxas de crescimento endógenas. Os mecanismos são: i) externalidades

Introdução

geradas pela acumulação de capital e de conhecimento; ii) acumulação de capital humano; iii) produção de uma variedade cada vez maior de bens intermediários, usados no processo produtivo, resultado do investimento em pesquisa e desenvolvimento pelas empresas; iv) inovações tecnológicas que produzem máquinas e equipamentos mais eficientes do que as existentes, num processo de criação destrutiva, pois as inovações tornam as antigas máquinas e equipamentos obsoletos.

Fundamentos dos Modelos

Os modelos macroeconômicos da agenda Keynes são fundamentados em decisões comportamentais, que levam em conta os limites da racionalidade humana. Os modelos da agenda Lucas são modelos de otimização. Esta afirmação precisa ser qualificada para que não haja uma interpretação errônea. A agenda Keynes produziu um grande número de trabalhos importantes, que construíram modelos fundamentando as decisões de consumo [Friedman (1957), Modigliani e Brumberg (1954)], de investimento [Jorgenson (1963), Tobin (1969)] de demanda de moeda [Friedman (1956), Baumol (1952), Tobin (1958)], na teoria neoclássica. Todavia, os modelos macroeconômicos de curto prazo, como os modelos de Klein e Goldberger (1955), eram construídos especificando-se equação por equação, sem que houvesse um marco teórico comum que determinasse a especificação de cada uma das equações.

Os modelos baseados em decisões comportamentais não mostram como estas decisões seriam obtidas num processo de escolha, onde as opções e as restrições fossem devidamente explicitadas. Os modelos são construídos para simular políticas econômicas, que são as regras do jogo dos atores econômicos, consumidores, trabalhadores e empresários. Modelos nos quais as decisões dos agentes sejam invariantes as políticas econômicas devem ser vistos com cautela.

Os modelos derivados da solução de problemas de otimização supõem que os jogadores tomem suas decisões conhecendo as regras do jogo, e são conhecidos na literatura como modelos com microfundamentos. O prefixo micro vem da microeconomia. Nestes modelos, os agentes maximizam sua função objetivo, condicionados pelas restrições que estão sujeitos e pelo ambiente econômico em que vivem.

Até que ponto os modelos baseados em decisões comportamentais devem ser descartados e usar-se apenas os modelos com microfundamentos? Se o único critério de seleção de modelos fosse à estrutura teórica e sua fundamentação nos princípios básicos da teoria neoclássica, os modelos baseados em decisões comportamentais deveriam ser descartados. Todavia, mais importante do que a solidez teórica é a capacidade dos modelos explicarem os fatos observados no mundo real. A evidência empírica ainda não permite uma resposta definitiva sobre esta questão. Portanto, enquanto isto não ocorrer os dois tipos de modelos devem fazer parte da aprendizagem em macroeconomia.

Síntese Novokeynesiana (Novo-Neoclássica)

A regra de política monetária, proposta por Taylor (1993), para a taxa de juros nominal, do mercado interbancário, controlado pelos bancos centrais, passou a ser adotada pela maioria dos modelos de curto prazo. O sucesso desta regra deve-se ao fato de que nos países que adotam o regime de câmbio flexível os bancos centrais implementam a política monetária fixando a taxa de juros do mercado interbancário e não a quantidade de reservas bancárias, como implicitamente supunha a curva LM.

Na segunda metade da década de 1990 a agenda Lucas enveredou pelo desafio de dar uma nova roupagem aos modelos de ciclo econômico da agenda de Keynes, adotando a hipótese de rigidez de preços, mas procurando fundamentos na microeconomia para as curvas IS e de Phillips. Esta nova síntese tem sido denominada por uns de novokeynesiana [Clarida, Galí e Gertler (1999)] e por outros de novo-neoclássica [Goodfriend (2004)].

Os modelos de curto prazo, para uma economia fechada, sejam da agenda de Keynes ou da síntese novokeynesiana (ou novo-neoclássica) consistem, portanto, de três equações, uma curva IS, uma curva de Phillips e uma regra de Taylor. A curva LM deixou de ser parte explícita dos modelos porque a moeda tornou-se endógena.

Integração das Duas Agendas

Os livros textos de macroeconomia para a graduação contêm basicamente os modelos macroeconômicos da agenda Keynes, enquanto os livros textos dedicados a pós-graduação apresentam os modelos da agenda Lucas. Este livro não segue esta clivagem, apresentando ambos os tipos de modelos com a mesma linguagem matemática. Esta abordagem permite não somente uma melhor compreensão dos modelos de ciclo e de crescimento econômico, das duas agendas, mas também permite a comparação das previsões de cada um destes modelos. Em última instância, os modelos devem ser julgados pela capacidade preditiva dos mesmos. Aqueles que forem rejeitados pelos dados devem ser abandonados e colocados na categoria de relíquia histórica.

Macroeconomia da Economia Aberta

A tradição da macroeconomia, desenvolvida na Inglaterra na primeira metade do século XX e nos Estados Unidos na segunda metade, é construir modelos para uma economia fechada. Esta tradição deve-se possivelmente ao fato de que as economias destes dois países eram tão grandes que elas poderiam ser consideradas como a própria economia mundial. Com o passar do tempo, o resto do mundo cresceu e a dominância das economias inglesa e americana deixou de existir. Todavia, a força do hábito persiste e muitos livros textos e manuais de macroeconomia não dedicam espaço suficiente para os temas da macroeconomia aberta.

Este não é caso deste livro. O segundo capítulo, que trata do modelo do agente representativo na economia aberta, mostra que este modelo não é apropriado para representar uma economia aberta pequena, a menos que se esteja disposto a fazer hipóteses casuísticas (*ad-hoc*), sem nenhum fundamento.

O terceiro capítulo, dedicado ao modelo de gerações superpostas, mostra que este tipo de modelo pode ser aplicado a uma economia aberta pequena. A conclusão que se chega é de que a macroeconomia de uma economia aberta pequena requer um modelo com agentes heterogêneos. O modelo do agente representativo é inadequado, pois ou conduz a conclusões absurdas ou requer hipóteses casuísticas. Portanto, as conclusões de políticas ótimas derivadas deste modelo não se aplicam, em geral, numa economia aberta pequena. A métrica da política ótima, a maximização do bem-estar do agente representativo, não se aplica no modelo de gerações superpostas. Neste modelo, a política ótima depende dos pesos que se atribuir ao bem-estar das diferentes gerações, inclusive daquelas que ainda não nasceram.

O oitavo capítulo trata das questões básicas da macroeconomia da economia aberta e o nono capítulo é inteiramente dedicado aos modelos de flutuação econômica da economia aberta. Neste capítulo são apresentados além do modelo de Mundell/Fleming/Dornbusch o modelo novokeynesiano, tanto para o regime de câmbio fixo como para o regime de câmbio flexível. Nos capítulos que tratam dos modelos de crescimento econômico analisam-se dois modelos na economia aberta, o modelo de Solow numa economia aberta pequena com mobilidade perfeita de capital, no Capítulo 4, e o modelo AK de Ventura/Acemoglu numa economia aberta sem mobilidade de capital, no Capítulo 5.

2. Ferramenta Matemática: Sistemas Dinâmicos

Os modelos econômicos usam três tipos de linguagem: i) verbal; ii) gráfica e iii) matemática. A linguagem verbal tem o benefício de ser mais acessível, porém muitas vezes tem o custo de deixar de lado o rigor lógico. A linguagem gráfica tem o benefício da facilidade de compreensão visual, mas às vezes pode-se incorrer no custo de deixar que a mão desenhe gráficos que não obedeçam às propriedades do modelo. A linguagem matemática tem o benefício do rigor lógico, mas o custo de aprendizagem das técnicas matemáticas nem sempre é desprezível.

A ferramenta matemática dos modelos apresentados neste livro é aquela que permite analisar os sistemas dinâmicos. Estes sistemas podem ser construídos com variáveis discretas ou com variáveis contínuas. Neste livro usaremos os sistemas dinâmicos com variáveis contínuas, que permitem sua representação gráfica nos diagramas de fases. O sistema dinâmico de variáveis contínuas é um sistema de equações diferenciais do tipo:

$$\dot{x} = F(x, \alpha)$$

onde $\dot{x} = dx/dt$, x é um vetor de variáveis endógenas e α um vetor de variáveis exógenas e (ou) parâmetros do modelo.

O modelo da economia, descrito por este sistema dinâmico, deve ser analisado para estabelecer suas propriedades quanto i) ao equilíbrio; ii) a estabilidade e iii) a dinâmica comparativa. Na análise de equilíbrio verifica-se a existência do mesmo e se ele é único ou não. Isto é, no sistema de equações diferenciais existe um vetor $\bar{x}$ tal que $\dot{x} = 0$? Caso exista, ele é obtido resolvendo-se o sistema de equações:

$$F(\bar{x}, \alpha) = 0$$

Admitindo-se a existência de solução, o valor de equilíbrio é função das variáveis exógenas e (ou) dos parâmetros do modelo. Isto é:

$$\bar{x} = \bar{x}(\alpha)$$

O vetor α é a força motriz do modelo, isto é, o mecanismo de impulso do mesmo. O sistema dinâmico pode, então, ser linearizado em torno do ponto de equilíbrio $\bar{x}$, de acordo com:

$$\dot{x} = F_{\bar{x}}(x - \bar{x})$$

onde $F_{\bar{x}}$ é uma matriz de derivadas parciais de F com relação as variáveis x, avaliadas no ponto de equilíbrio estacionário. A análise de estabilidade (local) tem com objetivo saber o que acontece com o sistema dinâmico quando a variável x é diferente do seu valor de equilíbrio estacionário $\bar{x}$. Quando o sistema é estável, a economia converge para o equilíbrio. Quando o sistema é instável, a economia não converge para o equilíbrio estacionário.

A análise de estabilidade permite também que se verifique a possibilidade de existência de bolhas na economia. A bolha ocorre quando as variáveis endógenas mudam sem que haja mudança nas variáveis exógenas e (ou) nos parâmetros do modelo.

Modelo é uma representação falsificável de um fenômeno. Os experimentos de dinâmica comparativa, em conjunto com a análise de estabilidade do modelo, permitem que se obtenham as proposições do

Introdução

modelo que podem ser falsificáveis, e, portanto, refutadas empiricamente. A dinâmica comparativa tem como objetivo analisar a resposta das variáveis endógenas às mudanças das variáveis exógenas e (ou) dos parâmetros do modelo. A dinâmica comparativa permite saber não somente o que acontece com o novo equilíbrio, mas também conhecer a trajetória de ajuste da economia.

A diferença básica entre os modelos baseados em decisões comportamentais e os modelos com microfundamentos é a de que nos modelos com microfundamentos o sistema de equações diferenciais é obtido da solução de um problema de otimização, a partir de um hamiltoniano. Nos modelos construídos a partir de decisões comportamentais tal hamiltoniano não existe. Adicionalmente, nos modelos com microfundamentos, a solução do problema de otimização tem de satisfazer uma condição de transversalidade, que seleciona entre várias trajetórias possíveis, que satisfazem as condições de primeira ordem, aquela que maximiza a função objetivo do problema.

3. Organização do Livro

Este livro está organizado em quatro partes. A Parte I trata dos modelos com preços flexíveis. A Parte II apresenta os modelos de preços rígidos A Parte III discute alguns modelos de políticas monetárias e fiscais. A Parte IV é um Apêndice matemático com uma apresentação sucinta das técnicas matemáticas necessárias para a compreensão do livro. Cada capítulo tem uma lista de exercícios. Muitos destes exercícios são baseados na literatura citada na Bibliografia, embora a fonte não esteja documentada.

A Parte I, de modelos de preços flexíveis, contém cinco capítulos. O Capítulo 1 apresenta o modelo do agente representativo. O Capítulo 2 estende o modelo do agente representativo para a economia aberta. O Capítulo 3 trata do modelo de gerações superpostas. O Capítulo 4 apresenta o modelo de crescimento econômico de Solow e o Capítulo 5 é dedicado aos modelos com poupança e crescimento endógenos.

O Capítulo 1 apresenta o modelo do agente representativo que se tornou, desde a década de 1980, o carro chefe da macroeconomia. O modelo do agente representativo é aplicado a uma economia com governo e a uma economia monetária. Nesta última analisa-se a questão da neutralidade da moeda com duas regras de política monetária, numa o Banco Central controla o estoque de moeda e noutra controla a taxa de juros nominal. Este capítulo apresenta também um modelo aonde o agente defronta-se com a escolha consumo versus lazer e supõe uma função de produção sujeita a choques tecnológicos. Estas duas hipóteses quando combinadas dão origem ao modelo de ciclos reais.

Introdução

O calcanhar de Aquiles do modelo do agente representativo é a economia aberta pequena. O Capítulo 2 mostra que numa economia aberta pequena o modelo do agente representativo, com taxa de preferência intertemporal constante, não tem equilíbrio estacionário. Este equilíbrio existe em três casos analisados neste capítulo: i) taxa de preferência intertemporal variável, ii) prêmio de risco na taxa de juros externa, e iii) mercados financeiros completos. Todavia, no primeiro caso o indivíduo rico deve ser impaciente, uma hipótese que contraria o bom senso. No segundo caso, a especificação do prêmio de risco não é baseada em microfundamentos, estando, portanto, sujeita a crítica de Lucas. No terceiro caso, a evidência empírica rejeita a hipótese de mercados financeiros completos.

O Capítulo 3 trata dos modelos de gerações superpostas, apresentando dois modelos, um com vida infinita e outro com vida finita. O modelo de gerações superpostas com vida infinita, aonde a cada momento do tempo nasce uma geração sem nenhum ativo financeiro e, portanto, desconectada das gerações existentes, é aplicado a uma economia com governo e também a uma economia aberta pequena. Este capítulo mostra que o modelo de gerações superpostas, diferente do modelo do agente representativo, pode ser aplicado numa economia aberta pequena sem que haja necessidade de se fazer qualquer hipótese casuística. No modelo de gerações superpostas com vida finita usa-se a hipótese simplificadora de que a probabilidade de morte do indivíduo independe de sua idade.

O Capítulo 4 apresenta o modelo de crescimento econômico de Solow, um modelo que tem como objetivo explicar as causas que determinam o nível e a taxa de crescimento da produtividade da mão de obra. Este modelo é generalizado incluindo-se o capital humano como um fator de produção. Uma seção deste capítulo analisa a aplicação do modelo de Solow numa economia aberta pequena com mobilidade perfeita de capital. Este capítulo apresenta também o arcabouço teórico da contabilidade do crescimento econômico.

No modelo de crescimento de Solow o consumo não é deduzido a partir da alocação intertemporal dos recursos. O Capítulo 5 apresenta os modelos de Ramsey/Cass/Koopmans e de Gerações Superpostas (GSP) nos quais a poupança é uma variável endógena. Os modelos de crescimento endógeno, o modelo AK, o modelo de capital humano de Lucas, o modelo de variedades de Romer e o modelo Schumpeteriano de Aghion/Howitt são analisados e discutidos neste capítulo. Este capítulo também apresenta o modelo AK de Ventura/Acemoglu, para uma economia aberta sem mobilidade de capital, mas que participa do comércio internacional.

A Parte II, de modelos com preços rígidos, contém quatro capítulos. O Capítulo 6 trata da especificação das equações dos modelos keynesianos e novokeynesiano. O Capítulo 7 é dedicado a análise da flutuação econômica e da estabilização numa economia fechada nos dois tipos de modelo. O Capítulo 8 introduz as questões básicas da macroeconomia da economia aberta. O Capítulo 9 apresenta os modelos de flutuação econômica da macroeconomia da economia aberta.

O Capítulo 6 trata da especificação de três equações dos modelos macroeconômicos de curto prazo: i) a relação entre taxa de juros real e produto real, a curva IS; ii) a relação entre a taxa de juros nominal e a quantidade de moeda, a curva LM; iii) a relação entre a taxa de desemprego (ou o hiato do produto) e a taxa de inflação, a curva de Phillips. A especificação de cada uma destas equações será feita por dois enfoques. No enfoque keynesiano tradicional as equações são motivadas por decisões comportamentais, não fundamentadas em modelos de otimização. No enfoque novokeynesiano, com microfundamentos, as especificações baseiam-se na teoria microeconômica. Os dois enfoques produzem não somente especificações distintas, mas também previsões diferentes que podem ser testadas empiricamente. Este capítulo trata também da Regra de Taylor, uma regra que especifica como o Banco Central fixa a taxa de juros do mercado interbancário de reservas.

O Capítulo 7 apresenta o equilíbrio e a dinâmica de cinco modelos com preços rígidos. O primeiro tem uma curva IS, uma curva de Phillips, a regra de política monetária é a regra de Taylor, e existe inércia da taxa de inflação. O segundo modelo tem as mesmas equações do primeiro, mas não existe inércia na taxa de inflação. O terceiro é o modelo novokeynesiano sem inércia da taxa de inflação, e com a curva IS derivada a partir da equação de Euler. O quarto modelo é uma especificação abrangente dos modelos keynesianos, onde se obtém cada modelo como casos particulares dependendo dos valores dos parâmetros e das condições iniciais das variáveis do modelo. No quinto modelo, o Banco Central controla a taxa de crescimento do estoque de moeda, de acordo com a regra de Friedman, e existe inércia tanto do nível de preços como da taxa de inflação. Embora esta regra não seja adotada por nenhum Banco Central do mundo, o modelo tem algumas propriedades que o torna atrativo do ponto de vista didático. A sexta seção apresenta o modelo de inflação crônica, um modelo keynesiano no qual a regra de política monetária, ao invés da regra de Taylor, estipula que o Banco Central emite moeda para financiar o déficit público.

O Capítulo 8 trata da macroeconomia da economia aberta. Este capítulo apresenta os modelos de arbitragem dos preços dos bens e serviços que são objeto do comércio internacional e das taxas de juros, doméstica e externa, dos ativos que participam do movimento de capitais entre países. Em seguida deduz-se a condição de Marshall-Lerner que estabelece as restrições para que haja correlação positiva entre a relação de troca e a conta-corrente do balanço de pagamentos. As especificações da curva IS na economia aberta, que relaciona o produto real, a taxa de juros real e a relação de troca são apresentadas para o modelo tradicional e para o modelo com microfundamentos. Este capítulo analisa a determinação da taxa de câmbio real de equilíbrio de longo prazo, a taxa de câmbio natural, mostrando

Introdução

que a determinação da taxa de juros natural é completamente diferente da sua determinação na economia fechada. Este capítulo trata ainda da especificação da curva de Phillips na economia aberta, que inclui a variação da relação de troca como um dos seus argumentos.

O Capítulo 9 analisa a flutuação e a estabilização econômica nos modelos de uma economia aberta, tanto no regime de câmbio fixo como no regime de câmbio flexível. O primeiro modelo a ser analisado é o modelo Mundell/Fleming/Dornbusch. Em seguida, amplia-se este modelo com a introdução da riqueza na função consumo. Este capítulo inclui, também, a análise do modelo novokeynesiano de uma economia aberta pequena.

A Parte III, de modelos de políticas monetárias e fiscais, contém dois capítulos. O Capítulo 10 é dedicado a análise da restrição orçamentária do governo. O Capítulo 11 apresenta alguns modelos da teoria e política monetária.

O Capítulo 10 trata da restrição orçamentária do governo e vários tópicos que podem ser analisados a partir deste arcabouço contábil. A restrição orçamentária do governo resulta da consolidação das contas do Tesouro e do Banco Central. Ela permite que se estabeleçam as condições para que a dívida pública seja sustentável. A taxa de inflação pode ser interpretada como a alíquota do imposto inflacionário. Este capítulo apresenta, então, diferentes alternativas para o cálculo do custo social deste imposto. A patologia da hiperinflação é escrutinada com uma resenha dos diferentes modelos que procuram explicar este fenômeno. As condições para que exista equivalência ricardiana são devidamente analisadas neste capítulo, que ainda trata da teoria fiscal do nível de preços e das condições de sustentabilidade do regime monetário.

O Capítulo 11 apresenta vários tópicos da teoria e política monetária. Em primeiro lugar, analisa a determinação do preço da moeda como um preço de um ativo financeiro, com seus dois componentes: fundamentos e bolhas, mostra a possibilidade de equilíbrio múltiplo na economia monetária, na qual a moeda não tem valor em um dos equilíbrios e trata da questão da indeterminação do preço da moeda quando o Banco Central adota uma regra de política monetária rígida fixando a taxa de juros nominal, independente das condições vigentes da economia. A quantidade ótima de moeda numa economia com preços flexíveis é um tema clássico da literatura que não pode ser excluído de qualquer livro de macroeconomia, a despeito de sua irrelevância na prática da política monetária. Este capítulo analisa a armadilha da liquidez na sua versão moderna com o limite zero da taxa de juros nominal. Trata também da inconsistência dinâmica, quando existem incentivos para que as decisões tomadas no presente para o futuro não sejam levadas a cabo. A inconsistência dinâmica faz parte do comportamento humano e tem implicações para a política monetária. A suavização da taxa de juros pelos banqueiros centrais que preferem não mudar bruscamente a taxa de juros, mas sim alterá-la gradualmente, produzindo certo grau de inércia no comportamento da taxa de juros do mercado interbancário é um fato estilizado. As consequências deste comportamento são devidamente analisadas nos modelos keynesiano e novokeynesiano. Este capítulo mostra como o programa de metas de inflação, um sistema adotado por vários bancos centrais do mundo depois de sua invenção pelo Banco Central da Nova-Zelândia, pode ser incorporado no arcabouço dos modelos macroeconômicos de curto prazo. Uma seção deste capítulo analisa os procedimentos operacionais da política monetária no mercado de reservas bancárias. Neste mercado o Banco Central tem um papel dominante. Este capítulo mostra também como se pode introduzir a estrutura a termo da taxa de juros nos modelos macroeconômicos de curto prazo. Este arcabouço permite que se analise o efeito do anúncio do Banco Central com relação à taxa de juros de curto prazo no futuro sobre o nível de atividade e a taxa de inflação da economia.

A Parte IV, um Apêndice matemático, contém três capítulos. O Apêndice A é dedicado as técnicas de soluções de equações diferenciais. O Apêndice B trata da teoria do controle ótimo. O Apêndice C apresenta a análise de estabilidade de modelos de equações de diferenças finitas. Embora este livro use modelos dinâmicos com variáveis contínuas, a inclusão deste Apêndice deve-se ao fato de que os modelos keynesianos e novokeynesianos são, em geral, apresentados com variáveis discretas. O eventual leitor tem aqui um resumo das principais propriedades para analisar o equilíbrio e a dinâmica destes modelos.

O Apêndice A apresenta alguns resultados básicos de equações diferenciais lineares, de primeira e de segunda ordem, e de sistemas lineares de equações diferenciais de primeira ordem, que são largamente utilizados no texto.

O Apêndice B apresenta de maneira sucinta a teoria do controle ótimo, tratando do problema básico de controle ótimo, do hamiltoniano e da condição de transversalidade. Este Apêndice discute ainda o controle ótimo com taxa de desconto e horizonte infinito, o controle ótimo linear e analisa a dinâmica comparativa da solução do problema do controle ótimo.

O Apêndice C apresenta a análise de modelos de equações de diferenças finitas de primeira ordem, com expectativas racionais, de modelos prospectivo e retroativo, bem como de modelos híbridos. Estas ferramentas são, então, usadas na análise dos modelos keynesiano, novokeynesiano, abrangente que inclui estes dois como casos particulares, e do modelo híbrido novokeynesiano.

PARTE I: MODELOS COM PREÇOS FLEXÍVEIS

Capítulo 1: Agente Representativo

O modelo do agente representativo tornou-se, desde a década de 1980, o carro chefe da macroeconomia. Este capítulo trata deste modelo. A primeira seção expõe o modelo básico. A segunda seção introduz o governo na economia. A terceira seção trata do modelo de uma economia monetária, com duas regras de política monetária. Numa o Banco Central controla o estoque de moeda e na outra controla a taxa de juros nominal. A quarta seção apresenta o modelo da escolha consumo versus lazer e supõe que a função de produção esteja sujeita a choques tecnológicos. Estas duas hipóteses quando combinadas dão origem ao modelo de ciclos reais.

1. Modelo Básico

O agente representativo maximiza o valor presente do fluxo de utilidade do consumo, $u(c)$, ao longo de sua vida infinita, descontado pela sua taxa de preferência intertemporal ρ. A população cresce a uma taxa contínua igual a n. No momento inicial a população é normalizada como unidade ($L_0 = 1$). O problema do agente representativo consiste, portanto, em maximizar

$$\int_0^\infty e^{-\rho t} u(c) L_0 e^{nt} dt = \int_0^\infty e^{-(\rho-n)t} u(c) dt, \rho > n$$

sujeito às seguintes restrições:

$$\dot{k} = f(k) - c - (\delta + n)k$$
$$k(0) = k_0, \text{ dado}$$

A taxa de preferência intertemporal deve ser maior que a taxa de crescimento populacional, caso contrário a integral não convergiria. A primeira restrição é a equação de acumulação de capital, na qual o produto da economia é destinado ao consumo ou ao investimento. A função de produção supõe retornos constantes de escala nos fatores de produção capital e trabalho. A

Capítulo 1

função de produção está escrita na forma intensiva, isto é, o produto *per capita* depende da relação capital/trabalho $k : Y = F(K, L) = Lf(k)$. A taxa de depreciação do capital é constante e igual a δ. A segunda restrição do modelo afirma que a relação capital/mão de obra inicial do modelo é dada.

O hamiltoniano de valor corrente H deste problema é dado por:

$$H = u(c) + \lambda \left[f(k) - c - (\delta + n) k \right]$$

onde λ é a variável de coestado. As condições de primeira ordem são as seguintes:

$$\frac{\partial H}{\partial c} = u'(c) - \lambda = 0$$

$$\dot{\lambda} = (\rho - n)\lambda - \frac{\partial H}{\partial k} = (\rho - n)\lambda - \lambda \left[f'(k) - (\delta + n) \right]$$

$$\frac{\partial H}{\partial \lambda} = f(k) - c - (\delta + n)k = \dot{k}$$

A solução ótima deve satisfazer a condição de transversalidade:

$$\lim \lambda k e^{-(\rho - n)t} = 0$$

Esta condição afirma que a trajetória ótima deve ser tal que o valor presente do capital, em termos de utilidade, deve ser igual a zero quando o tempo cresce de forma ilimitada. Caso contrário, o agente poderia aumentar seu bem-estar diminuindo a acumulação de capital e consumindo seus recursos.

O agente representativo neste modelo tem que decidir, a cada momento do tempo, se consome ou se poupa e investe na acumulação de capital. A segunda equação das condições de primeira ordem é justamente a condição de arbitragem desta decisão. Caso o agente decida poupar e investir um real a mais seu retorno será igual à produtividade marginal líquida do capital: $f'(k) - \delta$. Por outro lado, se o agente decidir consumir este real seu retorno será igual à taxa de retorno no consumo, a taxa de preferência intertemporal ρ, adicionado do ganho de capital, que neste caso é uma perda, pois o preço do consumo, a utilidade marginal do consumo, diminui quando o consumo aumenta. Em equilíbrio, a condição de arbitragem é dada por:

$$f'(k) - \delta = \rho - \frac{\dot{\lambda}}{\lambda}$$

A primeira equação das condições de primeira ordem estabelece que a utilidade marginal do consumo seja igual à variável de coestado. Derivando-se esta equação com relação ao tempo obtém-se:

$$u''(c)\dot{c} = \dot{\lambda} \rightarrow \frac{\dot{\lambda}}{\lambda} = \frac{u''(c)}{u'(c)}\dot{c}$$

Sistema Dinâmico

Quando se substitui a expressão de $\dot{\lambda}$ da equação de arbitragem na equação anterior resulta na equação diferencial do consumo. A segunda equação diferencial do modelo corresponde à terceira condição de primeira ordem, que reproduz à restrição do problema. O sistema dinâmico do modelo é formado, então, pelas duas equações diferenciais. A primeira é a famosa regra de Keynes-Ramsey que estabelece que a taxa de crescimento do consumo depende da diferença entre a taxa de preferência intertemporal e a taxa de juros. A segunda equação mostra a evolução do estoque de capital na economia. Isto é:

$$\dot{c} = \frac{u'(c)}{u''(c)} \left[\rho + \delta - f'(k)\right]$$

$$\dot{k} = f(k) - c - (\delta + n)k$$

A matriz jacobiana deste sistema, no ponto de equilíbrio estacionário, é dada por:

$$J = \begin{bmatrix} \dfrac{\partial \dot{c}}{\partial c} & \dfrac{\partial \dot{c}}{\partial k} \\[2ex] \dfrac{\partial \dot{k}}{\partial c} & \dfrac{\partial \dot{k}}{\partial k} \end{bmatrix} = \begin{bmatrix} 0 & -\dfrac{u'(\bar{c})}{u''(\bar{c})} f''(\bar{k}) \\[2ex] -1 & f'(\bar{k}) - \delta - n \end{bmatrix}$$

O determinante desta matriz é negativo porque a utilidade marginal do consumo e a produtividade marginal do capital são decrescentes. Isto é:

$$|J| = -\frac{u'(\bar{c})}{u''(\bar{c})} f''(\bar{k}) < 0$$

Logo, o ponto de equilíbrio estacionário é um ponto de sela.

A Figura 1.1 contém os diagramas de fases das duas equações diferenciais do sistema dinâmico. Nos pontos nos quais o consumo não muda ($\dot{c} = 0$), a produtividade marginal líquida do capital é igual à taxa de preferência intertemporal do agente representativo:

$$f'(k) - \delta = \rho$$

A relação capital/mão de obra permanece constante ($\dot{k} = 0$) quando o consumo é dado por:

$$c = f(k) - (\delta + n)k$$

O ponto de máximo do consumo ocorre quando a taxa de juros, a produtividade marginal líquida do capital, é igual à taxa de crescimento da população:

$$f'(k_G) - \delta = n$$

A quantidade de capital (k_G) corresponde ao nível de consumo da regra de ouro. As setas nos diagramas da Figura 1.1 indicam o movimento das variáveis quando elas estão fora do equilíbrio.

A Figura 1.2 mostra o diagrama de fases do modelo. Para uma dada relação capital/mão de obra inicial a única trajetória que satisfaz a condição de transversalidade é a trajetória de sela SS. No equilíbrio estacionário, a taxa de juros é igual à taxa de preferência intertemporal, que, por hipótese, é maior do que a taxa de crescimento populacional. Portanto, no modelo do agente representativo não há ineficiência dinâmica, isto é, a relação capital/mão de obra sempre será inferior ao valor que corresponde à regra de ouro.

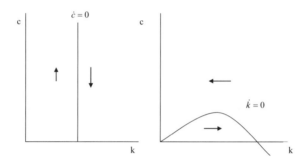

Figura 1.1

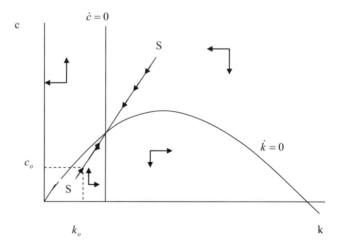

Figura 1.2

Experimento

A Figura 1.3 mostra uma mudança permanente, não antecipada, na taxa de preferência intertemporal. A taxa de preferência intertemporal diminui de ρ_0 para ρ_1. A taxa de juros de longo prazo desta economia diminui e a quantidade de capital aumenta como descrita na Figura 1.4. O consumo tem, no início, uma queda instantânea, e a economia descreve uma trajetória na nova sela do modelo. No equilíbrio de longo prazo, o consumo terá um nível maior do que aquele que existia antes da mudança da taxa de preferência intertemporal, o mesmo acontecendo com o estoque de capital.

Figura 1.3

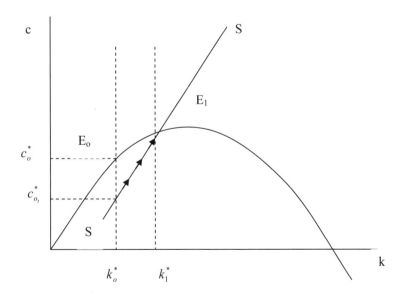

Figura 1.4

2. Economia com Governo

No modelo do agente representativo com governo existe equivalência ricardiana, isto é, a dívida pública não afeta a decisão de consumir do agente. Para demonstrar esta proposição tome-se como ponto de partida as restrições orçamentárias, em termos de fluxos, do agente e do governo:

$$\frac{\dot{A}}{L} = ra + y - c - \tau$$

$$\frac{\dot{B}}{L} = rb + g - \tau$$

onde $\dot{A}$ é a variação do patrimônio do agente, L a população, r a taxa de juros, a o patrimônio *per capita*, y a renda *per capita*, c o consumo *per capita*, τ o imposto *per capita*. A variação da dívida pública é representada por $\dot{B}$, b é a dívida pública *per capita* e g é o gasto do governo *per capita*. Como

$$\frac{\dot{A}}{L} = \dot{a} + na; \frac{\dot{B}}{L} = \dot{b} + nb$$

as duas restrições orçamentárias transformam-se em:

$$\dot{a} = (r - n)a + y - c - \tau$$

$$\dot{b} = (r - n)b + g - \tau$$

As soluções destas duas equações diferenciais, supondo-se que não haja jogo de Ponzi, resultam nas restrições intertemporais dos setores privado e público:

$$a(t) = \int_t^\infty e^{-(r-n)(v-t)}(c + \tau - y)dv$$

$$b(t) = \int_t^\infty e^{-(r-n)(v-t)}(\tau - g)dv$$

Subtraindo-se uma restrição da outra se obtém:

$$a(t) - b(t) + \int_t^\infty e^{-(r-n)(v-t)}(y - g)dv = \int_t^\infty e^{-(r-n)(v-t)}cdv$$

Conclui-se, então, que a trajetória dos impostos é irrelevante para a decisão de consumo do agente. A dívida pública não é considerada riqueza para os agentes desta economia, pois da riqueza total a subtrai-se o estoque da dívida pública b.

No modelo do agente representativo com governo adota-se a hipótese de que o orçamento do governo esteja sempre equilibrado: $g = \tau$, onde g é o gasto do governo e τ é um imposto do tipo soma total (*lump sum*, em inglês), que não distorce as decisões do agente. Esta hipótese não é restritiva porque neste ambiente existe equivalência ricardiana. Admita-se, também, que o bem-estar do agente não seja afetado pelo gasto do governo. O problema do agente representativo consiste, portanto, em maximizar

$$\int_0^\infty e^{-(\rho-n)t} u(c) dt$$

sujeito às seguintes restrições:

$$\dot{k} = f(k) - c - g - (\delta + n)k$$

$$k(0) = k_0, \text{ dado}$$

A solução deste modelo é a mesma do modelo da seção anterior, exceto que a equação de acumulação do capital contém os gastos do governo. O sistema dinâmico é formado, então, pelas duas equações diferenciais:

$$\dot{c} = \frac{u'(c)}{u''(c)} [\rho + \delta - f'(k)]$$

$$\dot{k} = f(k) - c - g - (\delta + n)k$$

A matriz jacobiana deste sistema é igual a do modelo da seção anterior. O ponto de equilíbrio é um ponto de sela. A única alteração é na equação de $\dot{k}$, pois a equação de $\dot{c}$ permanece a mesma. A Figura 1.5 contém o diagrama de fases do modelo. Dado a quantidade inicial de capital, a sela SS é a trajetória de equilíbrio que satisfaz a condição de transversalidade.

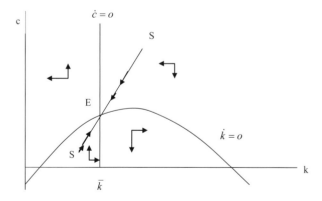

Figura 1.5

Experimentos

Uma pergunta interessante neste modelo é saber o que acontece com a taxa de juros quando o governo aumenta seus gastos. A Figura 1.6 trata do caso de um aumento permanente, não antecipado, dos gastos do governo, de g_0 para g_1. O consumo tem uma redução instantânea e o estoque de capital permanece inalterado. A taxa de juros, portanto, fica exatamente igual a que prevalecia antes do governo aumentar seus gastos.

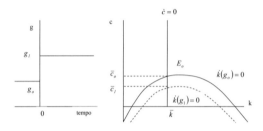

Figura 1.6

A Figura 1.7 analisa o caso de um aumento permanente, antecipado, dos gastos do governo. No momento do anúncio o consumo diminui, a poupança aumenta e o estoque de capital aumenta. A taxa de juros, portanto, diminui. Todavia, no instante da mudança dos gastos a economia deve estar na nova sela, caso contrário a condição de transversalidade não seria satisfeita e a economia não convergiria para seu novo equilíbrio estacionário. Neste novo equilíbrio a quantidade de capital é exatamente igual a que existia no momento do anúncio da política de aumento de gastos. A conclusão que se chega é que, neste caso, a redução da taxa de juros é apenas transitória.

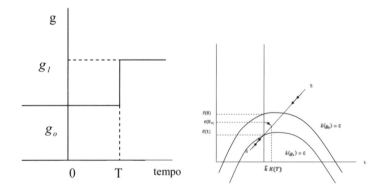

Figura 1.7

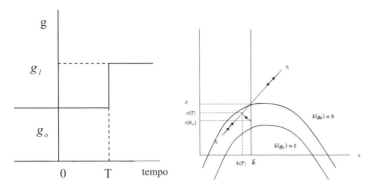

Figura 1.8

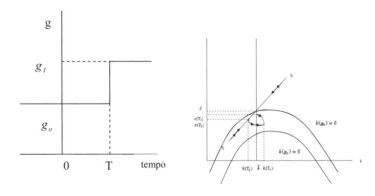

Figura 1.9

A Figura 1.8 trata do caso em que o aumento dos gastos do governo é transitório e não antecipado. No momento do anúncio o consumo diminui, mas de um valor inferior ao aumento dos gastos. A poupança privada diminui e a acumulação de capital também diminui. A redução do estoque de capital faz com que a taxa de juros aumente. Quando os gastos do governo voltam ao seu nível inicial, no instante de tempo T, a economia deve estar na antiga sela do modelo. Caso contrário, a condição de transversalidade não seria satisfeita. A economia converge, então, para seu antigo ponto de equilíbrio estacionário. Neste ponto, a taxa de juros permanece com o mesmo valor que tinha antes da mudança de política. A conclusão que se chega é de que o aumento dos gastos do governo afeta a taxa de juros, mas o aumento da taxa de juros é apenas transitório.

A Figura 1.9 apresenta o caso de um aumento transitório, antecipado, dos gastos do governo. No momento do anúncio o consumo diminui, a poupança aumenta e o estoque de capital também aumenta. A taxa de juros, portanto, diminui. No momento em que ocorre o aumento dos gastos do

Capítulo 1

governo a poupança diminui e o estoque de capital começa a declinar. Este processo continua até o momento final da política de aumento dos gastos do governo. Neste momento, a economia deve estar na antiga trajetória de sela do modelo. Caso contrário, a economia não convergiria para o equilíbrio estacionário. Neste caso, a taxa de juros diminui inicialmente, depois ela aumenta e volta ao seu nível inicial. A conclusão que se chega é de que as mudanças na taxa de juros são apenas transitórias.

3. Economia Monetária

Esta seção tem como objetivo analisar como a moeda afeta o produto real, o estoque de capital e o consumo da economia. Na primeira subseção o Banco Central segue uma regra de política monetária de controle do estoque de moeda. Na segunda subseção, o modelo da economia monetária tem uma regra de política monetária na qual o Banco Central controla a taxa de juros nominal.

3.1 Regra de Política Monetária: Controle do Estoque de Moeda

A moeda pode ser introduzida nos modelos a partir de diferentes enfoques. Um deles consiste em supor que a moeda, diferente de outros ativos financeiros, produz serviços em virtude de a mesma ser usada como meio de pagamentos. Admita-se, então, que a utilidade do agente representativo depende do consumo (c) e dos serviços da moeda (m) de acordo com uma função separável expressa por:

$$U(c, m) = u(c) + v(m)$$

As funções $u(c)$ e $v(m)$ seguem as propriedades tradicionais, isto é, as utilidades marginais são positivas, decrescentes, as utilidades marginais são positivas quando as variáveis tendem para zero, e se aproximam de zero quando as variáveis tendem para infinito.

A restrição orçamentária, em termos de fluxos, do agente estabelece que os rendimentos, provenientes de sua renda (y) e das transferências (τ) do governo, financiam o consumo (c), o investimento (i), e o acréscimo no estoque de moeda $(\dot{M}/P)$. Isto é:

$$y + \tau = c + i + \frac{\dot{M}}{P}$$

Levando-se em conta que o investimento bruto (i) é igual ao acréscimo de capital $(\dot{k})$ mais a depreciação do mesmo $(\delta k), i = \dot{k} + \delta k$ e que $(\dot{M}/P) =$

$\dot{m} + m\pi$, a restrição orçamentária pode ser escrita como:

$$y + \tau = c + \dot{k} + \delta k + \dot{m} + m\pi$$

A riqueza (a) do agente é igual a soma dos estoques de capital e moeda: $a = k + m$. Logo: $\dot{a} = \dot{k} + \dot{m}$. A restrição orçamentária do agente, em termos de fluxos, mostra como varia sua riqueza:

$$\dot{a} = y + \tau - c - \delta k - \pi m$$

Nesta economia, a produção é feita combinando-se capital e trabalho, numa função de produção com retornos constantes de escala. A função de produção na forma intensiva é expressa por $f(k)$. A restrição orçamentária é, então, dada por:

$$\dot{a} = f(k) + \tau - c - \delta k - \pi m$$

O problema do agente consiste, portanto, em maximizar

$$\int_0^\infty e^{-\rho t} \left[u(c) + v(m)\right] dt$$

sujeito às restrições

$$\dot{a} = f(k) + \tau - c - \delta k - \pi m$$

$$a = k + m$$

$$a(0) = a_0, \text{ dado}$$

A restrição $a = k + m$ será usada para substituir o estoque de capital, $k = a - m$, na equação de transição da variável de estado a. O hamiltoniano de valor corrente é, então, dado por:

$$H = u(c) + v(m) + \lambda \left[f(a - m) + \tau - c - \delta(a - m) - \pi m\right]$$

As condições de primeira ordem são as seguintes:

$$\frac{\partial H}{\partial c} = u'(c) - \lambda = 0$$

$$\frac{\partial H}{\partial m} = v'(m) + \lambda \left[f'(k)(-1) + \delta - \pi\right] = 0$$

$$\dot{\lambda} = \rho\lambda - \frac{\partial H}{\partial a} = \rho\lambda - \lambda \left[f'(k) - \delta\right]$$

$$\frac{\partial H}{\partial \lambda} = f(a - m) + \tau - c - \delta(a - m) - \pi m = \dot{a}$$

A solução ótima do problema tem de satisfazer à condição de transversalidade:

$$\lim_{t \to \infty} \lambda a e^{-\rho t} = 0$$

Capítulo 1

A primeira equação das condições de primeira ordem estabelece que a utilidade marginal do consumo seja igual à variável de coestado, $u'(c) = \lambda$. Da combinação das duas primeiras condições obtém-se a propriedade tradicional de que a taxa marginal de substituição entre consumo e moeda seja igual à taxa de juros nominal:

$$\frac{v'(m)}{u'(c)} = f'(k) - \delta + \pi$$

Governo

O governo nesta economia emite moeda e transfere (τ) os recursos da senhoriagem para a sociedade. A restrição orçamentária do governo é, então, dada por:

$$\tau = \frac{\dot{M}}{P}$$

A política monetária consiste em expandir o estoque nominal de moeda a uma taxa constante e igual a μ. A taxa de expansão da quantidade real de moeda é igual à diferença entre a taxa de expansão do estoque nominal de moeda e a taxa de inflação:

$$\dot{m} = m(\mu - \pi)$$

Equilíbrio no Mercado de Bens e Serviços

O mercado de bens e serviços está em equilíbrio quando a produção for igual ao dispêndio:

$$y = f(k) = c + \dot{k} + \delta k$$

O dispêndio tem dois componentes: o consumo e o investimento bruto.

Sistema Dinâmico

O sistema dinâmico do modelo desta economia é formado por três equações diferenciais, do consumo, do estoque de capital e da quantidade real de moeda. Isto é:

$$\dot{c} = \frac{u'(c)}{u''(c)} \left[\rho + \delta - f'(k) \right]$$

$$\dot{k} = f(k) - c - \delta k$$

$$\dot{m} = (\mu + \rho)m - \frac{mv'(m)}{u'(c)}$$

Este sistema dinâmico tem a propriedade de ser separável, isto é, as duas primeiras equações diferenciais podem ser resolvidas independentemente da última. No estado estacionário, $\dot{c} = 0, \dot{k} = 0$, o capital e o consumo não dependem da taxa de inflação:

$$f'(\bar{k}) - \delta = \rho; \bar{c} = f(\bar{k}) - \delta \bar{k}$$

No estado estacionário, a moeda neste modelo além de ser neutra é também superneutra. A moeda é neutra quando mudança do estoque nominal da moeda não afeta o produto real da economia. A moeda é superneutra quando uma mudança na taxa de expansão do estoque de moeda não afeta o produto real da economia.

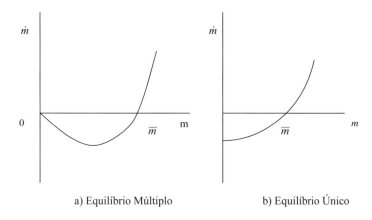

a) Equilíbrio Múltiplo   b) Equilíbrio Único

Figura 1.10

A solução da equação diferencial do estoque real de moeda pode ter um único equilíbrio estacionário ou dois equilíbrios, como desenhado na Figura 1.10. A unicidade ou não do equilíbrio estacionário depende do limite:

$$\lim_{m \to 0} mv'(m)$$

Quando o limite for positivo existe apenas um único equilíbrio, como mostra a Figura 1.10 b. Quando este limite for igual a zero, $m = 0$ é um equilíbrio estacionário do modelo, ou seja, nessa economia existe a possibilidade de que a moeda não tenha valor. Alguns autores denominam essa situação de bolha. Todavia, ela não é uma bolha propriamente dita, pois o valor dos serviços da moeda se aproxima de zero quando o estoque real de moeda tende para zero. Essa proposição torna-se fácil de compreender com a solução da equação diferencial do estoque real de moeda:

$$m(t) = \int_t^\infty e^{-(\mu+\rho)(x-t)} \frac{mv'(m)}{u'(c)} dx + Ce^{(\mu+\rho)t}$$

Capítulo 1

O segundo componente desta expressão é a solução de bolha, o primeiro é a solução de fundamentos. Logo, se $C = 0$ e o $\lim_{m \to 0}, mv'(m) = 0, m(t) = 0$ não é solução de bolha, e sim de fundamentos. Neste modelo o nível de preços inicial é uma variável endógena, e pode mudar de valor instantaneamente, de tal sorte que a quantidade real de moeda seja a quantidade de equilíbrio quando o estoque nominal de moeda seja um dado do problema.

3.2 Regra de Política Monetária: Controle da Taxa de Juros Nominal

A função utilidade do agente representativo depende do consumo (c) e do estoque real de moeda (m), de acordo com:

$$u(c, m), u_c > 0, u_m \geq 0$$

As utilidades marginais do consumo e da moeda são positivas. A função utilidade é côncava, e sua matriz hessiana é dada por:

$$H = \begin{bmatrix} u_{cc} & u_{cm} \\ u_{mc} & u_{mm} \end{bmatrix}$$

Admite-se que o consumo e a moeda são complementares, isto é, a utilidade marginal do consumo aumenta quando o estoque real de moeda aumenta. Como a função é côncava, as utilidades marginais do consumo e da moeda são decrescentes:

$$u_{cm} = u_{mc}, u_{cm} \geq 0, u_{cc} < 0, u_{mm} \leq 0$$

A concavidade da função utilidade implica que o determinante da matriz hessiana seja positivo:

$$|H| = u_{cc}u_{mm} - u_{cm}^2 \geq 0$$

O problema do agente representativo consiste, portanto, em maximizar

$$\int_0^\infty e^{-\rho t} u(c, m) dt$$

sujeito às restrições:

$$\dot{a} = f(k) + \tau - c - \delta k - \pi m$$

$$a = k + m$$

$$a(0) = a_0 \text{ dado}$$

O hamiltoniano de valor corrente é, então, dado por:

$$H = u(c, m) + \lambda \left[f(a - m) + \tau - c - \delta(a - m) - \pi m \right]$$

onde usou-se a restrição $a = k+m$ para eliminar-se a variável k. As condições de primeira ordem são as seguintes:

$$\frac{\partial H}{\partial c} = u_c - \lambda = 0$$

$$\frac{\partial H}{\partial m} = u_m + \lambda \left[f_k(-1) + \delta - \pi \right] = 0$$

$$\dot{\lambda} = \rho\lambda - \frac{\partial H}{\partial a} = \rho\lambda - \lambda \left[f_k(k) - \delta \right]$$

$$\frac{\partial H}{\partial \lambda} = f(a - m) + \tau - c - \delta(a - m) - \pi m = \dot{a}$$

A solução ótima do problema satisfaz à condição de transversalidade:

$$\lim_{t \to \infty} \lambda a e^{-\rho t} = 0$$

Regra de Política Monetária

O Banco Central fixa a taxa de juros nominal (R) adicionando à taxa de juros real a taxa de inflação:

$$R = f_k - \delta + \pi$$

Restrição Orçamentária do Governo

O governo emite moeda e transfere para a sociedade os recursos desta emissão:

$$\tau = \frac{\dot{M}}{P} = \frac{\dot{M}}{M} \frac{M}{P} = \mu m$$

Álgebra

A combinação das duas primeiras condições de primeira ordem estabelece que a taxa de substituição entre moeda e consumo seja igual à taxa de juros nominal:

$$\frac{u_m}{u_c} = R$$

Esta equação define implicitamente a equação de demanda de moeda: $m = L(c, R)$. A diferencial desta equação é obtida diferenciando-se a equação anterior. Isto é:

$$u_{mm}dm + u_{mc}dc = u_c dR + R u_{cm}dm + R u_{cc}dc$$

que pode ser escrita, depois de reagrupar seus termos, como:

$$(u_{mm} - Ru_{cm})\, dm = u_c dR + (Ru_{cc} - u_{mc})\, dc$$

Logo, a diferencial da equação de demanda de moeda, em termos percentuais, é dada por:

$$\frac{dm}{m} = \frac{u_c R}{(u_{mm} - Ru_{cm})m}\frac{dR}{R} + \left(\frac{Ru_{cc} - u_{mc}}{u_{mm} - Ru_{cm}}\right)\frac{c}{m}\frac{dc}{c}$$

Os coeficientes de dR/R e de dc/c são as elasticidades da quantidade real de moeda com relação à taxa de juros, $\varepsilon_{m,R}$, e ao consumo, $\varepsilon_{m,c}$:

$$\varepsilon_{m,R} = \frac{u_m}{(u_{mm} - Ru_{cm})m}$$

$$\varepsilon_{m,c} = \left(\frac{Ru_{cc} - u_{mc}}{u_{mm} - Ru_{cm}}\right)\frac{c}{m}$$

Na expressão da elasticidade da quantidade real de moeda com relação à taxa de juros levou-se em conta que $u_c R = u_m$. O valor absoluto desta elasticidade é igual a ξ. Isto é:

$$|\varepsilon_{m,R}| = \frac{u_m}{(u_{mm} - Ru_{cm})m} = \xi$$

A primeira equação da condição de primeira ordem estabelece que a utilidade marginal do consumo seja igual à variável de coestado λ:

$$u_c = \lambda$$

Derivando-se esta expressão com relação ao tempo, obtém-se:

$$u_{cc}\dot{c} + u_{cm}\dot{m} = \dot{\lambda}$$

Logo, a derivada da quantidade real de moeda com relação ao tempo é igual a:

$$\dot{m} = \frac{\dot{\lambda} - u_{cc}\dot{c}}{u_{cm}}$$

Derivando-se com relação ao tempo a equação que define implicitamente a equação de demanda de moeda, $u_m = Ru_c$, tem-se:

$$u_{mc}\dot{c} + u_{mm}\dot{m} = \dot{R}u_c + Ru_{cc}\dot{c} + Ru_{cm}\dot{m}$$

Reagrupando-se os termos desta expressão resulta:

$$(u_{mc} - Ru_{cc})\,\dot{c} + (u_{mm} - Ru_{cm})\,\dot{m} = u_c\dot{R}$$

Substituindo-se o valor da derivada da quantidade real de moeda com relação ao tempo, obtida anteriormente, nesta expressão, tem-se:

$$(u_{mc} - Ru_{cc})\dot{c} + (u_{mm} - Ru_{cm})\left(\frac{\dot{\lambda} - u_{cc}\dot{c}}{u_{cm}}\right) = u_c\dot{R}$$

Esta equação, depois de reagrupar os termos que multiplicam $\dot{c}$, pode ser reescrita como:

$$\left(u_{mc} - \frac{u_{mm}u_{cc}}{u_{cm}}\right)\dot{c} + \left(\frac{u_{mm} - Ru_{cm}}{u_{cm}}\right)\dot{\lambda} = u_c\dot{R}$$

Multiplicando-se ambos os lados da mesma por u_{cm} tem-se:

$$(u_{mc}u_{mc} - u_{mm}u_{cc})\dot{c} = (Ru_{cm} - u_{mm})\dot{\lambda} + u_c u_{cm}\dot{R}$$

Conclui-se, então, que a taxa de crescimento do consumo depende da taxa de crescimento da variável de coestado e da taxa de crescimento da taxa de juros nominal, de acordo com:

$$\frac{\dot{c}}{c} = \frac{(Ru_{cm} - u_{mm})u_c}{c(u_{cm}^2 - u_{mm}u_{cc})}\frac{\dot{\lambda}}{\lambda} + \frac{1}{c}\left(\frac{u_{cm}u_m}{u_{cm}^2 - u_{mm}u_{cc}}\right)\frac{\dot{R}}{R}$$

Colocando-se em evidência o termo que multiplica $\dot{\lambda}/\lambda$ resulta em:

$$\frac{\dot{c}}{c} = \frac{(Ru_{cm} - u_{mm})u_c}{c(u_{cm}^2 - u_{mm}u_{cc})}\left[\frac{\dot{\lambda}}{\lambda} + \frac{u_{cm}u_m}{(Ru_{cm} - u_{mm})u_c}\frac{\dot{R}}{R}\right]$$

Levando-se em conta que

$$\frac{\dot{\lambda}}{\lambda} = \rho - f_k + \delta, \text{ e } \frac{u_m}{Ru_{cm} - u_{mm}} = m\xi$$

a taxa de crescimento do consumo é igual a:

$$\frac{\dot{c}}{c} = \frac{(Ru_{cm} - u_{mm})u_c}{c(u_{cm}^2 - u_{mm}u_{cc})}\left[\rho - f_k + \delta + \xi\frac{u_{cm}m}{u_c}\frac{\dot{R}}{R}\right]$$

A elasticidade da utilidade marginal do consumo com relação à moeda é definida por:

$$\phi = \frac{u_{cm}m}{u_c} = \frac{\partial u_c}{\partial m}\frac{m}{u_c}$$

Logo, a taxa de crescimento do consumo pode ser escrita como:

$$\frac{\dot{c}}{c} = \frac{(Ru_{cm} - u_{mm})u_c}{c(u_{mm} - u_{cc}u_{cm}^2)}\left[f_k - \delta - \rho - \xi\phi\frac{\dot{R}}{R}\right]$$

Para simplificar a notação, o parâmetro $\sigma(c, m)$ é definido por:

$$\sigma(c, m) = \frac{(Ru_{cm} - u_{mm})u_c}{c(u_{mm}u_{cc} - u_{cm}^2)}$$

Capítulo 1

Sistema Dinâmico

O sistema dinâmico do modelo consiste, portanto, em duas equações diferenciais, uma do consumo e a outra do estoque de capital:

$$\frac{\dot{c}}{c} = \sigma(c,m)\left[f_k - \delta - \rho - \xi\phi\frac{\dot{R}}{R}\right]$$

$$\dot{k} = f(k) - \delta k - c$$

No estado estacionário desse sistema dinâmico, a taxa de juros real é igual a:

$$f_k - \delta = \rho + \xi\phi\frac{\dot{R}}{R}$$

Seja o parâmetro γ definido por:

$$\xi\phi\frac{\dot{R}}{R} = -\gamma$$

A taxa de crescimento da taxa de juros nominal é, portanto, igual a:

$$\frac{\dot{R}}{R} = -\frac{\gamma}{\xi\phi}$$

Logo, a taxa de juros real da economia é dada por:

$$f_k - \delta = \rho - \gamma$$

A política monetária pode escolher o parâmetro γ e afetar o estoque de capital equilíbrio da economia. A solução ótima desse modelo satisfaz a condição de transversalidade: $\lim_{t\to\infty} \lambda a e^{-\rho t} = 0$. Esta condição estabelece que a riqueza (a), avaliada em termos de utilidade (λa), pode crescer a uma taxa menor do que a taxa de preferência intertemporal (ρ). A taxa de crescimento da variável de coestado (λ) cresce a uma taxa igual a γ. Isto é:

$$\frac{\dot{\lambda}}{\lambda} = \rho - (f_k - \delta) = \rho - (\rho - \gamma) = \gamma$$

Logo, o parâmetro γ deve satisfazer a seguinte desigualdade:

$$\gamma < \rho$$

A conclusão que se chega é que a política monetária não é superneutra. O Banco Central pode escolher uma trajetória para a taxa de juros nominal e afetar o estoque de capital e o produto no estado estacionário da economia.

4. Ciclos Reais

O modelo de ciclos reais admite que mudanças do produto real e do emprego no ciclo econômico não são causadas por rigidez no sistema de preços, nem tampouco por choques nominais da política monetária. Os ciclos são causados por choques tecnológicos. Daí o nome real para esse modelo. As suas principais características são: i) as decisões dos agentes econômicos, consumidores, trabalhadores e empresários, baseiam-se em otimização intertemporal, com expectativas racionais; ii) o equilíbrio geral da economia é especificado; e iii) as propriedades qualitativas e quantitativas do modelo são analisadas e estudadas.

A função de produção

$$Y = AF(K, L)$$

é homogênea do primeiro grau nos fatores de produção, capital (K) e trabalho (L). A letra A representa os choques de tecnologia.

A função utilidade do agente representativo é separável, em consumo (C) e lazer (ℓ):

$$u(C) + v(\ell)$$

com as propriedades tradicionais destas funções.

O agente aloca seu tempo disponível $(\bar{t})$ entre trabalho (L) e lazer (ℓ):

$$L + \ell = \bar{t}$$

A renda (Y) do agente é gasta em consumo (C) e investimento, $I = \dot{K} + \delta K$, para aumento do estoque de capital $(\dot{K})$ e para repor o capital gasto (δK) no processo produtivo, onde δ é a taxa de depreciação. Isto é:

$$Y = C + I = C + \dot{K} + \delta K$$

O agente representativo resolve o seguinte problema:

$$\max \int_0^\infty e^{-\rho t} \left[u(C) + v(\ell) \right] dt$$

sujeito às seguintes restrições:

$$\dot{K} = AF(K, L) - C - \delta K$$

$$L + \ell = \bar{t}$$

$$K(0) = K_0, \text{ dado}$$

A restrição do tempo pode ser usada para substituir o lazer $(\ell = \bar{t} - L)$ na função utilidade. O hamiltoniano de valor corrente é, então, dado por:

$$H = u(C) + v(\bar{t} - L) + \lambda \left[AF(K, L) - C - \delta K \right]$$

As condições de primeira ordem são:

$$\frac{\partial H}{\partial C} = u_c - \lambda = 0$$

$$\frac{\partial H}{\partial L} = -v_\ell + \lambda AF_L = 0$$

$$\dot{\lambda} = \rho\lambda - \frac{\partial H}{\partial K} = \rho\lambda - \lambda\left(AF_K - \delta\right)$$

$$\frac{\partial H}{\partial \lambda} = AF(K,L) - C - \delta K = \dot{K}$$

A primeira condição estabelece que a variável de coestado seja igual à utilidade marginal do consumo. O agente a cada momento do tempo tem que alocar seu tempo entre lazer e trabalho. A segunda equação das condições de primeira ordem trata dessa escolha: a produtividade marginal do trabalho tem que ser igual à taxa marginal de substituição entre lazer e consumo. A terceira equação das condições de primeira ordem trata da escolha entre consumo e poupança: a taxa de preferência intertemporal deve ser igual à produtividade marginal líquida do capital adicionada ao ganho com a redução do consumo. A última equação das condições de primeira ordem reproduz a restrição orçamentária do agente.

A condição de transversalidade estabelece que o valor presente do capital, em termos de utilidade, seja igual a zero no futuro distante:

$$\lim_{t \to \infty} \lambda K e^{-\rho t} = 0$$

A solução desse problema é, então, dada pelo sistema de equações:

$$\begin{cases} u_c = \lambda \\ AF_L = \frac{v_\ell}{\lambda} \\ \dot{\lambda} = \lambda[\rho - AF_K + \delta] \\ \dot{K} = AF(K,L) - C - \delta K \\ L + \ell = \bar{t} \\ \lim_{t \to \infty} \lambda K e^{-\rho t} = 0 \end{cases}$$

A primeira equação, da igualdade entre a utilidade marginal do consumo e a variável de coestado, pode ser usada para substituí-la no sistema de equações. Essa substituição produz o seguinte sistema:

$$\begin{cases} AF_L = \frac{v_\ell}{u_c} \\ \dot{C} = \frac{u_c}{u_{cc}}[\rho - AF_K + \delta] \\ \dot{K} = AF(K,L) - C - \delta K \\ L + \ell = \bar{t} \\ \lim_{t \to \infty} u_c K e^{-\rho t} = 0 \end{cases}$$

Agente Representativo

A solução desse sistema será feita para o caso particular em que as funções de produção, de utilidade do consumo e utilidade do lazer têm as seguintes formas funcionais: $F(K,L) = K^\alpha L^{1-\alpha}; U(C) = \log C$; e $v(\ell) = \beta\ell$. As derivadas parciais destas funções são: $F_L = (1-\alpha)K^\alpha L^{-\alpha} = (1-\alpha)(K/L)^\alpha$, $F_K = \alpha K^{\alpha-1}L^{1-\alpha} = \alpha(K/L)^{\alpha-1}$, $u_c = 1/C$, e $v_\ell = \beta$. A produtividade marginal da mão de obra é igual à taxa marginal de substituição entre lazer e consumo:

$$AF_L = \frac{v_\ell}{u_c} \Rightarrow .A(1-\alpha)k^\alpha = \frac{\beta}{1/C}$$

onde k é a relação K/L. Segue-se, então, que o consumo depende da relação k de acordo com:

$$C = \frac{A(1-\alpha)}{\beta}k^\alpha$$

A taxa de crescimento do consumo, a derivada do logaritmo do consumo com relação ao tempo, é proporcional a taxa de crescimento da relação capital/mão de obra k:

$$\frac{\dot{C}}{C} = \alpha\frac{\dot{k}}{k}$$

A equação de Euler deste problema é dada por:

$$\dot{C} = \frac{1/C}{-1/C^2}\left[\rho - AF_K + \delta\right]$$

Logo, a combinação das duas últimas equações resulta na seguinte equação diferencial para k:

$$\frac{\dot{k}}{k} = \frac{1}{\alpha}\left[A\alpha k^{\alpha-1} - \rho - \delta\right]$$

Sistema Dinâmico

O sistema dinâmico deste modelo é formado pelas equações diferenciais:

$$\begin{cases} \dot{k} = Ak^\alpha - \frac{(\rho+\delta)}{\alpha}k \\ \dot{K} = AKk^{\alpha-1} - \frac{A(1-\alpha)}{\beta}k^\alpha - \delta K \end{cases}$$

A solução de equilíbrio estacionário, $\dot{k} = \dot{K} = 0$, deste sistema é dada por:

$$\bar{k} = \left(\frac{\alpha A}{\rho+\delta}\right)^{\frac{1}{1-\alpha}}; \bar{K} = \frac{\alpha(1-\alpha)A}{\beta[\rho+(1-\alpha)\delta]}\left(\frac{\alpha A}{\rho+\delta}\right)^{\frac{\alpha}{1-\alpha}}$$

O equilíbrio estacionário do número de horas trabalhadas, $\bar{L} = \bar{K}/\bar{k}$, independe do parâmetro A que representa progresso tecnológico:

$$\bar{L} = \frac{(1-\alpha)(\rho+\delta)}{\beta[\rho+(1-\alpha)\delta]}$$

A matriz jacobiana do sistema dinâmico é igual a:

$$J = \begin{bmatrix} \frac{\partial \dot{k}}{\partial k} & \frac{\partial \dot{k}}{\partial K} \\ \frac{\partial \dot{K}}{\partial k} & \frac{\partial \dot{K}}{\partial K} \end{bmatrix} = \begin{bmatrix} \alpha A k^{\alpha-1} - \frac{\rho+\delta}{\alpha} & 0 \\ (\alpha-1)AKk^{\alpha-2} - \frac{A\alpha(1-\alpha)}{\beta} & Ak^{\alpha-1} - \delta \end{bmatrix}$$

O determinante desta matriz, no ponto de equilíbrio estacionário, é dado por:

$$|J| = \left(\alpha A k^{\alpha-1} - \frac{\rho+\delta}{\alpha}\right)\left(Ak^{\alpha-1} - \delta\right) = -\frac{(1-\alpha)}{\alpha^2}(\rho+\delta)(\rho + (1-\alpha)\delta) < 0$$

Conclui-se, portanto, que o ponto de equilíbrio estacionário deste modelo é um ponto de sela.

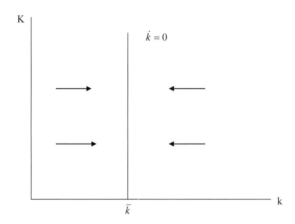

Figura 1.11

A Figura 1.11 contém o diagrama de fases da equação diferencial de k. Quando $\dot{k} = 0, k = \bar{k}$. Para valores de k maiores do que $\bar{k}$, k diminui, ocorrendo o contrário para valores inferiores, como indicado nas setas da Figura 1.11.

A Figura 1.12 mostra o diagrama de fases da equação diferencial de K. Quando $\dot{K} = 0$, tem-se que:

$$K = \frac{A(1-\alpha)k^{\alpha}}{\beta[Ak^{\alpha-1} - \delta]}$$

As setas da Figura 1.12 mostram que para pontos acima desta curva K aumenta, ocorrendo o contrário para pontos abaixo da curva.

A Figura 1.13 contém o diagrama de fases do modelo. A trajetória da sela SS mostra que, para um dado valor inicial do estoque de capital, a economia converge para o estado estacionário.

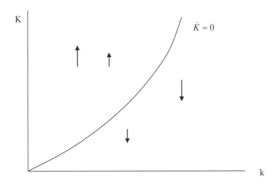

Figura 1.12

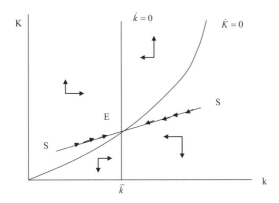

Figura 1.13

Experimentos

No modelo de ciclos reais o ciclo econômico é gerado pelo progresso tecnológico. Um choque tecnológico positivo aumenta o parâmetro A. Um choque tecnológico negativo diminui o parâmetro A. O choque positivo deve-se a avanços na tecnologia que aumenta as produtividades dos fatores de produção. Os choques negativos devem ser entendidos como restrições, em grande parte devido a razões políticas, que impedem o uso eficiente dos recursos, pois não faz o mínimo sentido imaginar-se que a sociedade desaprendeu o que sabia fazer. Para analisar as consequências de mudanças no parâmetro tecnológico A podem-se fazer exercícios de dinâmica comparativa, com mudanças permanentes ou transitórias, antecipadas ou não. A Figura 1.14 trata de um aumento permanente, não antecipado, no parâmetro A.

Capítulo 1

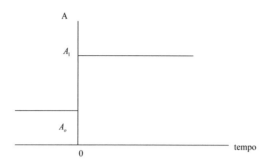

Figura 1.14

A Figura 1.15 descreve o exercício de dinâmica comparativa. O equilíbrio inicial do sistema era no ponto E_0. O gráfico desta figura não mostra as curvas que passavam por este ponto para não sobrecarregá-la. Quando ocorre a mudança tecnológica as curvas de $\dot{k}=0$ e de $\dot{K}=0$ deslocam-se e passam agora pelo ponto E_f. O capital inicial era aquele que havia no ponto de equilíbrio inicial. A trajetória de sela SS leva a economia ao novo equilíbrio estacionário, pois somente esta trajetória satisfaz a condição de transversalidade. Neste novo equilíbrio, tanto o estoque de capital como a relação capital/mão de obra aumentam. Todavia, no novo equilíbrio estacionário o número de horas trabalhadas continua exatamente igual ao número de horas trabalhadas no antigo equilíbrio. Isto é, na Figura 1.15 deve-se ter: $\bar{K}(1)/\bar{k}(1) = \bar{K}(0)/\bar{k}(0) = \bar{L}$. Durante o processo de ajuste, o número de horas trabalhadas não permanece constante. Inicialmente o número de horas trabalhadas aumenta, pois a relação k diminui. Ao longo do tempo, o número de horas trabalhadas diminui, até voltar ao seu equilíbrio estacionário.

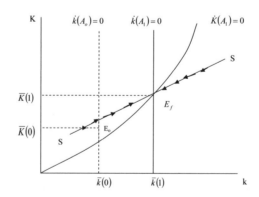

Figura 1.15

A Figura 1.16 trata de uma mudança transitória no parâmetro A que representa o progresso tecnológico. Decorridos um período T o parâmetro A volta ao seu antigo valor. A Figura 1.17 mostra a dinâmica do sistema diante desse choque. A curva $\dot{K}(A_0) = 0$ não está desenhada na Figura 1.17, para não sobrecarregá-la. A economia no instante T tem que estar na sela SS, caso contrário ela não convergirá para o equilíbrio estacionário. Inicialmente a relação k aumenta, isto é, o número de horas trabalhadas diminui, a poupança aumenta e o estoque de capital também aumenta. A partir do instante T o estoque de capital e a relação capital/mão de obra começam a diminuir. No longo prazo, a economia volta ao seu antigo equilíbrio estacionário.

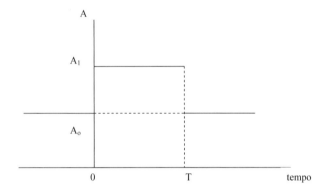

Figura 1.16

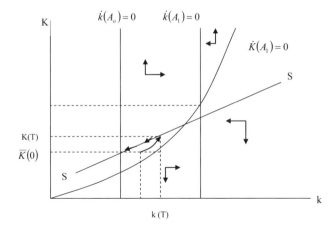

Figura 1.17

Capítulo 1

Ciclos Reais Numa Economia com Governo

Quando o governo é introduzido no modelo de ciclos reais a única mudança no sistema dinâmico é a variável que representa os gastos do governo (g). Ela entra na equação diferencial do estoque de capital K, pois neste caso o dispêndio inclui, além do consumo e do investimento, os gastos do governo. O sistema dinâmico é, então, dado pelas duas equações diferenciais:

$$\begin{cases} \dot{k} = Ak^\alpha - \frac{(\rho+\delta)}{\alpha} \\ \dot{K} = AKk^{\alpha-1} - \frac{A(1-\alpha)}{\beta}k^\alpha - g - \delta K \end{cases}$$

Neste modelo, mudanças nos gastos do governo alteram o equilíbrio da economia. As mudanças podem ser permanentes ou não, não antecipadas ou anunciadas. Portanto, os ciclos da economia podem ser causados não somente pela tecnologia, mas também pela política fiscal.

5. Exercícios

1) O agente representativo maximiza

$$\int_0^\infty \beta(t)u(c)dt$$

sujeito às seguintes restrições:

$$\dot{a} = ra + y - c$$

$$a(0) = a_0 \text{ dado}$$

onde $\beta(t)$ é o fator de desconto do agente. Admita que para $s > 0$, o agente decide maximizar

$$\int_s^\infty \beta(t-s)u(c)dt$$

sujeito às seguintes restrições:

$$\dot{a} = ra + y - c$$

$$a(s) = a_s \text{ dado}$$

Qual é a condição que o fator de desconto $\beta(\tau)$ tem que satisfazer para que a solução dos dois problemas seja a mesma?

2) O agente representativo maximiza

$$\int_0^\infty e^{-\rho t} \left[u(c) + v(m)\right] dt$$

Agente Representativo

sujeito à restrição:

$$y + \tau = c + \frac{\dot{M}}{P}$$

$$M(0) \text{ dado}$$

onde os símbolos têm o seguinte significado: $c =$ consumo; $m = M/P =$ encaixe real de moeda; $y =$ renda; $\tau =$ transferências do governo; $M =$ estoque nominal de moeda; $\dot{M} = dM/dt$; $P =$ nível de preço.

a) Derive as condições de primeira ordem deste problema.

b) Analise o equilíbrio e a dinâmica deste modelo com a variável de coestado (λ) no eixo vertical e a quantidade real de moeda no eixo horizontal.

c) Repita o item anterior, com o consumo no eixo vertical, ao invés da variável de coestado, e a quantidade real de moeda no eixo horizontal.

3) Adicione ao modelo da questão anterior, as seguintes hipóteses

$$\text{Governo} : \tau = \frac{\dot{M}}{P}$$

$$\text{Equilíbrio no Mercado de Bens e Serviços} : c = y$$

a) Suponha que a política monetária mantenha a taxa de crescimento do estoque de moeda constante, $\mu = \dot{M}/M$. Pode haver hiperinflação? Pode haver hiperdeflação?

b) Suponha que a política monetária e fiscal seja tal que:

$$\frac{\dot{M}}{P} = \text{constante}$$

Pode haver hiperinflação neste modelo? Pode haver hiperdeflação neste modelo?

4) Admita que a restrição prévia de liquidez (CIA $=$ *cash in advance constraint*, em inglês) seja dada por:

$$M(t) \geq F(\theta) = \int_t^{t+\theta} C(s)ds$$

a) Mostre que uma expansão de Taylor da função $F(\theta)$ pode ser expressa por:

$$F(\theta) = F(0) + F'(0)\theta + \frac{F''(0)}{2}\theta^2 + \cdots = C(t)\theta + \frac{\dot{C}(t)}{2}\theta^2 + \cdots$$

b) Mostre que a restrição prévia de liquidez pode ser expressa, de forma aproximada, por:

$$M(t) \geq \theta C(t)$$

Capítulo 1

5) O agente representativo maximiza

$$\int_0^\infty e^{-\rho t} u(c) dt$$

sujeito às restrições:

$$\dot{a} = f(k) + \tau - c - \delta k - \pi m$$

$$m \geq c$$

$$k(0) e M(0) \text{ dados}$$

a) Derive as condições de primeira ordem deste problema.
b) A moeda é super neutra neste modelo?

6) O agente representativo maximiza

$$\int_0^\infty e^{-\rho t} u(c) dt$$

sujeito às restrições

$$f(k) + \tau = c + \dot{k} + \delta k + \frac{\dot{M}}{P}$$

$$m \geq c + \dot{k} + \delta k$$

$$k(0) e M(0) \text{ dados}$$

A segunda restrição deste modelo, a restrição prévia de liquidez, supõe que há necessidade de moeda para comprar tanto os bens de consumo como os bens de capital.
a) Derive as condições de primeira ordem deste problema.
b) A moeda é neutra?
c) A moeda é super neutra?

7) O agente representativo maximiza

$$\int_0^\infty e^{-\rho t} \left[u(c) + v(m) \right] dt$$

sujeito às restrições:

$$(1 - \tau)(rb + y) = c + \frac{\dot{B}}{P} + \frac{\dot{M}}{P}$$

$$m(0) \text{ e } b(0) \text{ dados}$$

No equilíbrio do mercado de bens e serviços o produto é igual ao dispêndio:

$$y = c + g$$

Agente Representativo

A restrição orçamentária do governo é dada por:

$$g + rb - \tau(rb + y) = \frac{\dot{M}}{P} + \frac{\dot{B}}{P}$$

O Banco Central aumenta o estoque nominal de moeda a uma taxa constante e a equação diferencial do estoque real de moeda é dada por:

$$\dot{m} = m(\mu - \pi), \mu = \bar{\mu} = \text{constante}$$

a) Mostre, num diagrama de fases, com $b(= B/P)$ no eixo vertical e $m(= M/P)$ no eixo horizontal, o equilíbrio e a dinâmica do modelo.
b) Analise, no diagrama de fases do item anterior, o seguinte experimento: no instante zero, o Banco Central reduz a taxa de expansão monetária de μ_0 para μ_1. Depois de um intervalo de tempo, digamos T, quando a dívida pública atingir seu teto superior (b^s), o Banco Central tem que mudar a política monetária para acomodar o déficit público. O que acontece com a taxa de inflação no instante zero?

8) Num modelo de agente representativo com títulos públicos, a seguinte condição de transversalidade deve ser satisfeita:

$$\lim_{T \to \infty} \lambda b e^{-\rho T} = 0$$

onde λ é a variável de coestado e b é o estoque real da dívida pública.
a) Suponha que $\dot{b} = f + \rho b$, onde f é o déficit primário. Mostre que:

$$b(T) = b(T)e^{\rho T} + \left[\int_t^T f e^{-\rho s} ds \right] e^{\rho T}$$

b) Admita que f seja constante. Mostre que:

$$\lim_{T \to \infty} \lambda b e^{-\rho T} \neq 0$$

c) Suponha que

$$g - \tau + rb = \dot{b} = f = \text{constante}$$

onde, agora f é o déficit real. Mostre que $b(T) - b(t) = fT$ e que, portanto,

$$\lim_{T \to \infty} \lambda b e^{-\rho T} = 0$$

d) Qual a conclusão que você chega com os itens b e c?

9) Considere o modelo de ciclos reais com governo. O sistema dinâmico deste modelo é dado por:

$$\dot{k} = Ak^\alpha - \frac{(\rho + \delta)}{\alpha}$$

$$\dot{K} = AKk^{\alpha-1} - \frac{A(1-\alpha)}{\beta}k^{\alpha} - g - \delta K$$

a) Analise uma mudança permanente, não antecipada, nos gastos do governo.

b) Analise uma mudança permanente, antecipada, nos gastos do governo.

c) Analise uma mudança transitória, não antecipada, nos gastos do governo.

d) Analise uma mudança transitória, antecipada, nos gastos do governo.

10) O agente representativo maximiza

$$\int_0^{\infty} e^{-\rho t} u(c) dt$$

sujeito à restrição:

$$\dot{k} = f(k) - (n+\delta)k - c$$

A população cresce a uma taxa igual a n e, por simplicidade, normaliza-se a população inicial igual a um.

a) A produtividade marginal líquida neste modelo é igual a taxa de preferência intertemporal?

b) Por que se obtém este resultado no item anterior?

Capítulo 2: Agente Representativo na Economia Aberta

Este capítulo trata do calcanhar de aquiles do modelo do agente representativo: a economia aberta. A primeira seção discute a questão de agregação dos bens numa economia aberta. A segunda seção mostra que numa economia aberta pequena o modelo do agente representativo necessita de hipóteses casuísticas, de plausibilidade discutível, para que haja equilíbrio estacionário no mesmo. A terceira seção analisa o modelo no qual a taxa de preferência intertemporal é variável. A quarta seção trata do modelo em que a taxa de juros tem um prêmio de risco. A quinta seção deduz a curva IS para uma economia pequena e aberta num modelo de agente representativo que supõe mercados financeiros completos.

1. Agregação de Bens

Numa economia aberta existe mobilidade de bens e serviços, que são objetos de troca no comércio internacional entre os países. Os modelos da economia aberta devem, portanto, especificar os tipos de bens e serviços que caracterizam a economia. Na literatura existem dois tipos de estruturas, uma de inspiração keynesiana e outra da economia dependente de inspiração australiana. A Tabela 2.1 descreve essas estruturas. Existem dois bens, o bem X e o bem Y. No modelo keynesiano um dos bens é doméstico e o outro importado. O bem doméstico também é exportado. No modelo da economia dependente um bem é comercializável e o outro não é objeto do comércio internacional, pois o custo de transporte do mesmo é proibitivo. A primeira questão que tem de ser analisada nos modelos da economia aberta é como agregar esses bens.

Capítulo 2

Tabela 2.1

Modelos	Bem X	Bem Y
Keynesiano	Doméstico	Importado
Economia dependente	Comercializável	Não comercializável

Admita-se que existam dois bens, X e Y. Os consumos destes dois bens são representados, respectivamente, por C_x e C_y. O consumo agregado C será calculado pela função de agregação $F(C_x, C_y) = C$. O nível de preços P deve ser determinado de tal sorte que a restrição orçamentária $PC = P_x C_x + P_y C_y$ seja satisfeita. Para determinar o nível de preços, o seguinte problema deve ser resolvido. Minimizar

$$E = P_x C_x + P_y C_y$$

sujeito à seguinte restrição:

$$F(C_x, C_y) = C$$

O lagrangiano deste problema é dado por:

$$L = P_x C_x + P_y C_y + \lambda \left[C - F(C_x, C_y) \right]$$

onde λ é o multiplicador de Lagrange. As condições de primeira ordem para o mínimo são:

$$\frac{\partial L}{\partial C_x} = P_x - \lambda \frac{\partial F}{\partial C_x} = 0$$

$$\frac{\partial L}{\partial C_y} = P_y - \lambda \frac{\partial F}{\partial C_y} = 0$$

Quando se divide uma equação pela outra, para eliminar-se o multiplicador de Lagrange, conclui-se que o preço relativo é igual à taxa marginal de substituição dos dois bens. Esta equação, juntamente com a equação de agregação, forma um sistema de duas equações com duas incógnitas:

$$\begin{cases} \dfrac{P_x}{P_y} = \dfrac{\dfrac{\partial F}{\partial C_x}}{\dfrac{\partial F}{\partial C_y}} \\ C = F(C_x, C_y) \end{cases}$$

Na solução deste sistema os consumos dos dois bens dependem, então, do preço relativo e do consumo agregado:

$$\begin{cases} C_y = C_y \left(P_x/P_y, C \right) \\ C_x = C_x \left(P_x/P_y, C \right) \end{cases}$$

Substituindo-se estas duas equações na função objetivo tem-se que o dispêndio mínimo é dado por:

$$E = P_x C_x \left(P_x/P_y, C \right) + P_y C_y \left(P_x/P_y, C \right)$$

O dispêndio total é igual ao produto do consumo agregado pelo nível de preços: $E = PC$. Quando $C = 1 \Rightarrow P = E$. Logo, o nível de preços é obtido fazendo-se $C = 1$ na equação de dispêndio mínimo:

$$P = P_x C_x \left(P_x/P_y, 1 \right) + P_y C_y \left(P_x/P_y, 1 \right)$$

Exemplo: Função Cobb-Douglas

Admita-se que a função de agregação seja uma função Cobb-Douglas:

$$C = C_x^\alpha C_y^\beta$$

O preço relativo deve ser igual a taxa marginal de substituição:

$$\frac{P_x}{P_y} = \frac{\frac{\partial F}{\partial C_x}}{\frac{\partial F}{\partial C_y}} = \frac{\alpha C_x^{\alpha-1} C_y^\beta}{\beta C_x^\alpha C_y^{\beta-1}} = \frac{\alpha C_y}{\beta C_x}$$

Esta equação juntamente com a equação de agregação resulta nas equações de consumo de cada bem:

$$C_x = \left(\frac{\alpha}{\beta} \right)^{\frac{\beta}{\alpha+\beta}} \left(\frac{P_x}{P_y} \right)^{\frac{\beta}{\alpha+\beta}} C^{\frac{1}{\alpha+\beta}}$$

$$C_y = \left(\frac{\beta}{\alpha} \right)^{\frac{\alpha}{\alpha+\beta}} \left(\frac{P_x}{P_y} \right)^{\frac{\alpha}{\alpha+\beta}} C^{\frac{1}{\alpha+\beta}}$$

Substituindo-se estas duas equações na equação de dispêndio, e fazendo-se $C = 1$, obtém-se o nível de preços associado à função Cobb-Douglas:

$$P = E(C = 1) = \left(\frac{\alpha}{\beta} \right)^{\frac{\beta}{\alpha+\beta}} P_x \left(\frac{P_x}{P_y} \right)^{\frac{\beta}{\alpha+\beta}} + \left(\frac{\beta}{\alpha} \right)^{\frac{\beta}{\alpha+\beta}} P_y \left(\frac{P_x}{P_y} \right)^{\frac{\beta}{\alpha+\beta}}$$

O nível de preços é, também, um índice geométrico do tipo Cobb-Douglas:

$$P = \gamma P_x^{\frac{\alpha}{\alpha+\beta}} P_y^{\frac{\beta}{\alpha+\beta}} ; \gamma = \left(\frac{\alpha+\beta}{\alpha} \right) \left(\frac{\alpha}{\beta} \right)^{\frac{\beta}{\alpha+\beta}}$$

Utilidade do Agente Representativo

No modelo do agente representativo o bem-estar do mesmo é medido por uma função utilidade que depende do consumo agregado:

$$u = u(C)$$

O consumo agregado, por sua vez, é obtido por uma função que agrega os dois bens,

$$C = F(C_x, C_y)$$

A esta função de agregação está associado um nível de preços tal que a seguinte relação seja válida:

$$PC = P_x C_x + P_y C_y$$

2. Taxa de Preferência Intertemporal Constante

Numa economia aberta pequena o agente representativo maximiza o valor presente do fluxo de utilidades,

$$\int_0^\infty e^{-\rho t} u(c) dt$$

sujeito à restrição orçamentária:

$$\dot{a} = ra + y - c$$

A receita dos investimentos financeiros (ra) mais a renda de outras fontes (y) menos os gastos de consumo (c) é igual a variação do patrimônio $(\dot{a})$ do agente. O valor inicial do seu patrimônio, que pode ser positivo ou negativo, é dado. Isto é:

$$a(0) = a_0 \text{ dado}$$

A taxa de juros numa economia aberta pequena é determinada pelo mercado financeiro internacional e esse país não tem condição de alterá-la. O país tanto pode ser um credor líquido como um devedor líquido.

O hamiltoniano de valor corrente é dado por:

$$H = u(c) + \lambda(ra + y - c)$$

As condições de primeira ordem deste problema são:

$$\frac{\partial H}{\partial c} = \frac{\partial u}{\partial c} - \lambda = 0$$

$$\dot{\lambda} = \rho\lambda - \frac{\partial H}{\partial a} = \rho\lambda - \lambda r$$

$$\frac{\partial H}{\partial \lambda} = ra + y - c = \dot{a}$$

e a seguinte condição de transversalidade deve ser satisfeita:

$$\lim_{t \to \infty} \lambda a e^{-rt} = 0$$

Álgebra

Derivando-se $u'(c) = \lambda$ com relação ao tempo obtém-se $u''(c)\dot{c} = \dot{\lambda}$. Dividindo-se esta expressão pela precedente resulta:

$$\frac{u''(c)}{u'(c)}\dot{c} = \frac{\dot{\lambda}}{\lambda} = \rho - r$$

Admitindo-se, para simplificar, que a função utilidade tenha elasticidade de substituição constante a equação diferencial do consumo é, então, dada por:

$$\dot{c} = \sigma c (r - \rho)$$

Sistema Dinâmico

As duas equações diferenciais deste modelo formam o seguinte sistema dinâmico:

$$\begin{cases} \dot{c} = \sigma c \, (r - \rho) \\ \dot{a} = ra + y - c \end{cases}$$

A matriz jacobiana é dada por:

$$J = \begin{bmatrix} \frac{\partial \dot{c}}{\partial c} & \frac{\partial \dot{c}}{\partial a} \\ \frac{\partial \dot{a}}{\partial c} & \frac{\partial \dot{a}}{\partial a} \end{bmatrix} = \begin{bmatrix} 0 & 0 \\ -1 & r \end{bmatrix}$$

O determinante desta matriz é igual a zero:

$$|J| = 0$$

Este fato significa dizer que uma das raízes é igual a zero, produzindo o fato conhecido na literatura pelo nome de raiz unitária. Esse sistema dinâmico somente tem um equilíbrio estacionário se, por acaso, a taxa de preferência intertemporal do agente representativo for igual à taxa de juros internacional. Caso elas sejam diferentes existem duas possibilidades. Quando a taxa de juros internacional for menor do que a taxa de preferência intertemporal é vantajoso para os agentes tomarem emprestado no mercado financeiro internacional para financiar o consumo. Todavia, este comportamento não será sustentável no longo prazo, pois a dívida cresce indefinidamente. Na segunda possibilidade, quando a taxa de juros internacional for maior do que a taxa de preferência intertemporal o país prefere postergar o consumo, poupar e aplicar seus recursos no mercado financeiro internacional, tornando-se um país credor. Todavia, não há nenhum mecanismo que impeça esse país de se tornar dono do mundo, eventualmente deixando de ser um país pequeno. A conclusão que se chega é de que o modelo do agente representativo é incapaz de ser aplicado numa economia aberta pequena, a menos que se esteja disposto a introduzir alguma hipótese sem microfundamentos, como, por exemplo, uma taxa de preferência intertemporal variável função do consumo ou um prêmio na taxa de juros que dependa do estoque da dívida externa.

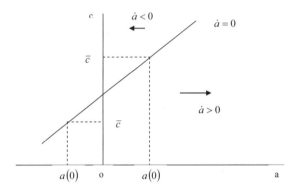

Figura 2.1

A Figura 2.1 contém o diagrama de fases da equação diferencial da riqueza financeira. As setas indicam o que acontece com o movimento desta variável quando ela está fora de equilíbrio. Quando, por acaso, a taxa de juros internacional for igual à taxa de preferência intertemporal o consumo é constante. A Figura 2.1 mostra dois casos. Num o país é credor internacional e no outro é devedor.

Experimento

A Figura 2.2 trata de um exercício de dinâmica comparativa, supondo-se um aumento não antecipado e transitório da renda do agente representativo. O consumo sofre uma mudança instantânea, no momento da mudança da renda, e permanecerá neste novo nível indefinidamente. Parte do aumento transitório da renda será poupada, e o agente terá um aumento permanente do seu patrimônio. Toda a dinâmica de ajuste está descrita na Figura 2.3.

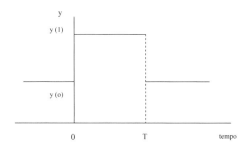

Figura 2.2

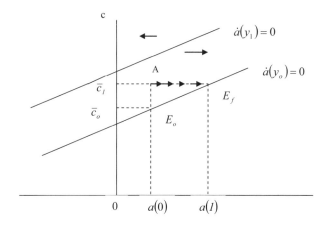

Figura 2.3

3. Taxa de Preferência Intertemporal Variável

O modelo do agente representativo numa economia aberta pequena somente tem equilíbrio estacionário quando se admite a hipótese implausível de igualdade das taxas de preferência intertemporal e de juros externa. Uma solução possível para esse problema seria admitir-se que a taxa de desconto, ao invés de constante, dependa de alguma variável. Uma candidata natural para esta variável seria o consumo. O agente representativo maximizaria, então, o valor presente do fluxo de utilidade descontado por uma taxa $\rho(c)$

que depende do consumo:

$$\int_0^\infty e^{-\int_0^t \rho(c)ds} u(c)dt$$

sujeito às seguintes restrições:

$$\dot{a} = ra + y - c$$

$$a(0) = a_0 \text{ dado}$$

A solução do problema de controle ótimo do agente representativo torna-se mais fácil introduzindo-se uma nova variável de estado, definida por:

$$S = \int_0^t \left[\rho(c) - r\right] ds$$

A derivada de S com relação ao tempo é igual a:

$$\dot{S} = \rho(c) - r$$

O valor presente do fluxo de utilidade pode ser reescrito como:

$$\int_0^\infty e^{-rt} e^{-\left[\int_0^t [\rho(c)-r]\right]ds} u(c)dt = \int_0^\infty e^{-rt} e^{-S} u(c)dt$$

O problema do agente representativo consiste, portanto, em maximizar

$$\int_0^\infty e^{-rt} e^{-S} u(c)dt$$

sujeito às seguintes restrições:

$$
\begin{aligned}
\dot{a} &= ra + y - c \\
\dot{S} &= \rho(c) - r \\
a(0) &= a_0 \text{ dado} \\
S(0) &= 0 \text{ dado}
\end{aligned}
$$

O hamiltoniano de valor corrente tem a seguinte expressão:

$$H = e^{-S} u(c) + \lambda \left(ra + y - c\right) + \mu \left(\rho(c) - r\right)$$

onde λ e μ são variáveis de coestado. As condições de primeira ordem para a solução deste problema são:

$$
\begin{aligned}
\frac{\partial H}{\partial c} &= e^{-S} u_c - \lambda + \mu \rho_c = 0 \\
\dot{\lambda} &= r\lambda - \frac{\partial H}{\partial a} = r\lambda - \lambda r = 0 \\
\dot{\mu} &= r\mu - \frac{\partial H}{\partial S} = r\mu + e^{-S} u(c)
\end{aligned}
$$

Agente Representativo na Economia Aberta

$$\frac{\partial H}{\partial \lambda} = ra + y - c = \dot{a}$$

$$\frac{\partial H}{\partial \mu} = \dot{S} = \rho(c) - r$$

A hipótese de que $\rho(c) > 0$ implica que a variável de coestado μ seja negativa. A segunda derivada da função $\rho(c)$ com relação ao consumo ρ_{cc} deve ser positiva para que o hamiltoniano seja máximo com relação ao consumo. A solução desse sistema de equações pode ser simplificada introduzindo-se duas variáveis que permitem eliminar a variável S do sistema de equações. Elas são definidas por:

$$\Gamma = \lambda e^S$$

$$M = \mu e^S$$

Álgebra

Derivando-se $\Gamma = \lambda e^S$ e $M = \mu e^S$ com relação ao tempo, obtém-se:

$$\dot{\Gamma} = \dot{\lambda} e^S + \lambda e^S \dot{S} = \Gamma \left[\rho(c) - r \right]$$

$$\dot{M} = \dot{\mu} e^S + \mu e^S \dot{S} = u(c) + M\rho(c)$$

A primeira equação das condições de primeira ordem pode ser escrita como:

$$\Gamma = u_c + M\rho_c$$

Derivando-se esta expressão com relação ao tempo, resulta:

$$\dot{\Gamma} = u_{cc}\dot{c} + \dot{M}\rho_c + M\rho_{cc}\dot{c}$$

Substituindo-se os valores de $\dot{\Gamma}, \dot{M}$ e M nesta expressão, obtém-se, depois de algumas simplificações, a seguinte equação diferencial para o consumo:

$$\dot{c} = \alpha\left(c, \Gamma\right) \left[\rho\left(c, \Gamma\right) - r\right]$$

onde

$$\alpha\left(c, \Gamma\right) = \frac{\Gamma}{u_c c} + \frac{\Gamma - u_c}{\rho_c}\rho_{cc}$$

$$\rho\left(c, \Gamma\right) = \rho(c) \left(\frac{u_c - \rho_c u(c)/\rho(c)}{\Gamma} \right)$$

O coeficiente $\alpha(c, \Gamma)$ é negativo e a derivada parcial de $\rho(c, \Gamma)$ com relação ao consumo também é negativa. Quando a taxa de desconto ρ for constante tem-se o resultado tradicional: $\alpha(c, \Gamma) = u_c/u_{cc}$ e $\rho(c, \Gamma) = \rho$.

Capítulo 2

Sistema Dinâmico

O sistema dinâmico do modelo do agente representativo, com taxa de preferência intertemporal variável, é formado pelas três equações diferenciais:

$$\dot{\Gamma} = \Gamma\left[\rho(c) - r\right]$$
$$\dot{c} = \alpha\left(c, \Gamma\right)\left[\rho\left(c, \Gamma\right) - r\right]$$
$$\dot{a} = ra + y - c$$

A primeira equação mostra que qualquer discrepância entre a taxa de preferência intertemporal e a taxa de juros produz mudança na utilidade marginal da riqueza (Γ). A segunda equação afirma que variações do consumo dependem da diferença entre a taxa $\rho(c,\Gamma)$ e a taxa de juros, e não da comparação da taxa de preferência intertemporal com a taxa de juros. No equilíbrio estacionário a taxa $\rho(c,\Gamma)$ é igual à taxa de preferência intertemporal. A terceira equação é a restrição orçamentária do agente em termos de fluxos. As duas primeiras equações não dependem da variável de estado a e formam, portanto, um sistema de duas equações diferenciais. O ponto de equilíbrio estacionário desse modelo é dado por:

$$\rho\left(\bar{c}\right) = r$$

$$\bar{\Gamma} = u_c(\bar{c}) - \frac{U(\bar{c})\rho_c(\bar{c})}{r}$$

O determinante da matriz jacobiana deste sistema, no ponto de equilíbrio estacionário, é igual a:

$$|J| = \frac{r\Gamma\rho_c}{u_{cc} - \frac{u\rho_{cc}}{r}}$$

Admitindo-se que $\rho_{cc} > 0, u > 0, u_{cc} < 0$, segue-se que $|J| < 0$ se $\rho_c > 0$. Logo, o ponto de equilíbrio estacionário é um ponto de sela.

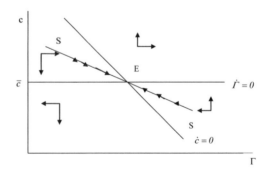

Figura 2.4

A Figura 2.4 mostra o diagrama de fases do modelo. Nesta figura, o eixo vertical mede o consumo e o eixo horizontal a variável Γ. A curva $\dot{\Gamma}=0$ é horizontal porque $\rho(c)=r$. Quando $\dot{c}=0$, $\rho(c,\Gamma)=r$. É fácil verificar-se que nesta curva $\partial c/\partial \Gamma < 0$. A sela SS é negativamente inclinada.

A Figura 2.5 contém a curva da taxa de preferência intertemporal, com as hipóteses de que $\rho_c > 0$ e $\rho_{cc} > 0$. Dado a taxa de juros internacional, esta curva determina o consumo correspondente ao equilíbrio estacionário. Para que o modelo tenha um ponto de sela, a taxa de preferência intertemporal deve aumentar quando o consumo aumenta. Isto significa dizer que o rico deve ser mais impaciente do que o pobre. Essa hipótese contraria o senso comum, pois se imagina que as pessoas pobres devem ser mais impacientes do que as pessoas mais ricas. A conclusão que se chega é de que o modelo do agente representativo, numa economia aberta pequena, não pode ser resgatado com a hipótese de uma taxa de preferência intertemporal variável com o consumo.

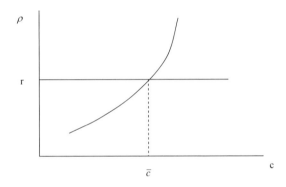

Figura 2.5

4. Prêmio de Risco na Taxa de Juros

Na seção anterior, mostrou-se que a taxa de preferência intertemporal variável, dependendo do consumo, não é uma solução satisfatória para o modelo do agente representativo numa economia pequena aberta. Uma solução alternativa é admitir-se que exista um prêmio na taxa de juros externa e que este prêmio dependa de alguma variável do modelo. Seja r^* a taxa de juros real internacional, b o estoque da dívida externa na moeda internacional (dólares, por exemplo), P^* o nível de preços internacional, P o nível de preços doméstico e S a taxa de câmbio. A taxa de juros doméstica r seria igual à taxa de juros externa, mais um prêmio de risco que dependeria, por exemplo, da relação dívida externa/produto interno bruto, de acordo

com:
$$r = r^* + p_r\left(\frac{SP^*b}{Py}\right), b > 0, p'_r > 0, p''_r > 0$$

A Figura 2.6 mostra a curva do prêmio de risco, levando-se em conta que a taxa de câmbio real é definida por: $Q = SP^*/P$. Quando a dívida é igual a zero ou negativa (a economia acumula ativos internacionais), não há prêmio de risco.

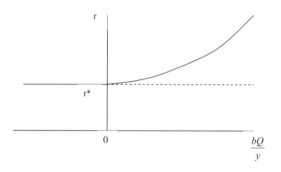

Figura 2.6

A restrição orçamentária do agente representativo, em moeda doméstica, mostra que a variação da dívida externa é igual à diferença entre os gastos e os rendimentos do mesmo. Isto é:
$$\dot{B} = RB + Pc_d + SP^*c_m - Y$$

onde R é a taxa de juros nominal, B o estoque da dívida em moeda doméstica, c_d o consumo do bem doméstico, P o preço do bem doméstico, c_m o consumo do bem importado, S a taxa de câmbio, P^* o preço do bem importado e Y a renda nominal.

A dívida externa em moeda internacional é igual a:
$$b = \frac{B}{SP^*}$$

Derivando-se esta expressão com relação ao tempo, obtém-se:
$$\frac{\dot{B}}{SP^*} = \dot{b} + b\left(\frac{\dot{S}}{S} + \frac{\dot{P^*}}{P^*}\right) = \dot{b} + b\left(\dot{s} + \pi^*\right)$$

onde $\dot{s} = d(\log S)/dt$ e $\pi^* = d(\log P^*)/dt$.

Dividindo-se ambos os lados da restrição orçamentária por SP^* obtém-se, depois de algumas simplificações, a seguinte restrição orçamentária:
$$\dot{b} = rb + \frac{c_d + c_m Q - y}{Q}$$

onde

$$r = R - \pi^* - \dot{s}$$

O agente representativo maximiza o valor presente do fluxo de utilidade,

$$\int_0^\infty e^{-\rho t} u(c) dt$$

O consumo c é um índice agregado dos consumos dos bens doméstico e importado,

$$c = F\left(c_d, c_m\right)$$

A este índice de consumo corresponde um índice de preços P_c que satisfaz a restrição:

$$P_c c = P c_d + S P^* c_m$$

Seja $p_c = P_c/P$. Segue-se que o dispêndio, em preços domésticos, é dado por:

$$p_c c = c_d + Q c_m$$

A restrição orçamentária do agente representativo pode ser escrita como:

$$\dot{b} = rb + \frac{p_c c - y}{Q}$$

O problema do agente representativo consiste, portanto, em maximizar

$$\int_0^\infty e^{-\rho t} u(c) dt$$

sujeito às seguintes restrições:

$$\dot{b} = rb + \frac{p_c c - y}{Q}$$

$$r = r^* + p_r \left(\frac{bQ}{y}\right)$$

$$b(0) = b_0 \text{ dado}$$

O hamiltoniano de valor corrente deste problema é dado por:

$$H = u(c) - \lambda \left[rb + \frac{p_c c - y}{Q}\right]$$

As condições de primeira ordem são:

$$\frac{\partial H}{\partial c} = u_c - \lambda \frac{p_c}{Q} = 0$$

$$\dot{\lambda} = \rho \lambda - \frac{\partial H}{\partial b} = \rho \lambda - \lambda \left(r + b \frac{\partial r}{\partial b}\right)$$

$$\frac{\partial H}{\partial \lambda} = -\dot{b} = -\left[\frac{p_c c - y}{Q} + rb\right]$$

A segunda equação das condições de primeira ordem pode ser escrita como:

$$\frac{\dot{\lambda}}{\lambda} = \rho - r - b\frac{\partial r}{\partial b}$$

Admitindo-se, por simplicidade, que a taxa de câmbio real não varia com o tempo, a primeira equação das condições de primeira ordem quando derivada com relação ao tempo, resulta em:

$$\frac{\dot{\lambda}}{\lambda} = \frac{u_{cc}}{u_c}\dot{c} = \rho - r - b\frac{\partial r}{\partial b}$$

A equação diferencial do consumo é dada, portanto, por:

$$\dot{c} = \frac{u_c}{u_{cc}}\left[\rho - r - b\frac{\partial r}{\partial b}\right]$$

Sistema Dinâmico

O sistema dinâmico deste modelo é formado pelas duas equações diferenciais

$$\dot{c} = \frac{u_c}{u_{cc}}\left[\rho - r - b\frac{\partial r}{\partial b}\right]$$

$$\dot{b} = \frac{p_c c - y}{Q} + rb$$

O equilíbrio estacionário $(\bar{c}, \bar{b})$ deste sistema é determinado pela solução do seguinte sistema de equações:

$$\rho = r^* + p_r\left(\frac{\bar{b}Q}{y}\right) + \bar{b}\frac{\partial r}{\partial b}(\bar{b})$$

$$\frac{y - p_c\bar{c}}{Q} = \left(\rho^* + p_r\left(\frac{\bar{b}Q}{y}\right)\right)\bar{b}$$

Neste modelo, a taxa de preferência intertemporal é maior do que a taxa de juros externa e o país é um devedor internacional. O preço que tem de ser pago para que o modelo do agente representativo, numa economia aberta pequena, tenha uma solução estacionária, sem a igualdade das taxas de preferência intertemporal e de juros externa, consiste na introdução de uma hipótese *ad hoc* sobre o prêmio de risco da taxa de juros. Cabe ressaltar que a hipótese de prêmio de risco na taxa de juros não resolve o problema do modelo do agente representativo da economia aberta pequena quando o país é credor líquido internacional. Um prêmio de risco, positivo ou negativo, não faz o mínimo sentido nessas circunstâncias.

5. Mercados Completos: Curva IS Novokeynesiana

Esta seção apresenta o modelo da curva IS na economia aberta pequena. O modelo supõe mercados completos, uma hipótese irrealista não observada no mundo real, que será devidamente analisada.

Na economia existe uma infinidade de consumidores, denominados $j \in [0,1]$, que são ao mesmo tempo produtores. Eles produzem bens diferenciados, e, portanto, não homogêneos, têm as mesmas preferências e alocam o tempo entre lazer e trabalho usado na produção do bem. O agente representativo maximiza, então, o valor esperado da função objetivo que depende do consumo agregado (C) e do tempo dedicado ao trabalho (N). A função utilidade do trabalho tem o sinal negativo porque o agente prefere usar o tempo para o lazer e não para o trabalho. A função objetivo é dada por:

$$U_t(j) = \sum_{k=0}^{\infty} \beta^k \left[u\left(C_{t+k}(j)\right) - v\left(N_{t+k}(j)\right) \right]$$

O consumo agregado depende do consumo dos bens domésticos (H) e dos bens importados (F), de acordo com uma função CES:

$$C_t = \left[(1-\gamma)^{\frac{1}{\eta}} \left(C_{H,t}\right)^{\frac{\eta-1}{\eta}} + \gamma^{\frac{1}{\eta}} \left(C_{F,t}\right)^{\frac{\eta-1}{\eta}} \right]^{\frac{\eta}{\eta-1}}, \eta > 0$$

A letra grega η é a elasticidade de substituição entre os bens H e F. Os consumos dos bens domésticos e estrangeiros também são agregados por uma função CES:

$$C_{H,t} = \left[\int_0^1 C_{H,t}(j)^{\frac{\theta-1}{\theta}} dj \right]^{\frac{\theta}{\theta-1}}, \theta > 1 \qquad C_{F,t} = \left[\int_0^1 C_{F,t}(j)^{\frac{\theta-1}{\theta}} dj \right]^{\frac{\theta}{\theta-1}}$$

A elasticidade de substituição é representada por θ. O índice de preços da economia depende dos preços dos bens doméstico e importados de acordo com:

$$P_t = \left[(1-\gamma)\left(P_{H,t}\right)^{1-\eta} + \gamma\left(P_{F,t}\right)^{1-\eta} \right]^{\frac{1}{1-\eta}}$$

Este índice de preços, como os demais que serão definidos a seguir, são construídos de tal sorte que o dispêndio total seja igual à soma dos dispêndios dos bens incluídos na cesta de bens do consumidor. Neste caso: $PC = P_{H,t}C_{H,t} + P_{F,t}C_{F,t}$. As demandas dos bens, doméstico e estrangeiro, dependem do consumo total e dos preços relativos de acordo com:

$$C_{H,t} = (1-\gamma)\left(\frac{P_{H,t}}{P_t}\right)^{-\eta} C_t \qquad C_{F,t} = \gamma\left(\frac{P_{F,t}}{P_t}\right)^{-\eta} C_t \qquad (5.1)$$

Os índices de preços dos bens, domésticos e importados, são dados por:

$$P_{H,t} = \left[\int_0^1 P_{H,t}(j)^{1-\theta} dj \right]^{\frac{1}{1-\theta}} \qquad P_{F,t} = \left[\int_0^1 P_{F,t}(j)^{1-\theta} dj \right]^{\frac{1}{1-\theta}}$$

As equações de demanda por cada bem, doméstico e importado, são especificadas por:

$$C_{H,t}(j) = \left[\frac{P_{H,t}(j)}{P_{H,t}}\right]^{-\theta} C_{H,t} \qquad C_{F,t}(j) = \left(\frac{P_{F,t}(j)}{P_{F,t}}\right)^{-\theta} C_{F,t} \qquad (5.2)$$

A aproximação logarítmica do índice de preços da economia é igual à média geométrica dos preços dos bens domésticos e importados:

$$p_t = (1 - \gamma) \, p_{H,t} + \gamma p_{F,t}$$

Denomine-se por $P_t^* = P_{F,t}^*$ o índice de preços dos bens importados. O preço do bem importado em moeda doméstica é igual ao preço em dólares multiplicado pela taxa de câmbio:

$$P_{F,t} = S_t P_{F,t}^* = S_t P_t^*$$

A taxa de câmbio real é igual à razão dos índices de preços avaliados na mesma moeda:

$$Q_t = \frac{S_t P_t^*}{P_t}$$

Equilíbrio no Mercado de Bens Domésticos

O mercado de cada bem está em equilíbrio quando a produção for igual à soma das demandas doméstica e externa. Isto é:

$$Y_t(j) = C_{H,t}(j) + C_{H,t}^*(j)$$

Substituindo-se (5.2) nesta expressão obtém-se:

$$Y_t(j) = \left(\frac{P_{H,t}(j)}{P_{H,t}}\right)^{-\theta} C_{H,t} + \left(\frac{P_{H,t}(j)}{P_{H,t}}\right)^{\theta} C_{H,t}^*$$

Substituindo-se (5.1) na equação anterior resulta:

$$Y_t(j) = \left(\frac{P_{H,t}(j)}{P_{H,t}}\right)^{-\theta} (1 - \gamma) \left(\frac{P_{H,t}}{P_t}\right)^{-\eta} C_t + \left(\frac{P_{H,t}(j)}{P_{H,t}}\right)^{-\theta} \gamma^* \left(\frac{P_{H,t}}{S_t P_t^*}\right)^{-\eta} C_t^*$$

Esta expressão pode ser reescrita como:

$$Y_t(j) = \left(\frac{P_{H,t}(j)}{P_{H,t}}\right)^{-\theta} \left(\frac{P_{H,t}}{P_t}\right)^{-\eta} \left[(1 - \gamma) \, C_t + \gamma^* \left(\frac{P_t}{S_t P_t^*}\right)^{-\eta} C_t^*\right]$$

Levando-se em conta a definição da taxa de câmbio real esta equação transforma-se em:

$$Y_t(j) = \left(\frac{P_{H,t}(j)}{P_{H,t}}\right)^{-\theta} \left(\frac{P_{H,t}}{P_t}\right)^{-\eta} [(1 - \gamma) \, C_t + \gamma^* Q_t^{\eta} C_t^*] \qquad (5.3)$$

O produto real da economia é obtido por uma função agregada do tipo CES. Isto é:

$$Y_t = \left[\int_0^1 Y_t(j)^{\frac{\theta-1}{\theta}} \, dj \right]^{\frac{\theta}{\theta-1}}$$

Substituindo-se (5.3) nesta equação de agregação do produto real obtém-se:

$$Y_t = \left(\frac{P_{H,t}}{P_t} \right)^{-\eta} [(1-\gamma)\,C_t + \gamma^* Q_t^\eta C_t^*] \left[\int_0^1 \left(\frac{P_{H,t}(j)}{P_{H,t}} \right)^{-\theta\left(\frac{\theta-1}{\theta}\right)} dj \right]^{\frac{\theta}{\theta-1}}$$

A definição do índice de preços dos bens doméstico implica que:

$$\left[\int_0^1 \left(\frac{P_{H,t}(j)}{P_{H,t}} \right)^{1-\theta} dj \right]^{\frac{1}{1-\theta}} = 1$$

Levando-se em conta este fato, segue-se, então, que a equação do produto real transforma-se em:

$$Y_t = \left(\frac{P_{H,t}}{P_t} \right)^{-\eta} [(1-\gamma)\,C_t + \gamma^* Q_t^\eta C_t^*] \tag{5.4}$$

Mercados Completos

Nesta economia os mercados são completos, isto é, existem títulos contingentes a qualquer estado da natureza negociados no mercado financeiro. Seja $V_{t,t+1}$ o preço no período t, em moeda doméstica, de um título de um período, que pague uma unidade de moeda doméstica no período $t+1$ se o estado da natureza for ξ, e nada em caso contrário. A probabilidade condicional de que ocorra o estado da natureza ξ no período $t+1$ é igual a $\pi_t(\xi_{t+1})$. A condição de equilíbrio, do agente representativo na compra deste título, é de que o custo em termos de bem-estar do valor desembolsado na compra do mesmo seja igual ao valor esperado do benefício caso ocorra o estado da natureza ξ:

$$\frac{V_{t,t+1}}{P_t} u'(C_t) = \beta \pi_t(\xi_{t+1}) \frac{1}{P_{t+1}} u'(C_{t+1})$$

No exterior, o preço de um título similar ao título doméstico é igual a $V_{t,t+1}^*$. Portanto, a condição de equilíbrio do agente que habita o outro país é dada por:

$$\frac{V_{t',t+1}^*}{P_t^*} u'(C_t^*) = \beta \pi_t(\xi_{t+1}) \frac{1}{P_{t+1}^*} u'(C_{t+1}^*)$$

A arbitragem internacional faz com que os preços dos títulos estejam relacionados de acordo com:

$$V_{t,t+1} = V_{t,t+1}^* \frac{S_t}{S_{t+1}} \tag{5.5}$$

onde S é a taxa de câmbio. Dividindo-se a equação de condição de equilíbrio do agente doméstico pela do agente estrangeiro e levando-se em conta a condição de arbitragem tem-se:

$$\frac{u'(C_t)}{u'(C_t^*)}Q_t = \frac{u'(C_{t+1})}{u'(C_{t+1}^*)}Q_{t+1}$$

onde Q é a taxa de câmbio real. Segue-se, então, que

$$\frac{u'(C_t)}{u'(C_t^*)}Q_t = \text{constante}$$

Admita-se que a função utilidade seja:

$$u(C) = \frac{C^{1-\frac{1}{\sigma}} - 1}{1 - \frac{1}{\sigma}} \tag{5.6}$$

Com esta função utilidade, o consumo doméstico é proporcional ao consumo estrangeiro, para uma dada taxa de câmbio real, de acordo com:

$$C_t = \kappa C_t^* Q_t^\sigma$$

Para uma economia aberta pequena o consumo do resto do mundo é igual ao produto real mundial:

$$C_t^* = Y_t^*$$

Substituindo-se esta expressão na equação do consumo obtém-se:

$$C_t = \kappa Y_t^* Q_t^\sigma \tag{5.7}$$

O consumo doméstico é proporcional ao produto mundial e o coeficiente de proporcionalidade depende da taxa de câmbio real.

Produto Real de Equilíbrio

Substituindo-se a expressão do consumo doméstico (5.7) em (5.4) e levando-se em conta que o consumo do resto do mundo é igual ao produto mundial resulta:

$$Y_t = \left(\frac{P_{H,t}}{P_t}\right)^{-\eta} Y_t^* Q_t^\eta \left[(1-\gamma)\,\kappa Q_t^{\sigma-\eta} + \gamma\kappa\right] \tag{5.8}$$

Admitiu-se que $\gamma^* = \kappa\gamma$, uma hipótese simplificadora que será justificada no final desta seção. Tomando-se o logaritmo de ambos os lados desta equação obtém-se:

$$\log Y_t = -\eta \log\left(\frac{P_{H,t}}{P_t}\right) + \log Y_t^* + \eta \log Q_t + \log \kappa + \log\left[(1-\gamma)\,Q_t^{\sigma-\eta} + \gamma\right]$$

O logaritmo do preço relativo que aparece nesta expressão é igual a:

$$\log \frac{P_{H,t}}{P_t} \cong -\frac{\gamma}{1-\gamma} \log Q_t = -\frac{\gamma}{1-\gamma} q_t \qquad (5.9)$$

Para obter-se o resultado anterior levou-se em conta que o índice de preços é igual a: $p_t = (1-\gamma)p_{H,t} + \gamma p_{F,t} = (1-\gamma)p_{H,t} + \gamma(s_t + p_t^*)$. O último termo da equação do logaritmo do produto real pode ser aproximado por:

$$\log \left[(1-\gamma)Q_t^{\sigma-\eta} + \gamma \right] \cong (1-\gamma)(\sigma-\eta) q_t$$

Fazendo-se as devidas substituições chega-se, com um pouco de álgebra, a seguinte equação do produto real de equilíbrio:

$$y_t = y_t^* + \frac{\sigma \omega}{1-\gamma} q \qquad (5.10)$$

As variáveis minúsculas representam os logaritmos das respectivas variáveis maiúsculas e o parâmetro ω é igual a:

$$\omega = 1 + \gamma (2-\gamma) \left(\frac{\eta}{\sigma} - 1 \right)$$

O parâmetro ω depende do grau de abertura da economia (γ), da elasticidade de substituição intertemporal do consumo (σ) e da elasticidade intratemporal do consumo (η). O parâmetro ω é igual a um em duas situações: i) quando a economia for fechada ($\gamma = 0$) e ii) quando as elasticidades de substituição intertemporal e intratemporal forem iguais ($\sigma = \eta$).

Equação de Euler

A condição de equilíbrio do agente representativo na economia de mercados completos pode ser escrita como:

$$\frac{V_{t,t+1}}{\pi_t(\xi_{t+1})} = D_{t,t+1} = \beta \frac{u'(C_{t+1})}{u'(C_t)} \frac{P_t}{P_{t+1}}$$

$D_{t,t+1}$ é a taxa de desconto para o estado ξ da natureza. Tomando-se a esperança matemática desta expressão, condicionada pela informação disponível no período t, obtém-se a equação de Euler deste modelo:

$$D_t = \beta E_t \frac{u'(C_{t+1})}{u'(C_t)} \frac{P_t}{P_{t+1}}$$

D_t é o preço de um título de um período que pague uma unidade da moeda doméstica qualquer que seja o estado da natureza no período $t+1$:

$$D_t = E_t D_{t,t+1} = \frac{1}{1+i_t}$$

Capítulo 2

A equação de Euler para a função utilidade (5.6) é, então, dada por:

$$D_t = \beta E_t \left(\frac{C_{t+1}}{C_t} \right)^{-\frac{1}{\sigma}} \frac{P_t}{P_{t+1}}$$

Tomando-se logaritmo de ambos os lados desta expressão, usando-se a aproximação linear e a notação de que a letra minúscula representa o logaritmo da variável correspondente com letra maiúscula, a equação de Euler tem a seguinte forma funcional:

$$c_t = E_t c_{t+1} - \sigma \left(i_t - E_t \pi_{t+1} - \rho \right) \tag{5.11}$$

onde: $i_t = -\log D_t, \rho = -\log \beta, \pi_{t+1} = p_{t+1} - p_t$.

Curva IS

A curva IS deste modelo é obtida combinando-se as equações do produto real de equilíbrio no mercado de bens e serviços, do consumo nos mercados completos, de Euler de alocação intertemporal do consumo e a equação que relaciona a inflação ao consumidor com a inflação de bens domésticos, todas repetidas aqui por conveniência:

$$y_t = y_t^* + \frac{\sigma\omega}{1-\gamma} q_t \tag{5.12}$$

$$c_t = y_t^* + \sigma q_t \tag{5.13}$$

$$c_t = E_t c_{t+1} - \sigma \left(i_t - E_t \pi_{t+1} - \rho \right) \tag{5.14}$$

$$\pi_t = \pi_{H,t} + \frac{\gamma}{1-\gamma} \triangle q_t \tag{5.15}$$

As equações (5.12) e (5.14) correspondem às equações (5.10) e (5.11). A equação (5.13) é obtida tomando-se o logaritmo de ambos os lados da equação (5.7) e desprezando-se a constante. A equação (5.15) é obtida da equação (5.9) e da definição das taxas de inflação do consumidor e dos preços domésticos.

A obtenção da curva IS deste modelo requer um pouco de álgebra: i) a equação (5.13) é usada para eliminar-se y_t^* da equação (5.12); ii) em seguida substitui-se o consumo c_t pela sua expressão da equação de Euler, eliminando-se o consumo do período $t + 1$ pela equação do produto para este mesmo período; iii) substitui-se a inflação ao consumidor pela equação (5.15); e iv) elimina-se a taxa de variação do câmbio real com auxílio da equação (5.12). A curva IS tem a seguinte especificação:

$$x_t = E_t x_{t+1} - \omega\sigma \left(i_t - E_t \pi_{H,t+1} - \bar{r}_t \right) \tag{2.16}$$

64

Agente Representativo na Economia Aberta

O coeficiente do hiato da taxa de juros real depende do parâmetro ω e da elasticidade de substituição σ. Esta especificação da curva IS para uma economia pequena aberta é semelhante à especificação da mesma para a economia fechada. A diferença reside apenas no parâmetro ω. Quando este parâmetro for igual a um não há diferença entre as curvas IS para as duas economias.

A taxa de juros natural da curva IS neste modelo da economia pequena aberta depende da taxa de preferência intertemporal, da taxa de crescimento do produto potencial da economia e da taxa de crescimento do produto da economia mundial, de acordo com:

$$\bar{r}_t = \rho + \frac{1}{\sigma\omega} E_t \triangle \bar{y}_{t+1} - \frac{(1-\omega)}{\sigma\omega} E_t \triangle y_{t+1}^* \tag{5.17}$$

Quando o parâmetro ω for igual a um a taxa de juros natural desta economia pequena aberta é igual à taxa de juros natural da economia fechada.

Paridade Descoberta da Taxa de Juros Real

Os preços dos ativos contingentes no país e no exterior estão relacionados de acordo:

$$\frac{V_{t,t+1}}{\pi_t(\xi_{t+1})} = \frac{V_{t,t+1}^*}{\pi_t(\xi_{t+1})} \frac{S_t}{S_{t+1}}$$

Esta equação é obtida dividindo-se ambos os lados de (5.5) pela probabilidade condicional do estado da natureza no período $t+1$. Segue-se, portanto, que as taxas de desconto, definidas pela razão entre o preço do ativo e a probabilidade condicional, são dadas por:

$$D_{t,t+1} = D_{t,t+1}^* \frac{S_t}{S_{t+1}}$$

O título externo que pague uma unidade de moeda estrangeira qualquer que seja o estado da natureza tem seu preço igual a:

$$D_t^* = E_t D_{t,t+1}^* = \frac{1}{1+i_t^*}$$

Levando-se em conta a expressão anterior, este preço pode ser escrito como:

$$E_t D_{t,t+1} \frac{S_{t+1}}{S_t} = \frac{1}{1+i_t^*}$$

A combinação desta expressão com a correspondente do ativo doméstico permite escrever:

$$E_t \left\{ D_{t,t+1} \left[(1+i_t) - (1+i_t^*) \frac{S_{t+1}}{S_t} \right] \right\} = 0$$

Esta equação pode ser escrita como:

$$E_t \left\{ D_{t,t+1} \left[\exp i_t - \exp \left(i_t^* + \triangle s_{t+1} \right) \right] \right\} = 0$$

Fazendo-se uma aproximação linear em torno do ponto de equilíbrio estacionário de previsão perfeita obtém-se:

$$E_t \left\{ D_{t,t+1} \left[i_t - \left(i_t^* + \triangle s_{t+1} \right) \right] \right\} = 0$$

A covariância entre as variáveis X e Y é definida por: $cov(X,Y) = EXY - EXEY$. Denominando-se X a taxa de desconto e Y a diferença das taxas de retorno doméstica e externa e levando-se em conta que $EXY = 0$ obtém-se a paridade descoberta da taxa de juros nominal. Esta paridade afirma que a taxa de juros nominal é igual à soma da taxa de juros externa com a variação antecipada da taxa de câmbio nominal e o prêmio de risco:

$$i_t = i_t^* + E_t \triangle s_{t+1} + pr$$

O prêmio de risco (pr) é igual à razão entre a covariância da taxa de desconto com o excesso de retorno do ativo doméstico sobre o ativo externo e a esperança matemática da taxa de desconto, multiplicado por menos um. Subtraindo-se das duas taxas de juros nominais as respectivas taxas de inflação esperadas têm-se:

$$i_t - E_t \pi_{H,t+1} = i_t^* - E_t \pi_{t+1}^* + E_t \triangle s_{t+1} + E_t \pi_{t+1}^* - E_t \pi_{H,t+1}$$

Nesta expressão desprezou-se o prêmio de risco. O lado esquerdo desta equação é a taxa de juros real doméstica. O lado direito é igual à soma da taxa de juros real externa com um múltiplo do valor esperado da variação da taxa de câmbio real. Isto é:

$$r_t = r_t^* + \frac{1}{1 - \gamma} E_t \triangle q_{t+1}$$

Taxa de Juros Natural e a Taxa de Juros Internacional

No equilíbrio de longo prazo, quando há crescimento econômico, a taxa de câmbio real não é constante. Portanto, a taxa de juros natural não é igual à taxa de juros real externa:

$$\bar{r} \neq r^* \tag{5.18}$$

Mostraremos a seguir que, no modelo novokeynesiano de uma economia pequena aberta, a taxa de juros natural é igual a uma média ponderada da taxa de juros natural que ocorreria se a economia pequena fosse fechada e da taxa de juros real internacional.

A taxa natural mundial é dada por:

$$\bar{r}_t^* = \rho + \frac{1}{\sigma} E_t \triangle \bar{y}_{t+1}^*$$

e a taxa natural da economia aberta pequena se ela fosse uma economia fechada seria dada por:

$$\bar{r}_t^{CE} = \rho + \frac{1}{\sigma} E_t \triangle \bar{y}_{t+1}$$

A curva IS da economia mundial é dada por:

$$E_t \left(\triangle y_{t+1}^* - \triangle \bar{y}_{t+1}^* \right) = \sigma \left(r_t^* - \bar{r}_t^* \right)$$

Substituindo-se esta expressão na equação (5.17) obtém-se:

$$\bar{r}_t = \rho + \frac{1}{\sigma\omega} E_t \triangle \bar{y}_{t+1} - \frac{(1-\omega)}{\sigma\omega} \left(E_t \triangle \bar{y}_{t+1}^* + \sigma \left(r_t^* - \bar{r}_t^* \right) \right)$$

Usando-se as duas definições das taxas de juros naturais, da economia pequena fechada e da economia mundial, conclui-se que a taxa de juros natural no modelo novokeynesiano da economia aberta pequena é dada pela média ponderada da taxa de juros natural da economia aberta pequena se fosse uma economia fechada e da taxa de juros real internacional. Isto é:

$$\bar{r}_t = \frac{1}{\omega} \bar{r}_t^{CE} + \frac{\omega - 1}{\omega} r_t^*$$

Quando ω for igual a um a economia é fechada e a taxa de juros natural corresponde aquela de uma economia fechada. Quando $\omega \to \infty$ ($\eta \to \infty$ ou $\sigma \to 0$) a taxa de juros natural da economia aberta pequena será igual à taxa de juros real internacional. Cabe observar que mesmo neste caso a taxa de juros natural da economia aberta pequena não é igual à taxa de juros natural mundial. Na economia aberta pequena a taxa de juros natural varia de acordo com a taxa de juros real internacional.

Equilíbrio Estacionário de Previsão Perfeita

A condição de equilíbrio estacionário no mercado de bens e serviços numa situação de previsão perfeita é dada pela equação (5.8) quando se supõe que as variáveis não dependam do tempo. Isto é:

$$Y = \left(\frac{P_H}{P} \right)^{-\eta} Q^\eta \left[(1-\gamma) \kappa Q^{\sigma - \eta} + \gamma\kappa \right] Y^*$$

O preço relativo que aparece nesta expressão é igual a:

$$\frac{P_H}{P} = Q^{-\frac{\gamma}{1-\gamma}}$$

Capítulo 2

Quando se substitui esta expressão na condição de equilíbrio no mercado de bens e serviços tem-se:

$$Y = Q^{\frac{\eta}{1-\gamma}} \left[(1-\gamma) \kappa Q^{\sigma-\eta} + \gamma \kappa \right] Y^* \qquad (5.19)$$

No mercado de mão de obra a condição de equilíbrio implica que a disutilidade marginal do trabalho seja igual à utilidade marginal do consumo obtido com a compra de bens e serviços proporcionada pelo salário real:

$$N^{\frac{1}{\varphi}} = \frac{W}{P} C^{-\frac{1}{\sigma}}$$

Nesta expressão admite-se que a função utilidade do trabalho tenha a seguinte forma funcional:

$$v(N) = \frac{N^{1+\frac{1}{\varphi}}}{1 + \frac{1}{\varphi}}$$

Os produtores de bens domésticos atuam num mercado em concorrência monopolista e o preço destes bens é obtido adicionando-se uma margem ao custo marginal de produção:

$$P_H = \frac{\theta}{\theta - 1} Cmg$$

A margem depende da elasticidade-preço da demanda (θ) dos bens produzidos domesticamente, de acordo com a especificação da equação (5.2).

A função de produção é linear na quantidade de mão de obra:

$$Y = AN$$

onde A é o coeficiente técnico de produção. O custo marginal de produção é, portanto, proporcional ao salário:

$$Cmg = \frac{W}{A}$$

O preço do bem doméstico, no equilíbrio estacionário de previsão perfeita, é dado por:

$$P_H = \frac{\theta}{\theta - 1} \frac{W}{A}$$

O valor do salário desta expressão quando substituída na equação de equilíbrio do mercado de mão de obra resulta em:

$$N^{\frac{1}{\varphi}} C^{\frac{1}{\sigma}} = \frac{A(\theta - 1)}{\theta} \frac{P_H}{P}$$

Substituindo-se os valores de N, C e do preço relativo P_H/P nesta equação obtém-se:

$$Y^{\frac{1}{\varphi}} (\kappa Y^* Q^\sigma)^{\frac{1}{\sigma}} = A^{\frac{1+\varphi}{\varphi}} \frac{\theta - 1}{\theta} Q^{-\frac{\gamma}{1-\gamma}}$$

Agente Representativo na Economia Aberta

O produto real, nesta equação, pode ser escrito como:

$$Y = A^{1+\varphi} \left(\frac{(\theta - 1)Q^{-\frac{1}{1-\gamma}}}{(\kappa Y^*)^{\frac{1}{\sigma}}\theta} \right)^{\varphi} \tag{5.20}$$

Esta equação em conjunto com as equações (5.19) e (5.7) determinam o produto real, o consumo e a taxa de câmbio real no equilíbrio estacionário de previsão perfeita. É fácil verificar que $Q = 1, C + Y = \kappa Y^*$ são soluções do modelo e que o produto real de equilíbrio estacionário é dado por:

$$Y = A^{\frac{\sigma(1+\varphi)}{\sigma+\varphi}} \left(\frac{\theta - 1}{\theta} \right)^{\frac{\sigma\varphi}{\sigma+\varphi}}$$

Neste equilíbrio estacionário de previsão perfeita vale a paridade do poder de compra ($Q = 1$); como o consumo é igual ao produto as exportações líquidas são nulas, um resultado obtido com a hipótese feita anteriormente de que $\gamma^* = \kappa\gamma$.

6. Exercícios

1. O índice de preços P_t é definido por:

$$P_t = \left[(1 - \gamma)\left(P_{H,t}\right)^{1-\eta} + \gamma\left(P_{F,t}\right)^{1-\eta} \right]^{\frac{1}{1-\eta}}$$

a) Mostre que esta expressão pode ser escrita como:

$$p_t = p_{H,t} + \frac{1}{1-\eta}\log\left[(1 - \gamma) + \gamma\left(\frac{P_{F,t}}{P_{H,t}} \right)^{1-\eta} \right]$$

onde $p_t = \log P_t$ e $p_{H,t} = \log P_{H,t}$.
b) Mostre que:

$$\log\left[(1 - \gamma) + \gamma\left(\frac{P_{F,t}}{P_{H,t}} \right)^{1-\eta} \right] \cong \gamma\left(1 - \eta\right)\left(p_{F,t} - p_{H,T}\right)$$

onde $p_{F,t} = \log P_{F,t}$.
c) Combine os resultados dos dois itens anteriores para mostrar que:

$$p_t = (1 - \lambda)\,p_{H,t} + \gamma p_{F,t}$$

2. O preço do bem importado (F) é dado por $P_{F,t} = S_t P_t^*$. Portanto:

$$p_t = (1 - \gamma)\,p_{H,t} + \gamma\left(s_t + p_t^*\right)$$

onde $s_t = \log S_t$ e $p_t^* = \log P_t^*$. A taxa de câmbio real é definida por: $q_t = s_t + p_t^* - p_t$. Usando esta definição mostre que:

$$p_t = p_{H,t} + \frac{\gamma}{1-\gamma}q_t$$

Capítulo 2

3. Mostre como obter dos índices de consumo:

$$I) \; C_t = \left[(1-\gamma)^{\frac{1}{\eta}} \left(C_{H,t} \right)^{\frac{\eta-1}{\eta}} + \gamma^{\frac{1}{\eta}} \left(C_{F,t} \right)^{\frac{\eta-1}{\eta}} \right], \eta > 0$$

$$II) \; C_{H,t} = \left[\int_0^1 C_{H,t}(j) \right]^{\frac{\theta}{\theta-1}}, \theta > 1$$

$$III) \; C_{F,t} = \left[\int_0^1 C_{F,t}(j)^{\frac{\theta-1}{\theta}} dj \right]^{\frac{\theta}{\theta-1}}$$

a) Os índices de preços correspondentes:

$$I) \; P_t = \left[(1-\gamma) \left(P_{H,t} \right)^{1-\eta} + \gamma \left(P_{F,t} \right)^{1-\eta} \right]^{\frac{1}{1-\eta}}$$

$$II) \; P_{H,t} = \left[\int_0^1 P_{H,t}(j)^{1-\theta} dj \right]^{\frac{1}{1-\theta}}$$

$$III) \; P_{F,t} = \left[\int_0^1 P_{F,t}(j)^{1-\theta} dj \right]^{\frac{1}{1-\theta}}$$

b) As equações de demanda de cada bem:

$$C_{H,t} = (1-\gamma) \left(\frac{P_{H,t}}{P_t} \right)^{-\eta} C_t \qquad C_{F,t} = \gamma \left(\frac{P_{F,t}}{P_t} \right)^{-\eta} C_t$$

$$C_{H,t}(j) = \left[\frac{P_{H,t}(j)}{P_{H,t}} \right]^{-\theta} C_{H,t} \qquad C_{F,t}(j) = \left[\frac{P_{F,t}(j)}{P_{F,t}} \right]^{-\theta} C_{F,t}$$

4. O agente representativo maximiza o funcional

$$\int_0^\infty e^{-\int_0^t \rho(s)ds} u(c) dt$$

sujeito às seguintes restrições:

$$
\begin{aligned}
\dot{a} &= ra + y - c \\
a(0) &= a_0 \text{ dado}
\end{aligned}
$$

Defina:

$$\delta(t) = \int_0^t \rho(s)ds$$

a) Mostre que $\dot{\delta} = \rho(t)$.
b) Quais são as condições de primeira ordem para a solução deste problema de controle ótimo?
c) Qual o sistema dinâmico deste modelo, nas variáveis consumo e riqueza (a)?
d) Este sistema é autônomo?
e) Existe equilíbrio estacionário?

Agente Representativo na Economia Aberta

5. O sistema dinâmico do modelo do agente representativo com taxa de preferência intertemporal variável é dado por:

$$\dot{\Gamma} = \Gamma\left[\rho(c) - r\right]$$

$$\dot{c} = \alpha\left(c, \Gamma\right)\left[\rho\left(c, \Gamma\right) - r\right]$$

$$\dot{a} = ra + y - c$$

onde

$$\alpha\left(c, \Gamma\right) = \frac{\Gamma}{u_{cc} + \frac{\Gamma - u_c}{\rho_c}\rho_{cc}}$$

$$\rho\left(c, \Gamma\right) = \rho(c)\left(\frac{u_c - \rho_c u(c)/\rho(c)}{\Gamma}\right)$$

a) Mostre que:

$$\alpha\left(c, \Gamma\right) < 0, \frac{\partial\rho(c, \Gamma)}{\partial c} < 0$$

b) Calcule o determinante da matriz jacobiana do sistema formado pelas duas primeiras equações diferenciais.

c) Que acontece nesta economia quando há um aumento da taxa de juros externa?

6. O sistema dinâmico do modelo do agente representativo com prêmio de risco na taxa de juros é dado por:

$$\dot{c} = \frac{u_c}{u_{cc}}\left[\rho - r - b\frac{\partial r}{\partial b}\right]$$

$$\dot{b} = \frac{p_c c - y}{Q} + rb$$

$$r = r^* + p_r\left(\frac{Qb}{y}\right), b > 0, p_r' > 0, p_r'' > 0$$

a) Analise a dinâmica deste modelo num diagrama de fases com o consumo (c) no eixo vertical e o estoque da dívida (b) no eixo horizontal.

b) Analise o que acontece nesta economia quando ocorre uma mudança permanente antecipada na taxa de câmbio real Q.

c) Analise o que acontece nesta economia quando ocorre uma mudança transitória antecipada na taxa de câmbio real Q.

7. O funcional U é definido por

$$U = \int_t^\infty u(c)e^{-\int_t^v \rho(c)ds}dv$$

Mostre que:

$$\dot{U} = \rho(c)U - u(c)$$

b) Qual a interpretação econômica desta equação diferencial?

Capítulo 2

8. O agente representativo maximiza

$$\int_0^\infty e^{-[\int_0^t \rho(c)ds - nt]} u(c)dt$$

sujeito às seguintes restrições:

$$\dot{k} = f(k) - (n + \delta)k - c$$

$$k(0) = k_0 \text{ dado}$$

a) Defina $S = \int_0^t \rho(c)ds - nt$. Mostre que $\dot{S} = \rho(c)n$.

b) Com nova variável de estado S, resolva o problema do agente representativo.

c) Analise o equilíbrio e a dinâmica deste modelo em um diagrama de fases com o consumo (c) no eixo vertical e o capital (k) no eixo horizontal.

d) O que acontece neste modelo quando a taxa de crescimento da população (n) diminui?

e) O que acontece neste modelo quando a taxa de depreciação δ aumenta?

9. O agente representativo maximiza o funcional

$$U = \int_0^\infty e^{-\rho t} u(c, z)\, dt$$

onde a função utilidade $u(c, z)$ depende do consumo (c) e de um índice do consumo passado z, de acordo com:

$$z(t) = \int_{-\infty}^t \beta e^{-\beta(t-\tau)} c(\tau)d\tau$$

Mostre que:

$$\dot{z} = \beta(c - z)$$

b) Estabeleça as condições de primeira ordem do seguinte problema

$$\max \int_0^\infty e^{-\rho t} u(c, z)dt$$

sujeito às seguintes restrições:

$$\dot{a} = ra + y - c$$

$$\dot{z} = \beta(c - z)$$

$$a(0) = a_0 \text{ dado}$$

$$z(0) = z_0 \text{ dado}$$

c) Numa economia aberta pequena, qual é a condição para que haja equilíbrio estacionário para o consumo?

Agente Representativo na Economia Aberta

10. O agente representativo maximiza

$$\int_0^\infty e^{-\rho t} u(c) dt$$

sujeito às seguintes restrições:

$$\dot{a} = ra + y - c$$

$$a(0) = a_0 \text{ dado}$$

A taxa r é a taxa de juros externa.

a) Admita que $r = \rho$. Mostre que

$$\dot{a} = y - y^p$$

onde $y^p = \int_0^\infty e^{-rt} y \, dt$. Qual a interpretação deste resultado?

b) Admita que $r \neq \rho$ e $u(c) = \frac{c^{1 - \frac{1}{\sigma}}}{1 - \frac{1}{\sigma}}$. Mostre que

$$\dot{a} = y - y^p + \sigma (r - \rho) W$$

onde $W = \int_0^\infty e^{-rt} dt + a_0$. Qual a interpretação deste resultado?

Capítulo 3: Gerações Superpostas

Este capítulo trata dos modelos de gerações superpostas (GSP em português e OLG no acrônimo em inglês). A primeira seção apresenta um modelo de gerações superpostas com vida infinita, no qual a cada momento do tempo nasce uma geração sem nenhum ativo financeiro e, portanto, desconectada das gerações existentes. A segunda seção introduz o governo nesta economia e analisa a questão da equivalência ricardiana. A terceira seção mostra que o modelo de gerações superpostas, diferente do modelo do agente representativo, pode ser aplicado numa economia aberta pequena sem que haja necessidade de se fazer qualquer hipótese casuística. A quarta seção deduz a curva IS novokeynesiana do modelo GSP. A quinta seção apresenta um modelo de gerações superpostas com vida finita. Neste modelo usa-se a hipótese simplificadora de que a probabilidade de morte do indivíduo independe de sua idade.

1. Gerações Superpostas com Vida Infinita

O modelo de gerações superpostas com agentes de vida infinita supõe que a cada momento do tempo nasce uma nova geração, que não é conectada com as gerações previamente existentes. Esta hipótese, do ponto de vista genético, supõe partenogênese, isto é, a existência de um embrião sem fertilização. Ela é uma metáfora para o fato estilizado de que grande parte da população não possui ativos financeiros.

A taxa de crescimento das novas gerações é igual à taxa de crescimento da população. Cada geração nasce sem nenhum ativo financeiro, mas com capital humano igual as demais gerações. No instante t cada agente maximiza o fluxo de utilidades ao longo de sua vida, descontado pela taxa de preferência intertemporal ρ que é a mesma para todos os agentes. O agente maximiza, então, a integral

$$\int_t^\infty e^{-\rho(v-t)} u\left[c(s,v)\right] dv$$

sujeito à seguinte restrição:

$$\dot{a}(s,v) = ra(s,v) + \omega(v) - c(s,v)$$

A notação é a seguinte: $c(s,v)$ é o consumo no instante v da geração indexada por s; $a(s,v)$ o total de ativos financeiros na data v da geração s; $\omega(v)$ o salário do agente; e r a taxa de juros da aplicação financeira.

O hamiltoniano deste problema é dado por:

$$H = u\left[c(s,v)\right] + \lambda\left[ra(s,v) + \omega(v) - c(s,v)\right]$$

As condições de primeira ordem estabelecem que: i) a utilidade marginal do consumo deve ser igual à variável de coestado λ; ii) o agente decide a cada momento entre consumir e investir, arbitrando o retorno entre estas opções; e iii) a restrição orçamentária deve ser atendida. Isto é:

$$\frac{\partial H}{\partial c} = u'\left(c(s,v)\right) - \lambda = 0$$

$$\dot{\lambda} = \rho\lambda - \frac{\partial H}{\partial a} = \rho\lambda - r\lambda$$

$$\frac{\partial H}{\partial \lambda} = \omega - c + ra = \dot{a}$$

A solução ótima deste problema tem de satisfazer a condição de transversalidade:

$$\lim_{t\to\infty} \lambda a e^{-\rho t} = 0$$

Função Consumo

Derivando-se ambos os lados de $u'(c) = \lambda$ com relação ao tempo obtém-se: $u''(c)\dot{c} = \dot{\lambda}$. Dividindo-se os dois lados desta expressão por λ resulta em:

$$\frac{\dot{c}}{c} = \frac{u'(c)}{cu''(c)}\frac{\dot{\lambda}}{\lambda} = \frac{u'(c)}{cu''(c)}\left(\rho - r\right)$$

A função utilidade do agente tem elasticidade de substituição σ constante:

$$u(c) = \frac{c^{1-\frac{1}{\sigma}}}{1 - \frac{1}{\sigma}}$$

Calculando-se a utilidade marginal do consumo e a derivada desta utilidade marginal e substituindo-se na taxa de crescimento do consumo conclui-se que a equação de Euler é dada pela regra de Keynes-Ramsey:

$$\frac{\dot{c}(s,v)}{c(s,v)} = \sigma \left(r - \rho \right)$$

A restrição orçamentária do agente, em termos de fluxos, estabelece que a variação do seu patrimônio seja igual à diferença entre as receitas, dos juros da aplicação financeira e do salário, e as despesas com a compra de bens e serviços de consumo:

$$\dot{a}(s,v) = ra(s,v) + \omega(v) - c(s,v)$$

A solução desta equação diferencial fornece a restrição intertemporal do agente, supondo-se que não haja jogo de Ponzi. O valor presente do consumo tem que ser igual ao valor presente dos salários, adicionado ao valor dos ativos financeiros em seu poder. Isto é:

$$a(s,t) + \int_t^\infty e^{-r(v-t)}\omega(v)dv = \int_t^\infty e^{-r(v-t)}c(s,v)dv$$

O valor presente dos salários é o capital humano h do agente:

$$h(t) = \int_t^\infty e^{-r(v-t)}\omega(v)dv$$

Usando-se esta notação, a restrição intertemporal da geração s pode ser escrita como:

$$a(s,t) + h(t) = \int_t^\infty e^{-r(v-t)}c(s,v)dv$$

A equação de Euler estabelece que o consumo da geração s cresça a uma taxa igual a $\sigma(r-\rho)$:

$$c(s,v) = c(s,t)e^{\sigma(r-\rho)(v-t)}$$

Substituindo-se esta expressão na integral do valor presente do consumo resulta:

$$\begin{aligned}
\int_t^\infty e^{-r(v-t)}c(s,v)dv &= \int_t^\infty e^{-r(v-t)}c(s,t)e^{\sigma(r-\rho)(v-t)}dv \\
&= c(s,t)\int_t^\infty e^{-[r-\sigma(r-\rho)](v-t)}dv
\end{aligned}$$

Portanto, o valor presente do consumo é igual a:

$$\int_t^\infty e^{-r(v-t)}c(s,v)dv = \frac{c(s,t)}{r - \sigma(r-\rho)}$$

O consumo do agente da geração s é, então, proporcional a sua riqueza, com o coeficiente de proporcionalidade sendo dado por $\theta = r - \sigma(r - \rho)$. Isto é:

$$c(s,t) = \theta \left[a(s,t) + h(t)\right]$$

Quando a elasticidade de substituição for igual a um, o coeficiente de proporcionalidade é igual à taxa de preferência intertemporal: $\theta = \rho$.

Agregação

No instante t, no modelo de gerações superpostas, existem diferentes gerações. A Figura 3.1 mostra que no instante s, no passado, uma geração nasceu. Qual o tamanho desta geração? Para simplificar este cálculo, sem perda de generalidade, admita-se que a população no instante t seja igual a um. Com esta simplificação, o valor agregado de cada variável é o valor *per capita* da mesma.

Figura 3.1

Como a população no instante t é igual a um, $P(t) = 1$, a população em s era igual a: $P(s) = e^{-n(t-s)}$. O número de indivíduos da geração s era, portanto, igual a $nP(s)$. O valor agregado de uma variável qualquer $x(s,t)$ é definida por:

$$x(t) = \int_{-\infty}^{t} nP(s)x(s,t)ds = \int_{-\infty}^{t} ne^{-n(t-s)}x(s,t)ds$$

A Figura 3.2 mostra os pesos que são atribuídos a cada geração no processo de agregação. As gerações mais velhas têm um peso menor, enquanto as gerações mais novas contribuem com um valor maior, em virtude do tamanho de cada geração.

O consumo *per capita* é obtido, então, pela seguinte agregação:

$$c(t) = \int_{-\infty}^{t} ne^{n(s-t)}c(s,t)ds$$

Como o consumo é proporcional à riqueza segue-se que:

$$c(t) = \int_{-\infty}^{t} ne^{n(s-t)}\theta\left[a(s,t) + h(t)\right]ds$$

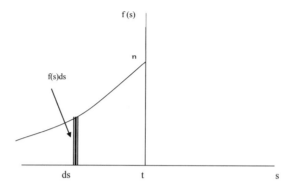

Figura 3.2: $f(s) = ne^{n(s-t)}$

Usando-se a mesma fórmula de agregação do consumo para o capital humano e para os ativos financeiros conclui-se que o consumo *per capita* é proporcional à riqueza *per capita*:

$$c(t) = \theta\left[a(t) + h(t)\right]$$

Variação do Consumo Agregado

Para obter a taxa de variação do consumo agregado aplica-se a regra de Leibnitz (cap. 10, exercício 15, p. 342) na fórmula de agregação do consumo. O resultado é o seguinte:

$$\frac{dc(t)}{dt} = ne^{n(t-t)}c(t,t) + n\int_{-\infty}^{t}\left[(-n)e^{n(s-t)}c(s,t) + e^{n(s-t)}\dot{c}(s,t)\right]ds$$

Substituindo-se a equação de $\dot{c}(s,t)$, obtida anteriormente, na última integral desta expressão, tem-se:

$$\frac{dc(t)}{dt} = nc(t,t) - nc(t) + \int_{-\infty}^{t} ne^{n(s-t)}\sigma\left(r-\rho\right)c(s,t)ds$$

que é equivalente a:

$$\frac{dc(t)}{dt} = n\left[c(t,t) - c(t)\right] + \sigma\left(r-\rho\right)c(t)$$

Como $c(t,t) = \theta\left[a(t,t) + h(t)\right]$ e $c(t) = \theta\left[a(t) + h(t)\right]$ segue-se que:

$$c(t,t) - c(t) = \theta\left[a(t,t) + h(t) - a(t) - h(t)\right]$$

A hipótese de que cada geração ao nascer não tem ativos financeiros, $a(t,t) = 0$, quando substituída na expressão anterior resulta em:

$$c(t,t) - c(t) = -\theta a(t)$$

Logo:

$$\frac{dc(t)}{dt} = \dot{c} = \sigma\left(r - \rho\right)c(t) - n\theta a(t)$$

A taxa de variação do consumo tem dois componentes. O primeiro é comum a todos os agentes. O segundo componente leva em conta o fato de que novos agentes, quando chegam nesta economia, não têm nenhum ativo financeiro. A equação de Euler agregada é diferente da equação de Euler individual.

Variação da Riqueza Financeira

O ativo *per capita* da economia no momento t é dado pela integral:

$$a(t) = \int_{-\infty}^{t} n e^{n(s-t)} a(s,t) ds$$

Derivando-se esta integral com relação ao tempo, com auxílio da regra de Leibnitz (cap. 10, exercício 15, p. 342), obtém-se:

$$\frac{da(t)}{dt} = n e^{n(t-t)} a(t,t) + n \int_{-\infty}^{t} \left[(-n)e^{n(s-t)} a(s,t) + e^{n(s-t)} \dot{a}(s,t) \right] ds$$

Levando-se em conta a restrição orçamentária, em termos de fluxos, e a hipótese de que cada geração nasce sem ativos financeiros, $a(t,t) = 0$, a taxa de variação do estoque de ativos financeiros da sociedade é dada por:

$$\frac{da(t)}{dt} = \dot{a} = (r - n)a(t) + \omega(t) - c(t)$$

Produção

Nesta economia o único ativo que existe é o capital e k é a quantidade *per capita* do mesmo. Logo, $a = k$ e $\dot{a} = \dot{k}$. A taxa de juros r é igual à produtividade marginal do capital:

$$r = f'(k) - \delta$$

O salário é igual à produtividade marginal da mão de obra:

$$\omega = f(k) - f'(k)k$$

onde $f(k)$ é a forma intensiva da função de produção com retornos constantes de escala. Fazendo-se as devidas substituições na equação de $\dot{a}$ obtém-se:

$$\dot{k} = \left(f'(k) - \delta - n\right)k + f(k) - f'(k)k - c$$

que pode ser simplificada e escrita como:

$$\dot{k} = f(k) - (\delta + n)\, k - c$$

A equação da taxa de variação do consumo *per capita*, depois que se substitui a taxa de juros pela produtividade marginal do capital, transforma-se em:

$$\dot{c} = \sigma\left(f'(k) - \delta - \rho\right) c - n\left((1 - \sigma)\left(f'(k) - \delta\right) + \sigma\rho\right) k$$

Sistema Dinâmico

O sistema dinâmico deste modelo é formado por duas equações diferenciais:

$$\dot{c} = \sigma\left(f'(k) - \delta - \rho\right) c - n\left((1 - \sigma)\left(f'(k) - \delta\right) + \sigma\rho\right) k$$

$$\dot{k} = f(k) - (\delta + n)\, k - c$$

A matriz jacobiana deste sistema, para o caso particular no qual a elasticidade de substituição é igual a um ($\sigma = 1$), é dada por:

$$J = \left[\begin{array}{cc} \frac{\partial \dot{c}}{\partial c} & \frac{\partial \dot{c}}{\partial k} \\[2ex] \frac{\partial \dot{k}}{\partial c} & \frac{\partial \dot{k}}{\partial k} \end{array} \right] = \left[\begin{array}{cc} f'(k) - \delta - \rho & f''(k)c - n\rho \\[2ex] -1 & f'(k) - \delta - n \end{array} \right]$$

O determinante desta matriz, no ponto de equilíbrio estacionário, é dado por:

$$|J| = -\bar{r}\left(\bar{r} - \rho - n\right) + f''(\bar{k})\bar{c} < 0$$

Quando a elasticidade de substituição for igual a um, a taxa de juros, no equilíbrio estacionário, será igual à taxa de preferência intertemporal mais um componente que depende da relação capital/consumo de acordo com:

$$\bar{r} = f'(k) - \delta = \rho + n\rho\frac{\bar{k}}{\bar{c}}$$

É fácil verificar que a taxa de juros de equilíbrio tem os seguintes limites:

$$\rho < \bar{r} < \rho + n$$

A segunda desilgualdade decorre do fato de que $\rho(\bar{k}/\bar{c}) < 1$ porque o consumo é proporcional à riqueza total, $\bar{c} = \rho(\bar{h} + \bar{k})$. Logo, determinante do jacobiano é negativo e o equilíbrio estacionário é um ponto de sela.

No modelo de gerações superpostas com vida infinita à taxa de preferência intertemporal não tem que ser maior do que a taxa de crescimento populacional, como no modelo do agente representativo. Portanto, existe a possibilidade de ineficiência dinâmica. Para que este fato ocorra, a taxa de preferência intertemporal deve ser menor do que a taxa de crescimento populacional, como desenhado no gráfico da Figura 3.3.

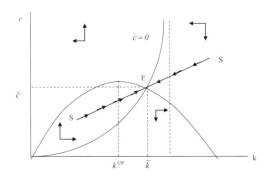

Figura 3.3

2. Economia com Governo

A restrição orçamentária do governo, em termos de fluxos, estabelece que o aumento da dívida pública (B) seja igual à diferença entre as despesas, com juros (rB) e gastos do governo, e a receita de impostos (T). Isto é:

$$\dot{B} = rB + G - T$$

Denominando-se por $b = B/L, g = G/L, \tau = T/L$ os valores *per capita*, da dívida pública, dos gastos do governo e dos impostos, respectivamente, a restrição orçamentária do governo transforma-se em:

$$\dot{b} = (r - n)b + g - \tau$$

A solução desta equação diferencial, supondo-se que não exista jogo de Ponzi $(r > n)$, é dada por:

$$b(t) = \int_t^\infty e^{-(r-n)(x-t)} (\tau - g) \, dx$$

A dívida pública *per capita* no instante t é igual ao valor presente dos superávits primários no futuro, descontado pela taxa de juros deduzida da taxa de crescimento populacional.

A riqueza do setor privado da economia com gerações superpostas, supondo-se que o único ativo financeiro sejam títulos públicos, tem dois componentes: títulos públicos e capital humano. Isto é:

$$a(t) = b(t) + h(t)$$

O valor do capital humano é igual ao valor atual dos salários líquidos dos impostos pagos:

$$h(t) = \int_t^\infty e^{-r(x-t)} (\omega - \tau) \, dx$$

Esta equação pode ser reescrita do seguinte modo:

$$h(t) = \int_t^\infty e^{-r(x-t)} \left(\omega - g\right) dx - \int_t^\infty e^{-r(x-t)} \left(\tau - g\right) dx$$

A combinação desta equação com a expressão da restrição orçamentária do governo permite escrever a riqueza total com dois componentes, um que representa o capital humano e outro que representa os títulos públicos:

$$a(t) = \int_t^\infty e^{-r(x-t)} \left(\omega - g\right) dx + \int_t^\infty e^{-r(x-t)} \left(e^{n(x-t)} - 1\right) \left(\tau - g\right) dx$$

Logo, no modelo de gerações superpostas não existe equivalência ricardiana. Ela somente existiria se a taxa de crescimento da população fosse igual a zero. Mas, neste caso, o modelo do agente representativo é um caso particular do modelo de gerações superpostas com vida infinita.

Admitindo-se que o superávit primário, $\tau - g$, seja constante, o componente dos títulos públicos na riqueza seria dado por:

$$\frac{n}{r}b(t)$$

Este componente, neste caso particular, depende da relação entre a taxa de crescimento da população e a taxa de juros. A conclusão que se chega é de que não existe equivalência ricardiana no modelo de gerações superpostas, porque parte da dívida pública é considerada riqueza pela sociedade.

3. Economia Aberta

Na economia aberta os indivíduos das diferentes gerações podem aplicar seus recursos num ativo externo que rende uma taxa de juros, em moeda doméstica, igual a r. O país é pequeno e a taxa de juros externa é dada. A restrição orçamentária, em termos de fluxos, é igual a:

$$\dot{a}(s,v) = ra(s,v) + \omega(v) - c(s,v)$$

Cada geração maximiza o valor presente do fluxo de utilidades sujeito a essa restrição e a condição inicial do modelo. O problema de controle ótimo já foi resolvido na primeira seção deste capítulo. A equação de Euler para cada geração é dada por:

$$\frac{\dot{c}(s,v)}{c(s,v)} = \sigma \left(r - \rho\right)$$

Numa economia que tivesse um único agente o consumo seria constante apenas no caso raro da taxa de preferência intertemporal ser justamente igual à taxa de juros da economia. Este fato aconteceria somente por acaso. Na economia com agentes heterogêneos, de gerações superpostas, o consumo *per capita* pode ser estacionário, embora cada agente não tenha o consumo constante, como veremos logo adiante.

Sistema Dinâmico

O sistema dinâmico deste modelo é formado pelo sistema de equações diferenciais:
$$\dot{c} = \sigma(r-\rho)c - n\theta a$$
$$\dot{a} = (r-n)a + \omega - c$$

A matriz jacobiana deste sistema é dada por:
$$J = \begin{bmatrix} \frac{\partial \dot{c}}{\partial c} & \frac{\partial \dot{c}}{\partial a} \\ \frac{\partial \dot{a}}{\partial c} & \frac{\partial \dot{a}}{\partial a} \end{bmatrix} = \begin{bmatrix} \sigma(r-\rho) & -n\theta \\ -1 & r-n \end{bmatrix}$$

O determinante desta matriz é igual a:
$$|J| = r[\sigma(r-\rho) - n]$$

Para que este determinante seja negativo a seguinte desigualdade deve ser satisfeita:
$$r < \rho + \frac{n}{\sigma}$$

Nesta hipótese, o sistema dinâmico tem um ponto de sela. Dois casos são possíveis, como mostram as Figuras 3.4 e 3.5. Na Figura 3.4 a taxa de juros é maior do que a taxa de preferência intertemporal. Na Figura 3.5 ocorre o contrário.

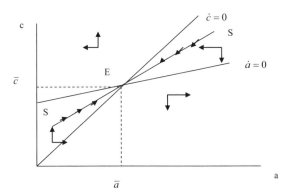

Figura 3.4: $r > \rho$

Quando a taxa de juros internacional for maior do que a taxa de preferência intertemporal, como representado na Figura 3.4, o país será um país credor, e no estado estacionário acumulará uma riqueza igual a $\bar{a}$. Quando a taxa de juros internacional for menor do que a taxa de preferência intertemporal o país será devedor, como mostra a Figura 3.5. No estado estacionário a dívida externa será igual a $\bar{a}$.

Capítulo 3

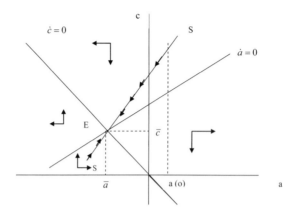

Figura 3.5: $r < \rho$

Experimento

A Figura 3.6 supõe um experimento no qual a taxa de juros real externa aumenta de modo permanente, não antecipado, de r_0 para r_1. A Figura 3.7 mostra o que acontece nesta economia supondo-se que a taxa de juros real seja maior do que a taxa de preferência intertemporal. O país é credor líquido. No momento do aumento da taxa de juros real as curvas que correspondem a $\dot{c} = 0$ e $\dot{a} = 0$ deslocam-se. A primeira para baixo e para a direita, e a segunda para cima e para a esquerda. No novo ponto de equilíbrio estacionário, o consumo e o estoque de riqueza serão maiores do que aqueles que correspondiam ao equilíbrio estacionário previamente existente.

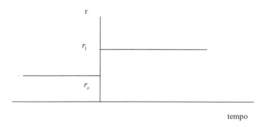

Figura 3.6

No momento da mudança da taxa de juros externa o consumo muda instantaneamente seu valor. Na Figura 3.7 o consumo inicialmente diminui. Admite-se, nesta figura, que o efeito substituição seja maior do que o efeito renda. Quando os dois efeitos se cancelam, a elasticidade de substituição é

Gerações Superpostas

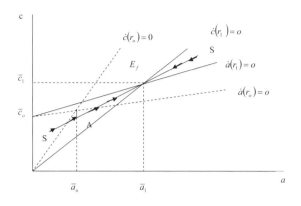

Figura 3.7

igual a um, o consumo inicial não muda. Por outro lado, se a elasticidade de substituição for menor do que um, o consumo inicial aumenta. Ao mudar instantaneamente o consumo a economia entra, então, na trajetória de sela e converge para o novo equilíbrio estacionário.

4. Curva IS Novokeynesiana GSP (OLG)

Esta seção apresenta a curva IS na economia aberta pequena no modelo GSP. Os agentes são heterogêneos, com gerações superpostas e nascem sem nenhuma riqueza financeira.

O sistema de equações diferenciais, do modelo de gerações superpostas com vida infinita, para o consumo agregado e a riqueza financeira, é dado por:

$$\begin{cases} \dot{C} = \sigma(r-\rho)C - \eta\theta A \\ \dot{A} = (r-n)A + y - C \end{cases}$$

O consumo é representado pela letra C maiúscula e a riqueza financeira pela letra A, e y é o produto da economia.

Uma economia aberta pequena, com perfeita mobilidade de capital, pode ter um equilíbrio estacionário mesmo quando a taxa de preferência intertemporal seja diferente da taxa de juros internacional, como mostram os diagramas de fases das Figuras 3.4 e 3.5. Na Figura 3.4 o país é credor líquido, enquanto na Figura 3.5 o país é devedor líquido internacional.

A razão entre a riqueza financeira e o consumo será representada pela letra a: $a = A/C$, e o valor de equilíbrio estacionário desta razão por $\bar{a}$. A primeira equação do sistema de equações diferenciais pode ser reescrita como:

$$\dot{c} = \frac{\dot{C}}{C} = \sigma(r-\rho) - \eta\theta a$$

Somando-se e subtraindo-se $\eta\theta\bar{a}$ da expressão do lado direito desta equação obtém-se:

$$\dot{c} = \sigma\left(r - \bar{r}\right) - \eta\theta\left(a - \bar{a}\right)$$

onde a taxa de juros natural $\bar{r}$ é igual a taxa de preferência intertemporal adicionada a um componente que depende da riqueza no estado estacionário e de parâmetros do modelo. Isto é:

$$\bar{r} = \rho + \frac{\eta\theta}{\sigma}\bar{a}$$

Neste modelo, no longo prazo, a taxa de juros natural será igual à taxa de juros internacional. O ajustamento entre a taxa de preferência intertemporal e a taxa de juros internacional, no longo prazo, ocorre pela mudança da razão entre a riqueza financeira e o consumo, que pode ser positiva ou negativa, dependendo do grau de impaciência da economia comparada com a taxa de juros internacional.

$$\bar{r} = \rho + \frac{n\theta}{\sigma}\frac{\bar{a}}{\bar{c}_y} = r^*$$

Nesta expressão mudou-se a notação e as variáveis serão normalizadas pelo produto potencial: $\bar{a} = \bar{A}/\bar{y}$ e $\bar{c}_y = \bar{C}/\bar{y}$.

Álgebra

A curva IS novokeynesiana do modelo de gerações superpostas (GSP) pode ser facilmente derivada, mas requer um pouco de álgebra. A expansão de primeira ordem da expressão $f(A/C) = A/C$ é dada por:

$$\frac{A}{C} = \frac{\bar{A}}{\bar{C}} + \frac{1}{\bar{C}}\left(A - \bar{A}\right) - \frac{1}{\bar{C}^2}\bar{A}\left(C - \bar{C}\right)$$

Esta expressão pode ser reescrita como:

$$\frac{A}{C} = \frac{\bar{A}}{\bar{C}} + \frac{\bar{y}}{\bar{C}}\left(\frac{A}{\bar{y}} - \frac{\bar{A}}{\bar{y}}\right) - \frac{\bar{A}}{\bar{C}}\left(\frac{C - \bar{C}}{\bar{C}}\right)$$

Portanto, o hiato da razão entre a riqueza e o consumo depende dos hiatos da riqueza e do consumo de acordo com

$$\frac{A}{C} - \frac{\bar{A}}{\bar{C}} = \frac{1}{\bar{c}_y}\left(a - \bar{a}\right) - \frac{\bar{a}}{\bar{c}_y}\log\frac{C}{\bar{C}}$$

Substituindo-se esta expressão na equação da taxa de crescimento do consumo ($\dot{c}$), onde a letra minúscula c representa o logaritmo do consumo, $c = \log C$, obtém-se:

$$\dot{c} = \sigma\left(r - \bar{r}\right) - \frac{n\theta}{\bar{c}_y}\left(a - \bar{a}\right) + \frac{n\theta\bar{a}}{\bar{c}_y}\left(c - \bar{c}\right)$$

Geruções Superpostas

A curva IS de uma economia pequena aberta pode ser obtida usando-se a equação de equilíbrio no mercado de bens e serviços, de igualdade da demanda agregada com o produto do modelo da curva IS do agente representativo [equação (5.4) da Seção 5 do Capítulo 2]. O produto é determinado pela demanda agregada e tem dois componentes, o consumo doméstico e o consumo exterior, de acordo com:

$$Y = (1 - \gamma) S^{\eta \ \gamma} C + \gamma^* S^{\eta} C^* \tag{4.1}$$

Os símbolos têm o seguinte significado: S é a relação de troca, η a elasticidade de substituição entre bens domésticos e estrangeiros, γ mede a preferência doméstica por bens estrangeiros, e uma variável com asterisco ($*$) representa uma variável estrangeira.

Aproximação log-linear

Uma aproximação log-linear da expressão

$$Y = \gamma X^{\alpha} + \delta Z^{\beta}$$

em torno do ponto $\bar{X} = e^{\bar{x}}, \bar{Z} = e^{\bar{z}}$, é dada por

$$y - \bar{y} = \alpha \omega (x - \bar{x}) + \beta (1 - \omega) (z - \bar{z}),$$

onde $\omega = \gamma \bar{X}^{\alpha}/\bar{Y}$.

Aplicando-se esta aproximação linear no logaritmo da equação (4.1), em torno do ponto de equilíbrio estacionário, resulta em:

$$x = y - \bar{y} = \omega (c - \bar{c}) + \eta [1 - \omega (1 - \gamma)] (s - \bar{s}) + (1 - \omega) (y^* - \bar{y}^*)$$

O símbolo ω é a razão da variável correspondente no equilíbrio estacionário. Portanto, o hiato do produto numa economia aberta pequena tem três componentes, o hiato do consumo, o hiato das relações de troca, e o hiato do produto estrangeiro.

Curva IS

Derivando-se com relação ao tempo a equação anterior do hiato do produto tem-se:

$$\dot{x} = \omega_1 \dot{c} + \omega_2 \dot{s}$$

onde $\omega_1 = \omega, \omega_2 = \eta[1 - \omega(1 - \gamma)]$ e admite-se, por simplicidade, que o hiato do produto estrangeiro é igual a zero. Combinando-se as equações de $\dot{c}, x$ e $\dot{x}$ e a condição de paridade descoberta da taxa de juros obtém-se a curva IS:

$$\dot{x} = \beta_x x + \beta_r (r - \bar{r}) - \beta_a (a - \bar{a}) - \beta_s (s - \bar{s}) \tag{4.2}$$

Nesta equação a taxa de variação do hiato do produto depende do seu próprio nível, dos hiatos da taxa de juros, da riqueza e das relações de troca. Portanto, o total de ativos líquidos estrangeiros desempenha um papel explícito na curva IS. Os parâmetros desta curva estão relacionados com os parâmetros estruturais do modelo de acordo com:

$$\beta_x = \frac{n\theta\bar{a}}{\bar{c}_y}; \beta_r = \omega_1\sigma$$

$$\beta_a = \frac{\omega_1 n\theta}{\bar{c}_y}; \beta_s = \frac{n\theta\bar{a}\omega_2\xi}{\bar{c}_y}$$

Os coeficientes β_r e β_a são positivos. Por outro lado, os coeficientes β_x e β_s podem ser positivos ou negativos. Eles são positivos se o país for um credor líquido ($\bar{a} > 0$) e negativos se o país for um devedor líquido ($\bar{a} < 0$). Quando $n = 0$ obtém-se o caso particular da curva IS do modelo do agente representativo porque $\beta_x = \beta_a = \beta_s = 0$.

No modelo do agente representativo as taxas de preferência intertemporal e de juros internacional somente seriam iguais por acaso. Quando as duas taxas são diferentes surgem oportunidades para arbitragem e o modelo do agente representativo produz conclusões paradoxais: a economia aberta pequena torna-se dona do mundo ou esse país pequeno se endivida a tal ponto que tem que usar toda sua renda para pagar a dívida externa. Tais conclusões paradoxais não existem no modelo de gerações superpostas com vida infinita, pois a taxa de juros natural é igual à taxa de juros internacional no longo prazo. A relação riqueza (dívida)/consumo ajusta-se para cobrir a diferença entre a taxa de preferência intertemporal e a taxa de juros internacional.

5. Gerações Superpostas com Vida Finita

O modelo de gerações superpostas com vida infinita supõe que os indivíduos são imortais. Esta hipótese facilita as contas, mas agride os fatos. Uma certeza na vida é a morte: a vida é finita. Todavia, a duração da mesma é incerta e ninguém sabe o dia de sua morte. A morte tem duas causas: i) fatores puramente aleatórios e ii) fatores naturais provocados pelo envelhecimento da máquina humana. A primeira independe da idade da pessoa, mas a segunda causa depende da idade. No modelo desta seção admite-se que a probabilidade do indivíduo morrer, a cada instante do tempo, é constante e não dependa da idade. A causa da morte neste modelo é, portanto, aleatória. Esta simplificação permite uma solução elegante do modelo, o que não aconteceria se fosse introduzida a hipótese mais realista de que a probabilidade de morrer aumenta com a idade da pessoa.

Como a vida é finita e sua duração imprevisível seja X uma variável aleatória que representa a duração da vida com função de densidade de probabilidade dada por:

$$f(x) = \begin{cases} \phi e^{-\phi(x-t)}, & x \geq t \\ 0, & x < t \end{cases}$$

onde ϕ é um parâmetro positivo cuja interpretação será dada logo adiante. A função de distribuição da variável aleatória X, que é definida pela probabilidade da duração da vida do indivíduo ser menor ou igual a v, é calculada pela integral:

$$F(v) = P\left(X \leq v\right) = \int_t^v \phi e^{-\phi(x-t)}dx = 1 - e^{-\phi(v-t)}$$

Logo, a probabilidade de que o indivíduo viva mais que um intervalo de tempo v é igual a: $P(X \geq v) = e^{-\phi(v-t)}$. A probabilidade do evento A, o indivíduo morrer no intervalo $(v, v + dv)$, condicionado pelo evento B, de que ele não morreu até a data v, é denominada taxa de risco (*hazard rate*, em inglês). Isto é:

$$P\left(A/B\right) = \frac{P(A \cap B)}{P(B)} = \frac{f(v)}{1 - F(v)}$$

A probabilidade da interseção dos eventos, $P(A \cap B)$, é igual a $f(v)$ e a probabilidade do evento B, $P(B)$, é igual a $1 - F(v)$. Para a função de densidade da variável aleatória X esta probabilidade é dada por:

$$P\left(A/B\right) = \frac{f(v)}{1 - F(v)} = \frac{\phi e^{-\phi(v-t)}}{e^{-\phi(v-t)}} = \phi$$

onde o parâmetro ϕ é, então, a probabilidade instantânea de morte no intervalo $(v, v + dv)$, que independe da idade do indivíduo. Esta hipótese é bastante irrealista, mas facilita as contas no processo de agregação. A probabilidade ϕ pode ser interpretada como a taxa de mortalidade da população desta economia.

Título Atuarial

No modelo com indivíduos com vidas finitas existe um problema com relação à acumulação de riqueza do mesmo. No momento da sua morte a riqueza não pode ser nem positiva nem tampouco negativa, ou seja, o indivíduo não pode morrer deixando recursos, pois ele não tem herdeiros, ou morrer com empréstimos a pagar, porque ele não tem ninguém que se responsabilize por seus atos. A saída para esse problema é admitir-se que

Capítulo 3

existe uma empresa de seguros que pode emitir títulos atuariais, vendendo os mesmos para os indivíduos, ou comprando este tipo de título dos indivíduos.

Os títulos atuariais são títulos que permitem os indivíduos terem um retorno maior do que a taxa de juros na sua riqueza, mas com a cláusula de transferir a riqueza para a empresa de seguros no momento da morte. Quando o indivíduo emite um título atuarial ele toma recursos emprestados e se compromete a pagar uma taxa de juros maior pelo fato de que no momento da sua morte a dívida deixa de existir.

Qual o prêmio que a seguradora está disposta a cobrar dos indivíduos nestas circunstâncias? Admite-se que o mercado de seguros seja competitivo e não existam restrições a entrada de empresas neste setor. O lucro da empresa de seguros é igual a zero. Logo, o prêmio do seguro é igual à taxa de mortalidade da economia, pois a receita da empresa seguradora será igual à taxa de mortalidade vezes o valor dos ativos que ela recebe dos indivíduos que morrem, ϕa, e terá como despesa igual valor que será transferido para os indivíduos que estão vivos.

Consumidor

Os indivíduos de cada geração desta economia maximizam o valor esperado do fluxo de utilidades descontado pela taxa de preferência intertemporal. O valor esperado é obtido multiplicando-se o valor descontado da utilidade pela probabilidade do indivíduo estar vivo. Isto é:

$$\int_t^\infty e^{-\phi(v-t)} e^{-\rho(v-t)} u\left[c(s,v)\right] dv = \int_t^\infty e^{-(\phi+\rho)(v-t)} u\left[c(s,v)\right] dv$$

A interpretação desta última integral é bastante simples: para o indivíduo a taxa de desconto é igual à taxa de preferência intertemporal adicionada a taxa de mortalidade. O fato de que o indivíduo sabe que vai morrer leva-o a descontar o futuro com uma taxa mais elevada, que leva em conta a probabilidade de sua morte. O indivíduo de cada geração maximiza:

$$\int_t^\infty e^{-(\phi+\rho)(v-t)} u\left[c(s,v)\right] dv$$

sujeito à restrição:

$$\dot{a}(s,v) = (\phi+r)\, a\,(s,v) + \omega(v) - c\,(s,v)$$

$$a(s,t) \text{ dado}$$

A taxa de retorno dos ativos nesta economia, para o indivíduo, é igual à taxa de juros mais o prêmio do título atuarial, a probabilidade de morte do indivíduo.

O hamiltoniano de valor corrente deste problema é dado por:

$$H = u\left[c(s,v)\right] + \lambda\left[(\phi + r)\,a\,(s,v) + \omega(v) - c\,(s,v)\right]$$

As condições de primeira ordem são as seguintes:

$$\frac{\partial H}{\partial c} = u'\left(c(s,v)\right) - \lambda = 0$$

$$\dot{\lambda} = (\phi + \rho)\,\lambda - \frac{\partial H}{\partial a} = (\rho + \phi)\,\lambda - (\phi + r)\,\lambda$$

$$\frac{\partial H}{\partial \lambda} = (\phi + r)\,a\,(s,v) + \omega(v) - c\,(s,v) = \dot{a}\,(s,v)$$

A primeira condição estabelece que a utilidade marginal do consumo seja igual à variável de coestado. A segunda é a condição de arbitragem entre consumo presente e consumo futuro. A terceira condição reproduz a restrição do problema.

$$\begin{cases} u'\left(c(s,v)\right) = \lambda \\ \dfrac{\dot{\lambda}}{\lambda} = \rho - r \\ u(c) = \dfrac{c^{1-\frac{1}{\sigma}}}{1 - \frac{1}{\sigma}} \end{cases}$$

As duas primeiras condições de primeira ordem, reproduzidas acima, mais a hipótese de que a função utilidade tem a elasticidade de substituição constante implicam que a taxa de crescimento do consumo seja constante:

$$\frac{\dot{c}(s,v)}{c(s,v)} = \sigma\,(r - \rho)$$

A solução da equação diferencial da restrição orçamentária produz a restrição orçamentária intertemporal, supondo-se que não haja jogo de Ponzi. O valor presente do consumo tem que ser igual ao valor presente dos rendimentos adicionado ao estoque inicial de riqueza:

$$a(s,t) + \int_{t}^{\infty} e^{-(\phi+r)(v-t)} w(v)dv = \int_{t}^{\infty} e^{-(\phi+r)(v-t)} c(s,v)dv$$

onde a taxa de desconto é igual a soma da taxa de juros com o prêmio do seguro. O valor presente dos rendimentos do trabalho será denominando capital humano do indivíduo:

$$h(t) = \int_{t}^{\infty} e^{-(\phi+r)(v-t)} w(v)dv$$

A restrição orçamentária intertemporal pode, então, ser escrita como:

$$a(s,t) + h(t) = \int_{t}^{\infty} e^{-(\phi+r)(v-t)} c(s,v)dv$$

Capítulo 3

O consumo individual cresce a uma taxa igual a $\sigma(r - \rho)$. Logo:

$$c(s, v) = c(s, t)e^{\sigma(r-\rho)(v-t)}$$

Substituindo-se esta expressão na restrição orçamentária intertemporal obtém-se:

$$a(s, t) + h(t) = \int_t^\infty e^{-[(\phi-r)-\sigma(r-\rho)](v-t)}c(s, t)dv$$

Segue-se, então, que o consumo é proporcional ao total da riqueza do indivíduo:

$$c(s, t) = \theta \left[a(s, t) + h(t) \right]$$

onde o coeficiente de proporcionalidade, suposto positivo, é dado por:

$$\theta = \phi + r - \sigma \left(r - \rho \right) = \phi + \left(1 - \sigma \right) r + \sigma\rho > 0$$

Quando a elasticidade de substituição for igual a um, o coeficiente de proporcionalidade é igual à soma da taxa de preferência intertemporal com o prêmio de risco.

Agregação

Admita-se que nesta economia a população seja constante. A taxa de natalidade é, portanto, igual à taxa de mortalidade. O número de indivíduos da geração s existentes no momento t é igual a:

$$P(s, t) = \phi e^{-\phi(t-s)}$$

A agregação de qualquer variável, digamos z, neste modelo leva em conta o número de indivíduos de cada geração. Logo, para a variável $z(s, t)$ da geração s no momento t o seu valor agregado é obtido somando-se por todas as gerações atualmente existentes:

$$z(t) = \int_{-\infty}^t \phi e^{-\phi(t-s)} z(s, t)ds$$

Consumo Agregado

O consumo agregado é obtido, então, por

$$c(t) = \int_{-\infty}^t \phi e^{\phi(s-t)} c(s, t)ds$$

Como o consumo individual é proporcional a riqueza, segue-se, então, que o consumo agregado é também proporcional à riqueza total da sociedade:

$$c(t) = \theta \left[a(t) + h(t) \right]$$

Geração Superpostas

A taxa de variação do consumo agregado é obtida aplicando-se a regra de Leibnitz (cap. 10, exercício 15, p. 342) na fórmula de agregação do consumo. Isto é:

$$\frac{dc(t)}{dt} = \phi e^{\phi(t-t)} c(t,t) + \int_{-\infty}^{t} \phi(-\phi) e^{\phi(s-t)} c(s,t) ds + \int_{-\infty}^{t} \phi e^{\phi(s-t)} \dot{c}(s,t) ds$$

Simplificando-se esta expressão e levando-se em conta a taxa de crescimento do consumo individual obtém-se:

$$\frac{dc(t)}{dt} = \phi \left[c(t,t) - c(t) \right] + \int_{-\infty}^{t} \phi e^{\phi(s-t)} \sigma \left(r - \rho \right) c(s,t) ds$$

A integral que aparece nesta equação é proporcional ao consumo agregado. Logo:

$$\frac{dc(t)}{dt} = \phi \left(c(t,t) - c(t) \right) + \sigma \left(r - \rho \right) c$$

A diferença entre o consumo dos indivíduos da geração t e o consumo agregado, ambos no período t, é obtido fazendo-se uso da hipótese de que a riqueza financeira dos indivíduos ao nascerem é igual a zero, $a(t,t) = 0$. Portanto:

$$c(t,t) - c(t) = \theta \left[a(t,t) + h(t) \right] - \theta \left[a(t) + h(t) \right] = -\theta a(t)$$

A taxa de variação do consumo depende do nível do consumo e da riqueza agregada, de acordo com:

$$\dot{c} = \sigma \left(r - \rho \right) c - \phi \theta a$$

Riqueza Agregada

A riqueza agregada é definida por:

$$a(t) = \int_{-\infty}^{t} \phi e^{\phi(s-t)} a(s,t) ds$$

A taxa de variação da riqueza agregada é obtida aplicando-se a regra de Leibnitz na expressão acima:

$$\frac{da(t)}{dt} = \phi e^{\phi(t-t)} a(t,t) + \int_{-\infty}^{t} \phi(-\phi) e^{\phi(s-t)} a(s,t) ds + \int_{-\infty}^{t} \phi e^{\phi(s-t)} \dot{a}(s,t) ds$$

Simplificando-se esta equação e levando-se em conta a variação da riqueza do indivíduo resulta em:

$$\frac{da(t)}{dt} = \phi a(t,t) - \phi a(t) + \int_{-\infty}^{t} \phi e^{\phi(s-t)} \left[(\phi + r)a(s,v) + \omega(v) - c(s,v) \right] dv$$

Como, por hipótese, $a(t,t) = 0$, segue-se que:

$$\frac{da(t)}{dt} = -\phi a + (\phi + r) a + \omega - c$$

Logo, a taxa de variação da riqueza agregada é dada por:

$$\dot{a} = ra + \omega - c$$

A taxa de juros relevante na variação da riqueza agregada é a taxa de juros da economia, e não a taxa de juros que cada indivíduo leva em conta nas suas decisões. A taxa de juros para cada indivíduo é a taxa de juros da economia mais o prêmio de risco pelo fato da vida ser finita. O prêmio de risco, do ponto de vista agregado, acarreta apenas transferência de renda entre os indivíduos.

Sistema Dinâmico

O sistema dinâmico do modelo de gerações superpostas com vida finita é formado pelas duas equações diferenciais:

$$\begin{cases} \dot{c} = \sigma \left(r - \rho\right) c - \phi\theta a \\ \dot{a} = ra + \omega - c \end{cases}$$

A matriz jacobiana deste sistema é dada por:

$$J = \begin{bmatrix} \dfrac{\partial \dot{c}}{\partial c} & \dfrac{\partial \dot{c}}{\partial a} \\ \\ \dfrac{\partial \dot{a}}{\partial c} & \dfrac{\partial \dot{a}}{\partial a} \end{bmatrix} = \begin{bmatrix} \sigma(r - \rho) & -\phi\theta \\ \\ -1 & r \end{bmatrix}$$

O determinante desta matriz, no ponto de equilíbrio estacionário, é negativo:

$$|J| = \sigma \left(r - \rho\right) r - \phi\theta = \phi\theta \left(\frac{\bar{a}r}{\bar{c}} - 1\right) = -\frac{\omega}{\bar{c}}$$

O ponto de equilíbrio do sistema dinâmico é um ponto de sela. Dado a riqueza inicial, a economia converge para o ponto de equilíbrio estacionário na trajetória de sela.

Economia com Produção

No modelo de uma economia com produção de gerações superpostas com vida finita a riqueza financeira corresponde ao estoque de capital. Logo, $a = k$, e a taxa de juros é igual à produtividade marginal líquida do capital:

$$r = f'(k) - \delta$$

A soma da remuneração do capital e do trabalho, que são pagos pelas suas produtividades marginais, é justamente igual ao produto, admitindo-se que a função de produção tenha retornos constantes de escala. Isto é:

$$ra + \omega = \left(f'(k) - \delta\right)k + f(k) - kf'(k) = f(k) - \delta k$$

O sistema dinâmico deste modelo é formado pelas seguintes equações diferenciais:

$$\begin{cases} \dot{c} = \sigma\left[f'(k) - \delta - \rho\right]c - \phi\theta k \\ \dot{k} = f(k) - \delta k - c \end{cases}$$

A análise deste sistema é semelhante a que foi feita para o caso do modelo de gerações superpostas com vida infinita.

Economia Aberta

No modelo de uma economia aberta pequena com gerações superpostas com vida finita admite-se que a riqueza financeira corresponda a títulos transacionados internacionalmente a uma taxa de juros que o país pequeno não pode afetar. O sistema dinâmico deste modelo é formado pelas duas equações diferenciais:

$$\begin{cases} \dot{c} = \sigma\left(r^* - \rho\right)c - \phi\theta a \\ \dot{a} = r^*a + \omega - c \end{cases}$$

onde a taxa de juros internacional é igual a r^*. No equilíbrio estacionário, a taxa de juros internacional e a taxa de preferência intertemporal estão relacionadas pela equação:

$$r^* = \rho + \frac{\phi\theta}{\sigma}\frac{\bar{a}}{\bar{c}}$$

Quando o país for credor a taxa de juros internacional é maior do que a taxa de preferência intertemporal, $r^* > \rho$, pois $\bar{a} > 0$. No caso do país devedor, a taxa de juros internacional é menor do que a taxa de preferência intertemporal, $r^* < \rho$, pois $\bar{a} < 0$. Diferente do modelo do agente representativo, no modelo de gerações superpostas com vida finita a existência do estado estacionário para o consumo não depende da igualdade entre a taxa de juros internacional e a taxa de preferência intertemporal. A variável de ajuste no modelo é a conta-corrente do balanço de pagamentos, gerando déficits ou superávits até que a razão entre o estoque de ativos e o consumo atinja uma certa proporção.

Capítulo 3

Economia com Governo

Numa economia com governo o déficit público é financiado emitindo-se títulos públicos. A taxa de variação da dívida pública é dada por:

$$\dot{b} = rb + g - \tau$$

Esta equação é a restrição orçamentária do governo em termos de fluxos. A solução desta equação diferencial, supondo-se que não haja jogo de Ponzi, é a restrição orçamentária intertemporal do governo:

$$b(t) = \int_{t}^{\infty} e^{-r(x-t)} (\tau - g) \, dx$$

Esta restrição estabelece que o valor presente dos superávits primários futuros tem que ser igual ao valor da dívida pública em poder do mercado.

A riqueza total do setor privado é a soma da riqueza financeira, na forma de títulos públicos, mais o valor do capital humano:

$$b(t) + h(t) = b(t) + \int_{t}^{\infty} e^{-(\phi+r)(v-t)} (w - \tau) \, dv$$

O valor do capital humano, igual ao valor presente do salário líquido de impostos, pode ser escrito do seguinte modo:

$$
\begin{aligned}
h(t) &= \int_{t}^{\infty} e^{-(\phi+r)(v-t)} (w - \tau) \, dv \\
&= \int_{t}^{\infty} e^{-(\phi+r)(v-t)} (\omega - g) \, dv - \int_{t}^{\infty} e^{-(\phi+r)(v-t)} (\tau - g) \, dv
\end{aligned}
$$

Substituindo-se esta expressão na equação anterior obtém-se:

$$b(t) + h(t) = b(t) + \int_{t}^{\infty} e^{-(\phi+r)(v-t)} (\omega - g) \, dv - \int_{t}^{\infty} e^{-(\phi+r)(v-t)} (\tau - g) \, dv$$

A riqueza total desta sociedade inclui uma parte do valor dos títulos públicos. Este fato ocorre porque a taxa de juros que os indivíduos descontam os superávits primários é diferente da taxa que o setor público desconta os mesmos. Isto é:

$$
\begin{aligned}
b(t) \quad &- \int_{t}^{\infty} e^{-(\phi+r)(v-t)} (\tau - g) \, dv = \int_{t}^{\infty} e^{-r(v-t)} (\tau - g) \, dv \\
&- \int_{t}^{\infty} e^{-(\phi+r)(v-t)} (\tau - g) \, dv
\end{aligned}
$$

Quando o parâmetro ϕ for igual a zero, ou seja, a vida for infinita, a dívida pública não será parte da riqueza da sociedade. Portanto, no modelo de gerações superpostas, com vida finita, a equivalência ricardiana não é válida.

6. Exercícios

1) Numa economia, os indivíduos vivem dois períodos. No primeiro período, na juventude, eles trabalham. No segundo, na velhice, os indivíduos aposentam-se, vivendo da poupança feita na juventude e dos rendimentos da mesma. O consumo, no primeiro período é representado por $c_{1,t}$ e no segundo por $c_{2,t+1}$. A restrição orçamentária do indivíduo é, então, dada por:

$$c_{1,t} = \omega_t - s_t$$

$$c_{2,t+1} = (1 + r_{t+1}) s_t$$

onde ω_t é o salário, s_t a poupança e r_{t+1} a taxa de juros.

As preferências do indivíduo são representadas pela função utilidade:

$$u(c_1, t) + \frac{1}{1 + \rho} u(c_{2,t+1}), u' > 0, u'' < 0$$

onde ρ é a taxa de preferência intertemporal.

a) Deduza a condição de primeira ordem do problema de otimização do indivíduo.

b) Mostre que a poupança pode ser escrita como função do salário e da taxa de juros:

$$s_t = s(\omega_t, r_{t+1})$$

c) Mostre que: $\frac{\partial s_t}{\partial \omega_t} > 0$

d) Mostre que: $\frac{\partial s_t}{\partial r_{t+1}} \geq 0$

e) Admita que a função utilidade seja dada por:

$$u(c) = \begin{cases} \frac{c^{1-\frac{1}{\sigma}}}{1-\frac{1}{\sigma}}, \sigma \neq 1 \\ \log c, \sigma = 1 \end{cases}$$

Deduza a função poupança nestes dois casos e mostre que se $\sigma > 1$,

$$\frac{\partial s_t}{\partial r_{t+1}} > 0$$

2) Na economia de gerações superpostas da questão anterior, a função de produção tem retornos constantes de escala,

$$Y = F(K, L)$$

onde Y é a produção, K o estoque de capital e L a população que trabalha, cuja taxa de crescimento é igual a $n : L_t = (1 + n)L_{t-1}$. As empresas maximizam o lucro, e o salário e a taxa de juros são dados por:

$$\omega_t = f(k_t) - kf'(k)$$

$$r_t = f'(k_t) - \delta$$

onde $k = K/L, f(k) = F\left(\frac{K}{L}, I\right)$ e δ é a taxa de depreciação.
A poupança é igual ao investimento:

$$K_{t+1} - K_t + \delta K_t = L_t s_t$$

a) Mostre que

$$k_{t+1} = \frac{(1-\delta)k_t + s_t(\omega_t, r_{t+1})}{1+n}$$

onde

$$\omega_t = f(k_t) - kf'(k)$$

$$r_{t+1} = f'(k_{t+1}) - \delta$$

b) Analise o equilíbrio e a dinâmica deste modelo.

c) Neste modelo, a economia pode ter superacumulação de capital e ser dinamicamente ineficiente; isto é, o equilíbrio é eficiente no sentido de Pareto?

3) Responda as três perguntas da questão anterior no caso particular das funções utilidade e produção serem especificadas, respectivamente, por:

$$u(c) = \frac{C^{1-\frac{1}{\sigma}}}{1 - \frac{1}{\sigma}}$$

$$f(k) = Ak^\alpha$$

4) Considere o modelo de gerações superpostas com vida infinita,

$$\dot{c} = \sigma\left(r - \rho\right)c - n\theta a$$

$$\dot{a} = \left(r - n\right)a + \omega - c$$

Admita que a taxa de juros internacional seja menor do que a taxa de preferência intertemporal. Mostre o que acontece nesta economia quando a taxa de juros internacional diminui nas seguintes situações:

a) a mudança é permanente e não antecipada;

b) a mudança é permanente e antecipada;

c) a mudança é transitória e não antecipada;

d) a mudança é transitória e antecipada.

5) Considere o seguinte modelo de uma economia, de gerações superpostas com vida finita, com produção:

$$\begin{cases} \dot{c} = \sigma \left[f'(k) - \delta - \rho \right] c - \phi\theta k \\ \dot{k} = f(k) - \delta k - c \end{cases}$$

a) Analise o equilíbrio e a dinâmica deste modelo num diagrama de fases com o consumo no eixo vertical e o capital no eixo horizontal.

b) Neste modelo existe ineficiência dinâmica?

c) Analise os efeitos no consumo e no capital de uma mudança não antecipada na taxa de mortalidade.

Capítulo 4: Modelo de Crescimento de Solow

A primeira seção deste capítulo apresenta o modelo de crescimento econômico de Solow. A segunda seção introduz o capital humano como um fator de produção no modelo de Solow. A terceira seção apresenta o modelo de Solow numa economia aberta pequena com mobilidade perfeita de capital. A quarta seção trata da contabilidade do crescimento econômico.

A teoria do crescimento econômico tem como objetivo explicar as causas que determinam o nível e a taxa de crescimento da produtividade da mão de obra. Esta teoria deve ser capaz de explicar os fatos estilizados de Kaldor: i) a produtividade da mão de obra tem crescido de modo sistemático; ii) a relação capital/mão de obra tem crescido ao longo do tempo; iii) a taxa de retorno do capital tem sido razoavelmente constante; iv) a relação capital/produto não tem se alterado ao longo do tempo; v) as participações da mão de obra e do capital no produto não tem mostrado nenhuma tendência para aumentar ou diminuir; vi) a taxa de crescimento da produtividade de mão de obra tem variado de acordo com o país. O modelo de Solow apresentado neste capítulo procura reproduzir esses fatos.

1. Modelo de Solow

O produto real da economia (Y) é igual à produtividade média da mão de obra (Y/L) vezes a quantidade de mão de obra (L). Isto é:

$$Y = \frac{Y}{L}L$$

A taxa de crescimento do produto real é, portanto, igual à soma da taxa de crescimento da produtividade da mão de obra com a taxa de crescimento da força de trabalho:

$$\widehat{Y}_n = \left(\frac{\widehat{Y}}{L}\right) + \widehat{L}$$

onde o símbolo $\widehat{X}$ representa a taxa de crescimento da variável $X : \widehat{X} = \dot{X}/X$. Admitindo-se que as taxas de crescimento da produtividade da mão de obra e da população sejam constantes,

$$\left(\frac{\widehat{Y}}{L}\right) = g; \widehat{L} = n$$

A taxa de crescimento do produto real, denominada taxa de crescimento natural ($\widehat{Y}_n$), é dada por:

$$\widehat{Y}_n = g + n$$

Uma forma alternativa de se calcular a taxa de crescimento do produto real é obtida a partir da taxa de crescimento do estoque de capital:

$$\widehat{Y}_\omega = \frac{\dot{K}}{K} = \frac{\dot{K}}{Y}\frac{Y}{K}$$

onde multiplicou-se e dividiu-se a expressão, depois do segundo sinal de igualdade, pelo produto real. A taxa de crescimento do produto real depende, portanto, da proporção do aumento do estoque de capital com relação ao produto e da relação produto/capital. A variação do estoque de capital é igual ao investimento bruto menos a depreciação do capital:

$$\dot{K} = I - \delta K$$

Substituindo-se esta expressão na equação da taxa de crescimento do produto real obtém-se:

$$\widehat{Y}_\omega = \frac{I - \delta K}{Y}\frac{Y}{K} = \frac{I/Y}{K/Y} - \delta$$

Admita-se que a taxa de investimento e a relação capital/produto sejam constantes,

$$\frac{I}{Y} = s; \frac{K}{Y} = v$$

A taxa de crescimento do produto real, denominada taxa garantida, é dada, então, por:

$$\widehat{Y}_\omega = \frac{s}{v} - \delta$$

A taxa natural e a taxa garantida de crescimento do produto real somente seriam iguais por acaso. Este fato foi denominado, na literatura econômica, fio de navalha. Em geral, as duas taxas são diferentes:

$$\widehat{Y}_n = g + n \neq \frac{s}{v} - \delta = \widehat{Y}_\omega$$

A taxa de crescimento natural do produto real depende da tecnologia enquanto a taxa garantida é aquela que corresponde à plena utilização do

Capítulo 4

capital, pois é uma consequência da condição de que a poupança seja igual ao investimento para que o mercado de bens e serviços esteja em equilíbrio. Se a taxa natural for maior do que a taxa garantida ($\hat{Y}_n > \hat{Y}_\omega$) a taxa de desemprego cresce indefinidamente, ou aumenta continuamente a taxa de utilização da capacidade instalada. Por outro lado, se a taxa natural for menor do que a taxa garantida ($\hat{Y}_n < \hat{Y}_\omega$) há excesso de demanda de mão de obra, ou diminui de modo sistemático a taxa de utilização da capacidade instalada. O modelo de Solow supõe que os preços dos fatores de produção, capital e mão de obra, se ajustam de sorte a resolver este problema.

O modelo de Solow é especificado por três equações: i) uma função de produção, com retornos constantes de escala e com progresso tecnológico poupador de mão de obra; ii) uma condição de equilíbrio de poupança e investimento no mercado de bens e serviços; e iii) uma hipótese comportamental de que o consumo seja proporcional a renda. Isto é:

$$Y = F(K, AL)$$

$$Y = C + I = C + \dot{K} + \delta K$$

$$S = Y - C = Y - (1 - s)Y = sY$$

onde A é o parâmetro que representa o progresso tecnológico, C o consumo, S a poupança, $1 - s$ a propensão média (= marginal) a consumir e s a propensão média a poupar. O modelo de Solow admite ainda que a taxa de crescimento do progresso tecnológico (g) e a taxa de crescimento da população (n) sejam constantes:

$$\frac{\dot{A}}{A} = g, \frac{\dot{L}}{L} = n$$

Álgebra

Quando se multiplicam os fatores de produção por um parâmetro qualquer na função de produção com retornos constantes de escala, a quantidade de produto aumenta da mesma magnitude:

$$F(\lambda K, \lambda AL) = \lambda F(K, AL)$$

O parâmetro λ pode ser escolhido arbitrariamente e será conveniente defini-lo por:

$$\lambda = \frac{1}{AL}$$

Substituindo-se esta expressão na função de produção obtém-se:

$$y = \frac{Y}{AL} = F\left(\frac{K}{AL}, \frac{AL}{AL}\right) = F\left(\frac{K}{AL}, 1\right) = f(k)$$

onde $f(k)$ é a forma intensiva da função de produção. O produto real e a quantidade de capital, em unidades de eficiência de mão de obra, são definidos por:

$$y = \frac{Y}{AL} \qquad k = \frac{K}{AL}$$

A função de produção $f(k)$ deve obedecer às propriedades:

$$y = f(k) \begin{cases} f(0) = 0 \\ \lim_{k\to\infty} f'(k) = 0 \\ \lim_{k\to0} f'(k) = \infty \end{cases}$$

A primeira propriedade afirma que sem capital nada se produz, a segunda diz que a produtividade marginal do capital tende para zero a medida que a quantidade de capital cresce de modo ilimitado, a terceira propriedade impõe a condição de que a produtividade marginal do capital tende para infinito quando a quantidade de capital aproxima-se de zero. As duas últimas propriedades são conhecidas como condições de Inada.

Dividindo-se ambos os lados da equação de equilíbrio do produto com o dispêndio pela quantidade de mão de obra em unidades de eficiência tem-se:

$$\frac{Y - C}{AL} = \frac{\dot{K}}{AL} + \frac{\delta K}{AL}$$

Usando-se a hipótese de que o consumo é proporcional a renda, a expressão anterior transforma-se em:

$$sy = \frac{\dot{K}}{AL} + \delta k$$

Derivando-se k com relação ao tempo resulta:

$$\dot{k} = \frac{\dot{K}}{AL} - (g + n)\,k$$

Combinando-se as duas últimas equações obtém-se:

$$sy = \dot{k} + (g + n + \delta)\,k$$

Sistema Dinâmico

O sistema dinâmico do modelo de crescimento exógeno de Solow é dado, então, pela equação diferencial não linear de primeira ordem:

$$\dot{k} = sf(k) - (g + n + \delta)\,k$$

No estado estacionário, $\dot{k} = 0$, a quantidade de capital de equilíbrio $(\bar{k})$ é obtida pela solução da seguinte equação:

$$sf(\bar{k}) = (g + n + \delta)\,\bar{k}$$

O sistema tem dois pontos de equilíbrio, $\bar{k} = 0$ e $\bar{k} = k^*$, como indicado na Figura 4.1. Supondo-se que a solução seja diferente de zero, a equação anterior pode ser escrita como:

$$\frac{s}{k^*/f(k^*)} - \delta = g + n$$

A razão $k^*/f(k^*)$ é a relação capital/produto de equilíbrio. Logo, no estado estacionário a taxa de crescimento natural do produto é igual a taxa de crescimento garantida do produto: $\widehat{Y}_n = \widehat{Y}_\omega = \widehat{Y}$. Portanto, no modelo de crescimento exógeno não existe fio de navalha. Caso as duas taxas sejam diferentes, o preço relativo dos fatores de produção, capital e trabalho, se ajusta e a relação capital/produto muda de tal forma que no estado estacionário as duas taxas sejam iguais:

$$\widehat{Y}_w = \frac{s}{v} - \delta = g + n = \widehat{Y}_n$$

As Figuras 4.1 e 4.2 mostram a dinâmica do modelo. Quando a quantidade de capital, por unidade de eficiência de mão de obra, está fora de equilíbrio, qualquer que seja a posição inicial, a quantidade de capital converge para k^*.

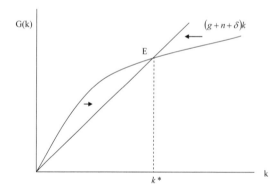

Figura 4.1

Experimentos

A estabilidade do equilíbrio do modelo de crescimento exógeno leva a seguinte previsão:

Previsão 1. No longo prazo a economia converge para k^*, que independe das condições iniciais do modelo.

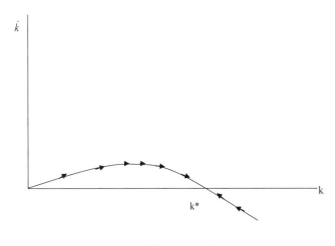

Figura 4.2

A Figura 4.3 mostra a dinâmica comparativa do modelo quando a taxa de poupança aumenta ($s_1 > s_0$). O novo ponto de equilíbrio corresponde a uma relação capital mão de obra, por unidade de eficiência, mais elevada. Portanto, a renda *per capita* desta economia será, também, mais elevada.

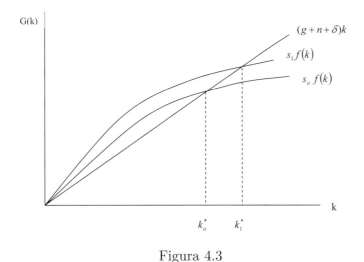

Figura 4.3

Previsão 2. Quanto maior (menor) a taxa de poupança maior (menor) a renda *per capita* no longo prazo.

A Figura 4.4 mostra a dinâmica comparativa quando a taxa de crescimento da população aumenta ($n_1 > n_0$). No novo ponto de equilíbrio de longo prazo a quantidade de capital, por unidade de eficiência da mão de obra, diminui. Isto corresponde uma renda *per capita* menor. Esta

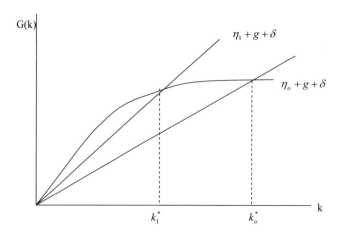

Figura 4.4

propriedade produz a seguinte previsão:

Previsão 3. Quanto maior a taxa de crescimento da população, menor a renda *per capita* no longo prazo.

A produtividade média da mão de obra, no equilíbrio estacionário, é igual ao produto real, medido em unidades de eficiência da mão de obra, vezes o parâmetro que mede o progresso tecnológico:

$$\left(\frac{Y}{L}\right)^* = y^* A = y^* A_0 e^{gt}$$

A taxa de crescimento da produtividade média da mão de obra é, portanto, igual a taxa de crescimento do progresso tecnológico:

$$\left(\frac{\widehat{Y}}{L}\right)^* = g$$

Previsão 4. No longo prazo a taxa de crescimento da renda *per capita* depende apenas da taxa de crescimento do progresso tecnológico.

A relação capital/produto é igual à razão entre o capital e o produto, ambos medidos em termos de unidades de eficiência da mão de obra. No equilíbrio de longo prazo estas duas variáveis são constantes. Logo, em equilíbrio, a relação capital/produto é constante:

$$\frac{K^*}{Y^*} = \frac{(K/AL)^*}{(Y/AL)^*} = \frac{k^*}{y^*}$$

Previsão 5. No longo prazo a relação capital/produto é constante.

No equilíbrio de longo prazo a taxa de juros é constante:

$$r^* = f'(k^*) - \delta$$

A Figura 4.5 mostra graficamente esta relação na tangente à curva da função de produção. O salário por trabalhador, medido em termos de eficiência, $\omega^* = (W/AL)^*$, é obtido pela seguinte expressão:

$$\omega^* = f(k^*) - f'(k^*)k^*$$

Segue-se, então, que o salário, por trabalhador, cresce a mesma taxa do progresso tecnológico:

$$\left(\frac{W}{L}\right)^* = \omega^* A_0 e^{gt}$$

Previsão 6. No longo prazo a produtividade marginal do capital é constante e o salário, por trabalhador, cresce à mesma taxa do progresso tecnológico.

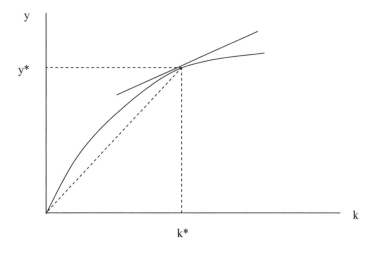

Figura 4.5

Produtividade da Mão de Obra

A taxa de crescimento da produtividade da mão de obra é igual a soma das taxas de crescimento do progresso tecnológico e do produto por unidade de eficiência da mão de obra, $\widehat{Y} - \widehat{L} = \widehat{A} + \hat{y}$. Como $\hat{y} = \alpha_k \hat{k}$, onde α_k é a participação do capital no produto, segue-se que:

$$\widehat{Y} - \widehat{L} = \widehat{A} + \alpha_k \left(\frac{sf(k)}{k} - (g + n + \delta)\right)$$

A taxa de crescimento da produtividade da mão de obra tem dois componentes. O primeiro é a taxa de crescimento de longo prazo igual à taxa de crescimento do progresso tecnológico. O segundo componente, de curto prazo, depende da participação do capital no produto multiplicado pela taxa de crescimento do capital *per capita*, medido em termos de eficiência de mão de obra. Esta taxa de crescimento do capital *per capita* é igual à diferença entre as taxas garantida e natural. No longo prazo este componente é igual a zero.

Regra de Ouro e Ineficiência Dinâmica

No estado estacionário do modelo de Solow o consumo é dado por:

$$c^* = f(k^*) - (g + n + \delta)\, k^*$$

A regra de ouro, baseada na regra de conduta que preceitua que não se deve fazer com o próximo aquilo que não se deseja para si, é obtida maximizando-se o consumo com relação ao estoque de capital. Isto é:

$$\frac{dc^*}{dk^*} = f'(k^*) - (g + n + \delta) = 0$$

A taxa de juros que maximiza o consumo é igual à taxa de crescimento do produto real da economia:

$$f'\left(k_g^*\right) - \delta = g + n$$

onde k_g^* é o estoque de capital, por unidade de eficiência, que produz a regra de ouro. O consumo, na regra de ouro, além de máximo, seria tal que a poupança o manteria constante ao longo do tempo. Nenhuma geração estaria violando o preceito de conduta mencionado, pois todas as gerações estariam deixando para as próximas aquilo que tiveram. A Figura 4.6 mostra graficamente a regra de ouro. O consumo é máximo quando a tangente a função de produção for paralela a reta que passa pela origem e cujo coeficiente angular é igual a $g+n+\delta$. Se o estoque de capital da economia for maior do que o estoque de capital que corresponde a regra de ouro, $k > k_g^*$, a taxa de juros real será menor do que a taxa de crescimento do produto real, $f'(k) - \delta < g + n$, e a economia será ineficiente. A ineficiência dinâmica caracteriza-se, portanto, por uma superacumulação de capital. Quando a economia é dinamicamente ineficiente é possível aumentar o bem-estar para todos sem piorar o de ninguém, pois a economia não é eficiente no sentido de Pareto. Numa economia ineficiente, a sociedade está poupando demais, isto é, a redução de poupança aumentaria o consumo e o bem-estar da sociedade.

A condição para ineficiência dinâmica pode ser escrita do seguinte modo:

$$\frac{f'(k)k}{y} < \frac{(g + n + \delta)k}{y}$$

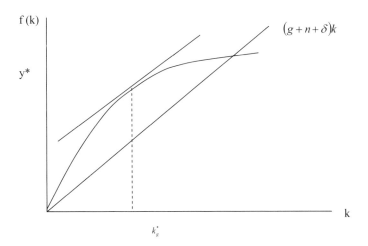

Figura 4.6: Regra de ouro

onde se multiplicou e se dividiu ambos os lados da desigualdade por k e y, respectivamente. O lado esquerdo desta desigualdade é a participação do capital no produto e o lado direito é a taxa de investimento da economia no estado estacionário:

$$a_k = \frac{f'(k)k}{y}, \qquad s = \frac{(g+n+\delta)}{y}$$

A economia será dinamicamente ineficiente quando a participação do capital no produto for menor do que a taxa de investimento: $\alpha_k < s$.

Convergência

Dois tipos de convergência podem ser analisados no modelo de crescimento exógeno, a convergência absoluta e a convergência relativa. Na convergência absoluta supõe-se que os parâmetros de duas economias, ou de duas regiões, sejam exatamente iguais. Na convergência relativa admite-se que tal hipótese não se verifica, isto é, que os parâmetros das duas economias sejam diferentes. Para analisar ambos os casos se divide os dois lados da equação diferencial do modelo de Solow por k:

$$\frac{\dot{k}}{k} = s\frac{f(k)}{k} - (g+n+\delta)$$

O lado esquerdo desta expressão é a taxa de crescimento de k e o lado direito é a diferença de dois componentes. O primeiro, proporcional à relação produto/capital, decresce com o aumento do estoque de capital, por unidade de eficiência, e o segundo é constante, como desenhado na Figura 4.7. Imaginem-se dois países, ou duas regiões, com estoques de capitais iniciais diferentes, como assinalado na respectiva figura. O país, ou região, com estoque de capital menor terá um crescimento do produto mais elevado. No longo prazo ambos terão a mesma renda *per capita* e a mesma taxa de crescimento do produto.

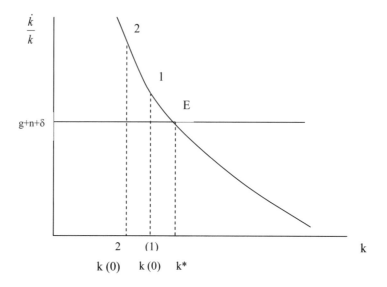

Figura 4.7: Convergência absoluta

A Figura 4.8 mostra o exemplo de dois países, ou duas regiões, no qual um dos países tem uma taxa de poupança mais elevada ($s_1 > s_2$). Este exemplo trata da convergência relativa. O país mais pobre, com menor estoque de capital inicial, não terá necessariamente uma taxa de crescimento mais elevada do que o país rico. No longo prazo eles terão a mesma taxa de crescimento do produto. Todavia, o país mais rico continuará sendo mais rico, pois terá uma renda *per capita* mais elevada.

Taxa de Convergência

A taxa de convergência do modelo de Solow pode ser calculada de forma aproximada com auxílio da expansão de Taylor da equação diferencial do modelo, repetida aqui por conveniência:

$$\dot{k} = sf(k) - (n + g + \delta)k$$

A expansão de Taylor despreza todos os termos de ordem superior ao

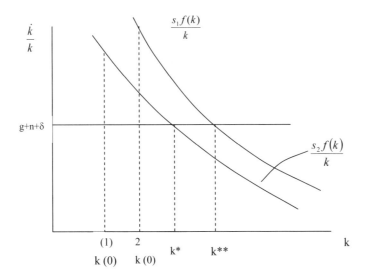

Figura 4.8: Convergência relativa

primeiro:
$$\dot{k} = \frac{\partial \dot{k}}{\partial k}\big|_{k=k^*} (k - k^*)$$

A derivada de $\dot{k}$ com relação a k é igual a:
$$\frac{\partial \dot{k}}{\partial k} = sf'(k) - (n + g + \delta)$$

Logo:
$$\dot{k} = [sf'(k^*) - (n + g + \delta)](k - k^*)$$

Como em equilíbrio, $sf(k^*) = (n + g + \delta)k^*$, segue-se que:
$$s = \frac{(n + g + \delta)k^*}{f(k^*)}$$

A taxa de convergência da relação capital/mão de obra é, portanto, igual a:
$$\dot{k} = \left[\frac{(n + g + \delta)f'(k^*)k^*}{f(k^*)} - (n + g + \delta)\right](k - k^*)$$

Colocando-se $n + g + \delta$ em evidência obtém-se:
$$\dot{k} = \left[\frac{f'(k^*)k^*}{f(k^*)} - 1\right](n + g + \delta)(k - k^*)$$

A participação do capital no produto é igual a:
$$\alpha_k = \frac{f'(k^*)k^*}{f(k^*)}$$

Logo:

$$\dot{k} = -(1 - \alpha_k)(n + g + \delta)(k - k^*)$$

Denominando-se por λ o coeficiente do desvio de k com relação ao seu valor de equilíbrio,

$$\lambda = (1 - \alpha_k)(n + g + \delta)$$

obtém-se a expressão:

$$\dot{k} = -\lambda(k - k^*)$$

Derivando-se a função de produção $y = f(k)$ com relação ao tempo

$$\frac{dy}{dt} = f'(k^*)\frac{dk}{dt}$$

e levando-se em conta a derivada de k com relação ao tempo, resulta:

$$\dot{y} = -f'(k^*)\lambda(k - k^*)$$

Fazendo-se uma expansão de Taylor da função de produção $y = f(k)$, desprezando-se os termos de ordem superior a primeira, obtém-se:

$$f(k) = f(k^*) + f'(k^*)(k - k^*)$$

Combinando-se estas duas últimas expressões obtém-se a equação da taxa de convergência do produto real:

$$\dot{y} = -\lambda(y - y^*)$$

As taxas de convergência do estoque de capital, por unidade de eficiência da mão de obra, e do produto real são calculadas usando-se as seguintes equações:

$$\begin{cases} \dot{k} = -\lambda(k - k^*) \\ \dot{y} = -\lambda(y - y^*) \end{cases}$$

Estas equações são aproximadas linearmente por:

$$k(t) - k^* \cong e^{-\lambda t}(k(0) - k^*)$$
$$y(t) - y^* \cong e^{-\lambda t}(y(0) - y^*)$$

A convergência do modelo de crescimento exógeno é bastante rápida. Com efeito, considere um exemplo no qual os parâmetros da economia sejam dados por:

$$\begin{cases} \alpha_k = 1/3 \\ n = 1\% \\ g = 2\% \\ \delta = 3\% \end{cases}$$

O parâmetro λ da taxa de convergência é igual a 4%:

$$\lambda = (1 - \alpha_k)(n + g + \delta) = \frac{2}{3}(1 + 2 + 3) = 4\%$$

Logo, com esta taxa de convergência a economia vai levar 17,5 anos para percorrer metade do caminho: $e^{\lambda t} = e^{0,04t} = e^{0,04 \times 17,5} \cong 2$, pois $e^{-\lambda t} = 1/2$.

Modelo de Crescimento de Solow

Renda *per capita*: Diferença entre Países

No equilíbrio estacionário do modelo de crescimento exógeno tem-se:

$$sy^* = (n + g + \delta) \, k^*$$

Diferenciando-se ambos os lados desta expressão resulta:

$$\frac{dy^*}{y^*} + \frac{ds}{s} = \frac{dk^*}{k^*} + \frac{d(n + g + \delta)}{n + g + \delta}$$

Da diferencial da função de produção $y^* = f(k^*), dy^* = f'(k^*)dk^*$, obtém-se:

$$\frac{dy^*}{y^*} = \frac{f'(k^*).k^*}{f(k^*)} \frac{dk^*}{k^*} = \alpha_k \frac{dk^*}{k^*}$$

onde α_k é a participação do capital no produto $\alpha_k = f'(k^*)k^*/f(k^*)$. Substituindo-se o valor de dk^*/k^* na diferencial da condição de equilíbrio obtém-se:

$$\frac{dy^*}{y^*} + \frac{ds}{s} = \frac{1}{\alpha_k} \frac{dy^*}{y^*} + \frac{d(n + g + \delta)}{n + g + \delta}$$

Rearranjando-se os termos desta expressão resulta:

$$\frac{dy^*}{y^*} = \frac{\alpha_k}{1 - \alpha_k} \left(\frac{ds}{s} - \frac{d(n + g + \delta)}{n + g + \delta} \right)$$

A aproximação linear desta equação é dada por:

$$\log y^* = \frac{\alpha_k}{1 - \alpha_k} \left(\log s - \log \left(n + g + \delta \right) \right)$$

Logo:

$$y^* = s^{\frac{\alpha_k}{1 - \alpha_k}} \left(n + g + \delta \right)^{-\frac{\alpha_k}{1 - \alpha_k}}$$

Admita que a taxa de poupança do país A seja quatro vezes a taxa de poupança do país B: s_A (país A) $= 4 \, s_B$ (país B). Suponha que a participação do capital em ambos os países seja igual a um terço. Logo, $\alpha_K/(1 - \alpha_K) = 1/2$. A relação entre as rendas *per capita* dos dois países seria, então, igual a:

$$\frac{y_A^*}{y_B^*} = \left(\frac{s_A}{s_B} \right)^{\frac{1}{2}}$$

supondo-se que os demais parâmetros sejam os mesmos em ambos os países. Um país que poupe quatro vezes mais do que outro, teria uma renda *per capita* apenas duas vezes maior (no estado estacionário).

Considere outro exemplo, no qual o crescimento populacional do país A é de 1% e do país B é de 3%: n_A (país A)=1%, n_B (país B) = 3%; $g + \delta$ 5% ao ano, e em ambos os países a participação do capital é a mesma do exemplo anterior. A diferença de renda *per capita* entre os dois países será dada, então, pela fórmula:

$$\frac{y_A^*}{y_B^*} = \left(\frac{n_A + g + \delta}{n_B + g + \delta}\right)^{-\frac{1}{2}} = \left(\frac{6}{8}\right)^{-\frac{1}{2}} = \left(\frac{8}{6}\right)^{\frac{1}{2}} = 1,15$$

A conclusão que se chega com este exercício é de que a renda *per capita* do país (A) com menor taxa de crescimento populacional é 1,15 maior do que a renda *per capita* do país com maior taxa de crescimento da população.

Taxa de Retorno do Capital e Renda *per capita*

A taxa de juros é igual a produtividade marginal do capital,

$$r = f'(k) - \delta$$

A diferencial desta equação é dada por:

$$dr = f''(k)dk$$

A diferencial da função de produção $y = f(k)$, $dy = f'(k)dk$, quando substituída na expressão anterior resulta em:

$$\frac{dr}{r} = \frac{f''(k)f}{[f'(k)]^1 2}\frac{dy}{y} = \frac{ff''}{(f')^2}\frac{dy}{y}$$

Mais adiante será deduzida a seguinte igualdade a partir da definição da elasticidade de substituição σ entre os fatores de produção:

$$\frac{f.f''}{(f')^2} = -\frac{1 - \alpha_k}{\sigma\alpha_k}$$

Substituindo-se este resultado na expressão anterior conclui-se que:

$$\frac{dr}{r} = -\left(\frac{1 - \alpha_k}{\sigma\alpha_k}\right)\frac{dy}{y}$$

Uma aproximação para esta equação é dada por:

$$\log r = -\left(\frac{1 - \alpha_k}{\sigma\alpha_k}\right)\log y$$

As taxas de retorno dos capitais e as rendas *per capita* de dois países, A e B, estão, portanto, relacionados, pela seguinte equação:

$$\frac{r_A}{r_B} = \left(\frac{y_A}{y_B}\right)^{-\frac{1 - \alpha_k}{\sigma\alpha_k}}$$

Modelo de Crescimento de Solow

Admita-se que a função de produção seja Cobb-Douglas. A elasticidade de substituição é, então, igual a um: $\sigma = 1$. Se a participação do capital for igual a um terço, o valor absoluto do expoente da razão entre as rendas *per capita* é igual a dois. Portanto, um país com uma renda *per capita* igual a metade de outro teria que ter uma taxa de retorno quatro vezes maior. Este fato certamente não é observado no mundo real. Se a participação do capital fosse igual a dois terços, ao invés de um terço, o resultado seria mais palatável.

Elasticidade de Substituição

A elasticidade de substituição mede a resposta da mudança relativa na proporção de fatores quando a taxa marginal de substituição sofre uma variação percentual, ao longo de uma isoquanta, como indicado na Figura 4.9. A elasticidade de substituição é, então, definida por:

$$\sigma = \frac{\frac{\triangle k}{k}}{\frac{\triangle \tau}{\tau}}$$

Quando as variáveis são contínuas, a elasticidade de substituição é definida pela razão entre a taxa marginal de substituição e a relação capital/mão de obra dividida pela derivada da taxa marginal de substituição com relação à razão capital/mão de obra:

$$\sigma = \frac{\tau/k}{d\tau/dk}$$

A taxa marginal de substituição é igual à razão entre as produtividades marginais da mão de obra e do capital. A função de produção pode ser escrita como o produto da quantidade de mão de obra pela função que depende da relação capital/mão de obra. Isto é:

$$\tau = \frac{F_L}{F_K}, \qquad Y = Lf(k)$$

As produtividades marginais da mão de obra e do capital são, respectivamente, iguais a:

$$F_L = \frac{\partial Y}{\partial L} = f(k) + Lf'(k)\left(-\frac{K}{L^2}\right) = f(k) - kf'(k)$$

$$F_K = \frac{\partial Y}{\partial K} = Lf'(k)\frac{1}{L} = f'(k)$$

Logo, a taxa marginal de substituição é igual a:

$$\tau = \frac{f(k) - kf'(k)}{f'(k)} = \frac{f(k)}{f'(k)} - k$$

Capítulo 4

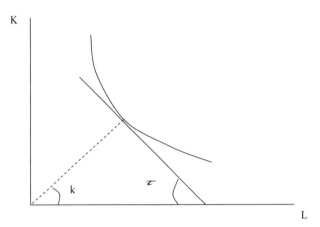

Figura 4.9

Derivando-se a taxa marginal de substituição com relação a k obtém-se:

$$\frac{d\tau}{dk} = \frac{f'(k)f'(k) - f(k)f''(k)}{(f'(k))^2} - 1$$

Esta expressão depois de simplificada pode ser escrita como:

$$\frac{d\tau}{dk} = -\frac{ff''}{(f')^2}$$

A relação entre a taxa marginal de substituição e k depende da participação do capital no produto de acordo com:

$$\frac{\tau}{k} = \frac{f(k)}{f'(k)k} - 1 = \frac{1}{\alpha_k} - 1 = \frac{1 - \alpha_k}{\alpha_k}$$

A elasticidade de substituição é, então, facilmente obtida dividindo-se esta expressão pela anterior:

$$\sigma = \frac{(1 - \alpha_k)/\alpha_k}{\frac{-ff''}{(f')^2}} = -\left(\frac{1 - \alpha_k}{\alpha_k}\right)\frac{(f')^2}{ff''}$$

A expressão usada no texto é uma forma alternativa de se escrever a equação anterior. Isto é:

$$\frac{ff''}{(f1)^2} = -\left(\frac{1 - \alpha_k}{\sigma\alpha_k}\right)$$

Participação do Capital no Produto

A participação do capital no produto (α_k) é um parâmetro importante em três consequências importantes do modelo de crescimento exógeno: i) diferença de renda *per capita* devido às taxas de poupança e de crescimento populacional; ii) velocidade da convergência do produto para o estado estacionário; e iii) diferença da taxa de retorno do capital entre países pobres e ricos. Nas três fórmulas, a participação do capital é um parâmetro que afeta os resultados, como pode ser facilmente constatado repetindo-se as três expressões deduzidas anteriormente:

$$
\begin{cases}
\dfrac{dy^*}{y^*} = \dfrac{\alpha_k}{1-\alpha_k}\left[\dfrac{ds}{s} - \dfrac{d(n+g+\delta)}{n+g+\delta}\right] \\[2mm]
\dot{y} = (1-\alpha_k)(n+g+\delta)(y-y^*) \\[2mm]
\dfrac{dr}{r} = -\left(\dfrac{1-\alpha_k}{\sigma\alpha_k}\right)\dfrac{dy}{y}
\end{cases}
$$

Com base nestas expressões concluiu-se que o modelo de crescimento exógeno não é capaz de explicar: i) as grandes diferenças de renda *per capita* observadas no mundo; ii) as taxas de convergência condicional que ocorrem na prática; e iii) as diferenças de taxas de retorno do capital entre países pobres e ricos. Uma solução para estas questões é admitir-se que a participação do capital no produto é bem maior do que a usada nos modelos de crescimento exógeno. Todavia, esta hipótese demanda uma redefinição do conceito de capital. Este tema será apresentado mais adiante no capítulo que trata do modelo de crescimento endógeno.

2. Modelo de Solow com Capital Humano

O modelo de Solow pode ser generalizado introduzindo-se o capital humano como um dos fatores de produção. A função de produção depende, então, do capital físico, do capital humano (H) e da mão de obra não qualificada. A acumulação do capital físico mais a depreciação é igual a poupança, que é proporcional ao produto. A acumulação do capital humano mais sua depreciação é igual à poupança direcionada para esta finalidade. Essa poupança também absorve uma proporção do produto. O progresso tecnológico cresce a uma taxa constante, o mesmo ocorrendo com a população. O modelo é formado pelas seguintes equações:

$$Y = F(K, H, AL)$$

$$\dot{K} = s_K Y - \delta_K K$$

$$\dot{H} = s_h Y - \delta_h H$$

Capítulo 4

$$\dot{A} = gA$$

$$\dot{L} = nL$$

A função de produção, com retornos constantes de escala, e com os fatores de produção denominados em unidades de eficiência de mão de obra é dada por:

$$y = \frac{Y}{AL} = F\left(\frac{K}{AL}, \frac{H}{AL}, 1\right) = f(k, h)$$

onde $k = K/AL, h = H/AL$, e $f(k,h)$ é a forma intensiva da função de produção.

Sistema Dinâmico

Derivando-se k e h com relação ao tempo e substituindo-se as equações do modelo, com o mesmo procedimento usado no modelo de Solow, obtém-se o sistema dinâmico do modelo de capital humano formado pelas duas equações diferenciais:

$$\dot{k} = s_k f(k, h) - (n + g + \delta_k) k$$

$$\dot{h} = s_h f(k, h) - (n + g + \delta_h) h$$

O sistema de equações diferenciais tem um ponto de equilíbrio estável, pois o determinante de sua matriz jacobiana é positivo e o traço da mesma é negativo. A Figura 4.10 mostra os diagramas de fases de cada uma das equações diferenciais do modelo. A Figura 4.11 contém o diagrama de fases do modelo. Qualquer que seja o ponto inicial da economia ela converge para o ponto de equilíbrio E. No longo prazo a taxa de crescimento da economia cresce a uma taxa igual à soma das taxas de crescimento do progresso tecnológico e da população.

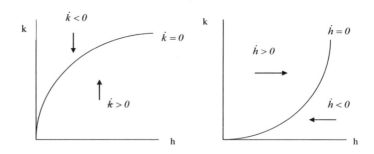

Figura 4.10

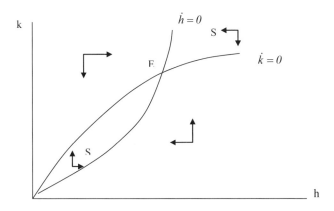

Figura 4.11

Produtividade da Mão de Obra

A taxa de crescimento do produto medido em termos de eficiência da mão de obra é obtida derivando-se a função de produção $f(k,h)$ com relação ao tempo. Isto é:
$$\hat{y} = \alpha_k \hat{k} + \alpha_h \hat{H}$$
onde α_k e α_h são, respectivamente, as participações do capital físico e do capital humano no produto. Logo, a taxa de crescimento da produtividade da mão de obra é igual a:
$$\left(\frac{\widehat{Y}}{L}\right) = \widehat{A} + \hat{y} = \widehat{A} + \alpha_k \hat{k} + \alpha_h \hat{h}$$
Substituindo-se os valores de $\hat{k}$ e $\hat{h}$, obtidos das duas equações diferenciais do modelo, resulta na seguinte expressão para a taxa de crescimento da produtividade da mão de obra:
$$\left(\frac{\widehat{Y}}{L}\right) = \widehat{A} + \alpha_k \left[\frac{s_k f(k,h)}{k} - (n+g+\delta_k)\right] + \alpha_h \left[\frac{s_h f(k,h)}{h} - (n+g+\delta_h)\right]$$
No longo prazo, a taxa de crescimento da produtividade da mão de obra é igual à taxa de crescimento do progresso tecnológico. No curto prazo, a taxa de crescimento da produtividade da mão de obra depende de três componentes: i) taxa de crescimento do progresso tecnológico; ii) do produto da participação do capital físico no produto pela taxa de crescimento do capital *per capita*, medido em termos de eficiência da mão de obra; iii) do produto da participação do capital humano no produto pela taxa de crescimento do capital humano, medido em termos de eficiência da mão de obra.

Capítulo 4

3. Modelo de Solow na Economia Aberta Pequena

Esta seção apresenta o modelo de Solow numa economia aberta pequena com mobilidade perfeita de capital. Na economia aberta o produto interno bruto é igual à soma do consumo (C), do investimento (I) e das exportações líquidas (NX):

$$Y = C + I + NX$$

O produto nacional (Y_n) é obtido adicionando-se ao produto interno bruto o total de juros recebidos do exterior. Isto é:

$$Y_n = Y + rF$$

onde r é a taxa de juros real e F é o total de ativos externos, que será positivo quando o país for credor e negativo quando o país for devedor. Portanto, o produto nacional será maior do que o produto interno para um país credor, e menor do que o produto interno quando o país for devedor.

A variação de ativos externos, a conta-corrente do balanço de pagamentos, é igual à soma das exportações líquidas com o total de juros:

$$\dot{F} = NX + rF$$

Substituindo-se a expressão do produto interno bruto na equação do produto nacional obtém-se:

$$Y_n = C + I + NX + rF = C + I + \dot{F}$$

A poupança doméstica é igual à diferença entre o produto nacional e o consumo. Logo, na economia aberta, a poupança doméstica financia o investimento e a compra de novos ativos externos:

$$S = Y_n - C = I + \dot{F}$$

Quando o país for devedor $(F < 0)$ as poupanças doméstica e externa financiam o investimento.

Na economia aberta pequena com mobilidade perfeita de capital a taxa de juros real doméstica, por arbitragem, é igual à taxa de juros real externa:

$$r = r^*$$

O modelo de Solow supõe uma função de produção, com retornos constantes de escala e com progresso tecnológico poupador de mão de obra:

$$Y = G\left(K, AL\right)$$

120

onde A é o parâmetro que representa o progresso tecnológico, K o estoque de capital e L a quantidade de mão de obra. Esta função, em virtude dos retornos constantes de escala, pode ser escrita do seguinte modo:

$$y = \frac{Y}{AL} = G\left(\frac{K}{AL}, 1\right) = g(k)$$

onde y e k, representam, respectivamente, o produto e o estoque de capital medidos em unidades de eficiência de mão de obra.

A hipótese comportamental do modelo de Solow é que a poupança é proporcional à renda da economia de acordo com:

$$S = s\left(y + rF\right)$$

onde s é a taxa de poupança.

O modelo de Solow admite ainda que a taxa de crescimento do progresso tecnológico (g) e a taxa de crescimento da população (n) sejam constantes:

$$\frac{\dot{A}}{A} = g, \qquad \frac{\dot{L}}{L} = n$$

O acréscimo no estoque de capital é igual ao investimento deduzido da depreciação do capital:

$$\dot{K} = I - \delta K$$

Crescimento do PIB

Na economia aberta pequena a taxa de juros real doméstica é igual à taxa de juros internacional. Logo, a produtividade marginal do capital é igual à taxa de juros internacional:

$$g'\left(\bar{k}\right) - \delta = r^*$$

Portanto, como o estoque de capital em unidades de eficiência de mão de obra é constante, o estoque de capital cresce a uma taxa igual à soma das taxas de crescimento do progresso tecnológico e da população. O produto por unidade de eficiência de mão de obra também é constante. Segue-se, então, que o produto interno bruto desta economia cresce a uma taxa igual à soma das taxas de crescimento do progresso tecnológico e da população. Qualquer mudança na taxa de juros internacional não afeta o crescimento da economia, mas sim o nível do produto.

Diferente do modelo de Solow da economia fechada não há um processo de convergência do produto interno para um equilíbrio de longo prazo. Nem tampouco a taxa de poupança afeta a taxa de crescimento do produto interno no curto prazo, ou o nível do produto no longo prazo. É verdade que estas conclusões são obtidas com a hipótese implícita, e pouco plausível, de ajustamento instantâneo do estoque de capital. Qualquer mudança na taxa de juros internacional provoca um ajuste instantâneo do estoque de capital.

Conta-corrente do Balanço de Pagamentos

A variação líquida do estoque de capital é igual ao investimento subtraído da depreciação do capital. Por sua vez, o investimento é igual à poupança menos a variação líquida dos ativos externos. A poupança, no modelo de Solow, é proporcional a renda nacional. Portanto, a variação líquida do capital é dada por:

$$\dot{K} = S - \dot{F} - \delta K = s\left(Y + rF\right) - \dot{F} - \delta K$$

Esta equação pode ser reescrita como:

$$\frac{\dot{K} + \dot{F}}{AL} = s\frac{Y + rF}{AL} - \delta\frac{K}{AL}$$

onde dividiu-se ambos os lados pelo produto do coeficiente de tecnologia pela quantidade de mão de obra. Definindo-se $f = F/AL$ e levando-se em conta a definição de $k = K/AL$ a equação anterior transforma-se na seguinte equação diferencial:

$$\dot{k} + \left(g + n\right)k + \dot{f} + \left(g + n\right)f = s\left(y + rf\right) - \delta k$$

Dado a taxa de juros internacional o estoque de capital em unidades de eficiência é constante, $k = \bar{k}$ e o produto medido na mesma unidade também é constante, $y = \bar{y}$. Logo, $\dot{k} = 0$. Segue-se, então, que a dinâmica da conta-corrente do balanço de pagamentos, medida em unidades de eficiência, é dada pela seguinte equação diferencial:

$$\dot{f} = \left[s\bar{y} - \left(g + n + \delta\right)\bar{k}\right] - \left[(g + n) - sr^*\right]f$$

A conta-corrente converge para o equilíbrio estacionário

$$\bar{f} = \frac{s\bar{y} - (g + n + \delta)\bar{k}}{g + n - sr^*}$$

se a seguinte desigualdade for satisfeita

$$g + n > sr^*$$

A conta-corrente em equilíbrio estacionário tanto pode ser positiva quanto negativa, de acordo com o numerador da expressão, pois o denominador, por hipótese é positivo. Para estabelecer a condição para que ocorra um caso, ou outro, o valor do equilíbrio estacionário pode ser escrito da seguinte forma:

$$\bar{f} = \frac{s\bar{k}\left[\frac{\bar{y}}{k} - \frac{g+n+\delta}{s}\right]}{g+n-sr^*}$$

Na economia fechada, o modelo de Solow tem a seguinte equação para determinação do estoque de capital no estado estacionário;

$$sg\left(k^c\right) = \left(g+n+\delta\right)k^c$$

Portanto, o valor da conta-corrente no estado estacionário é proporcional à diferença entre as relações produto/capital do estado estacionário e daquela que existiria na economia fechada. Isto é:

$$\bar{f} = \frac{s\bar{k}\left[\frac{\bar{y}}{k} - \frac{y^c}{k^c}\right]}{g+n-sr^*}$$

A função de produção tem retornos decrescentes no capital. Logo, a produtividade marginal do capital diminui quando a relação produto/capital diminui. Portanto, se a taxa de juros internacional for igual à taxa de juros que existiria se a economia fosse fechada a conta-corrente do balanço de pagamentos seria igual a zero. Por outro lado, se a relação produto/capital da economia aberta for maior do que a relação produto/capital que prevaleceria na economia fechada à taxa de juros internacional é maior do que a taxa de juros que existiria na economia fechada e o país é credor. No caso do país devedor, a taxa de juros internacional é menor do que a taxa de juros na economia fechada e a conta-corrente é negativa.

No modelo de Solow da economia aberta pequena a taxa de poupança não afeta a taxa de crescimento da economia, mas sim a conta-corrente do balanço de pagamentos. Num país devedor, uma taxa baixa de poupança aumenta o déficit de equilíbrio, e num país credor uma taxa baixa de poupança diminui o superávit.

Dinâmica do Produto Nacional

O produto nacional, medido em termos de unidade de eficiência, diferente do produto interno bruto, varia em virtude da conta-corrente do balanço do pagamentos convergir para o estado estacionário ao longo do tempo. O produto nacional, em unidades de eficiência, é dado por:

$$y_n = \frac{Y_n}{AL} = \frac{Y}{AL} + r^*\frac{F}{AL} = y + r^*f$$

Como o produto interno bruto, dado a taxa de juros internacional, é constante, segue-se que a dinâmica do produto nacional é função da dinâmica da conta-corrente do balanço de pagamentos de acordo com:

$$\dot{y} = r^* \dot{f}$$

Substituindo-se a equação diferencial da conta-corrente do balanço de pagamentos nesta expressão, obtém-se a equação diferencial do produto nacional:

$$\dot{y}_n = r^* \left[s\bar{y} - (g + n + \delta)\,\bar{k} \right] - \left[(g + n) - sr^* \right] f$$

Com um pouco de álgebra é fácil verificar que esta equação pode ser escrita como:

$$\dot{y}_n = - \left[(g + n) - sr^* \right] (y_n - \bar{y}_n)$$

O produto nacional de equilíbrio estacionário é dado por:

$$\bar{y}_n = \bar{y} + r^* \bar{f}$$

Sustentabilidade da Dívida Externa

A conta-corrente do balanço de pagamentos pode ser escrita dividindo-se ambos os lados da sua expressão pelo produto do coeficiente de eficiência pela quantidade de mão de obra, de acordo com:

$$\frac{\dot{F}}{AL} = \frac{NX}{AL} + r^* \frac{F}{AL}$$

Desta equação obtém-se a seguinte equação diferencial:

$$\dot{f} = nx + \left[r^* - (g + n) \right] f$$

No equilíbrio estacionário o valor das exportações líquidas (nx) será dado por:

$$\bar{n}\bar{x} = \left[r^* - (g + n) \right] \bar{f}$$

A condição de sustentabilidade da dívida externa, no caso do país devedor, é obtida integrando-se a equação diferencial da conta-corrente. Obtêm-se, então, as seguintes condições:

$$f = \int_t^\infty e^{-[r^* - (g + n)]\tau} nx\, d\tau$$

$$\lim_{T \to \infty} f(t + T) e^{-[r^* - (g + n)]T} = 0$$

A primeira equação estipula que a dívida externa deve ser igual ao valor presente, descontado pela diferença entre a taxa de juros internacional e a taxa de crescimento do produto, das exportações líquidas. A segunda equação estabelece que a dívida externa pode crescer ao longo do tempo, mas deve fazer a uma taxa menor do que a diferença entre a taxa de juros internacional e a taxa de crescimento da economia.

4. Contabilidade do Crescimento

A contabilidade do crescimento econômico consiste num arcabouço teórico para identificar as fontes do crescimento. Esta metodologia atribui a cada fator de produção sua contribuição e deixa para um resíduo aquilo que não pode ser identificado como pertencente a um fator de produção. Este resíduo é denominado produtividade total dos fatores de produção. A contabilidade parte de uma função de produção com retornos constantes de escala, na qual o produto (Y) depende do estoque de capital (K), da quantidade de mão de obra (L), e do parâmetro A que mede a produtividade total dos fatores de produção. Isto é:

$$Y = AF(K, L)$$

Derivando-se esta função de produção com relação ao tempo obtém-se:

$$\frac{dY}{dt} = AF_k \frac{dK}{dt} + AF_L \frac{dL}{dt} + F(K, L) \frac{dA}{dt}$$

Um índice numa variável indica a derivada parcial da função F com relação a variável representada no índice. Dividindo-se ambos os lados desta expressão pelo produto e reorganizando cada termo de tal modo que apareçam as participações de cada fator no produto, supondo-se que tanto o capital quanto a mão de obra são pagos pelas suas produtividades marginais, a taxa de crescimento do produto é dada por:

$$\frac{1}{Y}\frac{dY}{dt} = \frac{AF_k K}{Y}\frac{dK}{dt}\frac{1}{K} + \frac{AF_L L}{Y}\frac{dL}{dt}\frac{1}{L} + \frac{F(K, L)}{Y}\frac{dA}{dt}$$

que pode ser escrita como

$$\frac{1}{Y}\frac{dY}{dt} = \alpha_K \frac{dK}{dt}\frac{1}{K} + \alpha_L \frac{dL}{dt}\frac{1}{L} + \frac{1}{A}\frac{dA}{dt}$$

onde α_K e α_L são as participações do capital e da mão de obra no produto:

$$\alpha_K = \frac{AF_K K}{Y}; \alpha_L = \frac{AF_L L}{Y}; \alpha_K + \alpha_L = 1$$

Usando-se o símbolo $\widehat{X}$ para indicar a taxa de crescimento da variável X, a taxa de crescimento do produto é igual a uma média ponderada das taxas de crescimento do estoque de capital e da quantidade de mão de obra:

$$\widehat{Y} = \alpha_K \widehat{K} + \alpha_L \widehat{L} + \widehat{A}$$

A diferença entre a taxa de crescimento do produto real e a média ponderada das taxas de crescimento dos dois fatores, capital e mão de obra, representada pelo símbolo $\widehat{A}$, é a taxa de crescimento da produtividade total dos fatores de produção. Essa taxa também é conhecida como o resíduo de Solow.

Produtividade da Mão de Obra

A taxa de crescimento da produtividade da mão de obra depende, portanto, da taxa de crescimento da relação capital/mão de obra e da taxa de crescimento do progresso tecnológico, de acordo com:

$$\widehat{Y} - \widehat{L} = \alpha_k \left(\widehat{K} - \widehat{L} \right) + \widehat{A}$$

Levou-se em conta na obtenção desta expressão que a soma das participações dos fatores no produto é igual a um.

Produto Potencial: Taxa de Crescimento

O arcabouço da contabilidade do crescimento pode ser usado para calcular a taxa de crescimento do produto potencial da economia a partir dos seguintes parâmetros: participações dos fatores no produto, taxa de investimento, relação capital/produto, taxa de depreciação, taxa de crescimento da mão de obra e taxa de crescimento da produtividade total dos fatores. A taxa de crescimento do estoque de capital depende do investimento e da depreciação do capital:

$$\widehat{K} = \frac{dK}{dt} \frac{1}{K} = \frac{\dot{K}}{K} = \frac{I - \delta K}{K}$$

Esta expressão pode ser reescrita em função da taxa de investimento e da relação capital/produto:

$$\widehat{K} = \frac{I}{K} - \delta = \frac{I/Y}{K/Y} - \delta$$

Substituindo-se a taxa de crescimento do estoque de capital na fórmula da taxa de crescimento do produto potencial obtém-se:

$$\widehat{Y} = \alpha_K \left(\frac{I/Y}{K/Y} - \delta \right) + \alpha_L \widehat{L} + \widehat{A}$$

A Tabela 4.1 contém um exemplo de aplicação da fórmula de crescimento do produto potencial. A participação do capital no produto é de 40%, a mão de obra tem uma participação de 60%, a taxa de depreciação é de 3,0%, a taxa de investimento é igual a 20,0% e a relação capital/produto é 2,5. A taxa de crescimento do produto real é, portanto, igual a 3,9% quando a taxa de crescimento do progresso tecnológico é de 1% e a quantidade de mão de obra cresce 1,5%.

O trabalho clássico de Solow (1956), de contabilidade de crescimento, concluiu que grande parte do crescimento econômico americano devia-se ao progresso tecnológico. Desde então a pesquisa econômica tem procurado desvendar este segredo, identificando outros fatores que tenham contribuído para o crescimento econômico. Um dos candidatos é a educação. A função de produção depende, então, do progresso tecnológico, da quantidade de capital, e da quantidade de mão de obra multiplicada pelo grau de escolaridade da mesma (HL) onde H mede o capital humano da força de trabalho. Em símbolos:

$$Y = AF(K, HL)$$

Tabela 4.1

α_K	0,40
α_L	0,60
δ	3,0%
I/Y	20,0%
K/Y	2,5%
$\widehat{L}$	1,5%
$\widehat{A}$	1,0%
$\widehat{Y}$	3,9%

A taxa de crescimento do produto real é uma média ponderada das taxas de crescimento do capital e da mão de obra, acrescida de dois componentes, um que mede a contribuição do aumento do capital humano e outro que mede o aumento total da produtividade dos fatores:

$$\widehat{Y} = \alpha_K \widehat{K} + \alpha_L \widehat{H} + \alpha_L \widehat{L} + \widehat{A}$$

Produtividade da Mão de Obra

O aumento da produtividade da mão de obra depende do aumento da relação capital/mão de obra, do aumento do capital humano e da taxa de crescimento da produtividade total dos fatores de produção:

$$\widehat{Y} - \widehat{L} = \alpha_K \left(\widehat{K} - \widehat{L}\right) + \alpha_L \widehat{H} + \widehat{A}$$

5. Exercícios

1. Resolva o modelo de Solow quando as funções de produção são dadas pelas seguintes especificações:
   i) Cobb-Douglas: $Y = K^\alpha (AL)^{1-\alpha}$;
   ii) CES: $Y = \left[\delta K^{-\theta} + (1-\delta)(AL)^{-\theta} \right]^{-\frac{1}{\theta}}$.
   a) Quais as taxas de crescimento da produtividade da mão de obra, no curto e no longo prazo, para o caso da função Cobb-Douglas?
   b) Quais as taxas de crescimento da produtividade da mão de obra, no curto e no longo prazo, para o caso da função CES?
   c) O valor da elasticidade de substituição faz diferença para os resultados do modelo?

2. Admita uma função de produção Cobb-Douglas (na forma intensiva): $y = k^\alpha$, onde α é a participação do capital no produto. A economia, no modelo de Solow, está no estado estacionário:
   $$sf(k) = (g + n + \delta) \, k$$
   Mostre que o logaritmo da produtividade da mão de obra é dado por:
   $$\log \frac{Y}{L} = \log A_0 + gt + \frac{\alpha}{1-\alpha} \log s - \frac{\alpha}{1-\alpha} \log (g + n + \delta)$$

3. Admita uma função de produção Cobb-Douglas (na forma intensiva): $y = k^\alpha h^\beta$, onde α é a participação do capital no produto e β é a participação do capital humano no produto. A economia, no modelo com capital humano, está no estado estacionário:
   $$s_k f(k, h) = (n + g + \delta_k) \, k$$
   $$s_h f(k, h) = (n + g + \delta_h) \, h$$
   Mostre que o logaritmo da produtividade da mão de obra é dado por:
   $$\log \frac{Y}{L} = \log A_0 + gt + \frac{\alpha_k}{1-\alpha_k-\alpha_n} \log s_k + \frac{\alpha_n}{1-\alpha_k-\alpha_n} \log s_h - \frac{\alpha_k}{1-\alpha_k-\alpha_n}$$
   $$\log (n + g + \delta_k) - \frac{\alpha_n}{1-\alpha_k-\alpha_n} \log (n + g + \delta_n)$$

4. As equações diferenciais do modelo de crescimento exógeno com capital humano são dadas por:
   $$\begin{cases} \dot{k} = s_k f(k, h) - (n + g + \delta_k) \, k \\ \dot{h} = s_h f(k, h) - (n + g + \delta_h) \, h \end{cases}$$
   a) Deduza a matriz jacobiana deste sistema.
   b) Mostre que o determinante da matriz jacobiana deste sistema, no ponto de equilíbrio estacionário, é positivo e o traço da mesma é negativo.

Modelo de Crescimento de Solow

5. Considere o seguinte modelo:
Função de produção: $Y = AK + \gamma K^\alpha L^{1-\alpha}$
Investimento = poupança: $\dot{K} - \delta K = sY$
População: $\dot{L} = nL$
a) Qual a taxa de crescimento desta economia no curto prazo?
b) Qual a taxa de crescimento desta economia no longo prazo?

6. O modelo de crescimento exógeno com governo é especificado pelas seguintes equações:
Função de produção: $Y = F(K, AL)$
Poupança: $S = s(Y - T)$
Poupança = investimento: $S = I = \dot{K} + \delta K$
Governo: $G = T$
Progresso tecnológico: $\dot{A} = gA$
População: $\dot{L} = nL$
a) Deduza a equação diferencial de acumulação do capital, medido em unidades de eficiência da mão de obra deste modelo.
b) O governo afeta a taxa de crescimento do produto?
c) O governo afeta a renda *per capita* desta economia?

7. O modelo de Solow, com moeda, é especificado pelas seguintes equações:
Função de produção: $y = f(k)$
Ativos: $a = m + k$
Poupança: $S = s(y + \tau - m\pi)$
Poupança = Investimento: $S = \dot{k} + \delta k + \dot{m}$
Demanda de moeda: $m = L(r)k, L' < 0$
Taxa de juros real: $r = f'(k) - \delta$
Política monetária: $\dot{m} = m(\mu - \pi), \mu = \frac{\dot{M}}{M} =$ constante
onde $y = Y/L, k = K/L, m = M/PL$. Admita , por simplicidade, que a população é constante.
a) Analise num diagrama de fases, com k no eixo horizontal e m no eixo vertical, o equilíbrio e a estabilidade deste modelo.
b) A política monetária é neutra, isto é, o nível do estoque de moeda afeta a renda *per capita*?
c) A política monetária é superneutra, isto é, a taxa de crescimento do estoque de moeda afeta o produto real?

8. A função de produção Cobb-Douglas é dada por: $Y = AK^\alpha L^{1-\alpha}$. Os símbolos têm o significado convencional.
a) Mostre que:

$$\log \frac{Y}{L} = \frac{1}{1-\alpha} \log A + \frac{\alpha}{1-\alpha} \log \frac{K}{Y}$$

b) Que conclusões se obtém desta expressão, no curto e no longo prazo?

Capítulo 5: Crescimento Econômico: Poupança e Crescimento Endógenos

A primeira seção deste capítulo apresenta o modelo de Ramsey/Cass/Koopmans, do agente representativo, no qual o consumo resulta de uma decisão intertemporal do consumidor. A segunda seção expõe o modelo de gerações superpostas, com agentes heterogêneos, que, também, trata o consumo como uma variável endógena do modelo. A terceira seção contém uma introdução aos modelos de crescimento endógeno, mostrando, de uma maneira simplificada, como cada um dos modelos resolve a questão do crescimento endógeno. A quarta seção apresenta o modelo AK, no qual a taxa de crescimento da economia é uma variável endógena em virtude da hipótese do capital não ter rendimentos decrescentes. A quinta seção trata do modelo AK, desenvolvido por Acemoglu/Ventura, de uma economia aberta sem mobilidade de capital, mas com mobilidade de bens e serviços, no qual um preço relativo, a relação de troca, afeta a taxa de crescimento da economia. A sexta seção apresenta o modelo de capital humano de Lucas. A sétima seção trata do modelo de inovações com novas variedades de insumos desenvolvido por Romer; e a oitava seção expõe o modelo shumpeteriano de inovações com criação destrutiva de Aghion/Howit.

1. Modelo de Ramsey/Cass/Koopmans

O modelo de crescimento de Solow tem duas equações. Uma equação de acumulação de capital que resulta da condição de equilíbrio no mercado de bens e serviços,

$$\dot{k} = f(k) - c - (g + n + \delta) k$$

A segunda equação estabelece que o consumo seja proporcional ao produto de acordo com:

$$c = (1 - s)f(k)$$

Crescimento Econômico: Poupança e Crescimento Endógenos

No modelo de Ramsey/Cass/Koopmans (RCK) esta equação de consumo será substituída pela equação de Euler de alocação intertemporal dos recursos do consumidor.

Equação de Euler

Considere um consumidor que tem de decidir se gasta um real no consumo no período t ou no período $t+1$. Caso ele decida consumir no período t seu bem-estar tem um aumento igual a utilidade marginal do consumo no período t. Caso ele decida consumir no período $t+1$, ele aplica um real num ativo financeiro que lhe renderá uma taxa de juros igual a r, e gasta no período seguinte o principal mais os juros da aplicação. Seu bem-estar terá um aumento igual a utilidade marginal do consumo no período $t+1$. Mas, para comparar o bem-estar do período t com o bem-estar do período $t+1$ ele desconta o bem-estar do período $t+1$ pela taxa de preferência intertemporal ρ. Em equilíbrio, o consumidor será indiferente entre consumir no período t ou no período $t+1$. Logo:

$$u'(C_t) = \frac{1+r}{1+\rho} u'(C_{t+1})$$

A expansão de Taylor da utilidade marginal do consumo no período $t+1$ em função do consumo no período t é dada por:

$$u'(C_{t+1}) = u'(C_t) + u''(C_t)(C_{t+1} - C_t)$$

onde desprezou-se os termos de segunda ordem. Substituindo-se esta expressão na equação de Euler obtém-se:

$$\frac{1+\rho}{1+r} = \frac{u'(C_{t+1})}{u'(C_t)} = 1 + \frac{u''(C_t)}{u'(C_t)}(C_{t+1} - C_t)$$

Tomando-se o logaritmo de ambos os lados desta equação resulta:

$$\log(1+\rho) - \log(1+r) = \log\left[1 + \frac{u''(C_t)}{u'(C_t)}(C_{t+1} - C_t)\right]$$

Usando-se a aproximação $\log(1+x) \cong x$ tem-se:

$$\rho - r = \frac{u''(C_t)}{u'(C_t)}(C_{t+1} - C_t)$$

que pode ser escrita como:

$$C_{t+1} - C_t = \frac{u'(C_t)}{u''(C_t)}(\rho - r)$$

Esta expressão com variáveis contínuas transforma-se em:

$$\dot{C} = -\frac{u'(C)}{u''(C)}(r - \rho)$$

Dividindo-se ambos os lados desta equação pelo consumo resulta:

$$\frac{\dot{C}}{C} = -\frac{u'(C)}{u''(C)C}(r - \rho)$$

Admita-se que a função utilidade tenha a elasticidade de substituição constante:

$$u(C) = \frac{C^{1-\frac{1}{\sigma}}}{1 - \frac{1}{\sigma}}$$

É fácil verificar que $u'(C) = C^{-\frac{1}{\sigma}}$ e $u''(C) = -\frac{1}{\sigma}C^{-\frac{1}{\sigma}-1}$. Logo, a taxa de crescimento do consumo é dada por:

$$\frac{\dot{C}}{C} = \sigma(r - \rho)$$

A taxa de crescimento do consumo é positiva (negativa) quando a taxa de juros for maior (menor) do que a taxa de preferência intertemporal. O consumidor prefere, portanto, consumir menos (mais) no presente e mais (menos) no futuro se a taxa de juros for maior (menor) do que a taxa de preferência intertemporal.

O consumo c medido em termos de unidade de eficiência da mão de obra é definido por:

$$c = \frac{C}{AL}$$

A taxa de crescimento do consumo, por unidade de eficiência de mão de obra, é igual à diferença entre as taxas de consumo *per capita* e de progresso tecnológico:

$$\frac{\dot{c}}{c} = \left(\frac{\hat{C}}{L}\right) - \frac{\dot{A}}{A} = \left(\frac{\hat{C}}{L}\right) - g$$

A taxa de crescimento do consumo *per capita* corresponde à equação de Euler do agente representativo. Portanto, a equação diferencial do consumo, por unidade de eficiência da mão de obra, é dada por:

$$\frac{\dot{c}}{c} = \sigma(r - \rho) - g$$

que pode ser escrita como:

$$\frac{\dot{c}}{c} = \sigma\left(r - \rho - \frac{g}{\sigma}\right)$$

A condição de primeira ordem de maximização do lucro da empresa é de que a taxa de juros seja igual à produtividade marginal do capital,

$$r = f'(k) - \delta$$

Logo, a taxa de crescimento do consumo será dada por:

$$\frac{\dot{c}}{c} = \sigma \left[f'(k) - \delta - \rho - \frac{g}{\sigma} \right]$$

Sistema Dinâmico

O sistema dinâmico do modelo RCK é formado, então, pelas duas equações diferenciais:

$$\begin{cases} \dot{k} = f(k) - c - (g + n + \delta)\,k \\ \frac{\dot{c}}{c} = \sigma \left[f'(k) - \delta - \rho - \frac{g}{\sigma} \right] \end{cases}$$

A primeira equação é a equação de acumulação de capital que é a mesma do modelo de Solow. A segunda equação é a equação do consumo, na qual a taxa de crescimento do consumo depende da diferença entre a taxa de juros e a taxa de juros de equilíbrio de longo prazo, a taxa natural da economia, definida a seguir.

No equilíbrio estacionário, $\dot{k} = \dot{c} = 0$. Logo, o consumo e o capital de equilíbrio, ambos medidos em unidades de eficiência da mão de obra, são dados por:

$$c^* = f(k^*) - (g + n + \delta)\,k^*$$

$$f'(k^*) - \delta = \rho + \frac{1}{\sigma}g$$

Neste modelo o capital inicial $K(0)$ da economia é dado. Esta informação não é suficiente para determinar a solução do sistema dinâmico de equações diferenciais. Uma condição adicional é necessária. Esta condição, denominada condição de transversalidade, estabelece que o limite do valor presente do estoque de capital (K/L) de cada agente, avaliado pela utilidade marginal do consumo (λ), quando o tempo tende para infinito, deve ser igual a zero. Isto é:

$$\lim_{t \to \infty} \lambda(t) \frac{K(t)}{L(t)} e^{-(\rho - n)t} = 0$$

Se essa condição não fosse satisfeita o agente poderia aumentar seu bem-estar deixando de investir e alocando seus recursos no consumo. A utilidade marginal do consumo, para a função com elasticidade de substituição constante, é igual a: $\log \lambda = -(1/\sigma)\log(C/L)$. O consumo no estado estacionário cresce a uma taxa g. Logo, a utilidade marginal cresce a uma taxa igual a $-g/\sigma$. O estoque de capital, por trabalhador, cresce a uma taxa igual a g. Logo, a condição de transversalidade é satisfeita quando a seguinte desigualdade for obedecida:

$$\rho - n > g - \frac{g}{\sigma}$$

que é equivalente a:

$$\rho + \frac{g}{\sigma} > g + n$$

Neste modelo, portanto, não existe ineficiência dinâmica, pois a taxa de juros $(\rho + g/\sigma)$ será sempre maior que a taxa de crescimento do produto real da economia $(g+n)$.

A matriz jacobiana desse sistema dinâmico é dada por:

$$j = \begin{bmatrix} \frac{\partial \dot{c}}{\partial c} & \frac{\partial \dot{c}}{\partial k} \\ \frac{\partial \dot{k}}{\partial c} & \frac{\partial \dot{k}}{\partial k} \end{bmatrix} = \begin{bmatrix} 0 & \sigma f''(k^*)c^* \\ -1 & f'(k^*) - (g+n+\delta) \end{bmatrix}$$

O determinante desta matriz é negativo,

$$|J| = \sigma f''(k^*)c^* < 0$$

porque a produtividade marginal do capital é decrescente, em virtude da hipótese de retornos decrescentes para cada fator de produção. Logo, este sistema tem um ponto de sela.

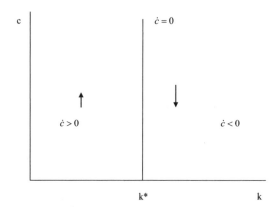

Figura 5.1

A Figura 5.1 mostra o diagrama de fases da equação do consumo. O consumo permanece constante quando o capital corresponde à taxa de juros natural da economia, que é igual à soma da taxa de preferência intertemporal acrescida da razão entre a taxa de crescimento do progresso tecnológico dividida pela elasticidade de substituição do consumo.

A Figura 5.2 contém o diagrama de fases da equação do capital. Ela corta o eixo horizontal em dois pontos, na origem e num valor de k positivo. Abaixo da curva a quantidade de capital aumenta e acima da mesma a quantidade de capital diminui.

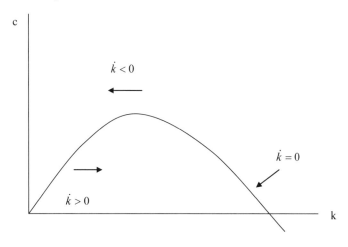

Figura 5.2

A Figura 5.3 mostra o diagrama de fases do sistema dinâmico formado pelas duas equações do modelo. Qualquer que seja o ponto inicial da relação capital mão de obra, a economia converge para o ponto de equilíbrio na trajetória de sela representada na Figura 5.3.

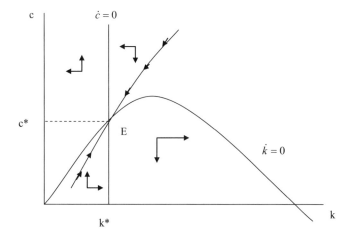

Figura 5.3

Produtividade da Mão de Obra

A taxa de crescimento da produtividade da mão de obra no modelo de Ramsey/Cass/Koopmans também tem dois componentes, como no modelo de Solow. A diferença entre os dois modelos reside no componente de curto prazo, pois o consumo não é proporcional à renda. O consumo e o capital estão relacionados pela trajetória de sela de acordo com a função $c = c(k)$. A taxa de crescimento da produtividade da mão de obra é, então, dada por:

$$\widehat{Y} - \widehat{L} = \widehat{A} + \alpha_k \left(\frac{f(k) - c(k)}{k} - (g + n + \delta) \right)$$

Os dois componentes da taxa de crescimento da produtividade da mão de obra são: i) taxa de crescimento do progresso tecnológico; ii) o produto da participação do capital no produto pela taxa de crescimento do estoque de capital *per capita*, medido em termos de unidades de eficiência de mão de obra.

Experimento

A Figura 5.4 mostra uma mudança permanente, não antecipada, na taxa de preferência intertemporal desta economia. A taxa de preferência intertemporal diminui de ρ_0 para ρ_1. A taxa de juros de longo prazo desta economia diminui e a quantidade de capital aumenta como descrita na Figura 5.5. O consumo tem, no início, uma queda instantânea, e a economia descreve uma trajetória na nova sela do modelo. No equilíbrio de longo prazo o consumo e o capital serão maiores do que seus valores anteriores, porém a taxa de crescimento da economia continua, no longo prazo, sendo a mesma de antes.

Figura 5.4

A Figura 5.6 mostra um experimento no qual a taxa de crescimento populacional diminui permanentemente de n_0 para n_1.

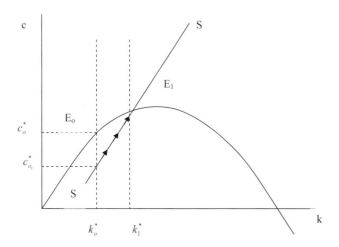

Figura 5.5

Figura 5.6

A equação de $\dot{c}=0$, $f'(k^*) = \delta+\rho+\frac{1}{\sigma}g$, independe da taxa de crescimento da população, e, portanto, não sofre alteração, como indicado na Figura 5.7.

A equação de $\dot{k}=0$, $c = f(k) - (g + n + \delta)k$, depende da taxa de crescimento da população. Portanto, quando a taxa de crescimento da população diminui (aumenta), para uma dada quantidade de capital, o consumo aumenta (diminui). A equação de $\dot{k}=0$ desloca-se para cima, como indicado na Figura 5.7. A redução da taxa de crescimento da população acarreta um aumento instantâneo do consumo. A quantidade de capital não se altera, nem tampouco o produto real da economia. A parte da poupança que era destinada a manter o estoque de capital por trabalhador constante agora vai para o consumo.

Capítulo 5

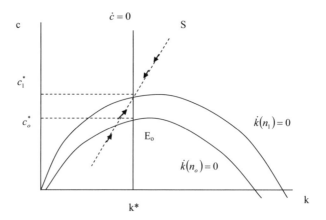

Figura 5.7

2. Modelo de Gerações Superpostas

O modelo de gerações superpostas (GSP, OLG no acrônimo em inglês) com vida infinita supõe que o indivíduo nascido na data s tem vida infinita. A cada momento nasce uma nova geração. A taxa de crescimento da população é igual a n. Cada geração nasce sem nenhum ativo financeiro. Na data t a equação de Euler para o agente que nasceu na data s é igual à equação de Euler do agente representativo. Isto é:

$$\frac{\dot{C}(s,t)}{C(s,t)} = \sigma(r - \rho)$$

Na data t a população desta economia é igual a um: $P(t) = 1$. Esta normalização simplifica a álgebra. A população na data s era igual a: $P(s) = e^{-n(t-s)}$. Quando se deseja agregar uma variável $x(s,t)$ deve-se somar por todas as gerações que existem na data t e que nasceram em algum momento do passado. No momento s o número de indivíduos que nasceram em s é igual a $nP(s)$. Logo, o valor agregado X da variável $x(s,t)$ é dado por:

$$X(t) = \int_{-\infty}^{t} nP(s)x(s,t)ds$$

Substituindo-se o valor de $P(s)$ nesta expressão obtém-se:

$$X(t) = \int_{-\infty}^{t} ne^{n(s-t)}x(s,t)ds$$

Este é o valor *per capita* da variável x porque a população foi normalizada pelo valor um.

O consumo *per capita* desta economia povoada com indivíduos com vida infinita é, portanto, igual a:

$$C(t) = \int_{-\infty}^{t} ne^{n(s-t)}C(s,t)ds$$

A derivada do consumo com relação ao tempo é obtida aplicando-se a regra de Leibnitz:

$$\frac{dC}{dt} ne^{n(t-t)}C(t,t) + \int_{-\infty}^{t} n\left[(-n)e^{n(s-t)}C(s,t) + e^{n(s-t)}\dot{C}(s,t)\right]ds$$

que pode ser escrita, levando-se em conta a expressão de $\dot{C}(s,t)$, como:

$$\dot{C} = n\left(C(t,t) - C(t)\right) + \sigma(r - \rho)C$$

Nesta fórmula aparece o consumo na data t da geração que nasceu em t. Para calcular este consumo é preciso usar a restrição orçamentária do indivíduo.

A restrição orçamentária, em termos de fluxos, do indivíduo que nasceu na data s no momento t, estabelece que a variação do patrimônio $\dot{a}(s,t)$ é igual à diferença entre os rendimentos, dos juros dos ativos financeiros e do salário, e a despesa na aquisição de bens e serviços de consumo:

$$\dot{a}(s,t) = ra(s,t) + \omega(t) - C(s,v)$$

Adotou-se a hipótese que o salário ω não dependa da geração. Resolvendo-se esta equação diferencial obtém-se a restrição intertemporal do indivíduo, supondo-se que não exista jogo de Ponzi. Isto é:

$$a(s,t) + \int_{t}^{\infty} e^{-r(v-t)}\omega dv = \int_{t}^{\infty} e^{-r(v-t)}C(s,v)dv$$

Esta restrição estabelece que o valor presente dos gastos do indivíduo é igual à soma do valor dos ativos financeiros com o valor presente dos salários, que será representado pela letra h. Substituindo-se a equação de Euler para a taxa de variação do consumo nesta restrição, conclui-se que o consumo é proporcional ao total da riqueza do indivíduo:

$$C(s,t) = \theta\left[a(s,t) + h(t)\right]$$

O parâmetro θ é dado por:

$$\theta = r + \sigma(\rho - r)$$

O consumo *per capita* também será proporcional ao total da riqueza:

$$C(t) = \theta\left[a(t) + h(t)\right]$$

O consumo da geração que nasceu em t, na data t, depende apenas do valor presente dos salários porque, por hipótese, $a(t,t) = 0$. Logo:

$$C(t,t) = \theta\left[a(t,t) + h(t)\right] = \theta h(t)$$

Segue-se, então, que:

$$C(t,t) - C(t) = -\theta a(t)$$

A taxa de variação do consumo é, então, dada por:

$$\dot{C} = \sigma(r - \rho)C - n\theta a(t)$$

Nesta economia os ativos financeiros têm como contrapartida o estoque de capital existente. Portanto, $a(t) = k$, e a taxa de variação do consumo depende da relação capital/consumo:

$$\frac{\dot{C}}{C} = \sigma(r - \rho) - n\theta\frac{k}{c}$$

No modelo de crescimento exógeno o consumo c é medido em unidades de eficiência de mão de obra. A sua taxa de variação é igual à diferença entre a taxa de variação do consumo *per capita* e da taxa de crescimento do progresso tecnológico:

$$\frac{\dot{c}}{c} = \widehat{C} - \widehat{A} = \sigma(r - \rho) - n\theta\frac{k}{c} - g$$

Reagrupando-se o primeiro com o terceiro termo, depois do segundo sinal de igualdade, obtém-se:

$$\frac{\dot{c}}{c} = \sigma\left(r - \rho - \frac{g}{\sigma}\right) - n\theta\frac{k}{c}$$

A taxa de juros é igual à produtividade marginal líquida do capital, $r = f'(k) - \delta$. Logo, a taxa de variação do consumo, por unidade de eficiência da mão de obra, tem a seguinte expressão:

$$\frac{\dot{c}}{c} = \sigma\left(f'(k) - \delta - \rho - \frac{g}{\sigma}\right) - n\theta\frac{k}{c}$$

Sistema Dinâmico

O modelo de crescimento exógeno GSP, com vida infinita, é formado pelo seguinte sistema de equações diferenciais:

$$\begin{cases} \dot{k} = f(k) - c - (g + n + \delta)\,k \\ \frac{\dot{c}}{c} = \sigma\left(f'(k) - \delta - \rho - \frac{g}{\sigma}\right) - n\theta\frac{k}{c} \end{cases}$$

Crescimento Econômico: Poupança e Crescimento Endógenos

A primeira equação mostra a acumulação do capital que é a mesma dos demais modelos de crescimento exógeno. A segunda equação corresponde a decisão de consumo. O determinante da matriz jacobiana deste sistema é negativo. Portanto, o sistema tem um ponto de sela. A condição de transversalidade do modelo de otimização do indivíduo de cada geração é de que o valor presente do capital, avaliado pela utilidade marginal do consumo, seja igual a zero quando o tempo se aproxima do infinito. Isto é:

$$\lim_{t \to \infty} \lambda(t) K(t) e^{-\rho t} = 0$$

O capital *per capita* no estado estacionário cresce a uma taxa igual a g, a utilidade marginal do consumo, também no estado estacionário, cresce a uma taxa negativa igual a g/σ. A condição de transversalidade é, então, dada pela seguinte desigualdade:

$$\rho > g - \frac{g}{\sigma}$$

que é equivalente a:

$$\rho + \frac{g}{\sigma} > g$$

No equilíbrio estacionário a taxa de juros é igual a ($\sigma = 1$):

$$f'(\bar{k}) - \delta = \rho + \frac{g}{\sigma} + n\theta \frac{\bar{k}}{\bar{c}}$$

A condição de transversalidade não garante que esta taxa de juros seja maior do que a taxa de crescimento do produto real $(g+n)$, da regra de ouro. Logo, neste modelo é possível ter:

$$\rho + \frac{g}{\sigma} + n\theta \frac{\bar{k}}{\bar{c}} \leq g + n$$

Caso essa desigualdade se verifique o modelo de crescimento exógeno com gerações superpostas produz ineficiência dinâmica. Esse fenômeno de superacumulação de capital torna a economia ineficiente, pois uma redução do estoque de capital aumentaria o bem-estar da população.

A Figura 5.8 contém o diagrama de fases da equação $\dot{c} = 0$:

$$c = \frac{\eta \theta k}{\sigma \left[f'(k) - \delta - \rho - \frac{g}{\sigma} \right]}$$

No diagrama da Figura 5.8 esta função tem como assíntota o capital k^* que corresponde à taxa de juros:

$$f'(k^*) - \delta = \rho + \frac{g}{\sigma}$$

141

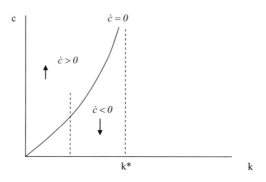

Figura 5.8

O diagrama foi traçado supondo-se que não haja ineficiência dinâmica. A Figura 5.9 mostra o diagrama de fases do modelo completo. Qualquer que seja o capital inicial da economia, a trajetória de sela conduz a economia ao estado estacionário.

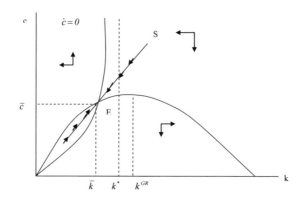

Figura 5.9: $\rho + \frac{g}{\sigma} + n\theta\frac{\bar{k}}{\bar{c}} > n + g$

A Figura 5.10 contém o diagrama de fases do modelo quando existe ineficiência dinâmica. A taxa de juros é menor do que a taxa de crescimento do produto real. Novamente, a trajetória de sela leva a economia ao estado estacionário, qualquer que seja o ponto inicial do capital.

Crescimento Econômico: Poupança e Crescimento Endógenos

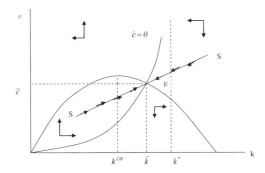

Figura 5.10: $\rho + \frac{g}{\sigma} + n\theta\frac{\bar{k}}{\bar{c}} < n + g$

Produtividade da Mão de Obra

A taxa de crescimento da produtividade da mão de obra no modelo de gerações superpostas também tem dois componentes, como nos modelos de Solow e Ramsey/Cass/Koopmans. A diferença entre os modelos reside no componente de curto prazo, pois o consumo não é proporcional a renda. O consumo e o capital estão relacionados pela trajetória de sela de acordo com a função $c = c(k)$. A notação é a mesma do modelo de Ramsey/Cass/Koopmans, mas as funções são diferentes, a menos que a taxa de crescimento da população seja igual a zero. A taxa de crescimento da produtividade da mão de obra é, então, dada por:

$$\widehat{Y} - \widehat{L} = \widehat{A} + \alpha_k \left(\frac{f(k) - c(k)}{k} - (g + n + \delta) \right)$$

Os dois componentes da taxa de crescimento da produtividade da mão de obra são: i) taxa de crescimento do progresso tecnológico; ii) o produto da participação do capital no produto pela taxa de crescimento do estoque de capital *per capita*, medido em termos de unidades de eficiência de mão de obra.

3. Modelos de Crescimento Endógeno: Uma Introdução

Os modelos de Solow, Ramsey/Cass/Koopmans e de Gerações Superpostas supõem que os mercados são competitivos e que o progresso tecnológico é exógeno. Esta hipótese é equivalente a afirmar que o progresso tecnológico é um bem público. Cada empresa usa a tecnologia sem pagar

Capítulo 5

pela mesma e, também, não afeta o seu uso pelas demais empresas. Os fatores de produção, capital e trabalho, são remunerados de acordo com suas produtividades marginais, e como a função de produção tem retornos constantes de escala o pagamento dos fatores absorve todo o produto. Caso as empresas tivessem que pagar pelo uso da tecnologia não teria como fazê-lo neste ambiente econômico, pois o produto é exaurido pelo pagamento dos fatores de produção.

A pesquisa básica, na física, química, biologia e demais áreas científicas, que produz bens públicos é, em geral, feita pelo estado ou por ele financiada. Os modelos de crescimento endógeno supõem que a tecnologia resulta do investimento em pesquisa e desenvolvimento (na sigla em inglês R&D) por empresas que têm como objetivo o lucro. O sistema de patentes garante que essas inovações não se tornem bens públicos por determinado período de tempo. As empresas obtêm, transitoriamente, poder de mercado e não podem ser tratadas como competitivas. Segue-se, então, que os modelos de crescimento endógeno têm que abandonar a hipótese de mercados competitivos e adotarem a hipótese de mercados em concorrência imperfeita.

Uma possibilidade usada nos modelos de crescimento econômico de primeira geração foi adotar a hipótese de que a tecnologia era transferida por um processo de externalidade. Neste processo a empresa se beneficia da tecnologia, mas não paga pelo seu uso. Neste tipo de ambiente econômico, com mercados competitivos, a decisão social é diferente da decisão privada, cabendo ao estado corrigir tal distorção.

Esta introdução tem como objetivo apresentar o núcleo central de quatro modelos de crescimento endógeno, o modelo AK, o modelo de capital humano, o modelo de variedades de insumos e o modelo shumpeteriano de criação destrutiva. Nas seções seguintes apresentam-se estes modelos com mais detalhe. O fio condutor desta apresentação é a função Cobb Douglas:

$$Y = K^\alpha (EL)^{1-\alpha}$$

onde a notação é a mesma adotada nos demais capítulos, exceto pelo coeficiente de progresso tecnológico que será denominado pela letra E. O foco da atenção nos modelos de crescimento endógeno é a modelagem do coeficiente de progresso tecnológico. Cada um dos modelos descritos a seguir conta uma estória diferente para este coeficiente.

Modelo AK

Uma versão do modelo AK supõe que o coeficiente de tecnologia é proporcional à quantidade de capital por trabalhador. Isto é:

$$E = \phi \frac{K}{L}$$

Crescimento Econômico: Poupança e Crescimento Endógenos

Substituindo-se esta expressão na função Cobb-Douglas obtém-se:

$$Y = K^\alpha \left(\phi \frac{K}{L} L \right)^{1-\alpha} = \phi^{1-\alpha} K$$

Este modelo é, portanto, um modelo no qual o produto é uma função linear do estoque de capital:

$$Y = AK, \quad A = \phi^{1-\alpha}$$

A taxa de crescimento do produto será igual à taxa de crescimento do estoque de capital.

Capital Humano

No modelo de crescimento endógeno de capital humano o coeficiente do progresso tecnológico é proporcional ao capital humano do trabalhador. Isto é:

$$E = uh$$

onde a letra u indica o tempo alocado ao trabalho. O investimento em capital humano é proporcional ao estoque de capital humano e depende do tempo gasto adquirindo este capital:

$$\dot{h} = \lambda \left(1 - u \right) h$$

No longo prazo, a taxa de crescimento da produtividade da mão de obra será proporcional ao tempo que a sociedade aloca para o aumento do estoque de capital humano:

$$\frac{\dot{E}}{E} = \frac{\dot{h}}{h} = \lambda(1 - u)$$

Variedade de Insumos

No modelo de variedade de insumos a função de produção depende de uma variedade de insumos de acordo com:

$$Y = \left(\sum_{i=1}^{N} K_i^\alpha \right) L^{1-\alpha}$$

onde N é o número de insumos. Admita-se que o estoque de capital é dividido de maneira igualitária: $K_i = K/N$. Substituindo-se esta expressão na função de produção obtém-se:

$$Y = K^\alpha \left(NL \right)^{1-\alpha}$$

Conclui-se, portanto, que neste modelo o coeficiente de progresso tecnológico é dado pelo número de variedades. Isto é:

$$E = N$$

A taxa de crescimento da produtividade, no longo prazo, depende da taxa de crescimento do número de variedades que resulta do investimento em pesquisa e desenvolvimento para a criação de novas variedades de insumos.

Modelo Schumpeteriano

No modelo schumpeteriano cada empresa produz de acordo com a seguinte função de produção:

$$Y_{it} = A_{it} K_{it}^{\alpha} L_{it}^{1-\alpha}$$

O produto total é obtido somando-se o produto de todas as empresas desta economia:

$$Y_t = \sum_{i=1}^{N} Y_{it}$$

Admita-se que $K_{it} = K_t/N$ e $L_{it} = L_t/N$. É fácil verificar que

$$Y_t = \left(\frac{\sum_{i=1}^{N} A_{it}}{N} \right) K^{\alpha} L^{1-\alpha}$$

O coeficiente médio do progresso tecnológico é dado por:

$$A_t = \frac{\sum_{i=1}^{N} A_{it}}{N}$$

O modelo schumpeteriano admite que cada empresa invista em pesquisa com o objetivo de criarem versões novas dos produtos atualmente existentes de tal sorte que o coeficiente de produtividade das novas versões sejam maiores do que o das antigas versões. O fluxo de inovações é uma variável aleatória, mas o valor médio da taxa de inovação depende da probabilidade μ de que a inovação ocorra, de acordo com:

$$\frac{\dot{A}_i}{A_i} = \mu (\gamma - 1), \gamma > 1$$

O valor médio do coeficiente de tecnologia é igual ao valor médio de cada empresa e a probabilidade da inovação, por sua vez, depende da quantidade de recursos R gastos em pesquisa e desenvolvimento:

$$\mu = \lambda \frac{R}{A}$$

Crescimento: Exógeno *Versus* Endógeno

Antes de começar a apresentação dos modelos endógenos é interessante visualizar a questão do crescimento exógeno *versus* crescimento endógeno pela equação de Euler do agente representativo. Isto é, a taxa de crescimento do consumo *per capita* é proporcional à diferença entre a taxa de juros e a taxa de preferência intertemporal:

$$\frac{\dot{c}}{c} = \sigma(r - \rho)$$

Denominando-se por g a taxa de crescimento do consumo *per capita*, a taxa de juros real é, então, dada por:

$$r = \rho + \frac{1}{\sigma}g$$

Nos modelos de crescimento exógenos a taxa de crescimento do produto *per capita*, igual à taxa de crescimento do consumo *per capita*, é uma variável exógena. Consequentemente, dado g determina-se a taxa de juros real, como indicado na Figura 5.11a. Nesta figura a reta EE, com inclinação positiva, é a equação de Euler e a reta vertical CEx corresponde ao crescimento exógeno.

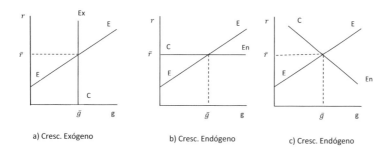

Figura 5.11

No modelo de crescimento endógeno, a taxa de juros real e a taxa de crescimento do produto *per capita* são ambas variáveis endógenas do modelo. Observe-se que as inovações tecnológicas que aumentam a taxa de retorno do capital produzem o aumento da produtividade da mão de obra, que beneficia os trabalhadores. Nestes modelos, em geral, os capitalistas e os trabalhadores andam de mãos dadas. Na Figura 5.11b a equação de Euler é a mesma do caso anterior e o crescimento endógeno é dado pela reta horizontal CEn. Os modelos AK, AK da economia aberta, o modelo de capital humano de Lucas e o modelo de variedades de Romer, que serão expostos a seguir, correspondem a este caso. Na Figura 5.11c a curva CEn de crescimento endógeno é negativamente inclinada. O modelo shumpeteriano, da última seção deste capítulo, tem exatamente este formato.

4. Modelo AK

Nos modelos de crescimento exógeno, Solow, Ramsey/Cass/Koopmans e gerações superpostas a função de produção tem retornos constantes de escala, mas os retornos de cada fator são decrescentes. Com a acumulação de capital a produtividade marginal do capital diminui e a economia converge para o estado estacionário. No modelo exógeno de crescimento econômico a produtividade marginal da mão de obra não decresce, ao longo do tempo, em virtude do progresso tecnológico. Nos modelos de crescimento endógeno introduz-se alguma hipótese para que os retornos dos fatores não sejam decrescentes. Esta seção apresenta o modelo AK onde o capital não tem retornos decrescentes.

No modelo AK de crescimento endógeno a função de produção na equação diferencial do modelo de Solow, repetida aqui por conveniência,

$$\dot{k} = sf(k) - (n + \delta)\, k$$

é substituída pela função AK, na qual o único fator de produção é o capital. O símbolo deste fator é o mesmo, mas sua interpretação é diferente. Ele deve incluir além do capital físico o capital humano. A nova função de produção é especificada por:

$$Y = AK$$

A equação diferencial do modelo de crescimento endógeno é, então, dada por:

$$\dot{k} = sAk - (n + \delta)\, k$$

As taxas de crescimento da produtividade média da mão de obra e da relação capital/mão de obra dependem da taxa de poupança s, do coeficiente técnico A, da taxa de crescimento da população n e da taxa de depreciação δ, de acordo com:

$$\frac{\dot{y}}{y} = \frac{\dot{k}}{k} = sA - (n + \delta)$$

A taxa de crescimento do produto real desta economia é, então, dada por:

$$\frac{\dot{Y}}{Y} = sA - \delta$$

A taxa de crescimento do produto real depende da taxa de poupança (s), da produtividade marginal do capital (A) e da taxa de depreciação do capital (δ). As duas primeiras afetam positivamente a taxa de crescimento do produto, enquanto o aumento (diminuição) da taxa de depreciação diminui (aumenta) a taxa de crescimento do produto real.

No modelo de crescimento endógeno não há diferença entre curto e longo prazo, isto é, não existe convergência da economia para uma determinada

Produtividade da Mão de Obra

A taxa de crescimento da produtividade da mão de obra no modelo de crescimento endógeno é expressa por:

$$\widehat{Y} - \widehat{L} = sA - \delta - n$$

A taxa de crescimento da produtividade da mão de obra depende da taxa de poupança (s), do coeficiente tecnológico (A), da taxa de depreciação (δ), e da taxa de crescimento da população (n). Admite-se que $sA > \delta + n$. Nestas circunstâncias, um aumento da taxa de poupança aumenta permanentemente a taxa de crescimento da produtividade da mão de obra.

No modelo com microfundamentos, com agente representativo, a equação do consumo é a equação de Euler:

$$\dot{c} = \sigma c \left(f'(k) - \delta - \rho \right)$$

A produtividade marginal do capital é igual ao coeficiente técnico A:

$$f'(k) = A$$

O sistema dinâmico do modelo AK é formado, então, pelas duas equações diferenciais:

$$\begin{cases} \dot{k} = Ak - c - (n + \delta)k \\ \dot{c} = \sigma c \left(A - \delta - \rho \right) \end{cases}$$

Admite-se que $A - \delta - \rho > 0$, senão a taxa de crescimento do consumo não seria positiva. Neste sistema a taxa de crescimento do consumo *per capita*,

$$\frac{\dot{c}}{c} = \sigma \left(A - \delta - \rho \right)$$

deve ser igual as taxas de crescimento da relação capital/mão de obra e do produto *per capita*:

$$\frac{\dot{k}}{k} = \frac{\dot{y}}{y} = \frac{\dot{c}}{c} = \sigma \left(A - \delta - \rho \right)$$

Logo, da primeira equação diferencial segue-se que:

$$\frac{\dot{k}}{k} = A - \frac{c}{k} - (n + \delta)\, k = \sigma \left(A - \delta - \rho \right)$$

Conclui-se, então, que:

$$\frac{c}{k} = A - (n + \delta) - \sigma \left(A - \delta \right) + \rho\sigma$$

Reagrupando-se os termos desta expressão obtém-se:

$$\frac{c}{k} = (A - \delta)(1 - \sigma) + \sigma\rho - n$$

Para que a relação consumo/capital não seja negativa a seguinte desigualdade deve ser satisfeita:

$$(A - \delta)(1 - \sigma) + \sigma\rho - n > 0$$

Como $A - \rho - \delta > 0$, esta desigualdade e a anterior produzem as seguintes restrições:

$$A > \rho + \delta > (\sigma - 1)(A - \delta - \rho) + n + \delta$$

A taxa de crescimento do produto real é igual à anterior acrescida da taxa de crescimento da população:

$$\widehat{Y} = \frac{\dot{Y}}{Y} = \sigma(A - \delta - \rho) + n$$

No modelo de crescimento endógeno, com agente representativo, a taxa de crescimento do produto real aumenta (diminui) quando: i) produtividade marginal do capital aumenta (diminui); ii) a taxa de depreciação do capital diminui (aumenta); iii) a taxa de preferência intertemporal diminui (aumenta); e a elasticidade de substituição do consumo aumenta (diminui). As respectivas derivadas parciais são as seguintes:

$$\frac{\partial\widehat{Y}}{\partial A} = \sigma > 0; \frac{\partial\widehat{Y}}{\partial\delta} = -\sigma < 0$$

$$\frac{\partial\widehat{Y}}{\partial\rho} = -\sigma\rho < 0; \frac{\partial\widehat{Y}}{\partial\sigma} = A - \delta - \rho > 0$$

Produtividade da Mão de Obra

A taxa de crescimento da produtividade da mão de obra, no modelo AK de crescimento endógeno, é, então, dada por:

$$\widehat{Y} - \widehat{L} = \sigma(A - \delta - \rho)$$

A taxa de crescimento da produtividade da mão de obra depende de quatro parâmetros, dois (A, δ) representando tecnologia e dois (σ, ρ) preferências dos consumidores. No caso destes dois parâmetros, a taxa de crescimento da produtividade da mão de obra aumenta (diminui): i) quando a elasticidade de substituição aumenta (diminui); ii) quando a taxa de preferência intertemporal do consumidor diminui (aumenta).

5. Modelo AK de uma Economia Aberta de Acemoglu/Ventura

No modelo AK, de Acemoglu/Ventura, a economia aberta produz dois bens finais, um bem de consumo e outro de investimento. Estes bens finais não são objeto do comércio internacional. Nem tampouco existe transação de ativos entre países. Existe um contínuo de bens intermediários produzidos por firmas competitivas, que são comercializados internacionalmente.

O agente representativo maximiza

$$\int_0^\infty e^{-\rho t} \log c\, dt$$

sujeito à seguinte restrição:

$$\dot{k} = \frac{r}{p_I}k - \frac{p_c}{p_I}c$$

Nesta economia a renda vem única e exclusivamente do capital, r é a taxa de retorno do capital, a depreciação é igual a zero por simplicidade, p_I é o preço do bem de investimento e p_c é o preço do bem de consumo. O hamiltoniano deste problema é dado por:

$$H = \log c + \lambda \left[\frac{r}{p_I}k - \frac{p_c}{p_I}c \right]$$

A condição de primeira ordem estabelece que o hamiltoniano seja maximizado com relação ao consumo:

$$\frac{\partial H}{\partial c} = \frac{1}{c} - \lambda \frac{p_c}{p_I} = 0$$

O preço sombra do capital, a variável de coestado, é obtido pela expressão

$$\dot{\lambda} = \rho\lambda - \frac{\partial H}{\partial k} = \rho\lambda - \lambda\frac{r}{p_I}$$

A condição de transversalidade é dada por:

$$\lim_{t \to \infty} \frac{p_I k}{p_c c} e^{-\rho t} = 0$$

Combinando-se as duas primeira equações obtém-se a equação de Euler:

$$\frac{\dot{c}}{c} = \frac{r + \dot{p}_I}{p_I} - \frac{\dot{p}_c}{p_c} - \rho$$

Pode-se mostrar, com um pouco de álgebra, combinando-se esta equação, com a restrição orçamentária de estoque e a condição de transversalidade, que os gastos com consumo são proporcionais ao valor do patrimônio, de acordo com:

$$p_c c = \rho p_I k$$

Substituindo-se esta expressão na restrição orçamentária de fluxo obtém-se a taxa de crescimento do estoque de capital:

$$\frac{\dot{k}}{k} = \frac{r}{p_I} - \rho$$

Os bens de cosumo e de investimento são produzidos usando capital e os insumos intermediários de acordo com as seguintes funções de produção:

$$C = \chi K_C^{1-\tau} \left[\left(\int_0^M x(z)^{\frac{\varepsilon-1}{\varepsilon}} dz \right)^{\frac{\varepsilon}{\varepsilon-1}} \right]^{\tau}$$

$$I = \xi^{-1} \chi K_I^{1-\tau} \left[\left(\int_0^M x(z)^{\frac{\varepsilon-1}{\varepsilon}} dz \right)^{\frac{\varepsilon}{\varepsilon-1}} \right]^{\tau}$$

As funções de produção têm retornos constantes de escala, ε é a elasticidade de substituição entre os insumos intermediários, e a função de produção do bem de investimento tem o parâmetro ξ^{-1} para indicar que a economia é mais eficiente na produção de bens de investimento.

As funções de produção dos dois bens, consumo e investimento, são do tipo Cobb-Douglas. Logo, as funções de custo unitário também são do tipo Cobb-Douglas. Isto é:

$$B_C = r^{1-\tau} \left[\left(\int_0^M p(z)^{1-\varepsilon} dz \right)^{\frac{1}{1-\varepsilon}} \right]^{\tau}$$

$$B_I = \phi^{-1} r^{1-\tau} \left[\left(\int_0^M p(z)^{1-\varepsilon} dz \right)^{\frac{1}{1-\varepsilon}} \right]^{\tau}$$

O índice de preços dos insumos intermediários será adotado como numerário. Isto é:

$$\left(\int_0^M p(z)^{1-\varepsilon} dz \right)^{\frac{1}{1-\varepsilon}} = 1$$

Os preços dos bens de consumo e de investimento são iguais aos respectivos custos unitários de produção. É fácil verificar que estes preços são, então, dados por:

$$p_c = r^{1-\tau}$$

$$p_I = \phi^{-1} r^{1-\tau}$$

Os bens intermediários são produzidos por empresas competitivas e uma unidade de capital produz uma unidade do bem intermediário. Logo, o preço p do insumo é igual ao custo marginal de produção, o custo de aluguel de uma unidade de capital, a taxa de juros. Isto é:

$$p = r$$

Este preço é o preço de exportação do insumo intermediário desta economia, que importa uma cesta de insumos dos outros países. Como esta cesta custa uma unidade, em virtude da normalização do índice de preços dos insumos, o preço p mede a relação de troca deste país.

No estado estacionário a taxa de crescimento da economia, igual a taxa de crescimento do consumo e do capital, é igual a

$$g = \frac{\dot{c}}{c} = \frac{\dot{k}}{k} = \phi p^{\tau} - \rho$$

A taxa de crescimento da economia neste modelo de uma economia aberta depende do preço relativo p, a relação de troca, e da taxa de preferência intertemporal. Quando a relação de troca aumenta (diminui) a taxa de crescimento da economia também aumenta (diminui). A taxa de preferência intertemporal, como nos demais modelos de crescimento endógeno, está correlacionada negativamente com a taxa de crescimento da economia.

6. Modelo de Capital Humano de Lucas

No modelo de crescimento endógeno com capital humano de Lucas a função de produção depende do capital físico e do capital humano de acordo com:

$$Y = K^{\alpha} (uhL)^{1-\alpha}$$

onde o parâmetro que multiplica a quantidade de mão de obra tem, agora, uma especificação completamente diferente. Este parâmetro é igual ao produto da fração de tempo u que as pessoas dedicam ao trabalho vezes à quantidade de capital humano h que cada trabalhador adquiriu no processo de investir parte do seu tempo, $1 - u$, em capital humano. A outra hipótese do modelo de Lucas é de que a taxa de crescimento do capital humano é proporcional ao tempo dedicado a este investimento:

$$\frac{\dot{h}}{h} = \lambda(1 - u)$$

O coeficiente λ mede a produtividade da educação.

Capítulo 5

A função de produção pode ser escrita na forma intensiva, dividindo-se ambos os lados pela quantidade de mão de obra:

$$y = k^\alpha (uh)^{1-\alpha}$$

O agente representativo maximiza o funcional

$$\int_0^\infty e^{-\rho t} u(c) dt$$

sujeito as seguintes restrições:

$$\dot{k} = k^\alpha (uh)^{1-\alpha} - c$$

$$\dot{h} = \lambda(1-u)h$$

A primeira restrição corresponde à acumulação de capital físico e a segunda ao capital humano. Admitiu-se, por simplicidade, que as taxas de crescimento da população e de depreciação do capital são ambas iguais a zero. Os valores iniciais do capital físico e do capital humano são dados.

O hamiltoniano de valor corrente deste problema é dado por:

$$H = u(c) + \theta_1 \left[k^\alpha (uh)^{1-\alpha} - c \right] + \theta_2 \left[\lambda (1-u) h \right]$$

O agente representativo deve escolher o nível de consumo e o número de horas trabalhadas, maximizando o hamiltoniano. As condições de primeira ordem deste problema são as seguintes:

$$\frac{\partial H}{\partial c} = u'(c) - \theta_1 = 0$$

$$\frac{\partial H}{\partial u} = \theta_1 k^\alpha (1-\alpha) (uh)^{-\alpha} h + \theta_2 \lambda h(-1) = 0$$

As variáveis de coestado θ_1 e θ_2, os preços sombras (*shadow prices*) do capital físico e do capital humano, respectivamente, devem satisfazer as seguintes condições:

$$\dot{\theta}_1 = \rho\theta_1 - \frac{\partial H}{\partial k} = \rho\theta_1 - \theta_1 \alpha k^{\alpha-1}(uh)^{1-\alpha}$$

$$\dot{\theta}_2 = \rho\theta_2 - \frac{\partial H}{\partial h} = \rho\theta_2 - \theta_1 k^\alpha (1-\alpha) (uh)^{-\alpha} u - \theta_2 \lambda (1-u)$$

É fácil verificar que a primeira equação da variável de coestado pode ser escrita como:

$$\frac{\dot{\theta}_1}{\theta_1} = \rho - \alpha k^{\alpha-1}(uh)^{1-\alpha}$$

A segunda equação da variável de coestado também pode ser reescrita como:

$$\frac{\dot{\theta}_2}{\theta_2} = \rho - \frac{\theta_1}{\theta_1} k^\alpha (1-\alpha) (uh)^{-\alpha} u - \lambda (1-u)$$

Crescimento Econômico: Poupança e Crescimento Endógenos

A condição de primeira ordem com relação ao número de horas trabalhadas estabelece a seguinte relação entre as variáveis de coestado:

$$\theta_1 (1 - \alpha) k^\alpha (uh)^{-\alpha} = \theta_2 \lambda$$

Substituindo-se esta expressão na anterior obtém-se:

$$\frac{\dot{\theta_2}}{\theta_2} = \rho - \lambda$$

A equação que relaciona as duas variáveis de coestado também pode ser escrita como:

$$\theta_1 (1 - \alpha) y = \theta_2 \lambda uh$$

No longo prazo a produtividade da mão de obra cresce a uma taxa igual a taxa de crescimento do estoque de capital humano. Logo, as taxas de crescimento das variáveis de coestado são iguais:

$$\frac{\dot{\theta_1}}{\theta_1} = \frac{\dot{\theta_2}}{\theta_2} = \rho - \lambda$$

Admita-se que a função utilidade tenha a elasticidade de substituição constante. Isto é:

$$u(c) = \frac{c^{1 - \frac{1}{\sigma}}}{1 - \frac{1}{\sigma}}$$

A condição de primeira ordem para o consumo estabelece que a taxa de crescimento do consumo é igual a taxa de crescimento da variável de coestado, com o sinal trocado. Isto é:

$$\frac{\dot{c}}{c} = -\frac{\dot{\theta_1}}{\theta_1} = \sigma (\lambda - \rho)$$

Logo, a taxa de juros real deste modelo no equilíbrio estacionário é igual ao parâmetro de proporcionalidade da equação de investimento em capital humano,

$$r^* = \lambda$$

A equação de Euler permite, então, escrever que a taxa de crescimento da produtividade da mão de obra é dada por:

$$g = \sigma (\lambda - \rho)$$

A taxa de crescimento da produtividade da mão de obra depende, portanto, da elasticidade de substituição intertemporal do consumo, da produtividade da educação e da taxa de preferência intertemporal. Ela é correlacionada positivamente com a elasticidade de substituição e com o coeficiente de produtividade e negativamente com a taxa de preferência intertemporal.

Capítulo 5

7. Modelo de Variedades de Insumos de Romer

No modelo de variedades de insumos de Romer o bem de consumo é produzido num mercado competitivo com a tecnologia dada pela seguinte função de produção:

$$Y = \frac{1}{\alpha} \left(\sum_{i=1}^{N} X_i^{\alpha} \right) L^{1-\alpha}$$

onde X_i é a quantidade do insumo, L a quantidade de mão de obra, N o número de variedades de insumos e o inverso do coeficiente α, o primeiro termo da função de produção, tem como único objetivo simplificar as fórmulas. Os preços dos insumos P_i e o salário ω são dados. O preço do bem final é igual a um, por normalização. A empresa escolhe as quantidades de insumo de sorte a maximizar o lucro

$$\Pi = Y - \sum_{i=1}^{N} P_i X_i - \omega L$$

As condições de primeira ordem deste problema são as seguintes:

$$(1 - \alpha) \frac{Y}{L} = \omega$$

$$\left(\frac{X_i}{L} \right)^{\alpha - 1} = P_i$$

Os insumos são produzidos por empresas monopolistas e cada empresa maximiza seu lucro. A iésima empresa maximiza

$$\pi_i = P_i X_i - c X_i$$

levando em conta a equação de demanda pelo insumo que ela vende, igualando a receita marginal ao custo marginal c. O preço é, então, dado por:

$$P_i = \frac{c_i}{\alpha}$$

O lucro do monopolista é facilmente obtido com um pouco de álgebra. Isto é:

$$\pi_i = \kappa L$$

onde

$$\kappa = \frac{1 - \alpha}{\alpha} \alpha^{\frac{1}{1-\alpha}} c^{\frac{-\alpha}{1-\alpha}}$$

O valor presente do lucro do monopolista obtém-se descontando o fluxo de lucros pela taxa de juros de acordo com:

$$V_i = \int_0^{\infty} e^{-rt} \pi_i dt = \frac{\pi_i}{r}$$

Admita-se que o custo de produção de uma nova variedade de insumo seja igual a η. Segue-se que em equilíbrio uma nova variedade será produzida desde que o valor presente dos lucros seja igual ao custo da inovação. Isto é:

$$V_i = \frac{\pi_i}{r} = \eta$$

Como todas empresas monopolistas são iguais, conclui-se que a taxa de juros de equilíbrio é dada por:

$$r^* = \frac{\pi}{\eta} = \frac{\kappa L}{\eta}$$

A equação de Euler do agente representativo permite calcular a taxa de crescimento da produtividade da mão de obra:

$$g = \sigma \left(r^* - \rho \right) = \sigma \left(\frac{\kappa L}{\eta} - \rho \right)$$

A taxa de crescimento da produtividade da mão de obra depende da elasticidade de substituição intertemporal do consumo, da tecnologia, do tamanho do mercado, do custo de inovação e da taxa de preferência intertemporal. A taxa de crescimento da produtividade da mão de obra é positivamente correlacionada com a elasticidade de substituição do consumo e com o tamanho do mercado (L). Ela é negativamente correlacionada com o custo da inovação e com a taxa de preferência intertemporal.

8. Modelo Schumpeteriano de Aghion/Howit

No modelo schumpeteriano o bem de consumo é produzido com máquinas e mão de obra de acordo com a função de produção:

$$Y = \frac{1}{\alpha} \left(\int_0^1 \left(q\left(v,t\right) x\left(v,t\right) \right)^\alpha dv \right)^\alpha L^{1-\alpha}$$

onde $q(v,t)$ é a qualidade da máquina v no tempo t, $x(v,t)$ é a quantidade de máquinas do tipo v no tempo t da qualidade indicada por q, L é a quantidade de mão de obra e o primeiro termo da expressão é um coeficiente de normalização que tem como objetivo facilitar as contas. Existe um contínuo de máquinas que estão representadas no intervalo [0,1].

No modelo schumpeteriano o crescimento econômico deve-se as inovações tecnológicas que melhoram a qualidade das máquinas tornando obsoletas as que usam a tecnologia antiga. A qualidade de cada máquina varia de acordo com:

$$q\left(v,t\right) = \lambda^{n(v,t)} q\left(v,0\right)$$

onde $n(v, t)$ é o número de inovações nesta máquina no intervalo de tempo t, a partir do período inicial, e o parâmetro $\lambda > 1$ mede o aumento da qualidade da máquina em virtude da inovação tecnológica.

As máquinas são produzidas por empresas monopolistas que investem em pesquisa e desenvolvimento e detêm a patente de sua inovação tecnológica. A demanda de máquinas é facilmente deduzida da função de produção, que tem o mesmo formato de uma função Cobb Douglas. A demanda de máquinas é dada por:

$$x(v, t) = \left(\frac{q(v, t)}{p^x(v, t)}\right)^{\frac{1}{1-\alpha}} L$$

Dada esta equação isoelástica de demanda, o monopolista maximiza seu lucro igualando a receita marginal ao custo marginal de produção φ. Isto é:

$$p^x(v, t) = \frac{\varphi}{\alpha} q(v, t) = q(v, t)$$

A expressão depois do segundo sinal de igualdade foi obtida fazendo-se a normalização $\varphi = \alpha$ para simplificar as contas. Combinando-se as duas equações anteriores a quantidade de máquinas produzidas é igual a quantidade de mão de obra:

$$x(v, t) = L$$

O lucro do monopolista é, portanto, igual a:

$$\pi(v, t) = (1 - \alpha) q(v, t) L$$

Substituindo-se a quantidade de máquinas na função de produção, a produção de bens finais da economia é proporcional a quantidade de mão de obra:

$$Y = \frac{1}{\alpha} Q L$$

onde Q mede a qualidade média das máquinas,

$$Q = \int_0^1 q(v, t) \, dv$$

O negócio do monopolista para ser atrativo tem que produzir uma taxa de retorno igual a taxa de juros de mercado. Logo, por arbitragem, deve-se ter:

$$r(t) = \frac{\pi(v, t)}{V(v, t)} + \frac{\dot{V}(v, t)}{V(v, t)} - z(v, t)$$

A letra maiúscula V representa o valor de mercado da empresa monopolista. O primeiro termo desta expressão é a taxa de lucro, o segundo é o ganho ou a perda de capital quando o valor da empresa muda ao longo do tempo. O terceiro termo representa a essência do modelo schumpeteriano e mede a taxa de novas inovações que ocorreram no setor v no tempo t.

No estado estacionário o valor da empresa será igual ao lucro dividido pela taxa de desconto:

$$V\left(v,t\right) = \frac{\left(1-\alpha\right)q\left(v,t\right)L}{r+z}$$

Nesta economia não existe qualquer barreira à entrada de novas empresas para produzirem máquinas. O custo de produção de cada máquina é representada pela letra grega η. Logo, a seguinte condição de equilíbrio deve ser obedecida:

$$\eta V\left(v,t\right) = \lambda^{-1}q\left(v,t\right)$$

Combinando-se as duas últimas expressões obtém-se:

$$r+z = \lambda\eta\left(1-\alpha\right)L$$

O produto desta economia é proporcional a quantidade de mão de obra e o coeficiente de proporcionalidade é a qualidade média das máquinas. Segue-se, então, que a taxa de crescimento do produto é igual a taxa de crescimento da qualidade das máquinas. Isto é:

$$\frac{\dot{Y}}{Y} = \frac{\dot{Q}}{Q}$$

A taxa de crescimento da qualidade das máquinas é proporcional a taxa das novas inovações, de acordo com:

$$\frac{dq\left(v,t\right)}{dt}\frac{1}{q\left(v,t\right)} = \left(\lambda-1\right)z\left(v,t\right)$$

Derivando-se a expressão

$$Q = \int_0^1 q\left(v,t\right)dv$$

com relação ao tempo, levando-se em conta a equação anterior, obtém-se:

$$g = \frac{\dot{Y}}{Y} = \left(\lambda-1\right)z$$

Substituindo-se o valor de z dado nesta expressão na equação da taxa de desconto do monopolista $(r+z)$ obtém-se a equação do crescimento endógeno da economia que estabelece uma relação entra a taxa de juros e a taxa de crescimento da economia:

$$r = \lambda\eta\left(1-\alpha\right)L - \frac{g}{\lambda-1}$$

A segunda equação do modelo é a equação de Euler que estabelece outra relação entre a taxa de juros e a taxa de crescimento da produtividade da mão de obra. Isto é:

$$r = \rho + \frac{1}{\sigma}g$$

A Figura 5.12 com a taxa de juros no eixo vertical e a taxa de crescimento da produtividade da mão de obra no eixo horizontal mostra as duas curvas do modelo shumpeteriano. A curva positivamente inclinada é a equação de Euler e a equação negativamente inclinada é a equação do crescimento endógeno. O ponto onde estas duas curvas se cruzam é o ponto de equilíbrio estacionário, com a taxa de juros e a taxa de crescimento da produtividade da mão de obra sendo dadas por:

$$r = \rho + \frac{\lambda - 1}{\lambda - 1 + \sigma} \left[\lambda \eta \left(1 - \alpha \right) L - \rho \right]$$

$$g = \frac{\sigma \left(\lambda - 1 \right)}{\lambda - 1 + \sigma} \left[\lambda \eta \left(1 - \alpha \right) L - \rho \right]$$

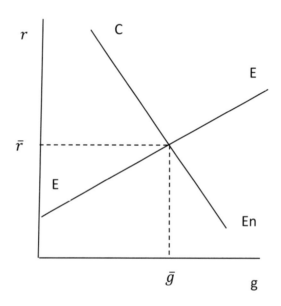

Figura 5.12

9. Exercícios

1. Mostre que no modelo RCK:
   a) A taxa de poupança (de investimento) no equilíbrio estacionário é dada por:
   $$s^* = \left(\frac{I}{Y} \right)^* = \frac{\alpha \left(g + n + \delta \right)}{\rho + \delta + \frac{1}{\sigma} g}$$
   onde α é o coeficiente da função de produção Cobb-Douglas $f(k) = k^\alpha$ e os demais símbolos têm o mesmo significado usado neste capítulo. A taxa

de poupança depende, portanto, dos parâmetros de tecnologia (g, α, δ), demografia (n) e preferência (ρ, σ).

b) a taxa de poupança de equilíbrio estacionário é menor do que a participação do capital no produto: $s^* < \alpha$. [Sugestão: use a condição de transversalidade do modelo].

2. Mostre que nos modelos de Solow, RCK e GSP, no longo prazo, a taxa de poupança (de investimento) s, a relação capital/produto (v), a taxa de crescimento do produto $(g + n)$ e a taxa de depreciação (δ) estão ligadas pela seguinte equação:

$$\frac{s}{v} = g + n + \delta$$

3. O agente representativo maximiza

$$\int_0^\infty e^{-(\rho-n)t} u(c, l) dt$$

sujeito as seguintes restrições:

$$\dot{k} = k^\alpha (uh)^{1-\alpha} - c - (n + \delta) k$$

$$\dot{h} = \lambda t_h h$$

$$l + u + t_h = 1$$

Os símbolos têm o seguinte significado: l lazer, u tempo dedicado ao trabalho, t_h tempo alocado ao investimento em capital humano, h estoque de capital humano, c consumo e k capital físico. Os demais símbolos são parâmetros positivos. Os estoques iniciais de capital físico e de capital humano são dados. A função utilidade, que depende do consumo e do lazer, é dada por:

$$u(c, l) = \frac{c^{1-\frac{1}{\sigma}} + \phi l^{1-\frac{1}{\sigma}}}{1 - \frac{1}{\sigma}}$$

onde σ é a elasticidade intertemporal do consumo.

a) Escreva as condições de primeira ordem da solução deste problema.

b) Qual a taxa de crescimento de longo prazo do produto desta economia?

c) Qual a resposta do item anterior quando o parâmetro ϕ for igual a zero?

4. O agente representativo maximiza

$$\int_0^\infty e^{-(\rho-n)t} u(c) dt$$

sujeito a seguintes restrição:

$$\dot{k} = (k^\alpha + ak) - c - (n + \delta) k$$

Capítulo 5

Os símbolos têm o mesmo significado adotado neste capítulo e a função utilidade é dada por:

$$u(c) = \frac{c^{1-\frac{1}{\sigma}}}{1-\frac{1}{\sigma}}$$

a) Escreva as condições de primeira ordem para a solução deste problema.

b) Qual a taxa de crescimento de longo prazo do produto desta economia?

c) Qual a resposta do item anterior quando o parâmetro a for igual a zero?

d) Calcule a participação da mão de obra no produto quando $k \to \infty$.

5. O agente representativo maximiza

$$\int_0^\infty e^{-\rho t} u(c) dt$$

sujeito as seguintes restrições:

$$\dot{k} = k^\alpha (uh)^{1-\alpha} \bar{h}^\gamma - c$$

$$\dot{h} = \lambda(1-u)h$$

A primeira restrição corresponde à acumulação de capital físico e a segunda ao capital humano. O capital humano produz externalidade representada pelo valor médio do capital humano $\bar{h}$, na função de produção. O agente toma este valor como um dado, e em equilíbrio ele é igual ao valor da economia. Os valores iniciais do capital físico e do capital humano são dados.

a) Escreva as condições de primeira ordem do problema e as equações das variáveis de coestado.

b) Qual a taxa de crescimento da produtividade da mão de obra desta economia.

c) Qual a diferença entre as taxas de crescimento da produtividade da mão de obra privada e social nesta economia?

d) Como o governo poderia resolver a distorção do item anterior?

e) Este modelo pode ser escrito como um modelo AK?

PARTE II: MODELOS COM PREÇOS RÍGIDOS

Capítulo 6: As Curvas IS e LM, a Regra de Taylor e a Curva de Phillips

Este capítulo trata da especificação de três equações dos modelos macroeconômicos de curto prazo: i) a relação entre taxa de juros real e produto real, a curva IS; ii) a relação entre a taxa de juros nominal e a quantidade de moeda, a curva LM; e iii) a relação entre a taxa de desemprego (ou o hiato do produto) e a taxa de inflação, a curva de Phillips. A especificação de cada uma dessas equações será feita por dois enfoques. No enfoque keynesiano tradicional as equações são motivadas por regras de comportamento, não fundamentadas em modelos de otimização. No enfoque novokeynesiano, com microfundamentos, as especificações baseiam-se na teoria microeconômica. Os dois enfoques produzem não somente especificações distintas, mas também previsões diferentes que podem ser testadas empiricamente.

As duas primeiras seções tratam da curva IS. A seção 1 apresenta a curva IS tradicional e a seção 2 trata da curva IS novokeynesiana. A seção 3 apresenta os conceitos de taxa de juros natural nos dois modelos da curva IS. A seção 4 e a seção 5 tratam da curva LM, a primeira usando um modelo comportamental e a segunda usando modelos com microfundamentos.

A curva LM deixou de ser um ingrediente dos modelos de curto prazo desde a década de 1990, tanto nos modelos de inspiração keynesiana quanto novokeynesiana. Ela foi substituída por uma regra de política monetária, a regra de Taylor, para a taxa de juros nominal do Banco Central, no mercado de reservas bancárias. A sexta seção deste capítulo é dedicada a este tópico.

As seções 7 e 8 apresentam, respectivamente, os modelos da curva de Phillips tradicional e com microfundamentos. Na primeira, a taxa de inflação depende do passado e é retroativa. Na segunda especificação, a taxa de inflação depende do futuro e é prospectiva.

1. Curva IS Keynesiana

O dispêndio, no mercado de bens e serviços, pode ser dividido em três componentes: i) consumo (c), ii) investimento (ι); e iii) gasto do governo (g), tanto para consumo corrente como para investimento. O consumo depende da renda disponível, obtida subtraindo-se da renda (y) o total de impostos (τ). A propensão marginal a consumir, $c' = dc/dy$, está compreendida entre zero e um, $0 < c' < 1$. O investimento depende da taxa interna de retorno, a eficiência marginal do capital na linguagem de Keynes, e da taxa de juros real esperada pelo empresário. A taxa de juros real esperada é igual à diferença entre a taxa de juros nominal (i) e a taxa de inflação esperada (π^e). Para uma dada taxa interna de retorno, quanto maior (menor) a taxa de juros real esperada menor (maior) será o investimento, ou seja, a derivada do investimento em relação à taxa de juros real $(\iota = d\iota/dr)$ é menor ou igual a zero. O gasto do governo é exógeno ao modelo. O dispêndio nesta economia é, portanto, igual a:

$$d = c\left(y - \tau\right) + \iota\left(i - \pi^e\right) + g$$

O mercado de bens e serviços está em equilíbrio quando o dispêndio for igual ao produto:

$$y = d$$

Combinando-se estas duas equações obtém-se:

$$y = c\left(y - \tau\right) + \iota\left(r^e\right) + g$$

A taxa de juros real esperada, ou prevista pelo empresário, é definida por:

$$r^e = i - \pi^e$$

A taxa de juros real esperada não é uma variável observável e há necessidade de fazer-se alguma hipótese de como relacioná-la com variáveis que são observáveis na economia. Como neste modelo não existe incerteza, pois as variáveis são determinísticas, admite-se que a previsão seja perfeita. Isto é, a taxa de juros real prevista é igual à taxa observada:

$$r^e = r$$

O equilíbrio no mercado de bens e serviços é descrito, então, pela equação:

$$y = c\left(y - \tau\right) + \iota(r) + g$$

Esta equação corresponde à curva IS. A Figura 6.1 representa esta curva num plano em que o eixo horizontal mede o produto real e o eixo vertical a taxa de juros real. A curva é negativamente inclinada porque se a taxa de juros real aumenta (diminui) o produto real tem que diminuir (aumentar) para manter o mercado de bens e serviços em equilíbrio. Quando o produto for igual ao produto de pleno emprego a taxa de juros real é a taxa de juros real ($\bar{r}$) de equilíbrio de longo prazo, a taxa de juros natural da economia. Esta taxa depende da política fiscal do governo e é afetada tanto pelo gasto quanto pelos impostos.

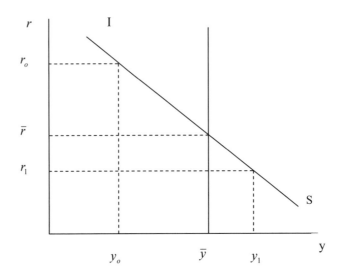

Figura 6.1

O nome IS desta curva é baseado no fato de que o equilíbrio no mercado de bens e serviços é equivalente à igualdade entre poupança e investimento. Isto é, subtraindo-se dos dois lados da equação de equilíbrio no mercado de bens e serviços o total de impostos arrecadado pelo governo resulta em:

$$s = y - c(y - \tau) - \tau = \iota(r) + g - \tau$$

ou ainda

$$s(y - \tau) = \iota(r) + f$$

Quando a economia estiver em pleno emprego a poupança tem um valor constante, como mostrado na Figura 6.2. O investimento varia em sentido contrário à taxa de juros real. O investimento adicionado ao déficit público corresponde à curva IS da Figura 6.2. O ponto de interseção da curva de poupança vertical com a curva IS determina à taxa de juros real de longo prazo, a taxa de juros natural da economia.

A política fiscal pode variar de acordo com o ciclo econômico. Quando a economia estiver em pleno emprego a equação da curva IS tem a seguinte expressão:

$$\bar{y} = c(\bar{y} - \bar{\tau}) + \iota(\bar{r}) + \bar{g}$$

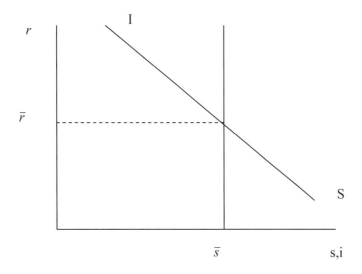

Figura 6.2

As variáveis com barras representam os valores das mesmas quando a economia estiver em pleno emprego. A equação da curva IS pode ser escrita em termos dos desvios das variáveis com relação aqueles de pleno emprego. Subtraindo-se da equação da curva IS a expressão anterior obtém-se:

$$y - \bar{y} = c(y - \tau) - c(\bar{y} - \bar{\tau}) + \iota(r) - \iota(\bar{r}) + g - \bar{g}$$

Álgebra

As expansões de Taylor de primeira ordem, do tipo $f(x) = f(x_0) + f'(x_0)(x - x_0)$, das funções consumo e investimento, em torno do ponto de pleno emprego, são dadas por:

$$c(y - \tau) = c(\bar{y} - \bar{\tau}) + c'[(y - \bar{y}) - (\tau - \bar{\tau})]$$

$$\iota(r) = \iota(\bar{r}) + \iota'(r - \bar{r})$$

As derivadas das funções consumo e investimento, c' e ι', são avaliadas no ponto de pleno emprego. Substituindo-se estas expressões na curva IS obtém-se:

$$y - \bar{y} = c'[(y - \bar{y}) - (\tau - \bar{\tau})] + \iota'(r - \bar{r}) + g - \bar{g}$$

Esta equação pode ser escrita como:

$$y - \bar{y} = \frac{c'}{1 - c'}(\tau - \bar{\tau}) + \frac{\iota'}{1 - c'}(r - \bar{r}) + \frac{1}{1 - c'}(g - \bar{g})$$

Capítulo 6

A diferença entre o produto real e o produto potencial depende das variações cíclicas dos impostos, da taxa de juros real, e dos gastos do governo. A política fiscal é representada por duas variáveis, impostos e gastos do governo, com coeficientes distintos, porque elas têm efeitos diferentes sobre o dispêndio. Um real adicional de gastos do governo aumenta inicialmente o dispêndio em um real, enquanto um real a menos de impostos não aumenta inicialmente o consumo privado de um real porque depende da proporção que o consumidor decida poupar. No caso limite em que esta redução de imposto seja poupada o dispêndio permanece inalterado. A curva IS pode ser escrita em função do déficit público, definido subtraindo-se do gasto o total de impostos:

$$f = g - \tau$$

O déficit público de pleno emprego tem definição análoga:

$$\bar{f} = \bar{g} - \bar{\tau}$$

A variação cíclica do déficit público é obtida subtraindo-se do déficit público corrente o déficit público de pleno emprego. Isto é:

$$f - \bar{f} = g - \bar{g} - (\tau - \bar{\tau})$$

A curva IS, através de uma simples manipulação algébrica, isto é, somando-se e subtraindo-se $c' (g - \bar{g}) / (1 - c')$, pode ser escrita como:

$$y - \bar{y} = \frac{c'}{1 - c'} \left[(g - \tau) - (\bar{g} - \bar{\tau}) \right] + \frac{\iota'}{1 - c'} (r - \bar{r}) + \frac{1 - c'}{1 - c'} (g - \bar{g})$$

ou ainda

$$y - \bar{y} = \frac{c'}{1 - c'} \left(f - \bar{f} \right) + \frac{\iota'}{1 - c'} (r - \bar{r}) + g - \bar{g}$$

Uma forma funcional que permite uma interpretação mais intuitiva dos parâmetros da curva IS é obtida dividindo-se os dois lados da equação anterior pelo produto potencial da economia,

$$\frac{y - \bar{y}}{\bar{y}} = \frac{\iota'}{1 - c'} \left(\frac{1}{\bar{y}} \right) (r - \bar{r}) + \frac{c'}{1 - c'} \left(\frac{f}{\bar{y}} - \frac{\bar{f}}{\bar{y}} \right) + \frac{g}{\bar{y}} - \frac{\bar{g}}{\bar{y}}$$

As variáveis fiscais são medidas como proporção do produto potencial. O lado esquerdo desta expressão é o hiato do produto,

$$\frac{y - \bar{y}}{\bar{y}} \cong \log \left(1 + \frac{y - \bar{y}}{\bar{y}} \right) = \log \frac{y}{\bar{y}} = \log y - \log \bar{y}$$

Em estudos empíricos, a interpretação dos coeficientes da equação torna-se mais simples quando se multiplica o hiato do produto por 100, isto é, $100 \log(y/\bar{y})$. O hiato é medido, então, em percentagem. Deve-se proceder da mesma forma com as demais variáveis da equação.

Equação da Curva IS

Denominando-se por $x = y - \bar{y}$ o hiato do produto, $-\alpha$ o coeficiente da taxa de juros real e por β o coeficiente do déficit público a curva IS passa a ter a seguinte especificação:

$$x = -\alpha \left(r - \bar{r}\right) + \beta \left(f - \bar{f}\right) + g - \bar{g}$$

As variáveis desta curva IS usam os mesmos símbolos que foram usados na sua dedução, mas agora elas têm outra interpretação: i) f é o déficit público como proporção do produto potencial e $\bar{f}$ é o déficit público de pleno emprego, também como proporção do produto potencial; ii) g é o gasto do governo e $\bar{g}$ o gasto do governo no pleno emprego, ambos como proporção do produto potencial. O parâmetro α mede o efeito de uma variação sustentada da taxa de juros real, com relação à taxa de juros natural, sobre o hiato do produto. Por exemplo, se α for igual a dois para cada um por cento de aumento da taxa de juros real, com relação à taxa de juros natural, a capacidade ociosa da economia aumenta de dois por cento. O coeficiente β mede o efeito da variação do déficit público sobre o hiato do produto. Quando existir equivalência ricardiana este coeficiente é igual a zero, pois a sociedade reage ao déficit público aumentando a poupança de igual magnitude para pagar impostos que no futuro financiem o déficit.

Esta especificação da curva IS permite a análise, de forma simples e transparente, das razões que podem levar a economia a estar com desemprego e capacidade ociosa. A economia pode estar nesta situação quando pelo menos um dos seguintes fatos ocorra: i) a taxa de juros real for diferente da taxa da taxa de juros natural; ii) o déficit público for diferente do déficit público de pleno emprego; e iii) os gastos do governo forem diferentes dos gastos do governo de pleno emprego. Os dois últimos fatos são provocados pela política fiscal. A taxa de juros real pode ser diferente da taxa de juros natural por dois motivos. O primeiro é resultado da política monetária que pode ser contracionista, aumentando a taxa de juros, ou expansionista reduzindo a taxa de juros. O segundo motivo é uma mudança da taxa de juros natural. Esta taxa pode mudar em virtude da política fiscal do governo, ou do comportamento do setor privado, seja no consumo e (ou) no investimento.

2. Curva IS Novokeynesiana

A curva IS novokeynesiana é deduzida a partir do problema de alocação intertemporal do consumo de um agente representativo. Esta seção trata, em primeiro lugar, de caracterizar as preferências dos consumidores, e em seguida estabelece a condição de primeira ordem do equilíbrio do consumidor, conhecida na literatura pelo nome de equação de Euler.

2.1 Preferências do Consumidor

A Figura 6.3 mostra a curva de utilidade do consumidor, com o consumo no período t medido no eixo horizontal e o consumo no período $t+1$ no eixo vertical. A taxa marginal de substituição entre os consumos nos dois períodos é a tangente num ponto da curva de utilidade, ou a derivada do consumo no período $t+1$ com relação ao consumo no período t, com o sinal trocado, ao longo de uma curva de preferência (nível de utilidade constante). Esta taxa marginal (τ) é igual à razão entre as duas utilidades marginais:

$$\tau = -\frac{dc_{t+1}}{dc_t} = \frac{\partial u/\partial c_t}{\partial u/\partial c_{t+1}}$$

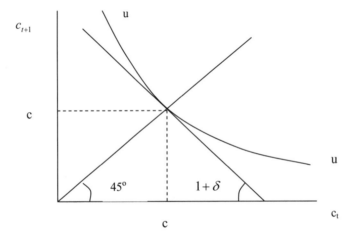

Figura 6.3

Admita que a função utilidade tenha o seguinte formato:

$$u(c_t, c_{t+1}) = \frac{c_t^{1-\frac{1}{\sigma}} - 1}{1 - \frac{1}{\sigma}} + \frac{1}{1+\rho} \frac{c_{t+1}^{1-\frac{1}{\sigma}} - 1}{1 - \frac{1}{\sigma}}$$

onde σ é um parâmetro diferente de um. As utilidades marginais dos consumos hoje (t) e amanhã ($t+1$) são dadas por:

$$\frac{\partial u}{\partial c_t} = c_t^{-\frac{1}{\sigma}}; \frac{\partial u}{\partial c_{t+1}} = \frac{1}{1+\rho} c_{t+1}^{-\frac{1}{\sigma}}$$

A taxa marginal de substituição é, então, igual a:

$$\tau = \frac{c_t^{-\frac{1}{\sigma}}}{(1+\rho)^{-1}c_{t+1}^{1-\frac{1}{\sigma}}} = \frac{1}{(1+\rho)^{-1}}\left(\frac{c_t}{c_{t+1}}\right)^{-\frac{1}{\sigma}}$$

Quando $c_t = c_{t+1} = c$, a taxa marginal de substituição é igual a um mais o parâmetro ρ:

$$\tau = 1 + \rho$$

Este é um dos parâmetros que caracteriza as preferências do consumidor, a taxa de preferência intertemporal. Esta taxa pode ser interpretada como a taxa de juros que induziria o consumidor a ter um nível de consumo constante durante sua vida. Isto é, a taxa de preferência intertemporal é a taxa de retorno do consumo. No gráfico da Figura 6.3 ela corresponde à tangente da curva de utilidade no ponto em que a reta de 45° partindo da origem corta a curva de utilidade.

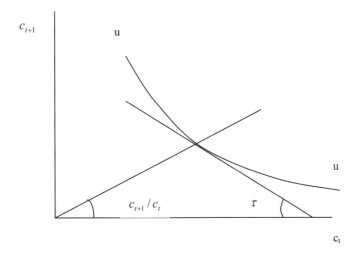

Figura 6.4

Um segundo parâmetro que caracteriza as preferências do consumidor é a curvatura da função utilidade. Esta curvatura pode ser medida pela elasticidade de substituição. A Figura 6.4 ilustra a interpretação geométrica deste conceito. A elasticidade de substituição mede a resposta da variação percentual da proporção entre o consumo amanhã $(t+1)$ e o consumo hoje (t) a uma variação percentual da taxa marginal de substituição. Isto é, a elasticidade de substituição mede a relação entre a variação do ângulo da reta que liga um ponto da curva de utilidade à origem e a variação da tangente a curva de utilidade. Analiticamente, a elasticidade de substituição é definida por:

$$\varepsilon_s = \frac{\frac{\triangle(c_{t+1}/c_t)}{c_{t+1}/c_t}}{\triangle \tau / \tau}$$

A elasticidade de substituição, em termos da derivada logarítmica, é definida, então, por:

$$\varepsilon_s = \frac{d \log \left(c_{t+1} \big/ c_t \right)}{d \log \tau}$$

A taxa marginal de substituição, do exemplo anterior da função utilidade, é dada por:

$$\tau = (1 + \rho) \left(\frac{c_{t+1}}{c_t} \right)^{\frac{1}{\sigma}}$$

Esta equação pode ser reescrita como:

$$\frac{c_{t+1}}{c_t} = \left(\frac{\tau}{1 + \rho} \right)^{\sigma}$$

Tomando-se o logaritmo dos dois lados desta expressão obtém-se:

$$\log \left(c_{t+1}/c_t \right) = \sigma \log \tau - \sigma \log \left(1 + \rho \right)$$

A elasticidade de substituição é, então, igual ao parâmetro σ:

$$\varepsilon_s = \frac{d \log \left(c_{t+1}/c_t \right)}{d \log \tau} = \sigma$$

2.2 Equilíbrio do Consumidor: Equação de Euler

Imagine um consumidor que tenha que decidir se gasta um real no consumo hoje (t) ou amanhã $(t+1)$. Caso ele decida consumir imediatamente seu bem-estar tem um aumento igual à utilidade marginal do consumo hoje. Caso ele decida consumir amanhã, ele aplica um real num ativo financeiro que lhe renderá uma taxa de juros igual a r, e gasta no período seguinte o principal mais os juros da aplicação. Seu bem-estar terá um aumento amanhã igual à utilidade marginal do consumo. Mas, para comparar com o bem-estar hoje ele tem que descontar o bem-estar de amanhã pela taxa de preferência intertemporal. Em equilíbrio ele será indiferente a estas opções:

$$u'(c_t) = (1 + r_t) \frac{1}{1 + \rho} u' \left(c_{t+1} \right)$$

Esta equação de equilíbrio é conhecida na literatura econômica como equação de Euler. Este nome vem da condição de primeira ordem do problema de otimização dinâmica do cálculo de variações. Ela afirma que o consumidor aplicará seus recursos de tal sorte que o consumo de um real terá o mesmo valor em termos de bem-estar qualquer que seja o período de sua vida. A ideia básica por trás desta equação é que o indivíduo suaviza o consumo ao longo de sua vida. Ele prefere ter um padrão de vida de classe média a vida toda do que viver como milionário por alguns dias e viver na miséria o resto dos seus dias.

Quando a função utilidade tem a forma funcional,

$$u(c) = \frac{c^{1-\frac{1}{\sigma}} - 1}{1 - \frac{1}{\sigma}}$$

a utilidade marginal é igual a:

$$u'(c) = c^{-\frac{1}{\sigma}}$$

e a equação de Euler é expressa por:

$$c_t^{-\frac{1}{\sigma}} = \frac{1 + r_t}{1 + \rho} c_{t+1}^{-\frac{1}{\sigma}}$$

A razão entre os consumos é dada por:

$$\frac{c_t}{c_{t+1}} = \left(\frac{1 + r_t}{1 + \rho}\right)^{-\sigma}$$

A restrição orçamentária do consumidor afirma que o valor presente dos gastos com consumo seja igual ao seu patrimônio (a_t). Isto é:

$$c_t + \frac{c_{t+1}}{1 + r_t} = a_t$$

Substituindo-se o consumo do período $t + 1$ da equação de Euler nesta restrição orçamentária obtém-se o consumo no período t. Isto é:

$$c_t = \frac{1}{1 + (1 + \rho)^{-\sigma} (1 + r_t)^{\sigma-1}} a_t$$

É fácil verificar-se que o consumo no período t pode diminuir, permanecer constante, ou aumentar quando a taxa de juros real no período t aumenta, pois

$$\frac{\partial c_t}{\partial r_t} \begin{cases} < 0, \text{ se } \sigma > 1 \\ = 0, \text{ se } \sigma = 1 \\ > 0, \text{ se } \sigma < 1 \end{cases}$$

É também fácil verificar-se que o consumo no período $t+1$ aumenta quando a taxa de juros real do período t aumenta. Conclusão: i) o consumo e a taxa de juros real do período t podem ter qualquer tipo de correlação, negativa,

Capítulo 6

zero ou positiva; ii) o consumo no período $t + 1$ e a taxa de juros real do período t estão correlacionados positivamente.

Tomando-se o logaritmo dos dois lados da equação de Euler tem-se:

$$\log c_t - \log c_{t+1} = -\sigma \left[\log\left(1 + r_t\right) - \log\left(1 + \rho\right)\right]$$

Esta equação pode ser escrita, usando-se a aproximação $\log(1 + x) \cong x$, como:

$$\log c_t = \log c_{t+1} - \sigma \left(r_t - \rho\right)$$

2.3 Curva IS Novokeynesiana: Variáveis Discretas

O mercado de bens e serviços está em equilíbrio quando o dispêndio, com consumo e gastos do governo, for igual ao produto real:

$$y_t = c_t + g_t$$

A aproximação logarítmica linear [confira derivação no final desta seção], em torno do ponto de equilíbrio estacionário, da equação de equilíbrio no mercado de bens e serviços é dada por:

$$\log y_t = \omega \log c_t + (1 - \omega) \log g_t$$

onde ω é a relação consumo/renda no equilíbrio estacionário. O consumo é dado por:

$$\log c_t = \log c_{t+1} - \sigma \left(r_t - \rho\right)$$

Substituindo-se esta equação na expressão da condição de equilíbrio tem-se:

$$\log y_t = -\omega\sigma \left(r_t - \rho\right) + \omega \log c_{t+1} + (1 - \omega) \log g_t$$

Usando-se a aproximação linear do consumo para o período seguinte:

$$\omega \log c_{t+1} = \log y_{t+1} - (1 - \omega) \log g_{t+1}$$

pode-se, então, escrever a equação anterior como:

$$\log y_t = -\omega\sigma \left(r_t - \rho\right) + \log y_{t+1} + (1 - \omega) \left(\log g_t - \log g_{t+1}\right)$$

Para simplificar, admita-se que o produto potencial da economia seja constante:

$$\bar{y}_t = \bar{y}_{t+1} = \bar{y}$$

Subtraindo-se o logaritmo do produto potencial de ambos os lados da equação do produto real, resulta na seguinte curva IS:

$$\log y_t - \log \bar{y} = -\omega\sigma \left(r_t - \rho\right) + \log y_{t+1} - \log \bar{y} + (1 - \omega) \left(\log g_t - \log g_{t+1}\right)$$

A taxa de juros real de equilíbrio de longo prazo, a taxa de juros natural, é igual à taxa de preferência intertemporal $(\bar{r} = \rho)$, supondo-se que os gastos do governo sejam constantes.

Equação da Curva IS Novokeynesiana

O hiato do produto x é definido por: $\log y_t - \log \bar{y} = x_t$. A curva IS novokeynesiana tem, então, a seguinte expressão:

$$x_t = -\alpha \left(r_t - \bar{r}\right) + x_{t+1} + \left(1 - \omega\right)\left(g_t - g_{t+1}\right)$$

onde $\alpha = \omega\sigma$ e a letra g denota agora o logaritmo da variável. O efeito do hiato da taxa de juros real sobre o hiato do produto é proporcional à elasticidade de substituição no consumo. Quando $g_t = g_{t+1}$, a curva IS simplifica:

$$x_t = x_{t+1} - \alpha \left(r_t - \bar{r}\right)$$

Comparação das Curvas IS Keynesiana e Novokeynesiana

A expressão anterior pode ser escrita para o período seguinte:

$$x_{t+1} = x_{t+2} - \alpha \left(r_{t+1} - \bar{r}\right)$$

que substituída na equação anterior permite escrever o hiato do produto como função do hiato do produto dois períodos adiante e das diferenças (hiatos) das taxas de juros, com relação a taxa de juros natural, nos períodos t e $t+1$:

$$x_t = x_{t+2} - \alpha \left(r_t - \bar{r}\right) - \alpha \left(r_{t+1} - \bar{r}\right)$$

O hiato do produto dois períodos adiante é, por sua vez, dado por:

$$x_{t+2} = x_{t+3} - \alpha \left(r_{t+2} - \bar{r}\right)$$

Através desta substituição recursiva para frente, a curva IS novokeynesiana dependeria de toda a história futura das diferenças (hiatos) das taxas de juros de acordo com:

$$x_t = -\alpha \sum_{i=0}^{\infty} \left(r_{t+i} - \bar{r}\right)$$

se o limite do hiato do produto no futuro remoto fosse igual a zero:

$$\lim_{T \to \infty} x_{t+T} = 0$$

Todavia, esta hipótese é completamente arbitrária e não justificável, a despeito de ser usada em todas as exposições do modelo novokeynesiano na literatura. Observe-se que no caso da elasticidade de substituição igual a um, com esta hipótese do limite, as taxas de juros reais, de hoje até o infinito afetariam o consumo no período atual. Esta propriedade contradiz a própria função consumo do modelo, desenvolvida anteriormente.

Capítulo 6

Na verdade, a substituição para frente da curva IS novokeynesiana produz o seguinte limite:

$$\lim_{T \to \infty} x_{t+T} = x_t + \alpha \sum_{i=0}^{\infty} (r_{t+i} - \bar{r})$$

A curva IS keynesiana é usualmente especificada com base no passado:

$$x_t = - \sum_{i=0}^{n} \alpha_i (r_{t-i} - \bar{r})$$

A diferença fundamental entre as duas curvas IS keynesiana e novokeynesiana é de que na curva IS keynesiana o hiato da taxa de juros real afeta o hiato do produto, enquanto na curva novokeynesiana o hiato da taxa de juros real afeta a taxa de variação do hiato do produto. Não é correto afirmar-se que a diferença entre as duas curvas é de que na IS keynesiana as diferenças (os hiatos) das taxas de juros do passado afetam o hiato do produto hoje, enquanto na curva IS novo keynesiana são as diferenças (hiatos) das taxas de juros previstas para o futuro que afetam o hiato do produto no presente. Para que não haja confusão, a curva IS novokeynesiana deve ser escrita do seguinte modo:

$$x_{t+1} - x_t = \alpha (r_t - \bar{r}_t)$$

Nesta especificação, a variação do hiato do produto é proporcional ao hiato da taxa de juros. Ela é a mesma especificação da curva IS novokeynesiana em variáveis contínuas, como será demonstrado logo adiante.

A especificação usual da curva IS novokeynesiana, em variáveis discretas, de colocar o hiato do produto no lado esquerdo.

$$x_t = x_{t+1} - \alpha (r_t - \bar{r}),$$

supõe que, mantendo-se constante o hiato do produto do período seguinte, o hiato da taxa de juros real e o hiato do produto real, do mesmo período, estão correlacionados negativamente, como na curva IS keynesiana. Esta afirmação é incorreta por dois motivos. Em primeiro lugar, o hiato do produto do período seguinte (x_{t+1}) é uma variável endógena correlacionada positivamente com o hiato da taxa de juros real do período anterior, e não faz sentido admiti-la constante quando a taxa de juros real muda. Em segundo lugar, o hiato do produto real, do mesmo período, não tem uma correlação definida *a priori*. Esta correlação depende da elasticidade intertemporal do consumo, podendo ser negativa, zero ou positiva, como foi mostrado anteriormente na dedução da função consumo.

Quando se especifica a curva IS novokeynesiana com o hiato do produto real no lado esquerdo da equação, e se compara com a curva IS keynesiana, afirma-se que a diferença entre as duas reside no fato de que na curva IS novokeynesiana o hiato do produto de hoje depende do hiato do produto de amanhã, tornando-se prospectiva, isto é, dependendo do futuro. Esta afirmação não é correta. A diferença fundamental entre as duas curvas IS é que na curva keynesiana o hiato da taxa de juros afeta o hiato do produto, e na curva IS novokeynesiana o hiato do produto real afeta a variação do hiato do produto real.

Aproximação Logarítmica

Admita que z seja função de x e de y de acordo com:

$$z = f(x, y)$$

e que as variáveis com barras representem a solução estacionária do modelo:

$$\bar{z} = f(\bar{x}, \bar{y})$$

Diferenciando-se a função f em torno do equilíbrio estacionário tem-se:

$$dz = f_x(\bar{x}, \bar{y}) \, dx + f_y(\bar{x}, \bar{y}) \, dy$$

Dividindo-se ambos os lados desta expressão pelo valor de $\bar{z}$, a diferencial de x por $\bar{x}$, e a diferencial de y por $\bar{y}$, obtém-se:

$$\frac{dz}{\bar{z}} = \frac{f_x(\bar{x}, \bar{y}) \, \bar{x}}{\bar{z}} \frac{dx}{\bar{x}} + \frac{f_y(\bar{x}, \bar{y}) \, \bar{y}}{\bar{z}} \frac{dy}{\bar{y}}$$

Conclui-se então que:

$$d \log z = \omega d \log x + (1 - \omega) \, d \log y$$

onde

$$\omega = \frac{f_x(\bar{x}, \bar{y}) \, \bar{x}}{\bar{z}}; \ 1 - \omega = \frac{f_y(\bar{x}, \bar{y}) \, \bar{y}}{\bar{z}}$$

A aproximação logarítmica linear, em torno do ponto de equilíbrio estacionário, é dada por:

$$\log z \cong w \log x + (1 - \omega) \log y$$

2.4 Curva IS Novokeynesiana: Variáveis Contínuas

A curva IS novokeynesiana com variáveis contínuas pode ser obtida da curva IS com variáveis discretas,

$$x_t - x_{t+1} = -\alpha(r_t - \bar{r})$$

Capítulo 6

A mudança do hiato do produto (x) será aproximada pela derivada:

$$x_{t+1} - x_t \cong \dot{x} = \frac{dx}{dv}$$

A curva IS com variáveis contínuas é, então, dada por:

$$\dot{x} = \alpha \left(r - \bar{r} \right)$$

Nesta curva o hiato da taxa de juros real afeta a taxa de variação do hiato do produto e não seu nível, como na curva IS keynesiana. A literatura que trata da curva IS novokeynesiana interpreta erroneamente esta curva afirmando que o consumidor é prospectivo, isto é, ele olha para frente (*forward looking*) ao tomar suas decisões. Para entender por que esta proposição é incorreta é necessário usar um pouco de álgebra. Em termos de diferenciais, a curva IS pode ser escrita como:

$$dx = \alpha \left(r - \bar{r} \right) dv$$

Integrando-se ambos os lados desta expressão de hoje (t) até um período futuro (T) tem-se:

$$\int_t^T dx = \int_t^T \alpha \left(r - \bar{r} \right) dv$$

Logo,

$$x(T) - x(t) = \int_t^T \alpha \left(r - \bar{r} \right) dv$$

O hiato do produto no período t é igual ao hiato do produto no período futuro T menos o componente que depende do hiato de juros neste período futuro considerado:

$$x(t) = x(T) - \int_t^T \alpha \left(r - \bar{r} \right) dv$$

Se o hiato do produto do período T fosse conhecido os hiatos futuros da taxa de juros afetariam o hiato do produto hoje. Todavia, essa hipótese é arbitrária, sem fundamentação econômica. A curva IS novokeynesiana especifica como os hiatos da taxa de juros afetam a mudança no hiato do produto.

3. Taxa de Juros Natural

No modelo novokeynesiano a taxa de juros real de equilíbrio de longo prazo, a taxa de juros natural, é igual à taxa de preferência intertemporal do consumidor quando o produto potencial da economia for constante. Quando o produto potencial variar ao longo do tempo a curva IS é dada por:

$$y_t - \bar{y}_t = y_{t+1} - \bar{y}_{t+1} - \bar{y}_t + \bar{y}_{t+1} - \sigma \left(r_t - \rho \right)$$

A letra y representa agora o logaritmo do produto real. Esta equação também pode ser escrita como:

$$y_t - \bar{y}_t = y_{t+1} - \bar{y}_{t+1} - \sigma \left[r_t - \rho - \frac{1}{\sigma} (\bar{y}_{t+1} - \bar{y}_t) \right]$$

A taxa de juros natural é, portanto, igual à soma de dois componentes. O primeiro é a taxa de preferência intertemporal do consumidor. O segundo componente é igual ao produto do inverso da elasticidade de substituição pela taxa de crescimento do produto potencial. Isto é:

$$\bar{r} = \rho + \frac{1}{\sigma} (\bar{y}_{t+1} - \bar{y}_t)$$

A taxa de juros natural, no modelo novokeynesiano depende, portanto, de dois parâmetros que caracterizam as preferências dos consumidores (ρ, σ) e do crescimento do produto potencial da economia.

No modelo keynesiano a taxa de juros real de equilíbrio de longo prazo, a taxa natural, depende dos parâmetros da política fiscal. A taxa natural é obtida pela interseção da curva IS com a reta vertical que passa pela abscissa do produto potencial da economia, como se pode verificar pela Figura 6.1. Qualquer movimento da curva IS afeta a taxa de juros natural da economia. Analiticamente, a taxa de juros natural depende, portanto, do déficit público e dos gastos do governo. Isto é:

$$\bar{r} = \bar{r} \left(\bar{f}, \bar{g}, a \right)$$

Tanto o aumento do déficit público quanto dos gastos públicos aumenta a taxa de juros natural. O setor privado, ou seja, o comportamento dos indivíduos quanto ao consumo e dos empresários nas decisões de investimento também afeta a taxa de juros natural. A letra a na expressão acima é para lembrar que mudanças no comportamento dos consumidores ou dos empresários com relação ao investimento afetam a taxa de juros natural da economia. Aumento (diminuição) autônomo no consumo (investimento) aumenta (diminui) a taxa de juros natural da economia.

4. Curva LM

A principal atividade do Banco Central consiste na venda e na compra da moeda que ele próprio emite, e na qual é monopolista. Quando vende sua moeda o Banco Central compra títulos, denominados em moeda local ou em moeda estrangeira. Em geral, os títulos em moeda local são títulos do governo. Os títulos denominados em moeda estrangeira são também títulos públicos, emitidos por diferentes países. Quando o Banco Central vende títulos públicos de sua própria carteira ele contrai o estoque da base monetária, o mesmo ocorrendo quando ele vende reservas internacionais. Um balancete típico de um Banco Central está descrito no quadro abaixo. No ativo estão as reservas internacionais e os títulos públicos domésticos. O passivo é formado pela base monetária, que é a soma do papel moeda em poder do público e das reservas bancárias que o sistema bancário mantém no Banco Central. A conta reservas bancárias é a conta pela qual trafega todo o sistema de pagamentos da economia, e na qual estão os depósitos compulsórios sobre os depósitos à vista que os bancos comerciais são obrigados a cumprirem junto ao Banco Central.

O Banco Central tem instrumentos para controlar o estoque nominal de moeda da economia, vendendo e comprando títulos. O mecanismo pelo qual ele faz isto é bastante simples, induzindo o mercado a comprar títulos através da redução dos preços dos mesmos, e a vendê-los para o Banco Central subindo os preços dos títulos. A contrapartida da venda de títulos pelo Banco Central é a redução do estoque de moeda da economia, e a contrapartida da compra de títulos pelo Banco Central é a expansão do estoque de moeda da economia.

Banco Central

ATIVO	PASSIVO
Reservas internacionais (RI)	Base monetária (M)
Títulos públicos (B^{BC})	a) Papel moeda em poder do público (C)
	b) Reservas bancárias (R)
$RI + B^{BC} \equiv M \equiv C + R$	

A característica fundamental da moeda que a distingue dos demais ativos financeiros é o seu uso como meio de pagamento. O preço da moeda é a quantidade de bens e serviços que se obtém com uma unidade da mesma, isto é, o inverso do nível de preços ($1/P$). O custo de oportunidade da moeda é a taxa de juros nominal (i) que se deixa de ganhar na aplicação de outro ativo financeiro porque a moeda não é remunerada. A demanda de moeda do público é uma demanda por uma quantidade de bens e serviços que se compra com a mesma. O Banco Central controla o estoque nominal da moeda e o público determina a quantidade real de moeda que deseja ter na sua carteira de ativos financeiros. Essa quantidade real de moeda demandada depende de duas variáveis, do volume de transações e do seu custo de oportunidade. O volume de transações pode ser medido pelo produto real da economia. Quanto maior o produto real maior a quantidade real de moeda demandada e vice-versa. Quando o custo de oportunidade da moeda, a taxa de juros, aumenta induz o público a economizar na quantidade de moeda que ele deseja reter. Quando a taxa de juros diminui a quantidade real demandada de moeda aumenta. A equação da demanda de moeda pode

As Curvas IS e LM, a Regra de Taylor e a Curva de Phillips

ser expressa como função do produto real e da taxa de juros nominal:

$$\frac{M^d}{P} = L(y,i)$$

O Banco Central controla o estoque nominal de moeda e a oferta de moeda é dada por:

$$M^s = M$$

O mercado monetário está em equilíbrio quando a quantidade demandada de moeda for igual à quantidade ofertada. Isto é:

$$M^d = M^s$$

O equilíbrio no mercado monetário é dado, portanto, pela seguinte equação:

$$\frac{M}{P} = L(y,i)$$

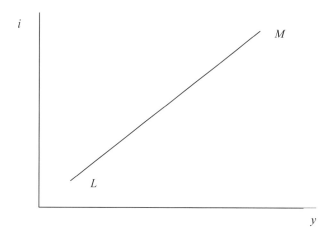

Figura 6.5

A curva LM da Figura 6.5 descreve o equilíbrio no mercado monetário. O eixo horizontal mede o produto real e o eixo vertical a taxa de juros nominal. A curva LM é positivamente inclinada porque se a taxa de juros nominal aumenta (diminui) o produto real tem que aumentar (diminuir) para restaurar o equilíbrio no mercado monetário. A expansão da oferta de moeda ou uma redução do nível de preços desloca a curva LM para baixo e para a direita. Uma redução do estoque nominal de moeda ou um aumento do nível de preços muda a curva LM para cima e para a esquerda.

A equação da curva LM numa forma funcional linear é a seguinte:

$$m = \alpha y - \beta i$$

onde m é o logaritmo da quantidade real de moeda, $m = \log(M/P)$. Quando a economia estiver em pleno emprego esta equação transforma-se em:

$$\bar{m} = \alpha\bar{y} - \beta\bar{i}$$

As variáveis com uma barra em cima indicam os valores das mesmas no pleno emprego. Subtraindo-se uma equação da outra se obtém a curva LM em termos de desvio das variáveis para seus valores de pleno emprego:

$$m - \bar{m} = \alpha\left(y - \bar{y}\right) - \beta\left(i - \bar{i}\right)$$

5. Curva LM: Microfundamentos

A teoria monetária usa três enfoques para deduzir a equação de demanda de moeda: i) moeda na função utilidade; ii) restrição prévia de liquidez; e iii) custo de transação. Estes três enfoques são apresentados a seguir. Os dois primeiro enfoques tratam da demanda de moeda do consumidor. O terceiro enfoque, do custo de transação, será aplicado na dedução da demanda de moeda dos bancos que necessitam de moeda para fazer as transações no sistema de pagamentos de uma economia monetária moderna.

5.1 Moeda na Função Utilidade (MIU)

O enfoque da moeda na função utilidade supõe que as pessoas demandam moeda pelos serviços da mesma, de maneira análoga à demanda pelos serviços dos bens duráveis. A variável z na função utilidade representa os serviços da moeda,

$$\cup(c, z)$$

e c o fluxo dos bens e serviços de consumo. Os serviços da moeda são proporcionais ao estoque da quantidade real de moeda de acordo com:

$$z = k\frac{M}{P}, k = 1$$

É conveniente escolher as unidades de tal sorte que a constante de proporcionalidade k seja igual a um. Assim os serviços da moeda podem ser representados pelo estoque real da moeda. Uma hipótese simplificadora adicional é que a função utilidade seja separável, onde $u(c)$ é a utilidade dos bens e serviços de consumo e $v(m)$ a utilidade dos serviços da moeda. Isto é:

$$\cup(c, m) = u(c) + v(m)$$

O agente representativo no início do período t tem que tomar a decisão de alocar seus recursos na compra de bens e serviços de consumo ou em reter esses recursos na forma de moeda e gastá-los no início do período seguinte na aquisição de bens de consumo. O acréscimo de bem-estar se ele comprar bens de consumo é igual à quantidade de bens de consumo vezes a utilidade marginal do consumo:

$$\frac{1}{P_t} u'\left(c_t\right)$$

Quando o agente prefere reter moeda o acréscimo de bem-estar é igual à soma de duas parcelas. A primeira é o acréscimo de bem-estar proporcionado pelos serviços da moeda, e a segunda parcela é igual ao acréscimo de bem-estar dos bens de consumo comprados ao final do período quando ele converter a moeda em bens de consumo:

$$\frac{1}{P_t} v'\left(m_t\right) + \frac{1}{1+\rho} \frac{1}{P_{t+1}} u'\left(c_{t+1}\right)$$

Em equilíbrio estas alternativas devem produzir o mesmo acréscimo de bem-estar. Isto é:

$$\frac{1}{P_t} u'\left(c_t\right) = \frac{1}{P_t} v'\left(m_t\right) + \frac{1}{1+\rho} \frac{1}{P_{t+1}} u'\left(c_{t+1}\right)$$

Esta equação pode ser reescrita do seguinte modo:

$$u'\left(c_t\right) = v'\left(m_t\right) + \frac{1}{1+\rho} \frac{1}{P_{t+1}/P_t} u'\left(c_{t+1}\right)$$

A equação de Fisher deste modelo é dada por:

$$(1+\rho)\frac{P_{t+1}}{P_t} = 1 + i_t$$

Admitindo-se que o consumo seja constante,

$$c_t = c_{t+1} = c$$

a equação de equilíbrio transforma-se em:

$$u'(c)\left[1 - \frac{1}{1+i_t}\right] = v'(m_t)$$

A taxa marginal de substituição entre consumo e moeda é igual ao custo de oportunidade de reter moeda:

$$\frac{v'(m_t)}{u'(c)} = \frac{i_t}{1+i_t}$$

Cabe observar que o custo de oportunidade de reter moeda, num modelo com variáveis discretas, é igual ao valor presente da taxa de juros, pois o

Capítulo 6

rendimento do ativo financeiro somente é pago no final do período. Quando o modelo for escrito com variáveis contínuas a condição de equilíbrio é dada por:

$$\frac{v'(m)}{u'(c)} = i$$

Quando a taxa de juros nominal aumenta (diminui) a quantidade real de moeda diminui (aumenta) porque a utilidade marginal da moeda tem que aumentar para restaurar o equilíbrio entre a taxa marginal de substituição, de consumo e moeda, e a taxa de juros. Esta equação define implicitamente a equação de demanda de moeda, que pode ser especificada por:

$$m = L(i, c)$$

5.2 Restrição Prévia de Liquidez (CIA)

O enfoque da restrição prévia de liquidez, conhecido pelo seu acrônimo em inglês CIA (*cash in advance constraint*) parte da premissa de que na economia monetária bens não são trocados por bens. A moeda compra bens e bens compram moeda. O indivíduo para comprar bens e serviços de consumo precisa dispor da quantidade de moeda suficiente para pagar por estes bens e serviços. Analiticamente este fato se expressa pela seguinte restrição:

$$M_{t-1} \geq P_t c_t$$

onde M_{t-1} é o estoque de moeda previamente acumulado no período $t-1$, P_t o preço do bem e c_t a quantidade do bem de consumo que será comprada no período t. A moeda nesta economia é essencial porque sem ela o consumidor não compra os bens e serviços que deseja. Como a utilidade marginal dos bens e serviços é positiva, o consumidor não desperdiça os seus recursos. Ele terá uma quantidade de moeda exatamente igual ao valor das compras, pois o custo de oportunidade da moeda é a taxa de juros que deixa de ganhar na aplicação financeira. Isto é:

$$M_{t-1} = P_t c_t$$

A taxa de juros nominal funciona como um imposto na compra dos bens e serviços. Com efeito, para cada real gasto na compra dos bens e serviços há um sacrifício dos juros, pois este real deve estar na forma de moeda para efetuar o pagamento da compra do bem de consumo.

Este enfoque pode ser estendido para uma economia onde existam bens e serviços que possam ser comprados a crédito e não com moeda. Neste tipo de economia, a taxa de juros afeta o preço relativo entre os dois tipos de bens, daqueles que necessitam de moeda e daqueles que podem ser comprados a crédito.

5.3 Custo de Transação

O sistema de pagamentos das economias modernas (Estados Unidos, Europa, Brasil, Suíça, etc.) tem como seu principal mecanismo o chamado Sistema de Transferência de Reservas. O STR é um sistema de transferência de fundos com Liquidação Bruta em Tempo Real (LBTR), ou seja, liquida as obrigações em tempo real, operação por operação. Nesse sistema são realizados os pagamentos dos contratos efetuados nos mercados monetário, cambial e de capitais, além dos pagamentos das operações efetuadas pelo Banco Central e pelo Tesouro Nacional. Há um monitoramento, em tempo real, das Reservas bancárias de cada banco. Não se permite que a mesma tenha saldo negativo em nenhum momento do dia. Além disso, apenas o titular pode ordenar débitos em sua conta, de forma a ter controle total de seu saldo. Estes procedimentos reduzem de maneira drástica os riscos dos participantes no sistema de pagamentos. Por outro lado, há aumento da necessidade de liquidez para a administração, ao longo do dia, das Reservas bancárias de cada banco neste ambiente.

Desta forma, se antes os bancos administravam seus saldos apenas para minimizar os custos de oportunidade gerados pelo excesso de reservas no cumprimento do compulsório, no sistema STR surge outro motivo: a necessidade de liquidar seus pagamentos em tempo real. Esta seção apresenta um modelo de demanda de reservas, em um ambiente LBTR. Admita que o custo de transação para o sistema bancário gerenciar este sistema seja dado por:

$$c\left(t,T\right) = \frac{\alpha}{\beta}\left(t^{\beta} - 1\right)T^{\delta}$$

onde α e β são parâmetros da função de custo, t é a taxa de giro das reservas $\left(t = \frac{T}{R}\right)$, T é o total de pagamentos que será feito durante o período e R é o total de reservas bancárias. Nesta função admite-se que o total de pagamentos que o banco tem de fazer, durante o período, afeta o custo total de gerenciar estes pagamentos. Dois bancos com a mesma razão de giro podem ter custos diferentes dependendo do total de pagamentos. Admite-se que $\beta \geq 1$, $\alpha \geq 0$ e $c(1,T) = 0$. Não existe restrição sobre o parâmetro δ. O banco tem dois custos, a perda de juros nas reservas e o de gerenciar a conta reservas. O banco procura minimizar o total dos custos e resolve o seguinte problema:

$$\min_{t}\left\{iR + \frac{\alpha}{\beta}\left(t^{\beta} - 1\right)T^{\delta}\right\}$$

A razão de giro ótima é dada por:

$$t^{*} = \left(\frac{iT^{1-\delta}}{\alpha}\right)^{\frac{1}{\beta+1}}$$

Quando $0 < \delta < 1$ existem economias de escala porque a taxa de giro aumenta quando o volume de pagamentos também aumenta. A equação de demanda de reservas é dada por:

$$R = \alpha^{\frac{1}{1+\beta}} i^{-\frac{1}{1+\beta}} T^{\frac{\beta+\delta}{1+\beta}}$$

A soma das duas elasticidades é diferente de um, a menos que o parâmetro δ seja igual a zero:

$$|\varepsilon_{R,i}| + |\varepsilon_{R,T}| = \frac{1}{1+\beta} + \frac{\beta+\delta}{1+\beta} = \frac{1+\beta+\delta}{1+\beta}$$

6. Regra de Taylor

O Banco Central executa a política monetária através do mercado de reservas bancárias. Neste mercado os bancos comerciais trocam reservas bancárias entre si, porém o total de reservas ou a taxa de juros é controlada pelo Banco Central.

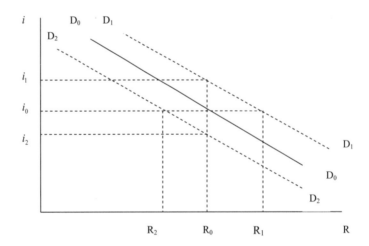

Figura 6.6

A Figura 6.6 mostra que se o Banco Central fixar a taxa de juros em i_0 o mercado absorve uma quantidade de reservas igual a R_0, e vice-versa. Todavia, os efeitos destes procedimentos não são iguais. Quando, por qualquer razão, a demanda de reservas muda, a taxa de juros flutua bastante se o Banco Central controla a quantidade de reservas. Por outro lado, se o Banco Central controla a taxa de juros o nível de reservas é que absorve as

As Curvas IS e LM, a Regra de Taylor e a Curva de Phillips

variações da curva de demanda de reservas, como indicado na Figura 6.6. Os bancos centrais preferem uma menor volatilidade da taxa de juros. Na maioria dos casos eles intervêm no mercado de reservas bancárias fixando a taxa de juros.

O Banco Central deve fixar a taxa de juros de modo discricionário, casuístico, ou por meio de uma regra de conhecimento geral? A discussão sobre este tema é bastante antiga na literatura econômica. O argumento a favor de uma política discricionária é que o Banco Central teria as mãos livres para fixar, a cada momento, a taxa de juros que julgasse mais adequada. Todavia, este tipo de comportamento produziria bastante imprevisibilidade para os empresários, trabalhadores e consumidores.

No caso de uma regra de política monetária, a sociedade teria informação precisa sobre as variáveis que influenciam as decisões do Banco Central. Ademais, o cumprimento da regra daria credibilidade e reputação ao Banco Central. Nestas circunstâncias, o simples anúncio da política seria suficiente para que o setor privado da economia tomasse decisões com base na política anunciada. O argumento de que ao adotar uma regra o Banco Central teria suas mãos atadas e não poderia agir em situações excepcionais não procede. A regra é para ser usada em situações normais. Caso ocorra um *tsunami* (uma onda gigantesca, causada por um maremoto) a regra seria abandonada temporariamente, até a situação se normalizar, quando ela voltaria a ser usada. A sociedade entenderia os motivos da suspensão temporária, e este fato não afetaria a reputação e a credibilidade do Banco Central.

Regra de Política Monetária

Que variáveis determinam à taxa de juros fixada pelo Banco Central? A regra de Taylor supõe que o Banco Central fixa a taxa de juro nominal do mercado de reservas bancárias em função: i) do hiato da inflação, a diferença entre a taxa de inflação e a meta da inflação que tem como objetivo alcançar, ii) do hiato do produto; iii) da taxa de juros natural; e iv) da taxa de inflação, de acordo com:

$$i = \bar{r} + \pi + \phi\left(\pi - \bar{\pi}\right) + \theta\left(y - \bar{y}\right), \phi > 0, \theta > 0$$

Somando-se e subtraindo-se a meta de inflação $\bar{\pi}$ a esta expressão, ela pode ser reescrita como:

$$i = \bar{r} + \bar{\pi} + (1 + \phi)\left(\pi - \bar{\pi}\right) + \theta\left(y - \bar{y}\right)$$

A principal propriedade desta regra é de que toda vez que haja um desvio de 1%, por exemplo, da taxa de inflação com relação à meta, o Banco Central deve aumentar a taxa de juros de um valor maior que 1% $[(1+\phi)\%]$. Quando a inflação for igual à meta e a economia estiver em pleno emprego,

Capítulo 6

a taxa de juros nominal de longo prazo será igual à soma da taxa de juros natural com a meta de inflação.

7. Curva de Phillips Keynesiana

A curva de Phillips pode ser deduzida a partir de diferentes hipóteses sobre o mercado de bens e serviços e o mercado de mão-de-obra. Na fixação dos preços admite-se que a empresa tem poder de mercado e determina o preço adicionando uma margem (*mark up*) sobre o custo marginal. O empresário repassa para o preço qualquer variação no custo marginal. Este custo depende do salário e da produtividade marginal da mão de obra. No mercado de trabalho o salário depende das condições de utilização da capacidade produtiva da economia. Com esses ingredientes deduz-se a curva de Phillips tradicional.

Poder de Mercado e Determinação de Preço

A empresa defronte-se com uma curva de demanda pelo seu produto negativamente inclinada e tem uma curva de custo marginal com custo marginal crescente com a quantidade produzida. As curvas de demanda e de custo marginal estão desenhadas na Figura 6.7.

A empresa tem como objetivo maximizar lucro. O faturamento (F) da mesma é igual ao produto do preço do bem (P) pela quantidade vendida do mesmo (y). Isto é:

$$F = Py$$

O custo de produção da empresa (C) depende da quantidade produzida de acordo com:

$$C = C(y)$$

O lucro é obtido subtraindo-se da receita o custo de produção:

$$L = Lucro = F - C$$

A condição de primeira ordem para maximizar o lucro implica que a receita marginal deve ser igual ao custo marginal:

$$\frac{dF}{dy} - \frac{dC}{dy} = 0 \Rightarrow \quad Rmg = Cmg$$

A receita marginal pode ser escrita como:

$$\frac{dF}{dy} = \frac{d}{dy}(Py) = P + y\frac{dP}{dy} = P\left(1 + \frac{y}{P}\frac{dP}{dy}\right)$$

A elasticidade da quantidade demandada com relação ao preço do produto é definida por:

$$\varepsilon = \frac{dy}{dP}\frac{P}{y}; |\varepsilon| = -\frac{dy}{dP}\frac{P}{y}$$

Com um pouco de álgebra a receita marginal pode ser escrita como função do preço do produto e do valor absoluto da elasticidade:

$$Rmg = P\left[1 + \frac{1}{\frac{P}{y}\frac{dy}{dP}}\right] = P\left(1 - \frac{1}{|\varepsilon|}\right) = P\left(\frac{|\varepsilon|-1}{|\varepsilon|}\right)$$

A receita marginal pode ser escrita como função do parâmetro k, a margem da empresa. Em equilíbrio, a receita marginal é igual ao custo marginal. Isto é:

$$Rmg = \frac{P}{1+k} = Cmg$$

O parâmetro k depende da elasticidade preço de acordo com:

$$1 + k = \frac{|\varepsilon|}{|\varepsilon|-1} \therefore k = \frac{|\varepsilon|}{|\varepsilon|-1} = \frac{1}{|\varepsilon|-1}$$

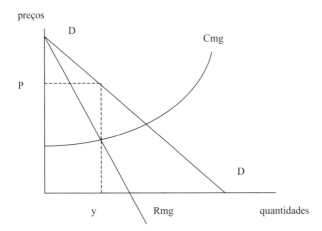

Figura 6.7

O preço do bem, vendido por uma empresa que tem poder de mercado, é, portanto, calculado adicionando-se ao custo marginal de produção uma margem que depende da elasticidade-preço da quantidade demandada:

$$P = (1+k)\,Cmg$$

A empresa muda o preço do seu produto quando a margem muda ou quando o custo marginal de produção muda.

A Tabela 6.1 mostra como a margem varia com a elasticidade da quantidade demandada com relação ao preço. Quando o valor absoluto da elasticidade for igual a dois, a margem da empresa será igual a 100%. Quando o valor absoluto da elasticidade for três, a margem será de 50%. Portanto, a margem diminui quando a elasticidade aumenta, e no caso limite em que a elasticidade é infinita a margem é igual a zero, a empresa não tem poder de mercado e opera como uma empresa em concorrência perfeita.

Tabela 6.1

$|\varepsilon|$	k
2	$1 = 100\%$
3	$1/2 = 50\%$
4	$1/3 = 33\%$
5	$1/4 = 25\%$
$\vdots$	
11	$1/10 = 10\%$
$\vdots$	
∞	$0 = 0\%$

Curva de Phillips: Inflação e Desemprego

O custo marginal de produção é igual ao custo adicional da mão de obra dividido pelo acréscimo de produção obtido. Isto é:

$$Cmg = \frac{W \triangle L}{\triangle y} = \frac{W}{(\triangle y/\triangle L)}$$

O custo marginal é, portanto, igual ao salário nominal dividido pela produtividade marginal do trabalho. O preço do bem produzido pela empresa é, então, igual a:

$$P = (1+k)\frac{W}{(\triangle y/\triangle L)} = (1+k)\frac{W}{Pmgl}$$

onde $Pmgl$ é a produtividade marginal do trabalho. O preço é, então, afetado por três variáveis: i) a margem (k) da empresa; ii) a produtividade marginal do trabalho ($Pmgl$); e iii) o salário nominal (W) do trabalhador. Quando esta produtividade e a margem forem constantes, a taxa de inflação é igual à taxa de variação dos salários nominais:

$$\pi = \frac{\mathring{P}}{P} = \frac{\mathring{W}}{W}$$

No mercado de mão de obra a taxa de variação dos salários nominais depende da taxa de inflação esperada e das condições do mercado de trabalho. Quando a taxa de desemprego (u) for maior (menor) do que a taxa de desemprego natural ($\bar{u}$) os salários tendem a cair (subir). Isto é:

$$\frac{\mathring{W}}{W} = \pi^e - a(u - \bar{u})$$

Esta curva de Phillips está representada na Figura 6.8. O eixo vertical mede a taxa de variação dos salários, enquanto o eixo horizontal mede a taxa de desemprego. No curto prazo existe uma relação de troca entre desemprego e inflação. No longo prazo tal relação não existe, e a curva é vertical.

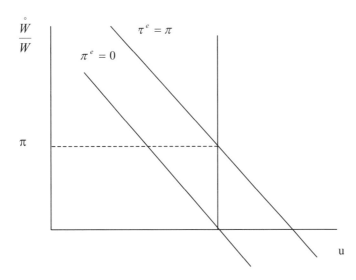

Figura 6.8

Na suposição de que a margem da empresa e a produtividade marginal do trabalho sejam constantes, a taxa de inflação e a taxa de crescimento dos salários são iguais. Logo, a curva de Phillips pode ser escrita como:

$$\pi = \pi^e - a(u - \bar{u})$$

A Figura 6.8 também representa esta curva de Phillips, desde que a taxa de inflação esteja medida no eixo vertical. No longo prazo, quando a taxa de inflação for igual à taxa de inflação antecipada, a taxa de desemprego será igual à taxa de desemprego natural.

Lei de Okun

A lei de Okun relaciona o desvio da taxa de desemprego da taxa natural com a taxa de capacidade ociosa da economia. Ela estabelece que para cada 1% de aumento da taxa de desemprego em relação à taxa de desemprego natural a capacidade ociosa da economia aumenta de b por cento, ou seja:

$$y - \bar{y} = -b\left(u - \bar{u}\right)$$

As estimativas do parâmetro b para a economia americana produzem valores entre dois e três. Isto significa dizer que para cada 1% de desemprego, a capacidade ociosa desta economia aumentaria entre 2% e 3%. Este fato aparentemente não seria consistente com a lei dos rendimentos decrescentes. Todavia, quando a taxa de desemprego varia, a taxa de utilização das máquinas e equipamentos, o número de horas trabalhadas por trabalhador e a produtividade da mão de obra também variam. Com efeito, admita que o logaritmo do produto (y) seja uma média ponderada dos logaritmos dos serviços do capital (k) e da mão de obra ($a + h + n$):

$$y = \alpha k + (1 - \alpha)\left(a + h + n\right)$$

onde α é a elasticidade do produto com relação ao capital, h é o logaritmo do número de horas trabalhadas, n o logaritmo do emprego, a o logaritmo do coeficiente que mede a eficiência da mão de obra. Esta função de produção supõe retornos de escala constante.

No pleno emprego, a função de produção transforma-se em:

$$\bar{y} = \alpha \bar{k} + (1 - \alpha)\left(\bar{a} + \bar{h} + n\right)$$

onde uma barra em cima da variável denota o valor da mesma quando a economia estiver em pleno emprego.

Subtraindo-se uma equação da outra, obtém-se:

$$y - \bar{y} = \alpha\left(k - \bar{k}\right) + (1 - \alpha)\left(a - \bar{a} + h - \bar{h} + n - \bar{n}\right)$$

O hiato do produto depende dos hiatos do capital, da produtividade da mão de obra, do número de horas trabalhadas e do emprego.

Admita que a oferta total de mão de obra seja dada por n^*. A taxa de desemprego é definida por $u = n^* - n$ e a taxa de desemprego natural, quando a economia estiver em pleno emprego, é igual a $\bar{u} = n^* - \bar{n}$. Portanto,

$$n - \bar{n} = -\left(u - \bar{u}\right)$$

Admita, também, que os hiatos do capital, da produtividade da mão de obra e do número de horas trabalhadas estejam relacionados com o hiato do desemprego, de acordo com as seguintes equações:

$$k - \bar{k} = -\gamma(u - \bar{u}), \gamma > 0$$
$$a - \bar{a} = -\lambda(u - \bar{u}), \lambda > 0$$
$$h - \bar{h} = \phi(u - \bar{u}), \phi > 0$$

Segue-se, então, que:

$$y - \bar{y} = -[\alpha\gamma + (1-\alpha)(\lambda + \phi + 1)](u - \bar{u})$$

O coeficiente b da lei de Okun depende, portanto, dos parâmetros α, γ, λ e ϕ. Isto é:

$$b = \alpha\gamma + (1-\alpha)(\lambda + \phi + 1)$$

Apesar da lei dos rendimentos decrescentes ($\alpha < 1$) o parâmetro b pode ser maior do que um, dependendo dos valores dos demais coeficientes deste modelo.

Curva de Phillips: Inflação e Hiato do Produto

A curva de Phillips obtida substituindo-se o hiato entre a taxa de desemprego e a taxa de desemprego natural pela lei de Okun resulta na seguinte expressão:

$$\frac{\overset{\circ}{W}}{W} = \pi^e + \frac{a}{b}(y - \bar{y})$$

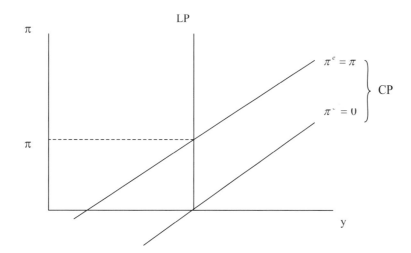

Figura 6.9

Usando-se a hipótese de que a taxa de inflação é igual à taxa de variação dos salários obtém-se a curva de Phillips em que a taxa de inflação depende da taxa de inflação esperada e do hiato do produto $(y - \bar{y})$:

$$\pi = \pi^e + \varphi(y - \bar{y}), \varphi = \frac{a}{b} > 0$$

No curto prazo existe uma relação de troca entre inflação e hiato do produto, porém no longo prazo, quando a taxa de inflação for igual à taxa de inflação esperada, a curva de Phillips é vertical. A Figura 6.9 mostra o gráfico da curva de Phillips. No eixo vertical mede-se a taxa de inflação e no eixo horizontal o produto real. No curto prazo, para uma dada taxa de inflação esperada, a curva de Phillips é positivamente inclinada. No longo prazo ela é vertical.

Curva de Phillips: Inércia da Inflação

A curva de Phillips deduzida aqui pressupõe que o nível de preços é rígido no curto prazo. Isto significa dizer que o nível de preços é uma variável predeterminada no modelo, e não pode mudar instantaneamente de valor, como na Figura 6.10. Uma hipótese adicional é de que a taxa de inflação também seja rígida no curto prazo, isto é, que existe inércia da taxa de inflação, como na Figura 6.11, onde não ocorre mudança brusca na tangente da curva. Estas duas hipóteses pressupõem que tanto o nível de preços quanto a taxa de inflação, no momento inicial do modelo, são variáveis predeterminadas: $p(0) = \log P(0)$ e $\pi(0)$ são dados.

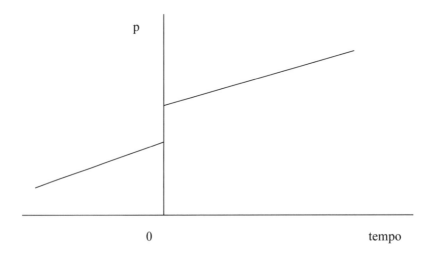

Figura 6.10: Preços flexíveis

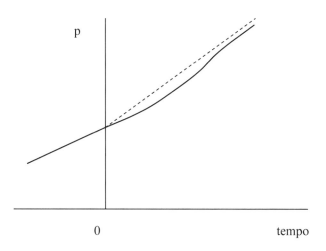

Figura 6.11: Rigidez de preços e inércia da inflação

Admita-se, então, que a taxa de inflação esperada dependa da taxa de inflação passada de acordo com:
$$\pi_t^e = \pi(t-h)$$
onde h indica a memória relevante para o agente econômico. A curva de Phillips transforma-se, portanto, em:
$$\pi(t) = \pi(t-h) + \varphi(y_t - \bar{y}_t)$$
A taxa de inflação $\pi(t-h)$ não é conhecida. Seu valor pode ser substituído na expressão anterior fazendo-se uma expansão de Taylor em torno da inflação no ponto t. Isto é:
$$\pi(t-h) = \pi(t) + \dot{\pi}(t)[t-h-t]$$
ou então:
$$\pi(t-h) = \pi(t) - h\dot{\pi}(t)$$
Substituindo-se esta expressão na curva de Phillips obtém-se:
$$\pi(t) = \pi(t) - h\dot{\pi}(t) + \varphi(y_t - \bar{y}_t)$$
A taxa de inflação aparece dos dois lados e pode ser cancelada. A aceleração da inflação é função, portanto, do hiato do produto:
$$\mathring{\pi} = \frac{\varphi}{h}(y - \bar{y}) = \delta(y - \bar{y})$$
O coeficiente do hiato $\delta = \varphi/h$ depende da memória aqui representada pela letra h. Isto é, quanto maior a memória menor o coeficiente do hiato do produto. No limite, se a memória deixar de existir $\delta \to \infty$ não há rigidez de preços. O sistema de preços é, portanto, flexível e a economia estará sempre em pleno emprego.

Capítulo 6

Curva de Phillips: Sem Inércia da Inflação

Outra hipótese quanto à rigidez no modelo é de que apenas o nível de preços seja rígido, como na Figura 6.12. A taxa de inflação não é rígida e pode mudar instantaneamente, como acontece quando $t = 0$ e a reta muda de inclinação no gráfico da Figura 6.12. Isto significa dizer que o nível de preços, mas não a taxa de inflação, é uma variável predeterminada no modelo. Admita-se, portanto, que a taxa de inflação esperada seja igual à taxa de inflação futura,

$$\pi^e = \pi(t+h)$$

onde h indica o horizonte futuro relevante para o agente econômico. A curva de Phillips é, então, expressa por:

$$\pi(t) = \pi(t+h) + \varphi(y_t - \bar{y}_t)$$

A taxa de inflação futura não é conhecida. Este problema pode ser resolvido com uma expansão de Taylor em torno da taxa de inflação no ponto t, ou seja:

$$\pi(t+h) = \pi(t) + \dot{\pi}(t)[t+h-t]$$

Esta expressão quando simplificada transforma-se em:

$$\pi(t+h) = \pi(t) + \dot{\pi}(t)h$$

Levando-se esta equação na curva de Phillips obtém-se:

$$\pi(t) = \pi(t) + \dot{\pi}(t)h + \varphi(y - \bar{y})$$

Cancelando-se a taxa de inflação nos dois lados, a aceleração da inflação é negativamente relacionada com o hiato do produto:

$$\dot{\pi} = -\frac{\varphi}{h}(y - \bar{y}) = -\delta(y - \bar{y})$$

Esta curva de Phillips é a novokeynesiana, formalizada por Calvo (1983) a partir de microfundamentos (veja exercício 20) e que será deduzida a seguir num modelo com variáveis discretas.

Neste modelo da curva de Phillips os agentes são prospectivos, ou seja, olham para frente ao tomarem suas decisões. Na solução desta equação diferencial deve-se levar em conta que os limites da integral variam de hoje (t) até o futuro $(t+h)$. Isto é:

$$\int_t^{t+h} d\pi = \int_t^{t+h} -\delta(y - \bar{y})\,dv$$

A integral do lado esquerdo é a aceleração da taxa de inflação. Logo, tem-se que:

$$\pi(t+h) - \pi(t) = -\int_t^{t+h} \delta(y - \bar{y})\,dv$$

196

As Curvas IS e LM, a Regra de Taylor e a Curva de Phillips

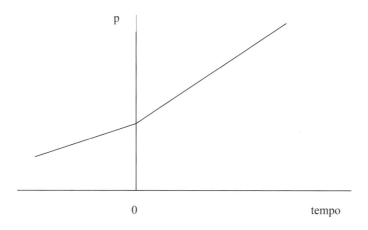

Figura 6.12: Rigidez de preços e inflação flexível

A taxa de inflação hoje (t) depende da taxa de inflação futura $(t+h)$ e da pressão de demanda entre hoje e o futuro:

$$\pi(t) = \pi(t+h) + \int_{t}^{t+h} \delta(y - \bar{y}) \, dv$$

No modelo em que o agente olha para trás, ao tomar suas decisões, a solução da equação diferencial é dada por:

$$\int_{t-h}^{t} d\pi = \int_{t-h}^{t} \delta(y - \bar{y}) \, dv$$

Os limites da integral começam no passado $(t-h)$ e se estendem até hoje (t). Logo, a taxa de inflação depende da taxa de inflação passada e da pressão de demanda entre o passado e hoje. Isto é:

$$\pi(t) = \pi(t-h) + \int_{t-h}^{t} \delta(y - \bar{y}) \, dv$$

A comparação das duas curvas de Phillips, uma prospectiva e outra retrospectiva, mostra que: i) os hiatos do produto futuro afetam a inflação presente no primeiro caso; e ii) os hiatos do produto do passado afetam a taxa de inflação no presente, no segundo caso.

Curva de Phillips: Keynesiana × Novokeynesiana

No modelo keynesiano a inflação tem um componente inercial: o presente depende do passado. No modelo com variáveis contínuas esta propriedade se traduz no fato de que a taxa de inflação é uma variável

Capítulo 6

predeterminada no modelo. A inflação é função do hiato do produto no passado. Portanto, a aceleração da inflação e o hiato do produto estão positivamente correlacionados.

No modelo novokeynesiano a inflação não tem componente inercial. A taxa de inflação no instante inicial do modelo não é uma variável predeterminada. Ela é livre e pode mudar de valor subitamente (no jargão em inglês: *jump variable*), de acordo com o comportamento antecipado para o hiato do produto no futuro. Aparentemente, pode não ser intuitivo, à primeira vista, que a aceleração da inflação e o hiato do produto estejam correlacionados negativamente. Todavia, esta dúvida se dissipa quando se leva em conta a lógica desta curva de Phillips. Por exemplo, dado a previsão de um hiato do produto no futuro positivo, a taxa de inflação no instante inicial deve aumentar, para depois diminuir. Quando a previsão for de um hiato futuro negativo, a inflação inicial deve diminuir para em seguida aumentar. Logo, a correlação entre a aceleração da inflação e hiato do produto deve ser negativa.

8. Curva de Phillips Novokeynesiana

Um modelo bastante usado para derivar a curva de Phillips supõe que o reajuste de preços por cada empresa não é sincronizado com o reajuste das demais empresas. Cada empresa reajusta seu preço de forma aleatória quando recebe um sinal. A probabilidade de receber o sinal neste período é igual a λ. Logo, a probabilidade do reajuste de preço ocorrer em j períodos é dada por:

$$P\left(X=j\right)=\lambda\left(1-\lambda\right)^{j-1},j=1,2,3,\cdots$$

O tempo médio de reajuste dos preços das empresas é igual à esperança matemática da variável aleatória desta distribuição geométrica:

$$EX=\sum_{j=1}^{\infty}jP\left(X=j\right)=\sum_{j=1}^{\infty}j\lambda\left(1-\lambda\right)^{j-1}=\frac{1}{\lambda}$$

Quando $\lambda=0,25$, por exemplo, e cada período do modelo for um trimestre, o prazo médio de reajuste será de quatro trimestres (4=1/0.25).

O fato da empresa não reajustar seu preço a cada período acarreta uma perda para a mesma. Admita-se que o valor esperado desta perda quando a *iésima* empresa reajusta seu preço no período t seja dado por:

$$L=\frac{1}{2}E_{t}\sum_{j=0}^{\infty}\beta^{j}\left(p_{i,t}-p_{t+j}^{*}\right)^{2}$$

onde $p_{i,t}$ é o preço fixado pela empresa em t, p_{t+j}^{*} é o preço que ela praticaria no período $t+j$ caso pudesse reajustar seu preço, $\beta=1/(1+\rho)$ é o fator de desconto usado pela empresa.

As Curvas IS e LM, a Regra de Taylor e a Curva de Phillips

O objetivo da empresa consiste em fixar o preço no período $t, p_{i,t}$, de tal forma que o valor esperado de L,

$$\frac{1}{2}\sum_{j=0}^{\infty}(1-\lambda)^{j}\,\beta^{j}E_{t}\left(p_{i,t}-p_{t+j}^{*}\right)^{2}$$

seja mínimo. Derivando-se parcialmente esta expressão com relação à $p_{i,t}$ e igualando-se o resultado a zero, obtém-se a condição de primeira ordem para um mínimo:

$$v_{t}=\left[1-\beta\left(1-\lambda\right)\right]\sum_{j=0}^{\infty}\left[\beta\left(1-\lambda\right)\right]^{j}E_{t}p_{t+j}^{*}$$

Denominou-se por v o preço das empresas que reajustam seus preços no período t, pois elas têm as mesmas características. Este preço é uma média ponderada dos preços ótimos esperados no futuro $(E_{t}p_{t+j}^{*})$, com a informação disponível no presente. Esta equação pode ser escrita como (ver exercício 13):

$$v_{t}=\left[1-\beta\left(1-\lambda\right)\right]p_{t}^{*}+\beta\left(1-\lambda\right)E_{t}v_{t+1}$$

O índice de preços da economia é definido pela média ponderada dos preços que foram reajustados no período t e daqueles que permaneceram iguais aos do período anterior. Isto é:

$$p_{t}=\lambda v_{t}+(1-\lambda)\,p_{t-1}$$

onde λ é a proporção das empresas que reajustaram seus preços no período t.

A curva de Phillips com estes microfundamentos, denominada novokeynesiana, é determinada, então, pelo modelo formado pelas duas equações:

$$v_{t}=\left[1-\beta\left(1-\lambda\right)\right]p_{t}^{*}+\beta\left(1-\lambda\right)E_{t}v_{t+1}$$

$$p_{t}=\lambda v_{t}+(1-\lambda)\,p_{t-1}$$

Substituindo-se o valor de v da segunda equação na primeira obtém-se:

$$\frac{p_{t}-(1-\lambda)\,p_{t-1}}{\lambda}=\left[1-\beta\left(1-\lambda\right)\right]p_{t}^{*}+\beta\left(1-\lambda\right)E_{t}\frac{p_{t+1}-(1-\lambda)\,p_{t}}{\lambda}$$

Esta equação quando simplificada produz a curva de Phillips:

$$\pi_{t}=\beta E_{t}\pi_{t+1}+\frac{1}{1-\lambda}\left[1-\beta\left(1-\lambda\right)\right](p_{t}^{*}-p_{t})$$

A taxa de inflação $\pi_{t}=p_{t}-p_{t-1}$ depende da previsão da taxa de inflação do período seguinte $E_{t}\pi_{t+1}=E_{t}p_{t+1}-p_{t}$ e da diferença entre o preço (p_{t}^{*}) que

Capítulo 6

seria ótimo se não existisse rigidez e o nível de preço (p_t) atual da economia. O preço ótimo é igual a uma margem adicionada ao custo marginal:

$$p_t^* = k + cmg_t$$

Logo,

$$p_t^* - p_t = k + cmg_t - p_t = k + cmgr_t$$

onde $cmgr_t = cmg_t - p_t$ é o custo marginal real. A margem k é igual ao custo marginal real de longo prazo com o sinal trocado. Portanto,

$$p_t^* - p_t = cmgr - \bar{cmgr}$$

A expansão de Taylor do custo marginal real em torno do produto de pleno emprego é dada por:

$$cmgr_t = \bar{cmgr} + cmgr' \, (y_t - \bar{y}_t)$$

onde $cmgr'$ é a derivada parcial do custo marginal com relação ao produto, avaliada no ponto de pleno emprego. A curva de Phillips novokeynesiana tem a seguinte expressão:

$$\pi_t = \beta E_t \pi_{t+1} + \delta x$$

O parâmetro δ do hiato do produto $(x = y - \bar{y})$ é igual a: $\delta = cmgr' \lambda \left[1 - \beta \left(1 - \lambda \right) \right] / \left(1 - \lambda \right)$.

Nesta curva de Phillips o nível de preços é predeterminado, mas não existe inércia na taxa de inflação, pois ela não depende da inflação passada, mas sim da previsão da inflação no próximo período. Ademais, no longo prazo, quando a taxa de inflação e sua previsão forem iguais, existe uma relação de troca entre inflação e produto,

$$y_t = \bar{y}_t + \frac{1 - \beta}{\delta} \pi$$

Quando β for igual a um, ou o coeficiente δ tender para infinito, a taxa de inflação não afeta o produto real da economia no longo prazo. O fato de que β seja próximo de um não significa dizer que o ganho do produto, no longo prazo, com o aumento da taxa de inflação seja desprezível. Por exemplo, admita que β seja igual a 0,99 e δ igual a 0,2. Logo, $\beta/(1 - \delta) = 0,05$. Isto é: $y = \bar{y} + 0,05\pi$. Uma inflação de 100% $(\pi = 1,0)$ daria um ganho de 5% no produto real da economia.

A curva de Phillips novokeynesiana foi deduzida a partir de um problema de otimização da empresa que minimiza o valor esperado das perdas em virtude de manter seu preço fixo por um determinado tempo. Em princípio ela estaria imune a crítica de Lucas porque seus parâmetros seriam independentes das regras de política econômica em vigor. Todavia, este não

As Curvas IS e LM, a Regra de Taylor e a Curva de Phillips

é o caso com o parâmetro λ que mede a probabilidade da empresa receber o sinal para reajustar seu preço. Esta formulação engenhosa de Calvo (1983) reproduz o fato estilizado da rigidez de preços, mas certamente é *ad hoc* porque não se baseia em microfundamentos.

A análise comparativa do modelo no qual a curva de Phillips depende da inflação passada com o modelo em que a curva de Phillips é função da inflação futura torna-se mais simples com o uso de variáveis contínuas ao invés de variáveis discretas como fizemos até aqui. A curva de Phillips nos dois casos pode ser escrita como:

$$\dot{\pi} = \delta x$$

Quando o parâmetro δ for positivo, o nível de preços e a taxa de inflação são variáveis predeterminadas. Neste caso, a aceleração da inflação e o hiato do produto estão correlacionados positivamente. Quando δ for negativo, o nível de preços é predeterminado, mas a taxa de inflação pode mudar instantaneamente. Nesta hipótese, deve-se observar uma correlação negativa entre a aceleração da inflação e o hiato do produto. Quando $\delta \to \infty$ os preços são flexíveis e o produto da economia é igual ao produto de pleno emprego.

9. Exercícios

1) Suponha que o investimento depende do nível de renda real, de acordo com:

$$\iota = \iota\left(r - \pi^e, y\right)$$

A curva IS é sempre negativamente inclinada?

2) Admita que o consumo (c) depende da renda disponível $(y^d), c = c(y^d)$ e que a renda disponível é definida por $y^d = y - g$, onde y é a renda real e g os gastos do governo.
a) Por que você definiria a renda disponível desta maneira?
b) Redução de impostos, para um dado nível de g, afeta o dispêndio nesta economia?

3) Admita que o consumo dependa da renda disponível $(y^d = y - \tau)$ e da quantidade real de moeda $(m = M/P), c = c(y - \tau, m)$.
a) A curva IS independe da política monetária?
b) A taxa de juros real de pleno emprego independe da política monetária?

4) Considere o seguinte modelo:
IS: $y = c(y - \tau) + \iota(i) + g$
LM: $\frac{M}{P} = L(y, i)$

Capítulo 6

RPM: $i = \bar{i}$

Quando o Banco Central fixa a taxa de juros nominal da economia, de acordo com a regra de política monetária, o nível de preços desta economia é determinado?

5) Admita-se que a função utilidade seja dada por:

$$u(c_t) = -\frac{1}{\alpha}e^{-\alpha c}, \alpha > 0$$

a) Qual a interpretação do parâmetro α?

b) Use a equação de Euler para deduzir a equação da curva IS associada a esta função utilidade.

6) A utilidade marginal do consumo no período $t + 1$ pode ser escrita em função da utilidade marginal do período t, da derivada da utilidade marginal do período t e da diferença entre o consumo amanhã e consumo hoje, de acordo com a seguinte expansão de Taylor,

$$u'(c_{t+1}) \cong u'(c_t) + u''(c_t)(c_{t+1} - c_t)$$

Nesta expansão desprezam-se os termos de segunda ordem. Mostre que a equação de Euler com variáveis contínuas é dada por:

$$\dot{c} = -\frac{cu'(c)}{u''(c)}(r - \rho)$$

7) Suponha que o hiato do produto dependa do hiato defasado (futuro) e do hiato da taxa de juros de acordo com:

$$x_t = \lambda x_{t-1} - \alpha(r_t - \bar{r}_t)$$

$$x_t = \lambda x_{t+1} - \alpha(r_t - \bar{r}_t)$$

O parâmetro λ está compreendido entre zero e um e o parâmetro α é positivo.

a) Escreva o hiato do produto, respectivamente, como:

$$x_t = -\alpha\sum_{i=0}^{\infty}\lambda^i(r_{t-i} - \bar{r}_{t-i})$$

$$x_t = -\alpha\sum_{i=0}^{\infty}\lambda^i(r_{t+i} - \bar{r}_{t+i})$$

b) Que acontece quando o parâmetro λ for igual a um? O hiato do produto pode ser escrito em função dos hiatos das taxas de juros do passado (futuro)?

As Curvas IS e LM, a Regra de Taylor e a Curva de Phillips

8) A função utilidade do consumidor é dada por:

$$u(c) = \frac{c^{1-\frac{1}{\sigma}} - 1}{1 - \frac{1}{\sigma}}$$

Deduza a equação de demanda de moeda quando a função utilidade da moeda for especificada por:
a) $v(m) = \frac{m^{1-\lambda}-1}{1-\lambda}, \lambda \neq 1$ e $v(m) = \log m, \lambda = 1$;
b) $v(m) = m(\alpha - \beta \log m), \beta > 0$.

9) Quando a incerteza é introduzida no modelo de custo de transação o banco resolve o seguinte problema:

$$\min_{t} \{E[iR + c(t,T)]\}$$

a) Mostre que a condição de primeira ordem deste problema implica na seguinte razão de giro:

$$t^* = \left(\frac{K}{\alpha ET^\delta}\right)^\gamma$$

onde $K = E\{iT\}$ e $\gamma = 1/(1+\beta)$.
b) Admita-se, por simplicidade, que T tem uma distribuição lognormal. Quando X é normal sabe-se que:

$$E \exp(\tau X) = \exp\left(\mu\tau + \sigma^2\tau^2/2\right)$$

Mostre que esta expressão pode ser usada para calcular a esperança matemática de T^δ: $ET^\delta = E\exp(\delta \log T)$, e obter-se:

$$\log t = \gamma \log \frac{K}{\alpha} - \gamma\delta E \log T - \frac{1}{2}\gamma\delta^2 Var \log T$$

onde o símbolo Var representa a variância.
c) Neste modelo a volatilidade dos pagamentos (T) afeta a razão de giro?

10) Considere o seguinte modelo:
Demanda agregada: $m + v = p + y$
Oferta agregada: $p = p^e + \delta(y - \bar{y})$
onde m = estoque nominal de moeda; v = velocidade renda da moeda; y = renda real; p = índice de preços; p^e = previsão do índice de preços (todas variáveis em logs).
Admitindo-se expectativas racionais, qual seria o valor previsto do índice de preços?

11) A velocidade-renda da moeda é definida pela razão entre o produto nominal e o estoque nominal de moeda. Isto é:

$$V = \frac{Y}{M} = \frac{Py}{M}$$

Capítulo 6

a) Quando a elasticidade-renda da moeda é igual a um, a velocidade depende do produto real?

b) A taxa de juros afeta a velocidade?

c) Defina $k = 1/V$. Qual a unidade de k?

12) O antigo Banco Central da Alemanha (Bundesbank) fazia sua programação monetária baseado na identidade:

$$MV \equiv Py$$

Admita que o produto potencial da economia alemã crescesse a uma taxa anual de 2,5%. O objetivo do Bundesbank era uma inflação de 2.5% ao ano.

a) Qual a informação que o Bundesbank necessitava para calcular a taxa de crescimento do M correspondente?

b) Como você faria para obtê-la?

c) Admita que a velocidade-renda é instável. Você adotaria esta metodologia?

13) Admita que a demanda de moeda tenha uma elasticidade com relação à taxa de juros igual a menos infinito (armadilha da liquidez).

a) Mostre, através da identidade, $MV \equiv Py$ porque a política monetária não afeta o produto da economia.

b) Alega-se que a armadilha da liquidez é uma hipótese razoável quando a taxa de juros nominal aproxima-se de zero. Outros afirmam que nestas circunstâncias a elasticidade deve ser igual a zero. Como esta questão poderia ser dirimida?

14) Certo, Errado ou Talvez. Justifique a sua resposta.

a) O multiplicador de orçamento equilibrado (aumento dos gastos do governo = aumento dos impostos) é igual à zero.

b) A taxa de inflação, no curto prazo, depende apenas da política monetária.

c) Quando a política monetária é expansionista, a liquidez real da economia diminui.

d) A inércia da inflação aumenta o custo social de combater a inflação.

e) A taxa de juros real independe do déficit público, no caso de equivalência ricardiana.

f) O aumento dos gastos do governo aumenta o produto real da economia, tanto no curto quanto no longo prazo.

15) Suponha que um modelo econômico pode ser apresentado pela seguinte equação de diferenças finitas:

$$y_t = \alpha E \left(y_{t+1}/I_t \right) + \beta x_t, |\alpha| < 1$$

As Curvas IS e LM, a Regra de Taylor e a Curva de Phillips

Mostre como obter a solução de fundamentos e de bolha deste modelo e aplique este método nos seguintes casos:

a) Arbitragem entre renda fixa e renda variável (sem risco):

$$\frac{E\left(p_{t+1}/I_t\right) - p_t + d_t}{p_t} = i$$

b) Determinação do nível de preços no modelo de demanda de moeda de Cagan:

$$m_t - p_t = -\gamma\left[E\left(p_{t+1}/I_t\right) - p_t\right]$$

16) Considere o seguinte modelo:

IS: $y = -\alpha i + u$

LM: $m = -\beta i + \gamma y + v$

onde u e v são variáveis aleatórias, não correlacionadas, com médias iguais a zero e variâncias σ_u^2 e σ_v^2, respectivamente. A função de perda do Banco Central é dada por:

$$L = y^2$$

O Banco Central pode escolher como instrumento de política a taxa de juros (i) ou a quantidade de moeda (m).

a) Qual o valor de m que minimiza o valor esperado da função de perda?

b) Qual o valor de i que minimiza o valor esperado da função de perda?

c) Qual instrumento o Banco Central deve escolher?

17) O nível de preços p_t é uma média ponderada do preço v_t e do preço no período $t-1$, de acordo com:

$$p_t = \lambda v_t + (1-\lambda)\, p_{t-1}$$

a) Mostre através de substituição recursiva (para trás) que:

$$p_t = \sum_{i=0}^{\infty} \lambda\left(1-\lambda\right)^i v_{t-1}$$

b) Resolva o mesmo exercício usando o operador de defasagem L, $Lz_t = z_{t-1}$, e a propriedade $\frac{1}{1-aL} = 1 + aL + a^2L^2 + \cdots$.

18) O preço ótimo v_t depende do preço p_t^* e da esperança matemática $E_t v_{t+1}$, de acordo com:

$$v_t = \left[1 - \beta\left(1-\lambda\right)\right] p_t^* + \beta\left(1-\lambda\right) E_t v_{t+1}$$

a) Mostre através de substituição recursiva (para frente) que:

$$v_t = \left[1 - \beta\left(1-\lambda\right)\right] \sum_{j=0}^{\infty} \left[\beta\left(1-\lambda\right)\right]^j E_t p_{t+j}^*$$

Capítulo 6

b) Resolva o mesmo exercício usando o operador de avanço F, $Fz_t = z_{t+1}$, e a propriedade

$$\frac{1}{1 - aF} = 1 + aF + a^2 F^2 + \cdots$$

19) Considere a seguinte curva de Phillips:

$$\pi_t = \pi^* + \beta \left(E_t \pi_{t+1} - \pi^* \right) + \delta \left(y_t - \bar{y}_t \right)$$

onde π^* é a inflação de longo prazo. Esta curva é vertical no longo prazo?

20) Cada empresa determina o preço do seu produto, mas só o faz quando recebe um sinal aleatório com distribuição exponencial. Isto é, a probabilidade de que o sinal seja recebido em h períodos a partir de hoje é dada por:

$$\delta e^{-\delta h}, \delta > 0$$

O (logaritmo do) preço fixado pela empresa em t, quando ela recebe o sinal, é expresso por:

$$v_t = \int_t^\infty \left(p_s + \alpha x_s \right) \delta e^{-\delta(s-t)} ds, \alpha > 0$$

onde p_s é o nível de preços e x_s o excesso de demanda, ambos no período s. O (logaritmo do) nível de preços (p) é definido pela fórmula:

$$p_t = \int_{-\infty}^t v_s \delta e^{-\delta(t-s)} ds$$

a) Mostre que a média da variável aleatória H é dada por: $EH = 1/\delta$.

b) Explicite os argumentos que justificam as expressões de v_t e p_t.

c) Derive v_t e p_t com relação ao tempo, aplicando a regra de Leibniz, e mostre que:

$$\dot{v} = \delta \left(v - p - \alpha x \right)$$
$$\pi = \dot{p} = \delta \left(v - p \right)$$

d) Derive π com relação ao tempo e mostre que:

$$\dot{\pi} = -\alpha \delta^2 x$$

e) Suponha que v_t seja dado por:

$$v_t = \int_t^\infty e^{-\rho(s-t)} \left(p_s + \alpha x_s \right) \delta e^{-\delta(s-t)} ds, \alpha > 0$$

onde ρ é a taxa de desconto. Mostre que:

$$\dot{\pi} = \rho \delta p + \rho \pi - \alpha \delta^2 x$$

f) A curva de Phillips do item anterior é vertical no longo prazo?

21) No modelo da curva de Phillips,

$$\pi = \pi^e + \delta\left(y - \bar{y}\right)$$

admita que a taxa de inflação esperada segue o mecanismo de expectativa adaptativa:

$$\dot{\pi} = \beta\left(\pi - \pi^e\right)$$

Mostre que a aceleração da taxa de inflação é dada por:

$$\dot{\pi} = \beta\delta\left(y - \bar{y}\right) + \delta\dot{y}$$

supondo-se que a taxa de crescimento do produto potencial seja igual a zero: $\dot{\bar{y}} = 0$.

22) A curva de Phillips novokeynesiana com previsão perfeita é expressa por:

$$\pi_t = \beta\pi_{t+1} + \delta x$$

Mostre que a curva de Phillips novokeynesiana com variáveis contínuas é dada por:

$$\dot{\pi} = \rho\pi - \kappa x$$

onde $\rho = \left(1 - \beta\right)/\beta$ e $\kappa = -\delta/\beta$.

Capítulo 7: Flutuação e Estabilização

Este capítulo apresenta o equilíbrio e a dinâmica de seis modelos com preços rígidos. O primeiro, na seção 1, tem uma curva IS, uma curva de Phillips, uma regra de política monetária de Taylor, e existe inércia da taxa de inflação. O segundo modelo, na seção 2, tem as mesmas equações do primeiro, mas não existe inércia na taxa de inflação. O terceiro, na seção 3, é o modelo novokeynesiano, sem inércia da taxa de inflação, com curva IS derivada da equação de Euler e curva de Phillips *à la* Calvo. O quarto modelo, na seção 4, é uma especificação abrangente que tem como casos particulares os modelo keynesiano e novokeynesiano. No quinto modelo, na seção 5, o Banco Central controla a taxa de crescimento da moeda, de acordo com a regra de Friedman, e existe inércia tanto do nível de preços quanto da taxa de inflação. Embora esta regra não seja adotada por nenhum Banco Central do mundo, o modelo tem algumas propriedades que o torna atrativo do ponto de vista didático. O sexto modelo, na seção 6, trata da inflação crônica.

1. Modelo Keynesiano: Inércia da Inflação

O modelo de rigidez de preços, inércia na inflação e regra de taxa de juros é formado por três equações, uma curva IS, uma curva de Phillips (CP) e a regra de Taylor de política monetária (RPM). A hipótese simplificadora é de que na política fiscal o déficit público e o gasto do governo são constantes, e iguais aos níveis de pleno emprego. O modelo tem a seguinte especificação:

IS: $x = -\alpha(r - \bar{r}) + \beta(f - \bar{f}) + g - \bar{g}$

CP: $\mathring{\pi} = \delta x$

RPM: $i = \bar{r} + \pi + \phi(\pi - \bar{\pi}) + \theta x$

CI: Dados $p(0)$ e $\pi(0)$

Hipótese simplificadora: $f = \bar{f}, g = \bar{g}$

O símbolo CI representa as condições iniciais do modelo. Os parâmetros são positivos, exceto o parâmetro do hiato da inflação na regra de política monetária que tanto pode ser positivo quanto negativo, dependendo do comportamento do Banco Central.

Álgebra

A equação da regra de política monetária permite escrever a diferença entre a taxa de juros real e a taxa natural como função dos hiatos da inflação e do produto:
$$r - \bar{r} = \phi(\pi - \bar{\pi}) + \theta x$$
Substituindo-se esta expressão na curva IS, o hiato do produto depende do hiato da inflação de acordo com:
$$x = -\frac{\alpha\phi}{1 + \alpha\theta}(\pi - \bar{\pi})$$

Sistema Dinâmico

O modelo resume-se, então, a duas equações, a curva de Phillips e a equação de demanda agregada que resulta da combinação da regra de política monetária com a curva IS:
$$\begin{cases} \dot{\pi} = \delta x \\ \pi = \bar{\pi} - \dfrac{(1 + \alpha\theta)}{\alpha\phi}x \end{cases}$$

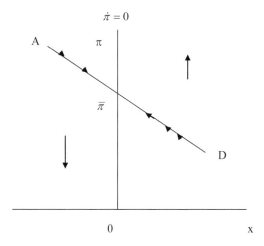

Figura 7.1: $\phi > 0$

Capítulo 7

A Figura 7.1 mostra o diagrama de fases do modelo. No eixo horizontal mede-se o hiato do produto e no eixo vertical a taxa de inflação. Na curva de Phillips quando a aceleração da inflação é nula, o produto é igual ao produto potencial. Se o produto real da economia for maior do que o produto potencial a inflação aumenta, e se for menor a inflação diminui. As setas da Figura 7.1 indicam justamente esta dinâmica. A equação que resulta da combinação da regra de política monetária com a curva IS é negativamente inclinada quando o parâmetro ϕ for positivo. Neste caso, o modelo é estável porque se a economia estiver em qualquer ponto fora do equilíbrio de longo prazo, a trajetória da mesma será em direção ao ponto de equilíbrio, como indicado nas setas da Figura 7.1.

A Figura 7.2 mostra o diagrama do modelo quando o parâmetro ϕ da regra de política monetária for negativo. Nesta hipótese, a equação que resulta da combinação da regra de política monetária com a curva IS é positivamente inclinada. O diagrama de fases da curva de Phillips continua sendo o mesmo do caso anterior. Logo, o modelo é instável porque se a economia estiver fora do equilíbrio de longo prazo, ela não converge para este equilíbrio. O ponto de equilíbrio do modelo, na linguagem dos sistemas dinâmicos, é um repulsor e não um atrator como no caso anterior. A instabilidade deste modelo prende-se ao fato de que o Banco Central não responde de forma adequada quando ocorre um desvio da taxa de inflação com relação à meta de inflação. Para cada 1% de desvio da taxa de inflação com relação à meta, a taxa de juros nominal aumenta de um valor inferior a 1%. Este tipo de resposta do Banco Central faz com que a taxa de juros real da economia fique abaixo da taxa de juros natural, produzindo aquecimento da economia e acarretando aumento da taxa de inflação.

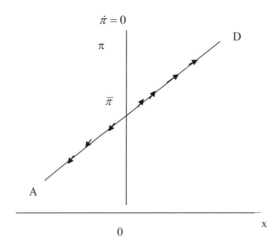

Figura 7.2: $\phi < 0$

Experimento

A Figura 7.3 descreve um experimento de política monetária, no qual o Banco Central, sem anúncio prévio, reduz a meta de inflação, de $\bar{\pi}_0$ para $\bar{\pi}_1$.

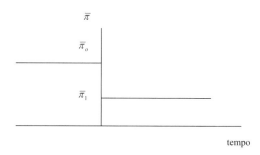

Figura 7.3 Experimento: Mudança da meta de inflação

Este experimento será analisado para o caso do modelo estável, isto é, quando o parâmetro ϕ for positivo. O diagrama de fases da Figura 7.4 é idêntico ao diagrama da Figura 7.2. O novo ponto de equilíbrio de longo prazo do modelo é determinado pela interseção da ordenada da nova meta de inflação com a abscissa do hiato do produto igual a zero, que corresponde ao produto de pleno emprego. O equilíbrio inicial do modelo é representado pelo ponto E_0. A taxa de inflação neste modelo é inercial, o que significa dizer que ela não muda instantaneamente. No momento da mudança da meta, a taxa de inflação continua igual à antiga meta, o produto real da economia cai em virtude do aumento da taxa de juros nominal pelo Banco Central. A economia entra em recessão, a taxa de inflação começa a cair, e a economia segue uma trajetória de convergência para o novo equilíbrio de longo prazo, como indicado pelas setas da Figura 7.4.

Choque de Demanda

A regra de política monetária, de fixação da taxa de juros, supõe que o Banco Central conhece, a cada momento do tempo, a taxa de juros natural da economia. Nem sempre este é o caso. Quando ocorre um choque de demanda, seja por mudanças no comportamento do setor privado ou na política fiscal, a taxa de juros natural muda.

Admita-se que a taxa de juros real de longo prazo na fórmula usada pelo Banco Central não seja sempre igual à taxa de juros natural da economia. Isto é:

$$i = \bar{r}^{BC} + \pi + \phi(\pi - \bar{\pi}) + \phi x$$

Capítulo 7

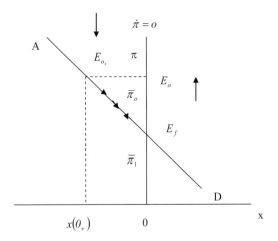

Figura 7.4

A curva de demanda agregada da economia, obtida substituindo-se a taxa de juros da regra de política monetária na curva IS, é dada por:

$$\pi = \bar{\pi} - \frac{(1+\alpha\theta)}{\alpha\phi}x + \frac{1}{\phi}\left(\bar{r} - \bar{r}^{BC}\right)$$

Quando $\bar{r} = \bar{r}^{BC}$ obtém-se a curva de demanda agregada que está desenhada na Figura 7.4.

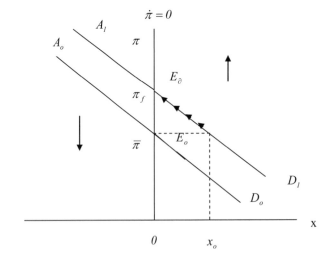

Figura 7.5

Suponha que ocorra um choque de demanda positivo, que faça com que $\bar{r} > \bar{r}^{BC}$. A Figura 7.5 mostra as consequências deste choque de demanda. A curva de demanda agregada desloca-se de $A_0 D_0$ para $A_1 D_1$. Em virtude da inércia da taxa de inflação, a taxa de inflação no momento do choque não se altera, mas o produto real aumenta. O aumento do produto real provoca o aumento da taxa de inflação. O equilíbrio de longo prazo da economia ocorrerá com uma taxa de inflação mais elevada, acima da meta de inflação fixada pelo Banco Central.

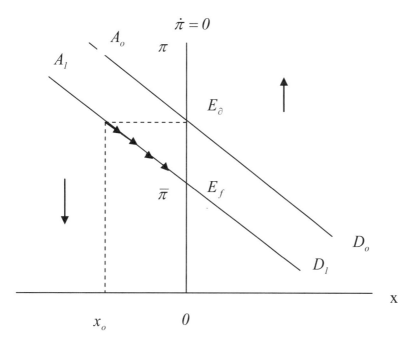

Figura 7.6

A Figura 7.6 mostra a dinâmica da economia quando ocorre um choque de demanda negativo ($\bar{r} < \bar{r}^{BC}$) e o Banco Central não ajusta à taxa de juros nominal de acordo com a nova taxa de juros natural. O produto real tem uma queda, fica abaixo do produto potencial da economia. A taxa de inflação começa, então, a diminuir, convergindo para o novo equilíbrio de longo prazo, com a taxa de inflação abaixo da meta fixada pelo Banco Central.

A conclusão que se chega é de que o Banco Central deve anular completamente os choques de demanda para manter a economia em equilíbrio de pleno emprego e com inflação igual à meta por ele estabelecida. Na prática, esta não é uma tarefa tão simples, pois supõe que o Banco Central conhece a taxa de juros natural a cada momento do tempo.

Capítulo 7

Choque de Oferta

Os choques de oferta podem ser representados como mudanças do produto potencial da economia. A Figura 7.7 supõe um choque de oferta negativo, com uma redução do produto potencial. Este choque reduz o produto real, mas aumenta a taxa de inflação, um processo conhecido como estagflação, uma combinação de estagnação com inflação. A economia converge para uma taxa de inflação mais elevada, acima da meta de inflação do Banco Central. Caso o choque de oferta seja permanente, o Banco Central terá de aumentar a taxa de juros para que a economia volte para a antiga meta de inflação. Caso contrário, isto não ocorrerá.

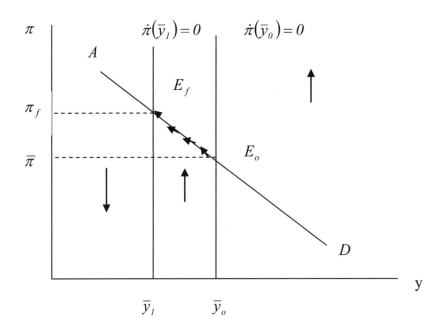

Figura 7.7

A Figura 7.8 mostra a dinâmica de um choque de oferta favorável, com o aumento do produto potencial da economia. Este choque acarreta o aumento do produto real e a redução da taxa de inflação. Esta converge para uma taxa abaixo da meta de inflação. Neste caso, o Banco Central teria que reduzir a taxa de juros nominal para que a economia voltasse à antiga meta de inflação.

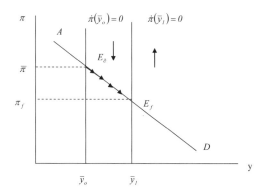

Figura 7.8

Coordenação das Políticas Monetária e Fiscal

Considere um modelo de curto prazo especificado por uma curva IS, uma curva de Phillips (CP) e duas regras de política econômica, uma monetária (RPM) e outra fiscal (RPF). Isto é:

$$\text{RPM}: i = \bar{r} + \pi + \phi(\pi - \bar{\pi}) + \theta x, \phi > 0, \theta > 0$$

$$\text{RPF}: f - \bar{f} = -\varphi x, \varphi > 0$$

A regra de política monetária é a regra de Taylor. A regra de política fiscal é uma regra anticíclica. Quando o produto estiver acima do produto de pleno emprego, o produto potencial, o déficit público será menor do que o déficit de pleno emprego ($\bar{f}$), o déficit estrutural. Por outro lado, quando a economia estiver em recessão, com o produto menor do que o produto potencial, o déficit público será maior do que o déficit estrutural. O hiato da taxa de juros real da RPM e o hiato do déficit público da RPF podem ser substituídos na curva IS. Isto é:

$$x = -\alpha\phi(\pi - \bar{\pi}) - \alpha\theta x - \beta\varphi x$$

Esta equação pode ser reescrita como:

$$\pi = \bar{\pi} - \left(\frac{1 + \alpha\theta + \beta\varphi}{\alpha\phi}\right)x$$

A Figura 7.9 mostra o gráfico desta equação. Quando não houver regra de política fiscal, o parâmetro φ é igual a zero. Neste caso, a curva está representada na Figura 7.9 pelas letras A'D'. Quando houver política fiscal anticíclica, $\varphi > 0$, a curva está representada pelas letras AD. Observe que

Capítulo 7

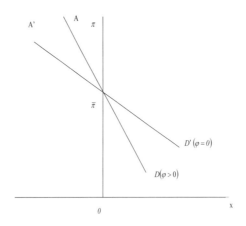

Figura 7.9

a existência de política fiscal anticíclica torna a curva AD mais inclinada, com um coeficiente angular maior do aquele quando inexiste política fiscal anticíclica.

Experimento

Considere um experimento de política monetária, no qual o Banco Central reduz a meta de inflação de $\bar{\pi}_0$ para $\bar{\pi}_1$, como indicado na Figura 7.10.

A Figura 7.11 descreve o processo de ajustamento dinâmico da economia. O novo equilíbrio da economia será dado pelo ponto E_f. O ponto de equilíbrio inicial é E_o. Admita-se que haja inércia da taxa de inflação, isto é, a taxa de inflação não muda de valor instantaneamente (em inglês diz-se que a taxa de inflação não é uma variável de *jump*). Quando existe política fiscal anticíclica, a economia no momento da subida da taxa de juros nominal pelo Banco Central sofre uma queda do produto real, passando do ponto E_o para o ponto G. Daí em diante, a economia converge para o pleno emprego, na trajetória GE_f indicada pelas setas.

Quando não existe coordenação das políticas monetária e fiscal, o coeficiente φ da regra de política fiscal é igual a zero, que corresponde à curva A'D' da Figura 7.11. Neste caso, no momento da mudança da taxa de juros nominal, em virtude da inércia da taxa de juros, o produto real diminui do ponto E_o para o ponto H. A economia percorre a trajetória de convergência HE_f, até chegar ao pleno emprego e a nova meta de inflação.

A Figura 7.11 permite uma visualização simples do benefício da regra de política fiscal: a perda de produto é bem menor quando há uma regra anticíclica de política fiscal. O pior cenário seria de uma regra de política

Flutuação e Estabilização

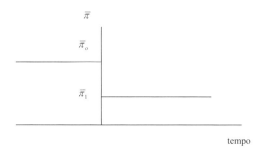

Figura 7.10

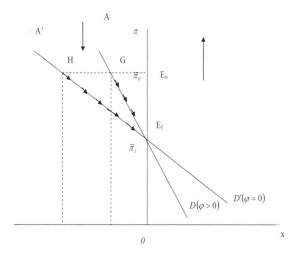

Figura 7.11

fiscal pró-cíclica. Nestas circunstâncias, em algum momento, o Banco Central e o Tesouro estariam remando em direções opostas.

2. Modelo Keynesiano: sem Inércia da Inflação

O modelo de rigidez de preços, sem inércia da taxa de inflação e regra de taxa de juros tem três equações, a curva IS, a curva de Phillips e a regra de Taylor. A especificação da curva de Phillips supõe que o nível de preços é rígido, mas que a taxa de inflação pode mudar de valor instantaneamente, ou seja, não há inércia da taxa de inflação, mas o nível de preços é uma variável predeterminada. As três equações e a condição inicial do modelo são as seguintes:

Capítulo 7

IS: $x = -\alpha(r - \bar{r})$
CP: $\dot{\pi} = -\delta x$
RPM: $i = \bar{r} + \pi + \phi(\pi - \bar{\pi}) + \theta x$
CI: Dado $p(0)$

Sistema Dinâmico

O modelo pode ser reduzido a duas equações desde que se substitua a diferença entre a taxa de juros real e a taxa natural, da regra de política monetária, na equação da curva IS. As duas equações do modelo são:

$$\begin{cases} \dot{\pi} = -\delta x \\ \pi = \bar{\pi} - \frac{(1+\alpha\theta)}{\alpha\phi}x \end{cases}$$

A Figura 7.12 contém o diagrama de fases do modelo. No eixo vertical mede-se a taxa de inflação e no eixo horizontal o hiato do produto. No longo prazo quando a inflação for constante ($\dot{\pi} = 0$) o produto real da economia é igual ao produto potencial ($x = 0$). Quando o produto real estiver acima do produto potencial à aceleração da inflação é negativa, e no caso contrário a aceleração da inflação é positiva, como indicado nas setas desta figura. A curva de demanda agregada é negativamente inclinada e, para um produto igual ao produto potencial, a taxa de inflação é igual à meta de inflação do Banco Central.

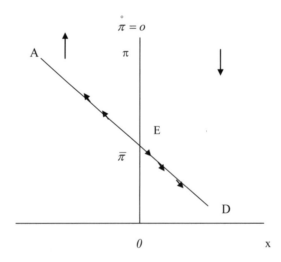

Figura 7.12

A Figura 7.12 mostra que este modelo é instável porque se a economia estiver fora do equilíbrio de longo prazo ela não retorna ao mesmo. Como funcionaria a dinâmica desta economia caso o Banco Central reduzisse a meta de inflação de $\bar{\pi}_0$ para $\bar{\pi}_1$ como no experimento descrito na Figura 7.10.

A Figura 7.13 responde esta questão, mostrando que a taxa de inflação se ajustaria imediatamente para a nova meta, e o produto real continuaria igual ao produto potencial. A desinflação seria indolor, pois não há recessão como no modelo da primeira seção deste capítulo, onde existe inércia da taxa de inflação.

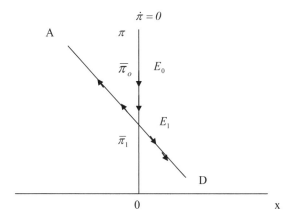

Figura 7.13

3. Modelo Novokeynesiano

O modelo novokeynesiano foi desenvolvido para substituir o modelo tradicional das curvas IS e de Phillips. O principal argumento para justificar sua especificação é de que ele consiste numa aproximação linear, em logaritmos, de um modelo deduzido a partir de microfundamentos. Este modelo seria, portanto, imune à famosa crítica de Lucas, de que os parâmetros dos modelos tradicionais, sem microfundamentos, não são invariantes as regras de política econômica.

O modelo novokeynesiano é, então, especificado por uma curva de Phillips, uma curva IS, e uma regra de política monetária. A curva de Phillips em tempo contínuo, *à la* Calvo, é dada por,

$$\dot{\pi} = -\delta x, \quad \delta > 0$$

Nesta curva inexiste uma relação de troca de longo prazo entre inflação (π) e o hiato do produto (x). O nível de preços é predeterminado e os reajustes dos preços não são sincronizados, com uma pequena proporção das empresas reajustando seus preços a cada momento.

A curva IS deduzida a partir da equação de Euler, da otimização intertemporal do consumidor, supõe que a aceleração do hiato do produto depende da diferença entre a taxa de juros real $(i - \pi)$ e a taxa de juros natural $(\bar{r})$. Isto é:

$$\dot{x} = \sigma\left(i - \pi - \bar{r}\right), \sigma > 0$$

onde σ é a elasticidade de substituição intertemporal do consumo.

A regra de política monetária estabelece que a taxa de juros nominal seja fixada levando-se em conta a taxa de juros natural, a taxa de inflação, o hiato da inflação medido pela diferença entre a taxa de inflação e a meta de inflação do Banco Central, e o hiato do produto, de acordo com,

$$i = \bar{r} + \pi + \phi\left(\pi - \bar{\pi}\right) + \theta x$$

O parâmetro ϕ mede a resposta da taxa de juros nominal a uma variação da taxa de inflação. Na regra de Taylor este parâmetro é positivo, pois a taxa de juros nominal aumenta mais do que a variação da taxa de inflação. Quando este parâmetro for negativo, a reação do Banco Central ao mudar a taxa de juros nominal é menor do que a variação da inflação. O sinal do parâmetro ϕ influencia a estabilidade do modelo, como já foi visto no modelo da seção anterior, e será mostrado logo adiante para o modelo desta seção.

O modelo novokeynesiano é, então, especificado por três equações e a condição inicial de que o nível de preços é dado. Isto é:

IS: $\dot{x} = \sigma\left(i - \pi - \bar{r}\right), \sigma > 0$

CP: $\dot{\pi} = -\delta x, \delta > 0$

RPM: $i = \bar{r} + \pi + \phi\left(\pi - \bar{\pi}\right) + \theta x$

CI: Dado $p(0), \pi(0)$ e $x(0)$ livres

Álgebra

Substituindo-se a regra de política monetária na curva IS resulta na equação diferencial do hiato do produto:

$$\dot{x} = \sigma\phi\left(\pi - \bar{\pi}\right) + \sigma\theta x$$

Sistema Dinâmico

O sistema dinâmico é formado por esta equação e pela equação da aceleração da taxa de inflação:

$$\begin{bmatrix} \dot{\pi} \\ \dot{x} \end{bmatrix} = \begin{bmatrix} 0 & -\delta \\ \sigma\phi & \sigma\theta \end{bmatrix} \begin{bmatrix} \pi - \bar{\pi} \\ x \end{bmatrix}$$

Neste modelo tanto o hiato do produto quanto a taxa de inflação não são variáveis predeterminadas. Os valores iniciais destas variáveis são livres e podem mudar instantaneamente (na linguagem em inglês, elas são *jump variável*). Este sistema de equações diferenciais tem a seguinte matriz jacobiana:

$$\begin{bmatrix} \frac{\partial \dot{\pi}}{\partial \pi} & \frac{\partial \dot{\pi}}{\partial x} \\ \frac{\partial \dot{x}}{\partial \pi} & \frac{\partial \dot{x}}{\partial x} \end{bmatrix} = \begin{bmatrix} 0 & -\delta \\ \sigma\phi & \sigma\theta \end{bmatrix}$$

O determinante desta matriz é igual a

$$|J| = \sigma\phi\delta$$

O sinal deste determinante tanto pode ser negativo quanto positivo, dependendo do sinal do coeficiente ϕ da regra de política monetária. Quando ϕ for positivo o determinante é positivo, e o traço da matriz J é positivo:

$$trJ = \sigma\theta$$

Logo, neste caso o sistema é instável. A conclusão que se chega é de que uma regra de política monetária *à la* Taylor, com uma variação da taxa de juros nominal maior do que a variação da taxa de inflação produz um sistema instável. Porém, a solução do modelo é única. O diagrama de fases da Figura 7.14 descreve a dinâmica do sistema.

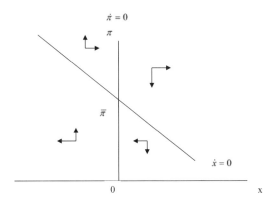

Figura 7.14

Quando o parâmetro ϕ for negativo o sistema de equações diferenciais tem um ponto de sela, como indicado no diagrama de fases da Figura 7.15. A reta onde o hiato do produto permanece estável é positivamente inclinada, e aquela em que a taxa de inflação não muda é vertical, como no caso anterior. A sela SS é positivamente inclinada, e este é o único caminho de convergência para o equilíbrio de longo prazo.

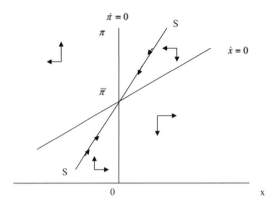

Figura 7.15

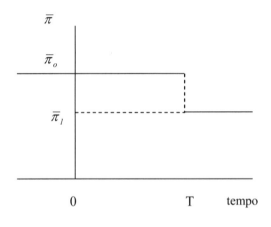

Figura 7.16

Experimento

Considere o experimento de política monetária, descrito na Figura 7.16, no qual o Banco Central anuncia que no instante T, no futuro próximo, reduzirá a meta de inflação de $\bar{\pi}_0$ para $\bar{\pi}_1$. Neste modelo não existe incerteza e, portanto, não há dúvida de que a política anunciada será implementada.

Este experimento será analisado tanto no modelo instável, em que o parâmetro ϕ é positivo, quanto no modelo com trajetória de sela, no qual o parâmetro ϕ é negativo. Quando o tempo T for igual a zero, a política monetária de redução da meta de inflação será implementada imediatamente. Este caso particular corresponde ao experimento de uma mudança de política não antecipada pelo público.

Flutuação e Estabilização

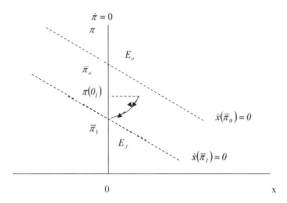

Figura 7.17

Quando o parâmetro ϕ for positivo o modelo é instável. O diagrama de fases da Figura 7.17 mostra o que acontece na economia tão logo a política monetária seja anunciada. No modelo novokeynesiano, o nível de preços é uma variável predeterminada, mas a taxa de inflação é uma variável livre e pode mudar instantaneamente. Logo, no momento inicial a inflação diminui e o produto real aumenta. A economia converge, então, gradualmente para o novo equilíbrio de longo prazo. Quando a mudança é implementada imediatamente, sem anúncio prévio ($T = 0$), o produto real permanece no nível de pleno emprego, e a taxa de inflação muda instantaneamente para a nova meta fixada pelo Banco Central.

Quando o parâmetro ϕ da regra de política monetária for negativo, o produto real e a taxa de inflação mudam no momento do anúncio da nova política, a inflação sofrendo uma redução e o produto real aumentando, como mostra o ponto B no diagrama de fases da Figura 7.18. No instante T a trajetória da economia encontra a nova sela, com a inflação e o produto real iguais a, respectivamente, $\pi(T)$ e $y(T)$, convergindo, então, para o novo equilíbrio de longo prazo. Este diagrama de fases mostra quatro soluções do modelo (pontos A, B, C, e D). Entretanto, existe uma infinidade de soluções, todas com as mesmas características das soluções desenhadas na Figura 7.18. Neste experimento, o combate à inflação previamente anunciado é feito sem nenhum custo social. Na verdade, a redução da taxa de inflação produz um aquecimento da economia, com um ganho temporário de produto real.

Quando o intervalo de tempo T tende para zero, o período de anúncio da mudança da política monetária diminui. No caso limite em que T é igual a zero a mudança de política não é antecipada pela sociedade. É fácil verificar que nestas circunstâncias a taxa de inflação reduz-se instantaneamente para o novo valor fixado pelo Banco Central, enquanto a economia mantém-se em pleno emprego, com o produto real igual ao produto potencial. A redução da inflação é indolor, bastando o simples anúncio da nova meta pelo Banco Central para que a taxa de inflação seja afetada de maneira permanente.

No modelo novokeynesiano uma redução da meta de inflação pelo Banco Central, não antecipada pela sociedade, produz uma redução imediata da taxa de inflação para a nova meta, sem nenhum custo social, pois o produto real permanece no nível de pleno emprego.

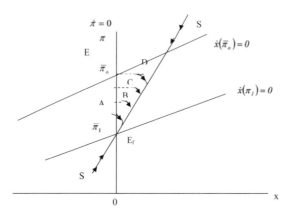

Figura 7.18

Quando o Banco Central anuncia previamente a redução da meta de inflação, o simples anúncio provoca uma redução da taxa de inflação e um aumento do produto real. A economia converge gradualmente para a nova meta, com o produto real acima do produto de pleno emprego, acarretando um benefício transitório para a sociedade. Todavia, existe uma infinidade de soluções com estas características.

Até que ponto estes fatos acontecem no mundo real? A evidência empírica de experiências de políticas de combate à inflação, previamente anunciadas ou não, em países que têm tradição de baixa inflação, rejeita as previsões do modelo novokeynesiano, pois a redução da inflação, em geral, tem sido acompanhada de recessão. Por outro lado, nos programas de combate à hiperinflação os fatos não estão em desacordo com as previsões do modelo novokeynesiano, pois as hiperinflações têm acabado sem custo ou mesmo com o aumento do produto real. Estas duas evidências seriam consistentes com um modelo em que a curva de Phillips tivesse tanto um componente de inércia quanto um componente da inflação futura. Isto é:

$$\pi(t) = \omega \pi(t - h) + (1 - \omega) \pi(t + h) + \varphi x(t)$$

onde ω é o peso da inércia e h é o intervalo de tempo relevante para as decisões econômicas. A expansão de primeira ordem da inflação defasada é dada por $\pi(t - h) = \pi(t) + \dot{\pi}(t)(t - h - t)$, e a expansão de primeira ordem da inflação futura é igual a $\pi(t + h) = \pi(t) + \dot{\pi}(t)(t + h - t)$. Substituindo-se

Flutuação e Estabilização

estas duas expressões na equação da curva de Phillips obtém-se a equação diferencial da taxa de inflação:

$$\dot{\pi} = \frac{\varphi}{(2\omega - 1)h}x, \omega \neq 1/2$$

e $x = 0$, quando $\omega = 1/2$. Quando o peso for igual a 0,5, a aceleração da inflação independe do hiato do produto. Este valor do peso é o valor crítico, pois se ele for maior do que 50%, o coeficiente da curva de Phillips é positivo, e se ele for menor do que 50% o coeficiente é negativo como no modelo novokeynesiano. A questão teórica colocada por esta formulação seria explicar como ocorre a bifurcação do modelo, ou seja, como este peso (ω) varia com a própria taxa de inflação.

O modelo novokeynesiano tem sido usado em um bom número de trabalhos na análise de regras de política monetária em países com inflação anual abaixo de um dígito. Apesar de este modelo ter fundamentos teóricos, ele é rejeitado pela evidência empírica dos países com tradição de baixa inflação. Logo, como a lógica do modelo não tem respaldo nos fatos, este tipo de análise deve ser visto com cautela, ou apenas como parte de um processo científico que investiga os microfundamentos dos modelos que sirvam de apoio às decisões de política monetária dos bancos centrais. Neste esforço, uma questão importante que deve ser tratada seria entender o mecanismo pelo qual a taxa de inflação deixa de ser uma variável predeterminada do modelo para se transformar numa variável endógena do mesmo.

4. Modelo Keynesiano Abrangente

Esta seção apresenta um modelo keynesiano que abrange como casos particulares o modelo tradicional keynesiano (K), o modelo novokeynesiano (NK) e o modelo novokeynesiano de informação rígida (NKIR). Cada modelo keynesiano é um caso particular do modelo abrangente dependendo dos valores dos parâmetros e das condições iniciais das variáveis. O modelo contém três equações: uma curva IS, uma curva de Phillips (CP) e uma regra de política monetária (RPM).

Curva IS Keynesiana

A curva IS especifica a relação entre o hiato do produto (x), o próprio hiato do produto defasado e a diferença entre a taxa de juros real (r) e a taxa de juros natural ($\bar{r}$):

$$x_t = (1 + \gamma)x_{t-1} + \alpha(r_t - \bar{r}_t), -1 < \gamma < 0, \alpha < 0$$

Esta equação pode ser reescrita como:

$$\triangle x_t = \gamma x_{t-1} + \alpha \left(r_t - \bar{r}_t \right)$$

Portanto, a variação do hiato do produto depende do hiato do produto defasado e do hiato da taxa de juros. A Figura 7.19 mostra que a variação do hiato do produto e o hiato da taxa de juros estão correlacionados negativamente. A versão da curva IS com variáveis contínuas é dada por:

$$\dot{x} = \gamma x + \alpha \left(r - \bar{r} \right)$$

Curva IS Novokeynesiana

A curva IS novokeynesiana é derivada da equação de Euler. Esta equação estabelece que a taxa de crescimento do consumo $(\dot{c})$ depende da diferença entre a taxa de juros real e a taxa de preferência intertemporal (ρ):

$$\dot{c} = \sigma \left(r - \rho \right)$$

onde σ é a elasticidade de substituição intertemporal do consumo.

O hiato do produto é igual à diferença entre o produto (y) e o produto potencial $(\bar{y})$: $x = y - \bar{y}$. Derivando-se esta equação com relação ao tempo obtém-se: $\dot{x} = \dot{y} - g, \dot{\bar{y}} = g$, g é a taxa de crescimento do produto potencial. Admita-se um modelo bastante simples onde o consumo seja igual ao produto. Portanto, as taxas de crescimento das duas variáveis são iguais: $\dot{y} = \dot{c}$. Combinando-se esta expressão com a definição do hiato do produto e a equação de Euler obtém-se a curva IS novokeynesiana:

$$\dot{x} = \sigma \left(r - \rho \right) - g = \sigma \left(r - \rho - \frac{g}{\sigma} \right) = \sigma \left(r - \bar{r} \right), \bar{r} = \rho + \frac{g}{\sigma}$$

A taxa de juros natural $(\bar{r})$ depende de três parâmetros: a taxa de preferência intertemporal, a taxa de crescimento do produto potencial e a elasticidade de substituição intertemporal. A curva IS novokeynesiana pode ser escrita como:

$$\dot{x} = \alpha \left(r - \bar{r} \right), \alpha = \sigma$$

A Figura 7.19 mostra que a curva IS novokeynesiana prevê que a variação do hiato do produto e o hiato da taxa de juros estejam positivamente correlacionados. O mecanismo de transmissão monetária do modelo novokeynesiano supõe que a taxa de juros nominal, fixada pelo Banco Central, altera a taxa de juros real no curto prazo, e então afeta a taxa (esperada) de crescimento do consumo. Portanto, o hiato negativo da taxa de juros $(r < \bar{r})$ diminui a taxa de crescimento do hiato do produto e o hiato positivo da taxa de juros $(r > \bar{r})$ aumenta a taxa de crescimento do hiato do produto, como mostra a Figura 7.19.

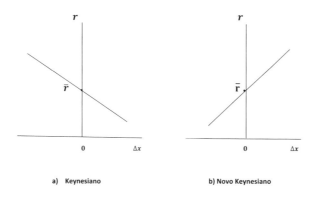

a) Keynesiano   b) Novo Keynesiano

Figura 7.19

Curva de Phillips Keynesiana

A curva de Phillips aceleracionista admite que a inflação depende do passado, num processo retroativo. O modelo mais simples supõe que a aceleração da taxa de inflação é proporcional ao hiato do produto. Isto é:

$$\triangle \pi_t = \kappa x_t$$

A versão desta equação com variáveis contínuas é dada por:

$$\dot{\pi} = \kappa x$$

A Figura 7.20 mostra que a curva de Phillips keynesiana prevê que mudanças na taxa de inflação e o hiato do produto estejam correlacionados positivamente.

Curva de Phillips Novokeynesiana

A taxa de inflação (π) na curva de Phillips novokeynesiana depende da taxa de inflação esperada para o próximo período e do hiato do produto de acordo com

$$\pi_t = \beta \pi_{t+1} + \kappa_1 x_t = \beta \left(\pi_{t+1} - \pi_t \right) + \kappa_1 x_t + \beta \pi_t$$

Segue-se, então, que a aceleração da taxa de inflação depende da taxa de inflação e do hiato do produto:

$$\pi_{t+1} - \pi_t = \frac{1-\beta}{\beta} \pi_t - \frac{\kappa_1}{\beta} x_t = \rho \pi_t + \kappa x_t, \quad \kappa = -\frac{\kappa_1}{\beta} < 0$$

Capítulo 7

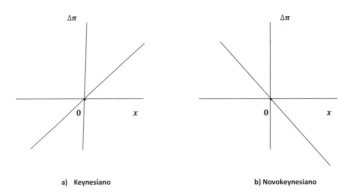

Figura 7.20

onde $\beta = 1/(1+\rho)$ e ρ é a taxa de preferência intertemporal do consumidor. Esta equação pode ser escrita em tempo contínuo do seguinte modo:

$$\dot{\pi} = \rho\pi + \kappa x,$$

onde $\dot{\pi} = d\pi/dt$. Deve-se enfatizar que esta curva de Phillips não é vertical no longo prazo se a taxa de preferência intertemporal for diferente de zero. A Figura 7.20 mostra que, de acordo com a curva de Phillips novokeynesiana, mudanças na taxa de inflação e o hiato do produto seriam correlacionadas negativamente.

Curva de Phillips Novokeynesiana com Rigidez de Informação

A curva de Phillips com rigidez de informação (CPNKRI) tem a seguinte especificação:

$$\pi_t = \lambda \sum_{j=0}^{\infty} (1-\lambda)^j E_{t-1-j} (\pi_t + \alpha \triangle x_t) + \frac{\alpha \lambda}{1-\lambda} x_t$$

A notação é a mesma de Mankiw e Reis (2002). O parâmetro λ é a probabilidade da empresa não atualizar no período t o conjunto de informação até o período $t-1$ e α é o coeficiente do hiato do produto na equação que determina o preço ótimo da empresa. A letra E representa o valor esperado da variável, condicionada pela informação disponível no tempo especificado pelo seu índice. Nesta especificação a inflação depende do hiato do produto e das expectativas passadas da inflação corrente e da variação do hiato do produto. Seja o operador de defasagem $LX_t = X_{t-1}$. Pode-se, então, escrever-se, $L^j E_{t-1} = E_{t-1-j}$. Usando-se este operador, a

Flutuação e Estabilização

curva de Phillips de informação rígida é dada por,

$$\pi_t = \lambda \sum_{j=0}^{\infty} [(1-\lambda) L]^j E_{t-1} (\pi_t + \alpha \triangle x_t) + \frac{\alpha \lambda}{1-\lambda} x_t$$

É fácil verificar-se que $\lambda \sum_{j=0}^{\infty} [(1-\lambda) L]^j = \frac{\lambda}{1-(1-\lambda)L}$. Portanto, levando-se em conta esta expressão, obtém-se a seguinte equação:

$$\pi_t = \frac{\lambda}{1-(1-\lambda) L} E_{t-1} (\pi_t + \alpha \triangle x_t) + \frac{\alpha \lambda}{1-\lambda} x_t$$

A hipótese de expectativas racionais implica que o valor esperado de uma variável é igual ao valor observado desta variável menos um erro estocástico não correlacionado com qualquer informação disponível no momento em que a previsão for feita. Com esta hipótese de expectativas racionais, a curva de Philips novokeynesiana com informação rígida pode ser expressa por

$$\triangle \pi_t = \frac{\alpha \lambda^2}{(1-\lambda)^2} x_{t-1} + \frac{\alpha \lambda (2-\lambda)}{(1-\lambda)^2} \triangle x_t$$

A aceleração da inflação depende do nível do hiato e de sua taxa de variação. A especificação desta curva de Phillips com variáveis contínuas é, então, dada por:

$$\dot{\pi} = \kappa x + \varphi \dot{x}$$

Modelo Keynesiano Abrangente

Os três modelos keynesianos, de uma economia fechada, podem ser especificados pelo seguinte sistema de equações:

IS: $\dot{x} = \gamma x + \alpha (r - \bar{r})$

CP: $\dot{\pi} = \rho \pi + \kappa x + \varphi \dot{x}$

RPM: $i = \bar{r} + \pi + \phi (\pi - \bar{\pi}) + \theta x$

onde i é a taxa de juros nominal e $\bar{\pi}$ é a meta de inflação do Banco Central. A regra monetária é uma regra de Taylor. Os parâmetros da política monetária, ϕ do hiato da inflação e θ do hiato do produto são ambos positivos.

A Tabela 7.1 contém os valores dos parâmetros e as condições iniciais para cada modelo. Todos os modelos assumem que os preços são rígidos. Os modelos K e NKIR admitem, também, que existe inércia na inflação, o que significa dizer que a taxa de inflação inicial é dada. Por outro lado, a taxa de inflação é uma variável de pulo no modelo NK, porque não existe, neste modelo, inércia na inflação.

Capítulo 7

Tabela 7.1

Modelos	Parâmetros					Condições iniciais
	γ	α	ρ	κ	φ	
Keynesiano (K)	< 0	< 0	0	> 0	0	$p(0), \pi(0)$
Novokeynesiano (NK)	0	> 0	> 0	< 0	0	$p(0)$
Novokeynesiano Informação rígida (NKIR)	0	> 0	0	> 0	> 0	$p(0), \pi(0)$

Sistema Dinâmico

Combinando-se a regra de política monetária com a curva IS obtém-se uma equação diferencial linear para o hiato do produto. Substituindo-se, então, este resultado na curva de Phillips resulta numa equação diferencial para a taxa de inflação. Portanto, o sistema linear de equações diferenciais de primeira ordem é dado por:

$$\dot{\pi} = \rho\pi + (\kappa + \gamma\varphi + \alpha\varphi\theta)\, x + \alpha\varphi\phi\, (\pi - \bar{\pi})$$

$$\dot{x} = (\gamma + \alpha\theta)\, x + \alpha\phi\, (\pi - \bar{\pi})$$

A matriz jacobiana deste sistema de equações é:

$$J = \begin{bmatrix} \dfrac{\partial\dot{\pi}}{\partial\pi} & \dfrac{\partial\dot{\pi}}{\partial x} \\[2ex] \dfrac{\partial\dot{x}}{\partial\pi} & \dfrac{\partial\dot{x}}{\partial x} \end{bmatrix} = \begin{bmatrix} \rho + \alpha\varphi\phi & \kappa + \gamma\varphi + \alpha\varphi\theta \\[2ex] \alpha\phi & \gamma + \alpha\theta \end{bmatrix}$$

O determinante e o traço desta matriz são iguais a:

$$|J| = \rho\gamma + \rho\alpha\theta - \alpha\phi\kappa$$

$$trJ = \rho + \alpha\varphi\phi + \gamma + \alpha\theta$$

Tabela 7.2

Modelos	$|J|$	trJ	Estabilidade
K	$-\alpha\phi\kappa > 0$	$\gamma + \alpha\theta < 0$	Estável
NK	$\rho\alpha\theta - \alpha\phi\kappa > 0$	$\rho + \alpha\theta > 0$	Instável
NKIR	$-\alpha\phi\kappa < 0$	$\alpha\theta + \alpha\varphi\phi > 0$	Ponto de sela

A Tabela 7.2 mostra a estabilidade dos três modelos. O modelo K é estável porque o determinante é positivo e o traço é negativo. O modelo NK

230

Flutuação e Estabilização

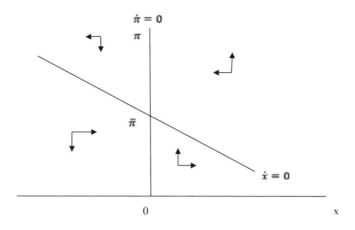

Figura 7.21

é instável porque o determinante e o traço são positivos. O modelo NKIR tem um ponto de sela porque o determinante é negativo.

A Figura 7.21 mostra o diagrama de fases do modelo K, com a taxa de inflação no eixo vertical e o hiato do produto no eixo horizontal. No estado estacionário a taxa de inflação é igual a meta e o hiato do produto é igual a zero. Os pontos em que $\dot{\pi} = 0$ é vertical e os pontos em que $\dot{x} = 0$ tem uma inclinação negativa. As setas mostram como a taxa de inflação e o hiato do produto movem-se ao longo do tempo. A taxa de inflação é uma variável predeterminada porque existe inércia, isto é, a taxa de inflação inicial é um dado do problema.

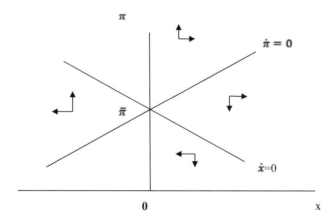

Figura 7.22

A Figura 7.22 contém o diagrama de fases do modelo NK. Neste desenho a curva de Phillips é vertical no longo prazo. A reta $\dot{\pi} = 0$ tem uma inclinação positiva e a reta $\dot{x} = 0$ tem uma inclinação negativa. No estado estacionário, a taxa de inflação é igual a meta da inflação e o hiato do produto é igual a zero. As setas indicam a dinâmica do modelo. O sistema é instável e a taxa de inflação é uma variável de pulo.

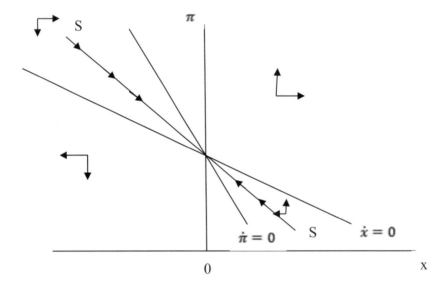

Figura 7.23

A Figura 7.23 mostra o diagrama de fases do modelo NKIR. A inclinação da reta $\dot{\pi} = 0$ é maior do que a inclinação da reta $\dot{x} = 0$. Ambas retas têm uma inclinação negativa. Em equilíbrio, a taxa de inflação é igual a meta de inflação e o hiato do produto é igual a zero. As setas da Figura 7.23 mostram como a taxa de inflação e o hiato do produto movem-se ao longo do tempo, quando a economia estiver em desequilíbrio. A reta SS, o braço da sela convergente, tem uma inclinação negativa. A taxa de inflação não é uma variável de pulo neste modelo porque existe inércia.

Experimento

Considere o seguinte experimento de dinâmica comparativa para os três modelos keynesianos: no momento zero ocorre uma mudança não antecipada e permanente na meta de inflação que diminui de $\bar{\pi}_0$ para $\bar{\pi}_1$, como descrito na Figura 7.24.

O ajustamento da economia, para a mudança da meta de inflação, em cada modelo é mostrado, respectivamente, pelas Figuras 7.25, 7.26 e 7.27. O modelo K (Fig. 7.25) prevê uma recessão e uma convergência lenta para a nova meta de inflação. A inflação ajusta-se instantaneamente para a nova meta de inflação no modelo NK (Fig. 7.26), sem que ocorra perda de produto. No modelo NKIR a economia pula para a nova sela (Fig.7.27), o hiato do produto torna-se negativo e a inflação converge para a nova meta.

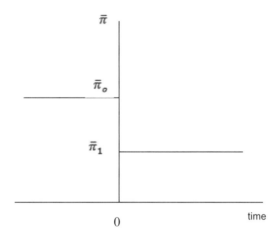

Figura 7.24

Outro exercício de dinâmica comparativa seria o seguinte: admita-se que um anúncio seja feito no momento $t = 0$ para uma nova meta de inflação, que será adotada no momento $t = T$. A meta da taxa de inflação será reduzida como no experimento anterior e permanecerá neste novo nível para sempre. No intervalo de tempo em que o anúncio foi feito até a mudança na meta de inflação nada ocorre no modelo K. A partir da implantação da nova meta, o hiato do produto torna-se negativo e a taxa de inflação começa a convergir para a nova meta. No modelo NK, a taxa de inflação muda instantaneamente, pulando para o ponto A da Figura 7.26 e o produto aumenta de tal sorte que no instante T a economia estará num novo equilíbrio. O modelo NKIR prevê uma recessão no momento do anúncio (Fig. 7.27, ponto A). A economia alcançará a sela no instante T e a recessão continuará enquanto a economia converge para a nova meta de inflação.

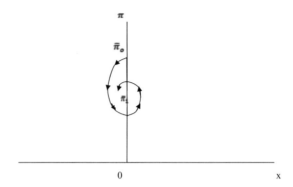

Figura 7.25

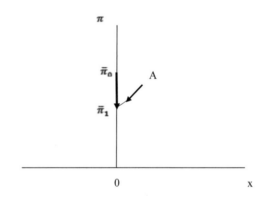

Figura 7.26

Sumário das Conclusões

A curva IS keynesiana prevê que o hiato do produto e a variação do hiato do produto estão correlacionadas negativamente com o hiato da taxa de juros. Por outro lado, a curva IS novokeynesiana prevê que a variação do hiato do produto e o hiato da taxa de juros estão correlacionados positivamente, mas não existe correlação entre o hiato do produto e o hiato da taxa de juros.

As curvas de Phillips keynesiana e de informação rígida prevê que variações da taxa de inflação e do hiato do produto estão correlacionados positivamente. Por outro lado, a curva de Phillips novokeynesiana prevê que variações da taxa de inflação e do hiato do produto estão correlacionados negativamente.

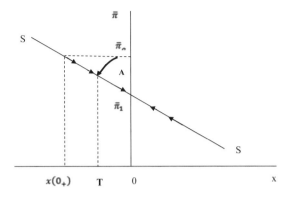

Figura 7.27

Portanto, a especificação abrangente dos modelos keynesianos pode ser usada para testar os modelos keynesianos. Ademais, a especificação abrangente permite uma análise da dinâmica dos modelos keynesianos. Uma desinflação antecipada produz aquecimento da economia no modelo novokeynesiano, e uma recessão nos modelos keynesiano tradicional e com informação rígida. A curva IS não tem qualquer influência neste resultado. Esta propriedade deve-se a inércia da taxa de inflação nas curvas de Phillips dos modelos keynesiano tradicional e com informação rígida.

5. Modelo Friedmaniano

O modelo desta seção tem quatro equações, uma curva IS, uma curva de Phillips, uma curva LM, uma regra de política monetária (RPM), e uma hipótese simplificadora sobre a política fiscal. A curva de Phillips supõe que tanto o hiato do produto, como sua taxa de variação, afeta a taxa de inflação. Isto é, se a taxa de crescimento do produto real da economia for maior do que a taxa de crescimento do produto potencial a taxa de inflação aumenta, e vice-versa. A regra de Friedman supõe que o Banco Central aumenta a base monetária a uma taxa constante igual a μ, independentemente da situação da economia. A especificação do modelo friedmaniano é a seguinte:

IS: $x = -\alpha(r - \bar{r}) + \beta(f - \bar{f}) + g - \bar{g}$
CP: $\dot{\pi} = \delta x + \phi \dot{x}$
LM: $m - \bar{m} = \lambda x - \theta(i - \bar{i})$
RPM: $\mu = \frac{d \log M}{dt} =$ constante
CI: Dados $p(0)$ e $\pi(0)$
Hipóteses simplificadoras: $f = \bar{f}, \quad g = \bar{g}$

Álgebra

A equação de Fisher permite escrever que a diferença entre as taxas de juros nominais de curto e de longo prazo seja dada por:

$$i - \bar{i} = r - \bar{r} + \pi - \bar{\pi}$$

Substituindo-se esta expressão na equação da curva LM resulta em:

$$m - \bar{m} = \lambda x - \theta \left(r - \bar{r} \right) - \theta \left(\pi - \bar{\pi} \right)$$

Esta equação pode ser escrita como:

$$r - \bar{r} = - \left(\pi - \bar{\pi} \right) + \frac{\lambda}{\theta} x - \frac{1}{\theta} \left(m - \bar{m} \right)$$

Levando-se este hiato entre as taxas de juros reais, de curto e de longo prazo, na equação da curva IS obtém-se:

$$x = \alpha \left(\pi - \bar{\pi} \right) - \frac{\alpha \lambda}{\theta} x + \frac{\alpha}{\theta} \left(m - \bar{m} \right)$$

O hiato do produto é, então, dado por:

$$x = \frac{\alpha}{1 + \frac{\alpha \lambda}{\theta}} \left(\pi - \bar{\pi} \right) + \frac{\alpha / \theta}{1 + \frac{\alpha \lambda}{\theta}} \left(m - \bar{m} \right)$$

Diferenciando-se esta expressão com relação ao tempo se obtém a segunda equação do sistema de equações diferenciais abaixo, levando-se em conta que a derivada com relação ao tempo do logaritmo do estoque real de moeda é igual à diferença entre a taxa de crescimento do estoque nominal de moeda (μ) e a taxa de inflação (π). A primeira equação do sistema de equações diferenciais é a equação da curva de Phillips. Isto é:

$$\dot{\pi} = \delta x + \phi \dot{x}$$

$$\dot{x} = \frac{\alpha}{1 + \frac{\alpha \lambda}{\theta}} \dot{\pi} + \frac{\alpha / \theta}{1 + \frac{\alpha \lambda}{\theta}} \left(\mu - \pi \right)$$

O sistema de equações diferenciais pode ser escrito em notação matricial do seguinte modo:

$$\begin{bmatrix} 1 & -\phi \\ -\frac{\alpha}{1 + \frac{\alpha \lambda}{\theta}} & 1 \end{bmatrix} \begin{bmatrix} \dot{\pi} \\ \dot{x} \end{bmatrix} = \begin{bmatrix} \delta x \\ \frac{\alpha / \theta}{1 + \frac{\alpha \lambda}{\theta}} \left(\mu - \pi \right) \end{bmatrix}$$

A solução deste sistema de equações lineares é dada por:

$$\begin{bmatrix} \dot{\pi} \\ \dot{x} \end{bmatrix} = \frac{1}{1 - \frac{\alpha \phi}{1 + \frac{\alpha \lambda}{\theta}}} \begin{bmatrix} 1 & \phi \\ \frac{\alpha}{1 + \frac{\alpha \lambda}{\theta}} & 1 \end{bmatrix} \begin{bmatrix} \delta x \\ \frac{\alpha / \theta}{1 + \frac{\alpha \lambda}{\theta}} \left(\mu - \pi \right) \end{bmatrix}$$

Sistema Dinâmico

As duas equações diferenciais do modelo, da taxa de variação do hiato do produto e da aceleração da inflação, são, então, dadas por:

$$\begin{bmatrix} \dot{\pi} \\ \dot{x} \end{bmatrix} = \frac{1}{\theta + \alpha\,(\lambda - \phi\theta)} \begin{bmatrix} -\phi\alpha & \delta\,(\theta + \alpha\lambda) \\ -\alpha & \alpha\theta\delta \end{bmatrix} \begin{bmatrix} \pi - \mu \\ x \end{bmatrix}$$

A matriz jacobiana tem a seguinte expressão:

$$J = \begin{bmatrix} \dfrac{\partial \dot{\pi}}{\partial \pi} & \dfrac{\partial \dot{\pi}}{\partial x} \\[2mm] \dfrac{\partial \dot{x}}{\partial \pi} & \dfrac{\partial \dot{x}}{\partial x} \end{bmatrix} = \frac{1}{\theta + \alpha\,(\lambda - \phi\theta)} \begin{bmatrix} -\phi\alpha & \delta\,(\theta + \alpha\lambda) \\ -\alpha & \alpha\theta\delta \end{bmatrix}$$

O determinante e o traço desta matriz são iguais a:

$$|J| = \frac{-\alpha\theta\delta\phi\alpha + \alpha\delta\,(\theta + \alpha\lambda)}{[\theta + \alpha\,(\lambda - \phi\theta)]^2}, \; trJ + \frac{\alpha\theta\delta - \phi\alpha}{\theta + \alpha\,(\lambda - \phi\theta)}$$

O modelo é estável quando o determinante for positivo e o traço negativo. O determinante é positivo quando os parâmetros satisfazem a restrição:

$$|J| > 0 \Rightarrow \alpha\delta\,(\theta + \alpha\lambda) > \alpha\theta\delta\phi\alpha$$

$$\theta + \alpha\lambda > \theta\alpha\phi$$

$$\theta + \alpha\,(\lambda - \phi\theta) > 0$$

Por sua vez, o traço é negativo quando os parâmetros do modelo atendam a desigualdade:

$$trJ < 0 \Rightarrow \alpha\theta\delta - \phi\alpha < 0$$

$$\theta\delta < \phi$$

A combinação das duas restrições para a estabilidade do modelo, do determinante e do traço, implica que os parâmetros devem satisfazer as desigualdades:

$$\theta\delta < \phi < \frac{\theta + \alpha\lambda}{\theta\alpha}$$

Cabe observar que se $\phi = 0 \Rightarrow |J| > 0$ e $trJ > 0$. Logo, neste caso o modelo é instável.

A Figura 7.28 mostra o diagrama de fases da equação do hiato do produto. A reta em que o hiato do produto permanece constante é positivamente inclinada. Na região abaixo e a direita desta reta o hiato do produto aumenta, e na região acima e a esquerda da reta o hiato do produto diminui, como indicado pelas setas.

Capítulo 7

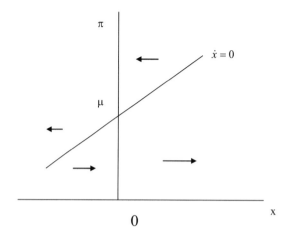

Figura 7.28: Diagrama de fases: $\mathring{x} = 0$

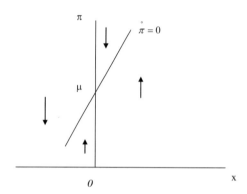

Figura 7.29: Diagrama de fases: $\mathring{\pi} = 0$

A Figura 7.29 corresponde ao diagrama de fases da equação diferencial da taxa de inflação. Ela também é positivamente inclinada. Na região acima e a esquerda da reta a taxa de inflação diminui, enquanto na região abaixo e a direita da reta a taxa de inflação aumenta como indicado pelas setas. As duas retas, do hiato do produto e da taxa de inflação, são positivamente inclinadas. As desigualdades que os parâmetros do modelo têm de satisfazer implicam que o coeficiente angular da reta em que a taxa de inflação é constante é maior do que o coeficiente angular da reta na qual o hiato do produto é constante. Isto é:

$$\frac{\delta(\theta + \alpha\lambda)}{\phi\alpha} \div \theta\delta = \frac{\delta(\theta + \alpha\lambda)}{\phi\alpha\theta\delta} > 1$$

Flutuação e Estabilização

A Figura 7.30 apresenta o diagrama de fases do modelo que tem quatro regiões distintas. Na região I a economia move-se na direção nordeste, na região II a taxa de inflação e o produto real movimentam-se no sentido noroeste, na região III a trajetória da economia tem a direção sudoeste e na região IV ambas variáveis tomam o rumo sudeste.

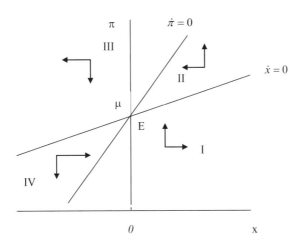

Figura 7.30: Diagrama de fases do modelo

Experimento

A Figura 7.31 descreve um experimento de política monetária em que o Banco Central aumenta a taxa de expansão da base monetária de μ_0 para μ_1. Neste modelo o nível de preços e a taxa de inflação não mudam instantaneamente, em virtude das hipóteses de rigidez e de inércia. No momento da mudança da política monetária a economia encontra-se em equilíbrio no ponto E_0, como indicado na Figura 7.32. Esta figura não mostra as duas curvas do sistema dinâmico que resultavam neste equilíbrio para não sobrecarregar o gráfico. No momento da mudança da política monetária as equações do sistema dinâmico deslocam-se para cima e passam pelo novo ponto de equilíbrio de longo prazo, que corresponde à taxa de inflação π_1 e ao nível do produto de pleno emprego da economia.

O aumento da taxa de crescimento da base monetária faz com que a taxa de juros nominal decresça, o mesmo ocorrendo com a taxa de juros real em virtude da rigidez da taxa de inflação. O produto real da economia começa uma trajetória de expansão e a inflação gradualmente aumenta. Neste processo, a taxa de inflação ultrapassa (o que em inglês é conhecido por *overshooting*) a nova taxa de equilíbrio de longo prazo da taxa de inflação ($\pi_1 = \mu_1$) e continua a subir durante determinado período de tempo até encontrar a reta $\dot{\pi} = 0$. A partir daí, a taxa de inflação começa a diminuir e converge para o novo equilíbrio num movimento oscilatório, de acordo com a hipótese com que o gráfico foi desenhado.

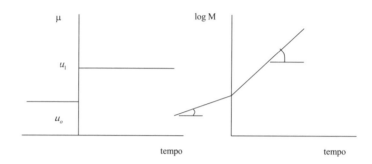

Figura 7.31: Experimento de política monetária

O fenômeno da ultrapassagem ocorre porque no longo prazo a taxa de juros nominal aumenta para um novo patamar e a quantidade real de moeda demandada pelo público diminui. Como no início do processo de ajuste a taxa de inflação é menor do que a nova taxa de expansão da base monetária, a quantidade real de moeda inicialmente aumenta. Para que ela diminua para seu novo equilíbrio de longo prazo, a taxa de inflação tem que crescer a uma taxa maior que a taxa de crescimento da base monetária durante determinado período de tempo.

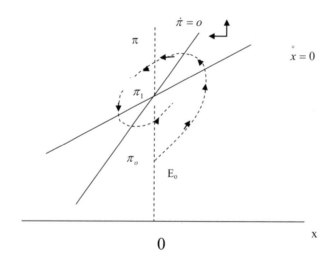

Figura 7.32: Dinâmica do modelo

Flutuação e Estabilização

O diagrama de fases da Figura 7.32 mostra a complexidade do ajuste da economia a um choque monetário. Ele mostra que existe um período no qual tanto a taxa de inflação quanto o hiato do produto aumentam, depois um período em que o hiato do produto começa a diminuir, mas a taxa de inflação continua aumentando, em seguida um intervalo de tempo em que ambas as variáveis, o hiato do produto e a taxa de inflação, diminuem. O processo de ajuste dinâmico continua com um período em que o hiato do produto aumenta e a taxa de inflação diminui. No longo prazo a taxa de inflação é igual à taxa de crescimento da base monetária, mas no curto prazo isto não ocorre.

6. Inflação Crônica

A inflação crônica é um fenômeno que ocorre quando o Banco Central usa de modo permanente a emissão de moeda para financiar o déficit público. O modelo keynesiano tradicional, com uma curva IS, uma curva LM e uma curva de Phillips pode ser usado para representar a inflação crônica. Neste modelo, deve ser acrescentada uma regra de política monetária, na qual o Banco Central emite moeda para financiar o déficit público f, de acordo com:

$$\frac{\dot{M}}{P} = f$$

Definindo-se o encaixe real de moeda, $m = M/P$, e derivando-se o mesmo com relação ao tempo, obtém-se a expressão da regra de política monetária (RPM): $\dot{m} = f - m\pi$.

O modelo de inflação crônica é formado, então, por quatro equações e duas condições iniciais. Isto é:

IS: $x = -\alpha (r - \bar{r})$
CP: $\dot{\pi} = \delta x$
LM: $\log m - \log \bar{m} = \lambda x - \theta \left(i - \bar{i}\right)$
RPM: $\dot{m} = f - m\pi$
CI: Dados $p(0)$ e $\pi(0)$

Álgebra

A equação de demanda agregada é obtida combinando-se as curvas IS e LM e pode ser escrita como:

$$x = -a + b \log m + c\pi^e$$

Os coeficientes a, b e c: $a = \alpha(\log \bar{m} + \theta\bar{\pi})/(\theta + \alpha\lambda)$; $b = \alpha/(\theta + \alpha\lambda)$ e $c = \alpha\theta/(\theta + \alpha\lambda)$ são positivos. O coeficiente b mede o efeito da liquidez real no hiato do produto, o efeito Keynes, e o coeficiente c mede o efeito da inflação esperada no hiato do produto, o efeito Fisher.

Admitindo-se previsão perfeita, $\pi^e = \pi$, as equações de demanda agregada e da curva de Phillips quando combinadas transforma-se na seguinte equação:

$$\dot{\pi} = -k + \beta \log m + \gamma \pi$$

onde $k = \delta a$, $\beta = \delta b$ e $\gamma = \delta c$.

Sistema Dinâmico

O sistema dinâmico do modelo de inflação crônica pode ser analisado usando-se duas variáveis, a quantidade real de moeda e a taxa de inflação, com duas equações, a regra de política monetária e a equação anterior da aceleração da inflação. O modelo tem, portanto, duas equações diferenciais não lineares:

$$\dot{m} = f - m\pi$$
$$\dot{\pi} = -k + \beta \log m + \gamma \pi$$

A Figura 7.33 mostra o diagrama de fases do modelo, supondo-se dois pontos de equilíbrio: o ponto A de inflação alta e o ponto B de inflação baixa. As setas indicam a dinâmica do modelo quando a economia não está em equilíbrio.

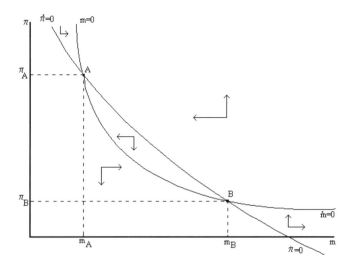

Figura 7.33

Estabilidade Local e Pontos de Equilíbrio

Os pontos de equilíbrio do modelo são pontos nos quais $\dot{m} = 0$ e $\dot{\pi} = 0$. Portanto, os valores de equilíbrio da quantidade real de moeda são obtidos da seguinte equação:

$$g(m) = \beta \log m + \frac{\gamma f}{m} = k$$

A Figura 7.34 mostra o gráfico desta função supondo-se que haja dois pontos de equilíbrio. A condição necessária e suficiente para que isto ocorra é que os parâmetros do modelo satisfaçam a seguinte desigualdade:

$$k > \beta \left(1 + \log \frac{\gamma f}{\beta}\right)$$

Os dois valores de equilíbrio da quantidade real de moeda são tais que

$$m_A < \frac{\gamma f}{\beta} < m_B$$

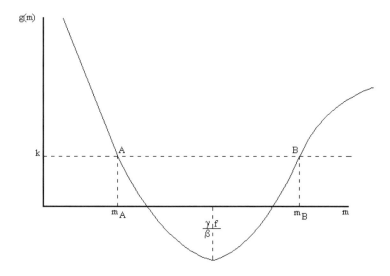

Figura 7.34

O jacobiano do sistema dinâmico, para qualquer ponto $\bar{m}, \bar{\pi}$, é dado por:

$$\begin{bmatrix} -\bar{\pi} & -\bar{m} \\ \frac{\beta}{\bar{m}} & \gamma \end{bmatrix}$$

O determinante e o traço desta matriz são iguais a:

Capítulo 7

$$|J| = \beta - \gamma\bar{\pi}$$
$$tr\ J = \gamma - \bar{\pi}$$

As duas raízes características associadas a matriz jacobiana são:

$$\lambda = \frac{tr\ J}{2} + \frac{1}{2}\sqrt{\triangle}$$

onde

$$\triangle = (\gamma - \bar{\pi})^2 - 4(\beta - \bar{\pi}\gamma)$$

O ponto de equilíbrio A é uma sela. Esta propriedade baseia-se no fato de que $m_A < \gamma f/\beta$. Portanto, $|J_A| = \beta - \gamma\bar{\pi}_A = \beta - \gamma f/m_A < 0$ e existem duas raízes distintas, uma positiva e outra negativa.

O determinante da matriz J avaliado no ponto B é positivo porque $m_B > \gamma f/\beta$. Portanto, $|J_B| = \beta - \gamma\bar{\pi}_B = \beta - \gamma f/m_B > 0$. O ponto de equilíbrio B pode ser estável ou instável dependendo do sinal do traço da matriz J avaliado neste ponto. O sinal do traço depende dos valores dos parâmetros do modelo. Quando $tr\ J_B = \gamma - \bar{\pi}_B > 0$, o ponto B é uma fonte (localmente instável). Por outro lado, se $tr\ J_B = \gamma - \bar{\pi}_B < 0$ o ponto B é um poço (localmente estável). As raízes características podem ser reais se $\triangle > 0$ e complexas se $\triangle < 0$. Se as raízes forem complexas e o traço for igual a zero, $tr\ J_B = \gamma - \bar{\pi}_B = 0$, as raízes são números imaginários puros.

Órbitas Periódicas e Bifurcação de Hopf

A análise qualitativa do sistema dinâmico do modelo de inflação crônica quando o déficit fiscal (f) aumenta, mantendo-se constante os parâmetros k, γ, β, mostra que a estabilidade do ponto de inflação baixa muda. É fácil verificar que o ponto de inflação baixa (ponto B) aumenta quando o déficit público aumenta. Para analisar esta mudança seja a taxa de inflação $\pi_B(f)$ o parâmetro de mudança. Esta função tem as seguintes propriedades:

$$0 < \pi_B(f) < \frac{\beta}{\gamma}, \ e\ \pi_B'(f) > 0$$

O traço da matriz jacobiana avaliado no ponto B é linear na taxa de inflação, $tr\ J_B = \gamma - \pi_B(f)$, como mostra a Figura 7.35. Para $\pi_B(f) < \pi_B(f_0)$, o sistema é instável porque o traço é positivo. Para $\pi_B(f) > \pi_B(f_0)$, o sistema é estável porque o traço é negativo. Quando f passa pelo ponto f_0 o sistema torna-se estável. A parte real da raiz característica complexa (R) é igual a metade do traço e sua derivada com relação ao déficit fiscal é dada por:

$$\frac{dR}{df} = \frac{d(\gamma - \pi_B(f))/2}{df} = -\frac{1}{2}\pi_B'(f) < 0$$

O fato de que esta derivada é diferente de zero permite concluir que para $f < f_0$ o sistema tem um ciclo limite estável. Portanto, $f = f_0$ é um ponto de bifurcação de Hopf porque existe uma mudança de estabilidade acompanhado pela criação de um ciclo limite.[1]

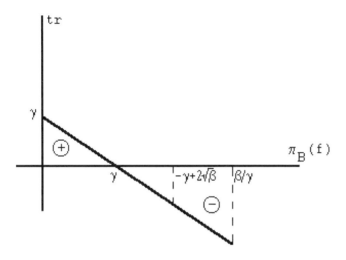

Figura 7.35

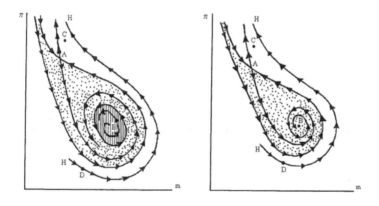

Figura 7.36a.   Figura 7.36b.

---

[1] A teoria da bifurcação de Hopf requer a computação da derivada de terceira ordem de uma função e seu sinal de acordo com Marsden e McCraken (1976, p. 65). Esta computação foi efetuada e o sinal da derivada é negativa.

Capítulo 7

A Figura 7.36 mostra algumas possibilidades para a dinâmica da economia em pontos próximos de $f = f_0$. A Figura 7.36a supõe que para um déficit público $f < f_0$ existe apenas um ciclo limite. Nas áreas ponteadas e hachureadas da Figura 7.36a não há hiperinflação, mesmo que o ponto B seja instável. Todavia, a curva H-H é uma trajetória de hiperinflação. A Figura 7.36b mostra a dinâmica da economia quando $f \geq f_0$. Neste caso, o ponto B é estável e na área ponteada não existe hiperinflação. Entretanto, a curva H-H é uma trajetória de hiperinflação.

A Tabela 7.3 contém a informação necessária para analisar a estabilidade do equilíbrio no ponto B, o ponto de baixa inflação. Este ponto tanto pode ser estável como instável, dependendo dos parâmetros do modelo. Quando a taxa de inflação de equilíbrio for maior do que zero e menor do que γ as raízes são complexas e o ponto B é estável. Quando a inflação for igual a γ ocorre a bifurcação de Hopf. Quando a inflação for maior do que γ e menor do que $-\gamma + 2\sqrt{\beta}$ o modelo é estável no ponto B e as raízes são complexas. Quando a inflação for maior do que $-\gamma + 2\sqrt{\beta}$ e menor do que β/γ o modelo é estável no ponto B e as raízes são reais.

Tabela 7.3

$\pi_B(f)$	$tr\ J_B$	$\triangle_B$	Estabilidade
$0 < \pi_B(f) < \gamma$	> 0	< 0	Estável(raízes complexas)
$\pi_B(f) = \gamma$	$= 0$	< 0	Bifurcação de Hopf
$\gamma < \pi_B(f) < -\gamma + 2\sqrt{\beta}$	< 0	< 0	Estável(raízes complexas)
$-\gamma + 2\sqrt{\beta} < \pi_B(f) < \beta/\lambda$	< 0	> 0	Estável(raízes reais)

A mudança do parâmetro da curva de Phillips afeta γ mas não afeta a razão β/γ. Portanto, quando o período médio dos contratos ou dos mecanismos de indexação aumenta o parâmetro γ também aumenta e a região de instabilidade do ponto B torna-se maior.

O modelo de inflação crônica apresentado nesta seção é capaz de explicar os fatos observados em países da América Latina, e em outras regiões do mundo, que usam (ou usaram) o imposto inflacionário como uma fonte permanente de financiamento dos gastos do governo. Pelo menos duas conclusões deste modelo devem ser enfatizadas. Em primeiro lugar, a dinâmica da economia é bastante complexa e instável. Em segundo lugar, choques que tirem a economia do equilíbrio podem colocá-la em trajetórias de hiperinflação.

Flutuação e Estabilização

7. Exercícios

1) Considere o seguinte modelo:
   IS: $\dot{x} = \sigma\left(i - \pi - \bar{r}\right)$
   CP: $\dot{\pi} = \delta x$
   RPM: $i = \bar{r} + \pi + \phi\left(\pi - \bar{\pi}\right) + \theta x$
   CI: Dados $p(0)$ e $\pi(0)$

   Os símbolos têm o seguinte significado: x = hiato do produto; r = taxa de juros real; $\bar{r}$ = taxa de juros natural; π = taxa de inflação; $\bar{\pi}$ = meta da taxa de inflação $\dot{\pi} = d\pi/dt$; i = taxa de juros nominal; α, δ, σ e θ são parâmetros positivos.

   Analise as consequências de uma mudança permanente, não antecipada, na meta de inflação.

2) Considere o seguinte modelo:
   IS: $x = -\lambda x - \alpha\left(r - \bar{r}\right)$
   CP: $\dot{\pi} = \delta x$
   RPM: $i = \bar{r} + \pi + \phi\left(\pi - \bar{\pi}\right) + \theta x$
   CI: Dados $p(0)$ e $\pi(0)$

   Os símbolos têm o seguinte significado: x = hiato do produto; $\dot{x} = dx/dt$; r = taxa de juros real; $\bar{r}$ = taxa de juros natural; π = taxa de inflação; $\dot{\pi} = d\pi/dt$; i = taxa de juros nominal; $\lambda, \alpha, \delta, \phi$ e θ são parâmetros positivos.
   a) Analise o equilíbrio e a dinâmica deste modelo num diagrama de fases, com a taxa de inflação (π) no eixo vertical e o hiato do produto (x) no eixo horizontal.
   b) Mostre o que acontece neste modelo, com o diagrama de fases do item a, quando o Banco Central aumenta a meta da taxa de inflação.
   c) O que acontece neste modelo se o parâmetro ϕ for negativo? Qual a interpretação da regra de política monetária neste caso?

3) Considere o seguinte modelo:
   IS: $x = -\alpha\left(r - \bar{r}\right) + \beta\left(f - \bar{f}\right) + g - \bar{g}$
   CP: $\dot{\pi} = \delta x$
   RPM: $i = \bar{r} + \pi + \phi\left(\pi - \bar{\pi}\right) + \theta x$
   CI: Dados $p(0)$ e $\pi(0)$
   Regra de política fiscal: $f - \bar{f} = -\varphi_1 x, g - \bar{g} = -\varphi_2 x$

   Os parâmetros $\alpha, \beta, \delta, \phi, \theta, \varphi_1, \varphi_2$ são positivos, e os demais símbolos têm o seguinte significado: x = hiato do produto; r = taxa de juros real; $\bar{r}$ = taxa de juros natural; f = déficit público; $\bar{f}$ = déficit público de pleno emprego; g = gastos do governo; $\bar{g}$ = gastos do governo de pleno emprego; π = taxa de inflação; $\bar{\pi}$ = meta de inflação, $\dot{\pi} = d\pi/dt$.
   a) Como você interpreta as regras das políticas monetária e fiscal?

Capítulo 7

b) Analise o equilíbrio e a dinâmica deste modelo num diagrama com π no eixo vertical e x no eixo horizontal.

c) O que aconteceria neste modelo se o parâmetro ϕ fosse negativo?

d) O que aconteceria nesta economia se o governo aumentasse a meta da taxa de inflação de $\bar{\pi}_0$ para $\bar{\pi}_1 > \bar{\pi}_0$?

4) Considere o seguinte modelo:

IS: $x = -\alpha\,(r - \bar{r})\,, \alpha > 0$

CP: $\dot{\pi} = -\delta x, \delta > 0$

RPM: $i = \bar{r}^{BC} + \pi + \phi\,(\pi - \bar{\pi}) + \theta x$

CI: Dados $p(0)$ e $\pi(0)$

Os símbolos têm o seguinte significado: $x =$ hiato do produto; $r =$ taxa de juros real; $\bar{r} =$ taxa de juros natural; $\pi =$ taxa de inflação; $\dot{\pi} = d\pi//dt; i$ $=$ taxa de juro nominal; $\bar{r}^{BC} =$ taxa de juros real do Banco Central; α, δ, ϕ e δ são parâmetros positivos.

a) Quais as consequências, de curto e longo prazo, se $\bar{r} \neq \bar{r}^{BC}$?

b) Como você interpretaria a hipótese de que $\bar{r} \neq \bar{r}^{BC}$?

5) Considere o seguinte modelo:

IS: $\dot{x} = -\alpha\,(r - \bar{r})\,, \alpha > 0$

CP: $\dot{\pi} = \delta x, \delta > 0$

RPM: $i = \bar{r} + \pi + \theta x, \theta > 0$

CI: Dados $p(0)$ e $\pi(0)$

Os símbolos têm o seguinte significado: $\dot{x} = dx/dt; x =$ hiato do produto; $r =$ taxa de juros real; $\bar{r} =$ taxa de juros natural; $i =$ taxa de juros nominal; $\pi =$ taxa de inflação; $\bar{\pi} =$ meta da taxa de inflação, $\dot{\pi} = d\pi/dt; \alpha, \delta$ e θ são parâmetros positivos.

a) Discuta a especificação de cada uma das equações do modelo.

b) Analise o equilíbrio e a dinâmica deste modelo no diagrama de fases com π no eixo vertical e x no eixo horizontal.

c) Mostre a dinâmica deste modelo, no diagrama de fases do item anterior, quando o Banco Central reduz a meta de inflação.

6) Considere o seguinte modelo:

IS: $u - \bar{u} = \alpha\,(r - \bar{r})\,, \alpha > 0$

CP: $\dot{\pi} = -\delta\,(u - \bar{u})\,, \delta > 0$

RPM: $i = \phi\,(\pi - \bar{\pi}) - \theta\dot{u}$

CI: Dados $p(0)$ e $\pi(0)$

Os símbolos têm o seguinte significado: $u =$ taxa de desemprego; $\bar{u} =$ taxa de desemprego natural; $r =$ taxa de juros real; $\bar{r} =$ taxa de juros natural; $i =$ taxa de juros nominal; $\dot{i} = di/dt, \pi =$ taxa de inflação; $\bar{\pi} =$ meta da taxa de inflação, $\dot{\pi} = d\pi/dt; \dot{u} = du/dt, \alpha, \delta, \phi$ e θ são parâmetros positivos.

Flutuação e Estabilização

a) Como você obteria a curva IS deste modelo?

b) A regra de política monetária necessita informação de alguma variável não observável?

c) Analise o equilíbrio e a dinâmica deste modelo num diagrama de fase com a inflação no eixo vertical e a taxa desemprego no eixo horizontal. Este modelo é estável?

d) Admita que a inflação inicial deste modelo seja uma variável endógena e que o parâmetro δ seja negativo. Analise o equilíbrio e a dinâmica deste modelo nestas circunstâncias.

e) Você recomendaria o uso desta regra de política monetária?

7) Considere o seguinte modelo

IS: $x = -\alpha (r - \bar{r})$

CP: $\dot{\pi} = \delta x$

RPM: $i = \bar{r} + \pi + \phi (\pi - \bar{\pi}) + \theta x$

a) Neste modelo, a inflação no longo prazo é um fenômeno monetário?

b) Admita que a curva LM seja especificada por:

$$LM : m - \bar{m} = \lambda x - \beta \left(i - \bar{i} \right)$$

onde m é a quantidade real de moeda $m = M\big/P$. A meta da taxa de inflação, no longo prazo, é igual à taxa de crescimento da base monetária?

c) A regra de política monetária, que fixa a taxa de juros, implica que, no longo prazo, a inflação não é um fenômeno monetário?

d) Pode-se afirmar, com base neste modelo, que se o objetivo da sociedade for a diminuição da taxa de juros, deve-se inicialmente aumentá-la?

8) Considere o seguinte modelo:

IS: $x = -\alpha (r - \bar{r})$

CP: $\dot{\pi} = \delta x$

RPM: $i^s = \bar{r}^s + \pi + \theta (\pi - \bar{\pi}) + \phi x$

Crédito: $i = i^s + \overline{sp} + \beta (sp - \overline{sp})$

CI: Dados $p(0)$ e $\pi(0)$

Definições: $i = r - \pi, \bar{r} = \bar{r}^s + \overline{sp}$

O símbolo sp representa o *spread* da taxa de juros no mercado de crédito e $\overline{sp}$ é o *spread* de equilíbrio de longo prazo.

a) Mostre que a equação de demanda agregada deste modelo é dada por:

$$\pi = \bar{\pi} - \frac{(1 + \alpha\phi)}{\alpha\theta} x - \frac{\beta}{\theta} (sp - \overline{sp})$$

b) Mostre, num diagrama de fases (π no eixo vertical e x no eixo horizontal), o que acontece com o hiato do produto e a taxa de inflação, quando um choque no mercado de crédito faz com que $sp - \overline{sp} > 0$.

Capítulo 7

9) Considere o seguinte modelo:

IS: $\dot{x} = -\alpha\,(r - \bar{r}), \alpha > 0$

CP: $\dot{\pi} = -\gamma\,(\pi - \bar{\pi}) + \delta x, \delta > 0$

RPM: $i = \bar{r} + \pi + \phi\,(\pi - \bar{\pi}) + \theta x, \phi > 0, \theta > 0$

CI: Dados $p(0)$ e $\pi(0)$

Os símbolos têm o seguinte significado: $\dot{x} = dx/dt; x =$ hiato do produto; $r =$ taxa de juros real; $\bar{r} =$ taxa de juros natural; $i =$ taxa de juros nominal; $\pi =$ taxa de inflação; $\bar{\pi} =$ meta da taxa de inflação, $\dot{\pi} = d\pi/dt; \alpha, \gamma, \delta, \phi$ e θ são parâmetros positivos.

a) Analise o equilíbrio e a dinâmica deste modelo no diagrama de fases com π no eixo vertical e x no eixo horizontal.

b) Mostre a dinâmica deste modelo, no diagrama de fases do item anterior, quando o Banco Central reduz a meta de inflação.

c) O que aconteceria neste modelo se o parâmetro ϕ fosse negativo?

10) Considere o seguinte modelo:

IS: $\dot{x} = -\alpha\,(r - \bar{r}), \alpha > 0$

CP: $\dot{\pi} = \delta x, \delta > 0$

RPM: $i = \bar{i}$

CI: Dados $p(0)$ e $\pi(0)$

Os símbolos têm o seguinte significado: $\dot{x} = dx/dt; x =$ hiato do produto; $r =$ taxa de juros real; $\bar{r} =$ taxa de juros natural; $i =$ taxa de juros nominal; $\pi =$ taxa de inflação; $\bar{\pi} =$ meta da taxa de inflação, $\dot{\pi} = d\pi/dt; \alpha, \delta$ são parâmetros positivos.

a) Analise o equilíbrio e a dinâmica deste modelo no diagrama de fases com π no eixo vertical e x no eixo horizontal.

b) Mostre a dinâmica deste modelo, no diagrama de fases do item anterior, quando o Banco Central reduz a meta de inflação.

11) Considere o seguinte modelo:

IS: $\dot{x} = \gamma x + \sigma\,(r - \bar{r})$

CP: $\pi = \delta x$

RPM: $i = \bar{r} + \pi + \phi\,(\pi - \bar{\pi}) + \theta x$

CI: $p(0)$

a) Analise o equilíbrio e a dinâmica deste modelo.

b) Quais são as propriedades deste modelo quando $\gamma = 0$ e $\delta < 0$ (modelo novokeynesiano)?

c) Quais são as propriedades deste modelo quando $\gamma < 0, \delta > 0$ e $\sigma < 0$ (modelo keynesiano)?

12) Considere o seguinte modelo:

IS: $\dot{x} = -\alpha\,(r - \bar{r}), \alpha > 0$

CP: $\dot{\pi} = \delta x$

RPM: $\frac{di}{dt} = \phi\,(\pi - \bar{\pi}) + \theta x$

Flutuação e Estabilização

a) Qual a condição que o parâmetro θ tem de satisfazer para que o modelo seja estável?

b) Admita que $\alpha < 0$ e que $\delta < 0$. O modelo tem multiplicidade de equilíbrio?

c) Você recomendaria o uso desta regra de política monetária pelo Banco Central?

13) Considere o seguinte modelo novokeynesiano:

IS: $\dot{x} = \sigma\left(r - \bar{r}\right)$

CP: $\dot{\pi} = \rho\pi - \kappa x$

RPM: $r - \bar{r} = \phi\left(\pi - \bar{\pi}\right) + \theta\left(x - \bar{x}\right)$

A meta de inflação $\bar{\pi}$ e o hiato $\bar{x}$ são tais que $\bar{x} = \rho\bar{\pi}/\kappa$.

a) O equilíbrio neste modelo é único?

b) No modelo novokeynesiano a política monetária é neutra no longo prazo?

Capítulo 8: Macroeconomia da Economia Aberta

Este capítulo trata da macroeconomia da economia aberta. As duas primeiras seções apresentam modelos de arbitragem dos preços dos bens e serviços no comércio internacional e das taxas de juros no movimento de capitais entre países. A terceira seção apresenta a condição de Marshall-Lerner que estabelece uma restrição para que haja correlação positiva entre a relação de troca e a conta-corrente do balanço de pagamentos. A quarta seção cuida da especificação da equação da curva IS na economia aberta, que relaciona o produto real, a taxa de juros real e a taxa de câmbio real. As especificações da curva IS são apresentadas para o modelo tradicional e para o modelo novokeynesiano. A quinta seção analisa a determinação da taxa de câmbio real de equilíbrio de longo prazo, a taxa de câmbio natural. A sexta seção discute a especificação da regra de Taylor na economia aberta. A sétima seção trata da especificação da curva de Phillips na economia aberta, nos modelos keynesiano e novokeynesiano.

1. Arbitragem de Preços dos Bens e Serviços

Na economia aberta existe mobilidade de bens e serviços, de capital e de mão de obra entre os países. As leis de imigração restringem bastante a mobilidade de mão de obra e, portanto, este tipo de mobilidade não será considerado nos modelos da macroeconomia aberta. A mobilidade dos bens e serviços é feita pelo comércio internacional. O exportador e o importador podem ser vistos como agentes cujo principal negócio consiste na arbitragem dos preços em diferentes países.

1.1 Paridade do Poder de Compra Absoluta

A taxa de câmbio (E) é a quantidade de moeda doméstica que compra uma unidade da moeda estrangeira. Admita que o preço do bem doméstico seja igual a P e o preço do mesmo bem importado na moeda do país de origem seja igual a P^*. O preço do bem importado convertido em moeda doméstica é, portanto, igual a EP^*. Logo, se este preço for menor do que o preço do bem doméstico compra-se o bem importado. Caso contrário, compra-se o bem doméstico. A lei do preço único estabelece que um bem seja vendido pelo mesmo preço:

$$EP^* = P$$

A taxa de câmbio nominal pode ser escrita, então, como a razão entre o inverso do índice de preços estrangeiro e o inverso do índice de preços doméstico,

$$E = \frac{1/P^*}{1/P}$$

O numerador desta expressão é o poder de compra da moeda estrangeira e o denominador o poder de compra da moeda doméstica. Esta equação mostra que a arbitragem dos preços dos bens e serviços estabelece a paridade de poder de compra entre as moedas.

A taxa de câmbio real é definida pela razão entre os níveis de preços dos dois países medidos na mesma moeda:

$$Q = \frac{EP^*}{P}$$

Q é a taxa de câmbio real, E é a taxa de câmbio nominal, P^* o índice de preços externo e P o índice de preços doméstico. A taxa de câmbio real é o preço relativo dos bens e serviços dos dois países e mede a quantidade de bens e serviços domésticos necessários para se comprar uma unidade física do bem estrangeiro. Quando os bens são homogêneos a paridade do poder de compra absoluta implica que a taxa de câmbio real seja igual a um:

$$Q = 1$$

1.2 Paridade do Poder de Compra Relativa

Admita que no cálculo do índice de preços de cada país entrem dois bens, mas que o peso de cada bem não seja o mesmo nos dois países. A proporção do gasto com o bem dois no índice doméstico é α e esta proporção no índice de preços estrangeiro é igual a β. Os índices geométricos de preços de cada país são dados por:

$$P = P_1^{1-\alpha} P_2^{\alpha} = P_1 \left(P_2/P_1\right)^{\alpha}$$

$$P^* = \left(P_1^*\right)^{1-\beta} \left(P_2^*\right)^{\beta} = P_1^* \left(P_2^*/P_1^*\right)^{\beta}$$

Capítulo 8

A taxa de câmbio real é facilmente obtida a partir destes dois índices:

$$Q = \frac{EP^*}{P} = \frac{EP_1^* p^\beta}{P_1 p^\alpha}$$

onde p é o preço relativo dos dois bens. A arbitragem do comércio internacional implica a lei do preço único:

$$EP_1^* = P_1 \qquad EP_2^* = P_2$$

A taxa de câmbio real é, portanto, dada por:

$$Q = p^{\beta - \alpha}$$

Quando $\alpha = \beta, Q = 1$. Se $\alpha \neq \beta$, e $p = constante$, então se obtém a paridade do poder de compra relativa:

$$Q = constante$$

A paridade do poder de compra relativa é equivalente à proposição de que a taxa de variação da taxa nominal de câmbio é igual à diferença entre a taxa de inflação doméstica e a taxa de inflação externa:

$$\widehat{E} = \widehat{P} - \widehat{P}^*$$

O acento circunflexo nas variáveis indica taxa de variação.

1.3 Bens Comercializáveis e Bens Não Comercializáveis

Existe um bom número de bens e serviços em cada país que não são objeto do comércio internacional. Estes bens e serviços são denominados não comercializáveis (N). O índice de preços em cada país é uma média geométrica dos preços dos dois bens:

$$P = P_T^{1-\omega} P_N^\omega = P_T \left(P_N / P_T \right)^\omega$$

$$P^* = P_T^{*1-\omega} P_N^{*\omega} = P_T^* \left(P_N^* / P_T^* \right)^\omega$$

Admite-se, por simplicidade, que o peso de cada bem é o mesmo nos dois países. Para os bens comercializáveis (T) a lei do preço único implica:

$$EP_T^* = P_T$$

A taxa de câmbio real depende, portanto, da razão dos preços relativos nos dois países:

$$Q = \left(\frac{p^*}{p} \right)^\omega$$

Neste caso não vale nem a paridade relativa nem tampouco a paridade absoluta do poder de compra e a taxa de variação do câmbio real é proporcional à diferença entre as taxas de variações dos dois preços relativos:

$$\widehat{Q} = \omega \left(\hat{p}^* - \hat{p} \right)$$

1.4 Termos de Troca e Taxa de Câmbio Real

Os termos de troca, ou as relações de troca, é o preço relativo entre os bens importados e exportados por um país, isto é, os termos de troca são definidos pela razão entre estes dois preços. Alguns analistas preferem colocar o preço das exportações no numerador e o preço dos produtos importados no denominador. Neste texto faremos o contrário, definindo os termos de troca (S) pela razão entre o preço dos bens importados (P_M) e o preço dos bens exportados (P_X):

$$S = \frac{P_M}{P_X}$$

Esta definição permite consistência com a definição da taxa de câmbio real adotada neste texto. Todavia, se a definição preferida for de colocar o preço dos bens exportados no numerador ela corresponde ao inverso ($1/S$) e basta que se defina também a taxa de câmbio real pelo inverso ($1/Q$).

Quando existem bens exportáveis e bens importáveis a taxa de câmbio real da subseção anterior pode ser escrita como:

$$Q = \frac{EP_T^*}{P_T} \frac{(p^*)^{w^*}}{p^\omega} = Q_T \frac{(p^*)^{\omega^*}}{p^\omega}$$

Nesta expressão admitiu-se que os pesos dos produtos não comercializáveis nos índices de preços não são os mesmos nos dois países. A taxa de câmbio real tem, então, três componentes: i) o preço relativo dos bens comercializáveis; ii) o preço relativo dos não comercializáveis no país estrangeiro e iii) o preço relativo dos bens não comercializáveis no país doméstico.

O preço relativo dos bens comercializáveis depende dos preços dos bens exportáveis e importáveis de acordo com os seguintes índices de preços:

$$P_T^* = (P_X^*)^{1-\alpha^*} (P_M^*)^{\alpha^*} = P_X^* \left(\frac{P_M^*}{P_X^*}\right)^{\alpha^*}$$

$$P_T = P_X^{1-\alpha} P_M^\alpha = P_X \left(\frac{P_M}{P_X}\right)^{\alpha}$$

Segue-se, portanto, que a taxa de câmbio real em termos dos bens comercializáveis, pode ser escrita como:

$$Q_T = \frac{EP_X^* \left(P_M^*/P_X^*\right)^{\alpha^*}}{P_X \left(P_M/P_X\right)^{\alpha}}$$

Os bens exportados do país estrangeiro são os bens importados pelo país doméstico, e os bens exportados pelo país doméstico são os bens importados pelo país estrangeiro. Logo, existem as seguintes relações entre eles:

$$EP_X^* = P_M$$

$$EP_M^* = P_X$$

Substituindo-se estas expressões na taxa de câmbio real de comercializáveis obtém-se, depois de alguma álgebra, a relação entre esta taxa e os termos de troca:

$$Q_T = S^{1-\alpha-\alpha^*}$$

Com este resultado é fácil verificar-se que a taxa de câmbio real, os termos de troca e os preços relativos dos bens não comercializáveis nos dois países satisfazem a seguinte equação:

$$q = (1 - \alpha - \alpha^*) s + \omega^* p^* - \omega p$$

As letras minúsculas indicam os logaritmos das respectivas variáveis. A taxa de câmbio real depende, portanto, dos termos de troca, do preço relativo dos bens não comercializáveis no país estrangeiro e do preço relativo dos bens não comercializáveis no país doméstico. Os termos de troca e a taxa de câmbio real estão positivamente correlacionados quando o sinal de $1 - \alpha - \alpha^*$ for positivo. Caso contrário, a correlação será negativa. Quando a soma dos pesos for igual a um ($\alpha + \alpha^* = 1$) os termos de troca não afeta a taxa de câmbio real.

2. Arbitragem da Taxa de Juros

A mobilidade de capital interliga os mercados financeiros dos países, tornando possível a arbitragem de juros dos títulos, de renda fixa e de renda variável, emitidos em diferentes moedas. Nesta seção admite-se que existe perfeita mobilidade de capital, que os ativos são substitutos perfeitos e que os agentes são neutros ao risco.

2.1 Paridade da Taxa de Juros Descoberta

Considere um investidor que pode investir seus recursos domesticamente ou no exterior. Caso invista no seu país ele terá no resgate o principal investido acrescido dos juros durante o período:

$$1 + i_t$$

Caso prefira investir no exterior ele terá de converter sua moeda doméstica no mercado de câmbio para obter $1/E$ de moeda externa, aplicá-la à taxa de juros externa i^*, e no momento do resgate converter o principal e os juros pela taxa de câmbio E_{t+1}:

$$\frac{1}{E_t} (1 + i_t^*) E_{t+1}^e$$

Adicionou-se o símbolo e na taxa de câmbio do período $t+1$ para indicar o fato de que no momento t do investimento esta taxa não é conhecida. Para um investidor neutro ao risco estas duas opções são equivalentes. Logo, pela lei do preço único:

$$1 + i_t = (1 + i_t^*) \frac{E_{t+1}^e}{E_t}$$

Tomando-se o logaritmo na base natural nos dois lados desta expressão e a aproximação $\log(1+x) \cong x$ conclui-se que a mudança antecipada na taxa de câmbio é igual ao diferencial das taxas de juros:

$$e_{t+1}^e - e_t = i_t - i_t^*$$

2.2 Determinação da Taxa de Câmbio

A taxa de câmbio, o preço de um ativo financeiro, é determinada a partir da arbitragem entre os ativos domésticos e externos. A equação de arbitragem da taxa de juros descoberta pode ser escrita como:

$$i_t + e_t = i_t^* + e_{t+1}^e$$

A Figura 8.1 mostra o gráfico desta equação com a taxa de juros no eixo horizontal e a taxa de câmbio no eixo vertical, supondo que a taxa de juros externa e a de câmbio futuro sejam conhecidas. Para uma taxa de juros doméstica igual a i_0 à taxa de câmbio determinada pela arbitragem é igual a e_0. A taxa de câmbio hoje depende da taxa de câmbio prevista para amanhã. Caso se antecipe uma mudança da taxa de câmbio futura, a taxa de câmbio muda imediatamente, como indicado na Figura 8.1. A curva AA desloca-se para $A'A'$ e a taxa de câmbio aumenta de e_0 para e_1.

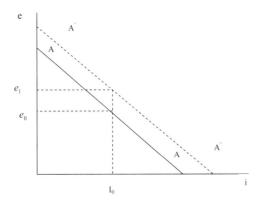

Figura 8.1

A taxa de câmbio, como o preço de qualquer ativo pode ter uma bolha, isto é, seu preço pode sofrer variação sem que haja mudança nos fundamentos, basta que as pessoas que participam do mercado acreditem que os preços no futuro vão subir. Esta crença pode gerar uma profecia que se auto-realiza. A inexistência de fundamentos que sustentem a alta dos preços prevalecerá mais cedo ou mais tarde, e a bolha terminará se dissipando.

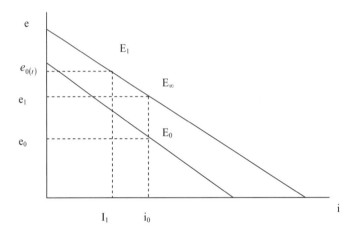

Figura 8.2

A taxa de câmbio é uma variável que pode mudar de valor instantaneamente, como o preço de qualquer outro ativo. Todavia, os preços dos bens e serviços podem ser rígidos e no curto prazo não mudarem de valor repentinamente, isto é, os preços dos bens e serviços podem ser variáveis predeterminadas do modelo. Admita que este seja o caso. Suponha também que o Banco Central reduza a taxa de juros de i_0 para i_1, como indicado na Figura 8.2. A redução da taxa de juros provoca um aumento da quantidade de moeda e no longo prazo o nível de preços terá um aumento proporcional ao aumento do estoque de moeda. A taxa de câmbio futura aumentará porque não houve mudança da taxa de câmbio real. No longo prazo, a taxa de juros volta ao seu valor inicial devido ao aumento do nível de preços, que mantém a liquidez real da economia inalterada. No longo prazo, a taxa de câmbio da economia será igual a e_1. No curto prazo, a taxa de câmbio será maior do que este valor, para impedir ganhos de arbitragem, pois a taxa de câmbio tem que se apreciar depois de sua subida inicial. Este fenômeno é conhecido como o fenômeno da ultrapassagem (em inglês, *overshooting*), no qual a taxa de câmbio ultrapassa no curto prazo seu valor de longo prazo.

2.3 Paridade da Taxa de Juros Coberta

Considere, agora, o caso de um investidor que pode aplicar seus recursos no mercado doméstico a uma taxa de juros i. No resgate sua aplicação terá o seguinte valor em moeda doméstica:

$$1 + i_t$$

Este investidor pode optar por ir ao mercado pronto de câmbio comprar $1/E$ de moeda estrangeira e aplicá-la a uma taxa de juros i^*. No momento do investimento ele sabe exatamente o valor em moeda estrangeira que receberá no resgate do mesmo. O investidor pode vender esta moeda estrangeira no mercado futuro, ou a termo, no momento do investimento ao preço F vigente no mercado futuro, ou no mercado a termo, para entrega de moeda estrangeira no período $t + 1$. No resgate do investimento, o valor do mesmo será igual a:

$$\frac{1}{E_t} \left(1 + i_t^*\right) F_t$$

A lei do preço único implica que os retornos destes dois ativos devem ser iguais porque eles são idênticos. Isto é:

$$1 + i_t = \left(1 + i_t^*\right) \frac{F_t}{E_t}$$

Neste caso não há necessidade da hipótese de neutralidade ao risco por parte do investidor porque não existe risco neste investimento. Tomando-se o logaritmo natural dos dois lados da expressão, com a mesma aproximação usada anteriormente, conclui-se que o diferencial de preços entre o mercado futuro, ou a termo, e o mercado pronto é igual ao diferencial das taxas de juros:

$$f_t - e_t = i_t - i_t^*$$

Comparando-se esta expressão com sua equivalente para a paridade descoberta da taxa de juros é fácil concluir que a taxa de câmbio no mercado futuro é igual à taxa de câmbio esperada para o futuro:

$$e_{t+1}^e = f_t$$

2.4 Paridade da Taxa de Juros Real Descoberta

A paridade da taxa de juros descoberta estabelece que o diferencial entre as taxas de juros interna e externa é igual à taxa de variação antecipada da taxa de câmbio:

$$1 + i_t = (1 + i_t^*) \frac{E_{t+1}}{E_t}$$

Esta expressão não se altera quando se multiplica e se divide os dois lados da mesma pela relação dos índices de preços, domésticos e externos, nos períodos t e $t + 1$:

$$\frac{1 + i_t}{P_{t+1}/P_t} = \frac{1 + i_t^*}{P_{t+1}^*/P_t^*} \frac{\frac{E_{t+1} P_{t+1}^*}{P_{t+1}}}{\frac{E_t P_t^*}{P_t}}$$

O lado esquerdo desta equação é igual a um mais a taxa de juros real doméstica. A primeira fração do lado direito é igual a um mais a taxa real de juros externa. A segunda fração do lado direito é igual à razão entre a taxa de câmbio real no período $t + 1$ e a taxa de câmbio real no período t. A paridade da taxa de juros real descoberta tem uma expressão análoga à paridade da taxa de juros nominal. Isto é:

$$1 + r_t = (1 + r_t^*) \frac{Q_{t+1}}{Q_t}$$

Tomando-se logaritmo dos dois lados desta expressão tem-se que o diferencial das taxas de juros reais é igual ao valor esperado da mudança da taxa de câmbio real:

$$r_t = r_t^* + q_{t+1} - q_t$$

onde $q_i = \log Q_i$. Esta expressão pode ser escrita em variáveis contínuas, isto é, a cada momento do tempo a diferença das taxas de juros reais é igual à derivada da taxa de câmbio real com relação ao tempo:

$$r = r^* + \dot{q}$$

No longo prazo, quando a taxa de câmbio real estiver em equilíbrio $(\dot{q} = 0)$ a taxa de juros real doméstica é igual à taxa de juros real externa: $r = r^*$.

3. Condição de Marshall-Lerner

O produto interno bruto é igual à soma do consumo (C), investimento (I), despesas do governo (G), exportações de bens e serviços não fatores (X), deduzido do total das importações de bens e serviços não fatores (Z). Isto é:

$$Y = C + I + G + X - Z$$

Macroeconomia da Economia Aberta

Subtraindo-se do produto interno bruto a renda líquida enviada para o exterior obtém-se o produto nacional bruto. A exportação líquida de bens e serviços não fatores menos a renda líquida enviada para o exterior é igual a conta-corrente do balanço de pagamentos. Portanto, deve ficar claro do contexto qual o significado do símbolo Y, se produto interno bruto ou produto nacional bruto:

$$Y = PIB \Rightarrow X - Z = \text{exportação líquida de bens e serviços;}$$

$$Y = PNB \Rightarrow X - Z = \text{conta-corrente do balanço de pagamentos.}$$

Dividindo-se a expressão do produto nacional bruto nominal pelo índice de preços dos bens domésticos obtém-se:

$$\frac{Y}{P} = \frac{C}{P} + \frac{I}{P} + \frac{G}{P} = \frac{X}{P} - \frac{EP^*}{P}z$$

O valor nominal das importações é obtido se multiplicando a taxa de câmbio nominal (E) pelo índice de preços (P^*) dos bens e serviços importados vezes a quantidade de bens e serviços importados (z). O produto nacional bruto em termos reais é dado, portanto, por:

$$y = c + i + g + x - Sz$$

S é a relação de troca, ou termos de troca. A conta-corrente do balanço de pagamentos é igual à exportação líquida de bens e serviços, fatores e não fatores. Isto é:

$$cc = x - Sz$$

As exportações de bens e serviços variam no mesmo sentido dos termos de troca, ou seja, quando os termos de troca aumentam (diminui) as exportações líquidas aumentam (diminuem):

$$x = x(S, \cdots), \frac{\partial x}{\partial S} > 0$$

As importações de bens e serviços, por sua vez, variam no sentido contrário dos termos de troca. A derivada parcial das importações com relação aos termos de troca é negativa:

$$z = z(S, \cdots), \frac{\partial z}{\partial S} < 0$$

Álgebra

A derivada da conta-corrente com relação aos termos de troca é dada por:

$$\frac{\partial cc}{\partial S} = \frac{\partial x}{\partial S} - \left(z + S\frac{\partial z}{\partial S}\right)$$

Esta expressão pode ser escrita como:

$$\frac{\partial cc}{\partial S} = \frac{x}{S}\frac{\partial x}{\partial S}\frac{S}{x} - z\left(1 + \frac{S}{z}\frac{\partial z}{\partial S}\right)$$

As elasticidades da exportação e da importação com relação aos termos de troca são definidas por:

$$\eta_{x,S} = \frac{\partial x}{\partial S}\frac{S}{x}, \eta_{z,S} = \frac{\partial z}{\partial S}\frac{S}{z}$$

A derivada da conta-corrente com relação aos termos de troca pode ser escrita em função das duas elasticidades, de acordo com:

$$\frac{\partial cc}{\partial S} = \frac{x}{S}\eta_{x,S} - z\left(1 + \eta_{z,S}\right)$$

Se $x = Sz$, isto é, se a conta-corrente estiver inicialmente em equilíbrio pode-se colocar z, ou x/S, em evidência e a derivada da conta-corrente com relação aos termos de troca é dada por:

$$\frac{\partial cc}{\partial S} = \frac{x}{S}\left(\eta_{x,S} - \eta_{z,S} - 1\right)$$

Marshall-Lerner

A elasticidade das importações com relação aos termos de troca é um número negativo. Logo, o seu valor absoluto é igual ao valor da elasticidade das importações com o sinal trocado, e a derivada da conta-corrente com relação aos termos de troca depende da soma das elasticidades de acordo com:

$$\frac{\partial cc}{\partial S} = \frac{x}{S}\left(\eta_{x,Q} + |\eta_{z,Q}| - 1\right)$$

A condição de Marshall-Lerner estabelece as restrições que devem ser satisfeitas para que a relação de troca e a conta-corrente variem no mesmo sentido. Quando a soma das duas elasticidades, em valores absolutos, for maior do que um a conta-corrente aumenta (diminui) quando a relação de troca aumenta (diminui):

$$\eta_{x,S} + |\eta_{z,S}| - 1 > 0 \Rightarrow \frac{\partial cc}{\partial S} > 0$$

4. Curva IS na Economia Aberta

A curva IS na economia aberta, no modelo keynesiano, tem que levar em conta algumas características deste ambiente: i) a existência de dois bens,

Macroeconomia da Economia Aberta

um doméstico que é exportado, e outro estrangeiro, que é importado; ii) os possíveis efeitos do preço relativo destes bens na absorção do produto doméstico; e iii) os possíveis efeitos do superávit (déficit) na conta-corrente do balanço de pagamentos na absorção do produto doméstico.

4.1 Curva IS Keynesiana

Na economia aberta o produto nacional bruto é obtido somando-se o consumo, o investimento, os gastos do governo e a conta-corrente do balanço de pagamentos:

$$y = c + \iota + g + cc$$

O consumo depende da renda disponível, o investimento da taxa de juros real, e a conta-corrente é função da relação de troca:

$$y = c\,(y - \tau) + \iota(r) + g + cc(S)$$

No equilíbrio de pleno emprego esta equação é dada por:

$$\bar{y} = c\,(\bar{y} - \bar{\tau}) + \iota(\bar{r}) + \bar{g} + cc(\bar{S})$$

Álgebra

As expansões das funções consumo, investimento e conta-corrente do balanço de pagamentos, em torno do ponto correspondente ao pleno emprego, desprezando-se os termos de segunda ordem, têm as seguintes expressões:

$$c\,(y - \tau) = c\,(\bar{y} - \bar{\tau}) + c'\,(y - \bar{y} - (\tau - \bar{\tau}))$$

$$\iota(r) = \iota(\bar{r}) + \iota'\,(r - \bar{r})$$

$$cc(S) = cc\left(\bar{S}\right) + cc'\left(S - \bar{S}\right)$$

Subtraindo-se do produto o produto de pleno emprego e substituindo-se as expressões acima se obtém:

$$y - \bar{y} = c'\,[(y - \bar{y}) - (\tau - \bar{\tau})] + \iota'\,(r - \bar{r}) + g - \bar{g} + cc'\left(S - \bar{S}\right)$$

Esta equação pode ser escrita como:

$$y - \bar{y} = \frac{c'}{1 - c'}\,(\tau - \bar{\tau}) + \frac{\iota'}{1 - c'}\,(r - \bar{r}) + \frac{1}{1 - c'}\,(g - \bar{g}) + \frac{cc'}{1 - c'}\left(S - \bar{S}\right)$$

O déficit público pode substituir uma das variáveis de política fiscal nesta equação. O imposto arrecadado pelo governo é igual à diferença entre o gasto

Capítulo 8

do governo e o déficit público, $\tau = g - f$. Portanto, $\tau - \bar{\tau} = g - \bar{g} - (f - \bar{f})$. Logo:

$$y - \bar{y} = \frac{\iota'}{1 - c'}(r - \bar{r}) + \frac{cc'}{1 - c'}\left(S - \bar{S}\right) + \frac{c'}{1 - c'}\left(f - \bar{f}\right) + g - \bar{g}$$

Esta equação, como a da curva IS da economia fechada, pode ser escrita com o hiato do produto no lado esquerdo bastando para isto que se dividam os dois lados da mesma pelo produto potencial da economia. No termo que contém o desvio da relação de troca com relação à relação de troca de pleno emprego deve-se multiplicá-lo e dividi-lo pela relação de troca de pleno emprego. Deste modo o desvio do logaritmo da relação de troca em relação ao logaritmo da relação de troca de longo prazo será um dos argumentos da curva IS. Isto é:

$$\frac{S - \bar{S}}{\bar{S}} \cong \log\left(1 + \frac{S - \bar{S}}{\bar{S}}\right) = \log S - \log \bar{S} = s - \bar{s}$$

Equação da Curva IS

Na economia aberta é importante que se faça a distinção entre o índice de preços ao consumidor (P_c) e o índice de preços dos bens produzidos domesticamente (P). O índice de preços ao consumidor é uma média ponderada dos preços dos bens domésticos e dos bens importados, com o peso ω igual à proporção das despesas do consumidor com os bens e serviços importados. Isto é:

$$P_c = P^{1-\omega}\left(EP^*\right)^\omega = P\left(\frac{EP^*}{P}\right)^\omega$$

A taxa de câmbio real é igual à relação dos índices de preços ao consumidor, externo e doméstico, expressos na mesma moeda:

$$Q = \frac{EP^*}{P_c}$$

Substituindo-se o índice de preços ao consumidor nesta expressão é fácil verificar que a taxa de câmbio real e a relação de troca estão ligadas de acordo com:

$$Q = S^{1-\omega}$$

O logaritmo da taxa de câmbio real é, portanto, proporcional ao logaritmo da relação de troca:

$$q = \log Q = (1 - \omega)\log S = (1 - \omega)s$$

Logo, o desvio da taxa de câmbio real do seu valor de pleno emprego é proporcional ao desvio da relação de troca do seu valor de longo prazo:

$$q - \bar{q} = (1 - \omega)(s - \bar{s})$$

Ao invés de usar-se o desvio da relação de troca na curva IS é possível, então, usar-se o desvio da taxa de câmbio real. A única diferença reside no coeficiente do desvio, mas não há nenhuma diferença substantiva na especificação. Adotar uma ou outra será uma questão de conveniência algébrica, que envolve apenas uma interpretação adequada das variáveis do modelo, como será visto mais adiante.

Na equação da curva IS numa economia aberta, o hiato do produto (x) depende, portanto, dos hiatos da taxa de juros real, da taxa de câmbio real (ou da relação de troca), do déficit público e do gasto do governo de acordo com,

$$x = -\alpha(r - \bar{r}) + \beta(q - \bar{q}) + \gamma\left(f - \bar{f}\right) + g - \bar{g}$$

Os coeficientes α, β, γ são positivos. Na hipótese de equivalência ricardiana o parâmetro γ é igual a zero, pois o déficit público não afeta o hiato do produto.

4.2 Curva IS Novokeynesiana

A curva IS novokeynesiana, na economia aberta pequena, tem duas versões, uma baseada no modelo do agente representativo e outra no modelo de gerações superpostas. Na seção 5 do capítulo 2 deduziu-se a curva IS [equação (2.16)] do modelo do agente representativo, cuja especificação com variáveis contínuas é dada por:

$$\dot{x} = \omega\sigma\left(i_t - E_t\pi_{H,t+1} - \bar{r}_t\right)$$

A taxa de variação do hiato do produto é proporcional ao hiato da taxa de juros real. Este coeficiente de proporcionalidade é o produto da elasticidade intertemporal do consumo σ pelo parâmetro $\omega = 1 + \gamma(2 - \gamma)\left((\eta/\sigma) - 1\right)$. O parâmetro ω depende do grau de abertura da economia (γ), da elasticidade de substituição intertemporal do consumo (σ) e da elasticidade intratemporal do consumo (η). O parâmetro ω é igual a um em duas situações: i) quando a economia for fechada $(\gamma = 0)$ e ii) quando as elasticidades de substituição intertemporal e intratemporal forem iguais $(\sigma = \eta)$.

A taxa de juros natural deste modelo novokeynesiano da economia aberta pequena é dada pela média ponderada da taxa de juros natural da economia aberta pequena se ela fosse uma economia fechada e da taxa de juros real internacional. Isto é:

$$\bar{r}_t = \frac{1}{\omega}\bar{r}_t^{CE} + \frac{\omega - 1}{\omega}r_t^*$$

Quando ω for igual a um a economia é fechada e a taxa de juros natural corresponde aquela de uma economia fechada. Quando $\omega \to \infty(\eta \to \infty$ ou $\sigma \to 0)$ a taxa de juros natural da economia aberta pequena será igual à taxa de juros real internacional. Cabe observar que mesmo neste caso a taxa de juros natural da economia aberta pequena não é igual à taxa de juros natural mundial. Na economia aberta pequena a taxa de juros natural varia de acordo com a taxa de juros real internacional.

A curva IS novokeynesiana do modelo de gerações superpostas, deduzida na seção 4 do capítulo 3 [equação (3.2)], é dada por::

$$\dot{x} = \beta_x x + \beta_r \left(r - \bar{r} \right) - \beta_a \left(a - \bar{a} \right) - \beta_s \left(s - \bar{s} \right)$$

A taxa de variação do hiato do produto depende do seu próprio nível, dos hiatos da taxa de juros, da riqueza e das relações de troca. Portanto, o total de ativos líquidos estrangeiros desempenha um papel explícito nesta curva IS. Os parâmetros desta curva estão relacionados com os parâmetros estruturais do modelo de acordo com:

$$\beta_x = \frac{n\psi\bar{a}}{\bar{c}_y}; \beta_r = \omega_1\sigma$$

$$\beta_a = \frac{\omega_1 n\psi}{\bar{c}_y}; \beta_s = \frac{n\psi\bar{a}\omega_2\xi}{\bar{c}_y}$$

Os coeficientes β_r e β_a são positivos. Por outro lado, os coeficientes β_x e β_s podem ser positivos ou negativos. Eles são positivos se o país for um credor líquido $(\bar{a} > 0)$ e negativos se o país for um devedor líquido $(\bar{a} < 0)$. Quando $n = 0$ obtém-se o caso particular da curva IS do modelo do agente representativo porque $\beta_x = \beta_a = \beta_s = 0$.

Neste modelo a taxa de juros natural será igual à taxa de juros internacional:

$$\bar{r} = \rho + \frac{n\psi}{\sigma}\frac{\bar{a}}{\bar{c}_y} = r^*$$

O ajustamento entre a taxa de preferência intertemporal e a taxa de juros internacional ocorre pela mudança da razão entre a riqueza financeira e o consumo, que pode ser positiva ou negativa, dependendo do grau de impaciência da economia comparada com a taxa de juros internacional.

5. Taxa de Câmbio Natural

A curva IS representa a condição de equilíbrio entre poupança e investimento. Na economia aberta o déficit da conta-corrente do balanço de pagamentos é a poupança externa. Quando houver superávit na conta-corrente à poupança doméstica financia a compra de ativos no estrangeiro, e no caso de déficit a poupança externa compra ativos domésticos. Subtraindo-se o imposto e o consumo do produto nacional bruto obtém-se a poupança doméstica:

$$y - \tau - c(y - \tau) = \iota(r) + g - \tau + cc(q)$$

Esta curva IS é especificada com o hiato da taxa de câmbio real ao invés do hiato da relação de troca porque o objetivo desta seção é a determinação da taxa de câmbio natural. No modelo keynesiano a taxa de câmbio real é proporcional a relação de troca. Em outros modelos tal fato não ocorre.

A poupança doméstica financia o investimento, o déficit público e o superávit na conta-corrente do balanço de pagamentos:

$$s(y - \tau) = \iota(r) + g - \tau + cc(q)$$

Quando a economia estiver em pleno emprego esta igualdade pode ser escrita como:

$$s(\bar{y} - \bar{\tau}) - cc(\bar{q}) = \iota(\bar{r}) + \bar{g} - \bar{\tau}$$

As poupanças, doméstica e externa, financiam, portanto, o investimento e o déficit público:

$$s(\bar{y} - \bar{\tau}) + s_e(\bar{q}) = \iota(\bar{r}) + \bar{f}$$

No equilíbrio de longo prazo numa economia aberta com perfeita mobilidade de capital a taxa de juros real de longo prazo é igual à taxa de juros externa. Portanto, a política fiscal afeta a taxa de câmbio real de equilíbrio de longo prazo. A Figura 8.3 ilustra esta proposição. No eixo vertical desta figura mede-se a taxa de juros real, no eixo horizontal mede-se a poupança e o investimento.

A curva IF é a soma do investimento com o déficit público. Ela é negativamente inclinada porque a taxa de juros real e o investimento são negativamente correlacionados. Se a economia fosse uma economia fechada na conta de capital do balanço de pagamentos a taxa de juros real seria dada pela interseção da curva IF com a curva vertical da poupança SS. Na economia aberta pequena a taxa de juros real de longo prazo é igual à taxa de juros real externa (r^*). A Figura 8.3 mostra que neste caso o balanço de pagamentos terá um déficit e este déficit determina a taxa de câmbio real de longo prazo.

A Figura 8.4 mostra o que acontece nesta economia quando o déficit público de pleno emprego aumenta. Numa economia fechada o aumento do déficit provocaria um aumento da taxa de juros real. Numa economia aberta pequena, com perfeita mobilidade de capital, o aumento do déficit público acarreta uma apreciação do câmbio real, a expulsão (em inglês, *crowding out*) das exportações, a geração de um déficit na conta-corrente do balanço de pagamentos, fenômeno este conhecido na literatura econômica como déficits gêmeos.

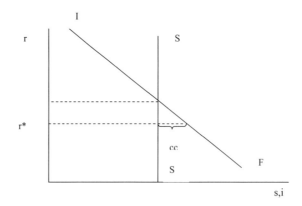

Figura 8.3

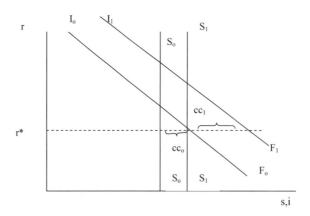

Figura 8.4

O modelo keynesiano (Mundell-Fleming) da economia aberta tem uma inconsistência que é facilmente percebida pela análise da Figura 8.3. Numa economia aberta pequena, a taxa de juros externa não produz, em geral, equilíbrio na conta-corrente do balanço de pagamentos. Na Figura 8.3 a taxa de juros r^* corresponde um déficit na conta-corrente. Este déficit aumenta o estoque da dívida externa do país. Enquanto a taxa de juros externa estiver abaixo da taxa que equilibra o balanço de pagamentos, a dívida externa continuará aumentando. Neste modelo não há mecanismo que corrija este desequilíbrio.

Riqueza na Curva IS

Uma maneira de resolver esta anomalia seria admitir-se que o consumo doméstico dependa não somente da renda disponível, mas também da riqueza líquida (a) do país:

$$c = c\left(y - \tau, a\right), \frac{\partial c}{\partial a} > 0$$

A poupança depende, então, da renda disponível e da riqueza líquida de acordo com:

$$s = s\left(y - \tau, a\right), \frac{\partial s}{\partial a} < 0$$

Quando a dívida externa do país aumenta, a riqueza do país diminui. O consumo, então, diminui e a poupança aumenta. A curva da poupança (SS) da Figura 8.3 desloca-se para a direita até o ponto em que a conta-corrente é igual a zero. Portanto, no longo prazo, o efeito riqueza ajusta a conta-corrente do balanço de pagamentos.

Não seria difícil mostrar que a curva IS da economia aberta, com o efeito riqueza na função consumo, tem um termo adicional do hiato da riqueza. Isto é:

$$x = -\alpha\left(r - \bar{r}\right) + \beta\left(q - \bar{q}\right) + \gamma\left(f - \bar{f}\right) + g - \bar{g} + \psi\left(a - \bar{a}\right)$$

onde $\bar{a}$ é a riqueza líquida de equilíbrio de longo prazo, medida como proporção do produto potencial da economia.

6. Regra de Taylor na Economia Aberta

Nas economias pequenas e abertas a taxa de câmbio pode exercer um papel importante no processo decisório da autoridade monetária. Ocorrem, então, três mudanças importantes na regra de Taylor. Em primeiro lugar, a taxa de juros real de equilíbrio de longo prazo, a taxa natural, depende da taxa de juros real internacional e varia ao longo do tempo. Portanto, a hipótese de que ela é constante não deve ser usada, como , em geral, ocorre nos estudos empíricos da regra de Taylor numa economia grande, admitida fechada, no sentido de que eventos externos não afetam sua taxa de juros. Em segundo lugar, numa economia aberta pequena a taxa de câmbio é uma variável importante na decisão da fixação da taxa de juros pelo Banco Central. Portanto, a regra de Taylor ganha um termo adicional na economia aberta e pequena, geralmente alguma transformação da taxa de câmbio. Este termo deve ter média zero no longo prazo, para que, no equilíbrio, a taxa de juros se iguale à taxa natural mais a inflação, como na economia fechada. Alguns estudos empíricos não atendem esta propriedade, acarretando erro de especificação.

A regra de Taylor de uma economia pequena e aberta pode ser especificada, por exemplo, pela seguinte equação:

$$i_t = \bar{r}_t + \pi_t + \phi\tilde{y}_t + \gamma_1\tilde{q}_t + \gamma_2\triangle\tilde{q}_t$$

A variável $\bar{r}_t$ é a taxa de juros natural com o índice indicando que a mesma varia com o tempo, q_t é a taxa de câmbio real, o til representa a diferença entre o valor corrente e o valor de equilíbrio de longo prazo, $\triangle$ é a primeira diferença da variável assinalada. A taxa de juros natural numa economia pequena aberta, com mobilidade perfeita de capital, é igual à taxa de juros internacional. Cabe assinalar que esta taxa internacional é a taxa atual do mercado financeiro internacional e não a taxa de juros natural internacional.

A terceira mudança na regra de Taylor para uma economia aberta diz respeito ao índice de preços a ser utilizado na regra. Um candidato natural é a taxa de inflação medida pelo índice de preços ao consumidor. No modelo keynesiano, por exemplo, este índice é uma média geométrica do preço doméstico e do preço do produto importado. A taxa de inflação medida pelo índice de preço ao consumidor é, portanto, igual a taxa de inflação medida pelo bem doméstico adicionada a uma percentagem da taxa de variação dos termos de troca. No longo prazo, se os termos de troca forem constantes, as duas medidas da taxa de inflação coincidem. Embora a taxa de inflação medida pelo índice de preço ao consumidor seja um candidato natural para uso na regra de Taylor nada impede que se use a taxa de inflação correspondente aos preços dos bens domésticos. É possível, usando a relação entre as duas taxas, verificar a equivalência das regras de Taylor que usem especificações diferentes da taxa de inflação.

7. Curva de Phillips na Economia Aberta

A curva de Phillips na economia aberta admite que os preços dos bens domésticos são rígidos no curto prazo. Na curva de Phillips keynesiana existe também rigidez na taxa de inflação, isto é, a taxa de inflação dos bens domésticos tem uma componente inercial. Na curva de Phillips novokeynesiana a taxa de inflação não é uma variável predeterminada, podendo mudar de valor abruptamente.

7.1 Curva de Phillips Keynesiana

Numa economia aberta o índice de preços ao consumidor (P_c) é uma média ponderada dos preços dos bens domésticos e dos bens importados, com o peso ω igual à proporção das despesas do consumidor com os bens e serviços importados. Isto é:

$$P_c = P^{1-\omega} \left(EP^*\right)^{\omega} = P \left(\frac{EP^*}{P}\right)^{\omega}$$

Macroeconomia da Economia Aberta

O índice de preços ao consumidor pode ser escrito como função do índice de preços domésticos e da relação de troca S acordo com:

$$P_c = PS^\omega$$

A taxa de inflação medida pelo índice ao consumidor depende, portanto, da taxa de inflação dos bens domésticos e da taxa de variação relação de troca:

$$\pi_c = \pi + \omega \mathring{s}$$

A taxa de reajuste dos salários dos trabalhadores depende da taxa de inflação esperada, medida pela taxa de inflação dos preços ao consumidor, das condições do mercado de trabalho, medida pelo hiato do produto (x), e do crescimento da produtividade do trabalho. Isto é:

$$\frac{\mathring{W}}{W} = \pi_c^e + \delta_1 x + \frac{\left(\dot{y}/L\right)}{y/L}$$

As empresas reajustam os preços dos bens domésticos adicionando uma margem ao custo unitário de produção:

$$P = (1+k)\frac{WL}{y} = (1+k)\frac{W}{y/L}$$

A taxa de inflação dos bens e serviços domésticos é igual à diferença entre a taxa de aumento dos salários e a taxa de crescimento da produtividade da mão de obra:

$$\pi = \frac{\mathring{W}}{W} - \frac{\left(\dot{y}/L\right)}{y/L}$$

Substituindo-se a taxa de crescimento dos salários nesta expressão obtém-se a seguinte curva de Phillips:

$$\pi = \pi^e + \omega \mathring{s} + \delta_1 x$$

A diferença entre esta curva de Phillips e aquela deduzida para uma economia fechada está na inclusão da taxa de variação da relação de troca como um dos argumentos da taxa de inflação dos bens e serviços domésticos.

Quando a inflação tem um componente inercial, a taxa esperada de inflação depende da taxa de inflação passada:

$$\pi^e = \pi\left(t - h\right)$$

A curva de Phillips é expressa, então, por:

$$\pi = \pi\left(t - h\right) + \omega \mathring{s} + \delta_1 x$$

Capítulo 8

A expansão de primeira ordem da taxa de inflação passada em torno do ponto correspondente à taxa de inflação atual resulta em,

$$\pi\left(t-h\right) = \pi(t) + \mathring{\pi}\left(t - (t-h)\right)$$

Logo, a curva de Phillips expressa à aceleração da inflação como função da taxa de variação da relação de troca e do hiato do produto:

$$\mathring{\pi} = \gamma\mathring{s} + \delta x$$

onde $\gamma = \omega/h$ e $\delta = \delta_1/h$.

Quando a taxa de inflação esperada for baseada na inflação futura,

$$\pi^e = \pi\left(t + h\right)$$

a expansão de primeira ordem desta função no ponto t é dada por:

$$\pi\left(t + h\right) = \pi(t) + \dot{\pi}(t)\left(t + h - t\right)$$

Substituindo-se esta expressão na equação de salários obtém-se, com um pouco de álgebra, a curva de Phillips:

$$\dot{\pi} = -\gamma\dot{s} - \delta x$$

7.2 Curva de Phillips Novokeynesiana

A curva de Phillips novokeynesiana, da economia aberta, supõe que os preços dos bens domésticos são rígidos e segue o mesmo mecanismo de Calvo da economia fechada. A curva de Phillips novokeynesiana é, então, dada por:

$$\pi_{H,t} = \beta E_t \pi_{H,t+1} + \delta\left(p^*_{H,t} - p_{H,t}\right)$$

onde o índice H denota o bem doméstico, isto é, a taxa de inflação corresponde aos bens domésticos, e $p^*_{H,t}$ seria o (logaritmo do) preço ótimo se não existisse rigidez e $p_{H,t}$ é o (logaritmo do) preço efetivamente praticado no mercado. A notação desta seção é a mesma notação usada na dedução da curva IS novokeynesiana do capítulo 2 [seção 5, p. 61]. O coeficiente δ depende da taxa de desconto (β) e do parâmetro de rigidez dos preços (λ).

O preço ótimo é igual ao custo marginal de produção, adicionado a uma margem de acordo com a fixação do preço numa empresa em concorrência monopolista. O custo marginal, por sua vez, é igual ao salário dividido pela produtividade marginal do trabalho. Admitindo-se uma função de produção linear, $Y = AN$, o custo marginal, em termos reais, deflacionado pelo índice de preço dos bens domésticos, é dado por:

$$Cmgr = \frac{W}{AP_H}$$

Macroeconomia da Economia Aberta

Usando-se letras minúsculas para denotar os logaritmos das letras maiúsculas esta expressão pode ser escrita da seguinte forma:

$$cmgr = w - p + p - p_H - a$$

Adicionou-se e subtraiu-se o índice de preços do consumidor nesta expressão. O custo marginal tem três componentes: i) o salário real; ii) o preço relativo dos bens domésticos com relação ao índice de preços ao consumidor; e iii) a produtividade marginal da mão de obra.

No modelo novokeynesiano o salário real é igual à taxa marginal de substituição entre consumo e lazer. Admita-se que a função utilidade seja dada pela seguinte forma funcional:

$$u\left(C, N\right) = \frac{C^{1-\frac{1}{\sigma}}}{1 - \frac{1}{\sigma}} - \frac{N^{1+\frac{1}{\varphi}}}{1 + \frac{1}{\varphi}}$$

Segue-se, então, que o salário real é dado por:

$$\frac{W}{P} = \frac{-\frac{\partial u}{\partial N}}{\frac{\partial u}{\partial C}} = \frac{N^{\frac{1}{\varphi}}}{C^{-\frac{1}{\sigma}}}$$

Tomando-se o logaritmo de ambos os lados desta expressão, ela se transforma em:

$$w - p = \frac{1}{\varphi}n + \frac{1}{\sigma}c$$

As equações (2.12), (2.13) e (2.14), do capítulo 2, reescritas aqui por conveniência, estabelecem as seguintes relações:

$$y = y^* + \frac{\sigma\omega}{1 - \gamma}q \tag{2.12}$$

$$c = y^* + \sigma q \tag{2.13}$$

$$p = p_H + \frac{\gamma}{1 - \gamma}q \tag{2.15}$$

Usando-se a equação (2.15) e a equação do salário real o custo marginal real passa a ser expresso por:

$$cmgr = \frac{1}{\varphi}n + \frac{1}{\sigma}c + \frac{\gamma}{1 - \gamma}q - a$$

A função de produção pode ser usada para eliminar-se a quantidade de mão de obra desta equação e o consumo pode ser eliminado com a equação (2.13), obtendo-se, então, a expressão:

$$cmgr = \frac{1}{\varphi}y + \frac{1}{\sigma}y^* + \frac{1}{1 - \gamma}q - \left(1 - \frac{1}{\varphi}\right)a$$

Capítulo 8

A taxa de câmbio real da equação (2.12) quando substituída nesta equação resulta no seguinte custo marginal real:

$$cmgr = \left(\frac{1}{\varphi} + \frac{1}{\sigma\omega}\right) y + \frac{1}{\sigma}\left(\frac{\omega - 1}{\omega}\right) y^* - \left(1 + \frac{1}{\varphi}\right) a$$

O preço relativo da curva de Phillips é, portanto, igual ao custo marginal mais a margem de lucratividade (μ). Isto é:

$$p^*_{H,t} - p_{H,t} = \mu + cmgr_t$$

No longo prazo quando este preço relativo for igual a zero, a margem é igual ao custo marginal de longo prazo com o sinal trocado. Segue-se, então, que este preço relativo é igual à diferença entre os custos marginais de curto e de longo prazo A expressão anterior do custo marginal real permite escrever:

$$p^*_{H,t} - p_{H,t} = \left(\frac{1}{\varphi} + \frac{1}{\sigma\omega}\right)(y_t - \bar{y}_t)$$

onde o produto potencial é representado por $\bar{y}$. A curva de Phillips novokeynesiana é dada por:

$$\pi_{H,t} = \beta E_t \pi_{H,t+1} + \kappa x_t$$

O coeficiente do hiato do produto depende dos parâmetros estruturais do modelo de acordo com:

$$\kappa = \delta\left(\frac{1}{\varphi} + \frac{1}{\sigma\omega}\right)$$

Levando-se em conta a relação entre o índice de preços dos bens domésticos e o índice de preços ao consumidor, a curva de Phillips para a taxa de inflação medida por este índice é dada por:

$$\pi_t = \beta E_t \pi_{t+1} + \frac{\gamma}{1 - \gamma}\left(q_t - \beta E_t q_{t+1}\right) + \kappa x_t$$

Com um pouco de álgebra pode-se deduzir facilmente as curvas de Phillips novokeynesiana com variáveis contínuas para as taxas de inflação dos bens domésticos e da cesta de bens do consumidor. Elas são dadas, respectivamente, pelas seguintes expressões:

$$\dot{\pi}_H = \rho\pi_H + \kappa x$$

$$\dot{\pi} = \rho\pi + \frac{\gamma}{1 - \gamma}\left(\dot{q} - \rho q\right) + \kappa x$$

A taxa de preferência intertemporal ρ e a taxa de desconto β estão relacionadas pela seguinte equação: $\rho = (1 - \beta)/\beta$. No longo prazo, como na economia fechada, a curva de Phillips novokeynesiana não é vertical, existindo uma relação de troca entre inflação e produto.

274

Macroeconomia da Economia Aberta

Apesar da dedução rigorosa da curva de Phillips novokeynesiana a partir de microfundamentos cabe chamar a atenção de que pelo menos um dos ingredientes usado nesta dedução não é palatável. A equação (2.13) pode ser interpretada como uma "função consumo", na qual o consumo depende da renda mundial e da taxa de câmbio real. A evidência empírica rejeita esta hipótese.

8. Exercícios

1) Considere o seguinte modelo de uma economia aberta pequena (enfoque monetário do balanço de pagamentos com taxa de câmbio fixo):

$M^s = C + R$
$M^d = PL(y, i)$
$i = i^*$
$y = \bar{y}$
$P = EP^*, E = \bar{E} = constante$

Os símbolos têm o seguinte significado: M^s = quantidade ofertada de moeda; C = crédito doméstico líquido; R = reservas internacionais; M^d = quantidade demandada de moeda; P = nível de preços domésticos; i = taxa de juros no país; i^* = taxa de juro internacional; E = taxa de câmbio nominal; P^* = nível de preços internacional.

a) Qual o efeito de uma desvalorização cambial sobre o balanço de pagamentos?

b) Qual o efeito de um aumento do crédito doméstico líquido sobre o balanço de pagamentos?

2) Considere o seguinte modelo de uma economia aberta pequena (enfoque monetário do balanço de pagamentos com taxa de câmbio flexível):

Equilíbrio no mercado monetário do país A: $\frac{M}{P} = L(y, i)$
Equilíbrio no mercado monetário do país B: $\frac{M^*}{P^*} = L(y^*, i^*)$
Taxa de câmbio: $E = \frac{P}{P^*}$

Comente as seguintes proposições:

a) A taxa de câmbio se desvaloriza quando o país cresce mais rapidamente do que os outros.

b) A taxa de câmbio se aprecia quando o estoque de moeda cresce mais rapidamente do que o estoque de moeda dos outros países.

3) Considere o seguinte modelo de uma economia aberta pequena (enfoque monetário do balanço de pagamentos com taxa de câmbio flexível):

Equilíbrio no mercado monetário do país A: $m - p = \alpha y - \beta i$
Equilíbrio no mercado monetário do país B: $m^* - p^* = \alpha y^* - \beta i^*$
Taxa de câmbio: $e = p - p^*$
Paridade de juros descoberta: $i = i^* + \dot{e}$

Capítulo 8

a) Deduza a equação diferencial de determinação da taxa de câmbio.

b) A solução desta equação tem um componente de bolha?

4) Considere a seguinte regressão:

$$e_{t+1} - e_t = a_o + a_1 (f_t - e_t) + \varepsilon_t$$

ou

$$e_{t+1} - e_t = a_o + a_1 (i_t - i_t^*) + \varepsilon_t$$

Os símbolos têm o seguinte significado: e é o logaritmo da taxa de câmbio no mercado pronto (*spot*), f é o logaritmo da taxa de câmbio no mercado a termo (*forward*), i_t é a taxa de juros doméstica e i_t^* é a taxa de juros externa.

a) A taxa de câmbio no mercado a termo, ou o diferencial da taxa de juros, é uma boa previsão da taxa de câmbio no mercado pronto no futuro?

b) Vários trabalhos empíricos têm obtido valores negativos para o parâmetro a_1. Como você interpretaria este resultado?

5) (Efeito Harberger-Laursen-Metzler (HLM)). Numa economia aberta o produto nacional (Y) é igual à soma de absorção (A) com o saldo da conta-corrente do balanço de pagamentos $(X - Z)$:

$$Y = A + X - Z$$

O índice de preços da absorção é uma média geométrica do preço do bem doméstico (P) e do preço do bem internacional, convertido em moeda doméstica pela taxa de câmbio (SP^*):

$$P_a = P^{1-\alpha} (EP^*)^\alpha = P \left(\frac{EP^*}{P} \right)^\alpha = PS^\alpha$$

onde α é a proporção do produto importado na absorção e $S = EP^*/P$ a relação de troca. O produto pode ser escrito em termos reais como:

$$y = d + x - Sz$$

onde $d = P_a a/P, x = X/P$ e $z = Z/SP^*$. A absorção real (a) depende da renda real definida por: $y_a = \frac{Py}{P_a}$.

a) Mostre que a elasticidade do dispêndio com relação à relação de troca $(\eta_{d,S})$ é dada por:

$$\eta_{d,S} = \alpha (1 - \eta_{a,y_a})$$

onde η_{a,y_a} é a elasticidade da absorção com relação à renda real.

b) Mostre que a poupança $(s = y - d - \tau$, onde τ é o imposto) varia com a relação de troca, de acordo com:

$$\frac{\partial s}{\partial S} = \frac{\alpha d}{S} (\eta_{a,y_a} - 1)$$

Macroeconomia da Economia Aberta

c) O efeito HLM afirma que a piora (melhora) nos termos de troca diminui (aumenta) a renda real da economia, reduzindo (aumentando) a poupança. Para um dado nível de investimentos, a redução (aumento) da poupança provoca uma deterioração (melhora) na conta-corrente do balanço de pagamentos. O que acontece com a conta-corrente do balanço de pagamentos se $\eta_{a,y_a} < 1$ e ocorre uma melhora nos termos de troca do país?

6) Considere o seguinte modelo:

$$
\begin{cases}
M = m\left(i, i^* + \dot{e}\right) W \\
B = b\left(i, i^* + \dot{e}\right) W \\
EF = f\left(i, i^* + \dot{e}\right) W \\
W = M + B + EF \\
\dot{F} = \varphi\left(EP^*/P\right) + i^* F
\end{cases}
$$

Os símbolos têm o seguinte significado: M = estoque de moeda; B = estoque de títulos domésticos; F = estoque de títulos denominados em moeda estrangeira; E = taxa de câmbio; e = logaritmo da taxa de câmbio; i = taxa de juros doméstica; i^* = taxa de juros externa; P = nível de preços doméstico (exógeno); P^* = nível de preços externo (exógeno).

a) Discuta a especificação de cada equação do modelo e analise o seu equilíbrio;

b) Mostre o que acontece com s e com F em cada uma das seguintes condições: i) aumento de M; ii) aumento de B.

7) Considere o seguinte modelo de *portfolio* de taxa de câmbio flexível:

$$
E = g\left(F, M, B, i^*\right), \frac{\partial E}{\partial F} < 0
$$

$$
\dot{F} = X\left(\frac{E}{P}\right) + i^* F
$$

onde E é a taxa de câmbio, F é o total de ativos denominados em moeda estrangeira, M é o estoque de moeda, B é o estoque de títulos, i^* é a taxa de juros internacional, P é o nível de preços doméstico. $\dot{F} = dF/dt$, e $X(E/P)$ representa as exportações líquidas. Com base neste modelo, comente a seguinte proposição. "Um país com déficit na conta-corrente do balanço de pagamentos tende a depreciar o câmbio, enquanto um país com superávit tende a apreciar o câmbio."

8) Numa economia pequena aberta o Banco Central fixa a taxa de juros nominal. Isto é:

$$
i = \bar{i}
$$

a) A taxa de câmbio nominal desta economia é determinada? (Sugestão: use a paridade descoberta da taxa de juros).

b) Compare sua resposta com o que aconteceria numa economia fechada, caso o Banco Central usasse a mesma regra de política monetária.

Capítulo 9: Flutuação e Estabilização na Economia Aberta

Este capítulo apresenta os modelos de flutuação e estabilização da economia aberta. A primeira seção trata do modelo Mundell/Fleming/Dornbusch no regime de câmbio fixo. A segunda seção adiciona a este modelo a equação do balanço de pagamentos em virtude da riqueza ser um argumento da função consumo. A terceira seção apresenta o modelo novokeynesiano no regime de câmbio fixo. A quarta seção trata do modelo keynesiano no regime de câmbio flexível. A quinta seção analisa o modelo keynesiano ampliado com câmbio flexível. A sexta seção trata do modelo novokeynesiano com cambio flexível.

1. Modelo Mundell/Fleming/Dornbusch: Câmbio Fixo

Admita que o modelo keynesiano, também conhecido como modelo de Mundell-Fleming-Dornbusch, desta economia aberta pequena tenha as seguintes equações: a curva IS, a curva de Phillips, a paridade de juros descoberta e a regra de política monetária da taxa de câmbio. As especificações destas equações são as seguintes:

IS: $x = -\alpha \left(r - \bar{r} \right) + \beta \left(s - \bar{s} \right)$

CP: $\mathring{\pi} = \gamma \mathring{s} + \delta x$

PJD: $r = \bar{r} + \mathring{s}, \bar{r} = r^*$

RPM: $e = \bar{e}$

CI: Dados $p(0)$ e $\pi(0)$

A taxa de juros real da equação de paridade de juros descoberta é medida deflacionando-se a taxa de juros nominal pelo índice de preços dos bens domésticos, e não pelo índice de preços ao consumidor. A curva IS supõe, por simplicidade, que o déficit público e o gasto do governo são iguais aos

Capítulo 9

seus valores de pleno emprego. Este modelo tem cinco variáveis, o hiato do produto, a taxa de juros real, os termos de troca, a taxa de inflação e a taxa de câmbio nominal. A quinta equação do modelo é a definição dos termos de troca, em logaritmo natural, expressa por:

$$s = e + p^* - p$$

Álgebra

Este modelo é um modelo dinâmico e pode ser resolvido de diferentes maneiras. A solução que será apresentada a seguir irá reduzi-lo a um sistema dinâmico de duas variáveis, a taxa de inflação e o hiato do produto. Para este objetivo, comecemos por derivar ambos os lados da expressão dos termos de troca com relação ao tempo. Isto é:

$$\mathring{s} = \mathring{e} + \mathring{\pi} - \pi$$

A regra de política monetária supõe que a taxa de câmbio nominal é fixa ($\mathring{e} = 0$). Logo, a taxa de variação dos termos de troca é igual a diferença entra a taxa de inflação externa e a taxa de inflação doméstica:

$$\mathring{s} = \pi^* - \pi$$

De acordo com a paridade de juros descoberta a diferença entre as taxas de juros reais, interna e externa, é igual à variação dos termos de troca. Portanto, da última equação segue-se que:

$$r - \bar{r} = \mathring{s} = \pi^* - \pi$$

Substituindo-se este resultado na curva de Phillips, conclui-se que a aceleração da inflação depende da diferença entre as taxas de inflação externa e doméstica, e do hiato do produto:

$$\mathring{\pi} = \gamma\left(\pi^* - \pi\right) + \delta x$$

Para obter a segunda equação diferencial do modelo comecemos por derivar a curva IS com relação ao tempo:

$$\dot{x} = -\alpha \mathring{r} + \beta \mathring{s}$$

Levando-se em conta que a variação dos termos de troca é igual à diferença entre as taxas de inflação externa e doméstica segue-se que:

$$\mathring{x} = -\alpha \mathring{r} + \beta\left(\pi^* - \pi\right)$$

Como a diferença entre as taxas de juros real, interna e externa, é igual à derivada dos termos de troca com relação ao tempo, que por sua vez é igual à diferença entre as taxas de inflação externa e interna, é fácil deduzir que:

$$\mathring{r} = \ddot{s} = \mathring{\pi}^* - \mathring{\pi} = -\mathring{\pi}$$

Esta equação supõe que a taxa de inflação externa seja constante ($\dot{\pi}^* = 0$). Substituindo-se esta expressão na equação da derivada do hiato do produto com relação ao tempo obtém-se:

$$\dot{x} = \alpha\mathring{\pi} + \beta\left(\pi^* - \pi\right)$$

Substituindo-se a expressão da aceleração da inflação nesta equação resulta em:

$$\mathring{x} = \alpha\gamma\left(\pi^* - \pi\right) + \alpha\delta x + \beta\left(\pi^* - \pi\right)$$

Rearranjando-se os termos desta equação podemos escrever que a variação do hiato do produto depende da diferença entre as taxas de inflação externa e doméstica, e do hiato do produto de acordo com:

$$\mathring{x} = -\left(\alpha\gamma + \beta\right)\left(\pi - \pi^*\right) + \alpha\delta x$$

Sistema Dinâmico

O sistema dinâmico do modelo, com regime de câmbio fixo, é formado pelas duas equações diferenciais, da taxa de inflação e do hiato do produto:

$$\begin{bmatrix} \dot{\pi} \\ \dot{x} \end{bmatrix} = \begin{bmatrix} -\gamma & \delta \\ = (\alpha\gamma + \beta) & \alpha\delta \end{bmatrix} \begin{bmatrix} \pi - \pi^* \\ x \end{bmatrix}$$

A matriz jacobiana deste sistema é dada por:

$$\begin{bmatrix} \frac{\partial\mathring{\pi}}{\partial\pi} & \frac{\partial\mathring{\pi}}{\partial x} \\ \frac{\partial\mathring{x}}{\partial\pi} & \frac{\partial\mathring{x}}{\partial x} \end{bmatrix} = \begin{bmatrix} -\gamma & \delta \\ -(\alpha\gamma + \beta) & \alpha\delta \end{bmatrix}$$

O determinante desta matriz é positivo,

$$|J| = -\alpha\delta\gamma + \delta\left(\alpha\gamma + \beta\right) = \delta\beta > 0$$

e o traço tanto pode ser positivo como negativo:

$$trJ = \alpha\delta - \gamma$$

Para que o sistema dinâmico seja estável admite-se que a seguinte desigualdade seja válida:

$$\alpha\delta - \gamma < 0$$

Capítulo 9

Neste caso, o traço da matriz jacobiana do sistema dinâmico é negativo.

Os pontos do diagrama de fases, com a inflação no eixo vertical e o hiato do produto no eixo horizontal, ao longo do qual a inflação não muda de valor correspondem à equação:

$$\mathring{\pi} = 0 \to \pi = \pi^* + \frac{\delta}{\gamma}(y - \bar{y})$$

A Figura 9.1 contém o gráfico desta reta e as setas indicam o que ocorre com a dinâmica da taxa de inflação. Nos pontos abaixo da reta, a inflação aumenta e nos pontos acima da reta, a taxa de inflação diminui.

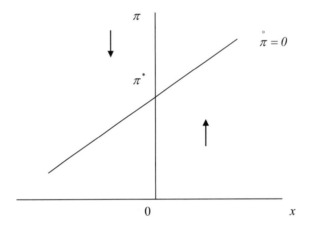

Figura 9.1

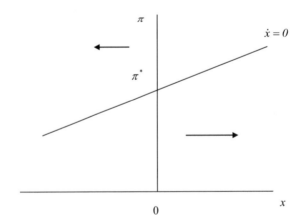

Figura 9.2

Para desenhar o gráfico do diagrama de fases da equação diferencial do hiato do produto, a equação em que o hiato do produto não muda de valor é dada por:

$$\mathring{x} = 0 \to \pi = \pi^* + \frac{\alpha\delta}{\alpha\gamma + \beta}x$$

Esta equação pode ser escrita como:

$$\pi = \pi^* + \frac{\delta}{\gamma\left(1 + \frac{\beta}{\alpha\gamma}\right)}x$$

O coeficiente angular desta curva é menor do que o coeficiente da reta na qual a taxa de inflação não muda de valor. A Figura 9.2 mostra o gráfico da reta e a direção do hiato do produto. Nos pontos acima da reta o hiato do produto diminui. Nos pontos abaixo da reta o hiato do produto aumenta.

A Figura 9.3 mostra o diagrama de fases do modelo, com quatro regiões. Na região I a economia move-se na direção nordeste; na região II o movimento é na direção noroeste; na região III a economia quando estiver em desequilíbrio caminha na direção sudoeste; e na região IV move-se numa rota sudeste. No ponto de equilíbrio, a taxa de inflação é igual à taxa de inflação externa e o produto é igual ao produto potencial.

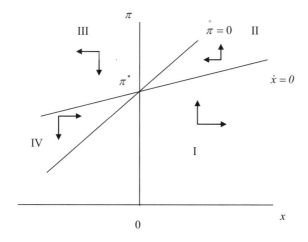

Figura 9.3

Experimento

A Figura 9.4 descreve o experimento que consiste num aumento da taxa de inflação externa de π_0^* para π_1^*. No novo equilíbrio de longo prazo, a taxa de inflação é igual a nova taxa de inflação externa.

No curto prazo a taxa de inflação aumenta lentamente em virtude da inércia da taxa de inflação. A economia encontra-se na região I e o produto real começa a aumentar como descrito na Figura 9.5. Depois de certo tempo a taxa de inflação ultrapassa a taxa de inflação externa e o produto continua aumentando. A razão desta ultrapassagem é de que no início do processo de ajuste a taxa de câmbio real aumenta, mas no longo prazo retorna ao seu valor inicial. Para que isto ocorra é necessário que durante algum tempo a taxa de inflação doméstica cresça mais rapidamente que à taxa de inflação externa.

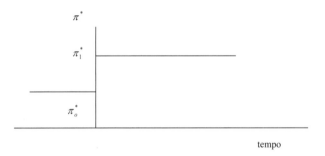

Figura 9.4

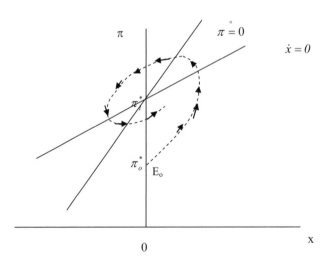

Figura 9.5

A Figura 9.6 descreve a trajetória de ajuste da inflação doméstica à mudança da taxa de inflação externa, supondo que os parâmetros do modelo produzam um ajuste oscilatório.

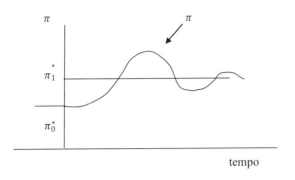

Figura 9.6

2. Modelo Keynesiano Ampliado: Câmbio Fixo

O superávit (déficit) do balanço de pagamentos é igual à soma da renda (pagamento) dos juros e das exportações líquidas:

$$\frac{\dot{A}}{\bar{y}} = r\frac{A}{\bar{y}} + \frac{EX}{\bar{y}}$$

As variáveis foram definidas em proporção ao produto potencial da economia. A letra a indica a proporção da riqueza em relação ao produto potencial $a = A/\bar{y}$ e as exportações líquidas como proporção do produto será definida por: $ex = EX/\bar{y}$. Segue-se então, que:

$$\dot{a} = ra + ex$$

Por simplicidade, admitiu-se que a taxa de crescimento do produto potencial seja igual a zero. Em equilíbrio estacionário ($\dot{a} = 0$) tem-se:

$$\bar{r}\bar{a} + \bar{e}\bar{x} = 0$$

Logo,

$$\dot{a} = ra - \bar{r}\bar{a} + ex - \bar{e}\bar{x}$$

A expansão de primeira ordem da função $f(a,r) = ra$ é dada por:

$$ra = \bar{r}\bar{a} + \bar{r}(a - \bar{a}) + \bar{a}(r - \bar{r})$$

O coeficiente $\bar{a}$ será positivo se o país for credor líquido e negativo se o país for devedor líquido. A aproximação linear das exportações líquidas é expressa por:

$$ex = \bar{e}\bar{x} + \Phi(s - \bar{s})$$

Capítulo 9

O superávit (déficit) do balanço de pagamentos pode ser escrito, então, do seguinte modo:

$$\dot{a} = \bar{r}\,(a - \bar{a}) + \bar{a}\,(r - \bar{r}) + \Phi\,(s - \bar{s})$$

Modelo

O modelo keynesiano de uma economia aberta pequena no regime de câmbio fixo, com a riqueza no consumo, tem uma curva IS que depende dos hiatos da taxa de juros, dos termos de troca e da riqueza, uma curva de Phillips que tem como argumentos a taxa de variação dos termos de troca e o hiato do produto; uma equação de paridade da taxa de juros; uma equação da conta-corrente do balanço de pagamentos, e a regra da política monetária na qual a taxa de câmbio é fixa pelo Banco Central. Isto é:

IS: $x = -\alpha\,(r - \bar{r}) + \beta\,(s - \bar{s}) + \Psi\,(a - \bar{a})$

CP: $\dot{\pi} = \gamma\dot{s} + \delta x$

PJD: $\dot{s} = r - \bar{r}$

BP: $\dot{a} = \bar{r}\,(a - \bar{a}) + \bar{a}\,(r - \bar{r}) + \Phi\,(s - \bar{s})$

RPM: $e = ct$

CI: Dados $p(0), \pi(0), s(0)$ e $a(0)$

Álgebra

Os termos de troca são definidos por:

$$s = e + p^* - p$$

Derivando-se ambos os lados desta expressão com relação ao tempo e levando-se em conta que $\dot{e} = 0$ pela regra de política monetária, tem-se:

$$\dot{s} = \pi^* - \pi = r - \bar{r}$$

onde $\pi^* = dp^*/dt$ é a taxa de inflação externa. Substituindo-se o hiato da taxa de juros real nas equações das curvas IS, da paridade de juros descoberta e do balanço de pagamentos resulta:

$$x = \alpha\,(\pi - \pi^*) + \beta\,(s - \bar{s}) + \Psi\,(a - \bar{a})$$

$$\dot{s} = -\,(\pi - \pi^*)$$

$$\dot{a} = -\bar{a}\,(\pi - \pi^*) + \Phi\,(s - \bar{s}) + \bar{r}\,(a - \bar{a})$$

Quando se substitui o hiato da taxa de juros e o hiato do produto na curva de Phillips obtém-se:

$$\dot{\pi} = (-\gamma + \alpha\delta)\,(\pi - \pi^*) + \beta\delta\,(s - \bar{s}) + \delta\Psi\,(a - \bar{a})$$

Sistema Dinâmico

O sistema dinâmico do modelo keynesiano da economia aberta pequena com efeito riqueza no consumo é formado por três equações diferenciais, uma para a taxa de inflação, outra para os termos de troca e a terceira para a conta-corrente do balanço de pagamentos. Isto é:

$$\begin{bmatrix} \dot{\pi} \\ \dot{s} \\ \dot{a} \end{bmatrix} = \begin{bmatrix} -\gamma + \alpha\delta & \beta\delta & \delta\Psi \\ -1 & 0 & 0 \\ -\bar{a} & \Phi & \bar{r} \end{bmatrix} \begin{bmatrix} \pi - \pi^* \\ s - \bar{s} \\ a - \bar{a} \end{bmatrix}$$

A matriz jacobiana deste sistema é dada por:

$$J = \begin{bmatrix} -\gamma + \alpha\delta & \beta\delta & \delta\Psi \\ -1 & 0 & 0 \\ -\bar{a} & \Phi & \bar{r} \end{bmatrix}$$

O determinante e o traço desta matriz são iguais, respectivamente, a:

$$|J| = -\Phi\delta\Psi + \beta\delta\bar{r}$$

$$trJ = -\gamma + \alpha\delta + \bar{r}$$

Para que o sistema dinâmico seja estável e tenha três raízes características negativas, o determinante e o traço devem ser negativos. Para que isto ocorra, a seguinte desigualdade deve ser obedecida:

$$\bar{r} < \min\left(\frac{\Phi\Psi}{\beta}, \gamma - \alpha\delta\right)$$

A solução do sistema dinâmico é dada por:

$$\begin{aligned} \pi &= \pi^* + c_1 v_{11} e^{\mu_1 t} + c_2 v_{21} e^{\mu_2 t} + c_3 v_{31} e^{\mu_3 t} \\ s &= \bar{s} + c_1 v_{12} e^{\mu_1 t} + c_2 v_{22} e^{\mu_2 t} + c_3 v_{32} e^{\mu_3 t} \\ a &= \bar{a} + c_1 v_{13} e^{\mu_1 t} + c_2 v_{23} e^{\mu_2 t} + c_3 v_{33} e^{\mu_3 t} \end{aligned}$$

onde $\mu_1 > \mu_2 > \mu_3$ são as raízes características obtidas a partir da equação característica

$$\begin{vmatrix} -\gamma + \alpha\delta - \mu & \beta\delta & \delta\Psi \\ -1 & -\mu & 0 \\ -\bar{a} & \Phi & \bar{r} - \mu \end{vmatrix} = 0$$

As constantes c_1, c_2 e c_3 são determinadas com base nas condições iniciais e v_{ij} são os componentes dos vetores característicos determinados pelas soluções dos sistemas lineares:

$$\begin{bmatrix} -\gamma + \alpha\delta - \mu & \beta\delta & \delta\Psi \\ -1 & -\mu & 0 \\ -\bar{a} & \Phi & \bar{r} - \mu \end{bmatrix} \begin{bmatrix} v_{i1} \\ v_{i2} \\ v_{i3} \end{bmatrix} = \begin{bmatrix} 0 \\ 0 \\ 0 \end{bmatrix}$$

Este sistema implica que as seguintes relações sejam satisfeitas:

$$(-\gamma + \alpha\delta - \mu)\,v_{i1} + \beta\delta v_{i2} + \delta\Psi v_{i3} = 0$$

$$-v_{i1} - \mu v_{i2} = 0$$

$$-\bar{a}v_{i1} + \Phi v_{i2} + (\bar{r} - \mu)\,v_{i3} = 0$$

Pela segunda equação, a razão entre o primeiro e o segundo elemento do *iésimo* vetor é positiva, pois a raiz característica é negativa. Isto é:

$$\frac{v_{i1}}{v_{i2}} = -\mu > 0$$

Esta propriedade será útil para deduzir-se, a seguir, uma implicação empírica deste modelo.

Previsões

O limite, quando o tempo aumenta indefinidamente, da razão entre o hiato da inflação e o hiato dos termos de troca é dado por:

$$\lim_{t\to\infty} \frac{\pi - \pi^*}{s - \bar{s}} = \lim_{t\to\infty} \frac{c_1 v_{11} e^{\mu 1 t}\left[1 + \frac{c_1 v_{21}}{c_1 v_{11}}e^{(\mu 2 - \mu 1)t} + \frac{c_3 v_{31}}{c_1 v_{11}}e^{(\mu 3 - \mu 1)t}\right]}{c_1 v_{12} e^{\mu 1 t}\left[1 + \frac{c_2 v_{22}}{c_1 v_{12}}e^{(\mu 2 - \mu 1)t} + \frac{c_3 v_{32}}{c_1 v_{22}}e^{(\mu 3 - \mu 1)t}\right]}$$

Admite-se que $\mu_1 > \mu_2 > \mu_3$. Logo, $\mu_2 - \mu_1 < 0$ e $\mu_3 - \mu_1 < 0$. Quando $t \to \infty$, os termos entre colchetes, no numerador e no denominador, aproximam-se de um. Portanto, no limite tem-se

$$\lim_{t\to\infty} \frac{\pi - \pi^*}{s - \bar{s}} = \frac{v_{11}}{v_{12}} > 0$$

Isto significa dizer que se a taxa de inflação ao convergir para a taxa de inflação mundial estiver acima da mesma, à relação de troca estará também acima da relação de troca de longo prazo. A Figura 9.7 mostra esta propriedade. O diagrama de fases desta figura é construído a partir da equação diferencial que resulta da combinação da paridade de juros com a regra monetária da taxa de câmbio fixa. Isto é:

$$\dot{s} = -(\pi - \pi^*)$$

Quando $\pi > \pi^*, \dot{s} < 0$ e se $\pi < \pi^*, \dot{s} > 0$, como indicado nas setas da Figura 9.7. A reta AA é o raio do autovetor (vetor característico) dominante deste modelo.

Outra propriedade importante deste modelo é a relação que existe entre a relação de troca e a riqueza (dívida) externa líquida do país. Para deduzir-se

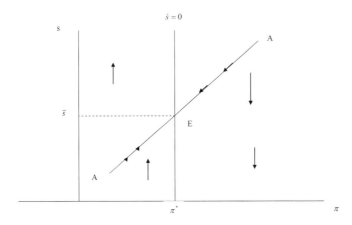

Figura 9.7

esta propriedade, calcula-se o limite da razão entre os hiatos da relação de troca e da riqueza. Isto é:

$$\lim_{t\to\infty} \frac{s-\bar{s}}{a-\bar{a}} = \lim_{t\to\infty} \frac{c_1 v_{12} e^{\mu 1 t}\left[1 + \frac{c_1 v_{22}}{c_1 v_{12}} e^{(\mu 2-\mu 1)t} + \frac{c_3 v_{32}}{c_1 v_{12}} e^{(\mu 3-\mu 1)t}\right]}{c_1 v_{13} e^{\mu 1 t}\left[1 + \frac{c_2 v_{23}}{c_1 v_{12}} e^{(\mu 2-\mu 1)t} + \frac{c_3 v_{33}}{c_1 v_{13}} e^{(\mu 3-\mu 1)t}\right]}$$

Este limite, pelas mesmas razões do anterior, é igual a:

$$\lim_{t\to\infty} \frac{s-\bar{s}}{a-\bar{a}} = \frac{v_{12}}{v_{13}} < 0$$

O sinal da razão entre v_{12} e v_{13} pode ser obtido do seguinte modo. A combinação das duas primeiras equações do vetor característico implica:

$$\frac{v_{12}}{v_{13}} = \frac{-\delta\Psi}{\left[-\left(-\gamma+\alpha\delta-\mu\right)\mu+\beta\delta\right]}$$

A equação característica deste modelo é dada por:

$$-\left(-\gamma+\alpha\delta-\mu\right)\mu\left(\bar{r}-\mu\right) - \Phi\delta\Psi - \bar{a}\mu\delta\Psi + \beta\delta\left(\bar{r}-\mu\right) = 0$$

que pode ser reescrita como:

$$\left[-\left(-\gamma+\alpha\delta-\mu\right)\mu+\beta\delta\right]\left(\bar{r}-\mu\right) = \Phi\delta\Psi + \bar{a}\mu\delta\Psi$$

Admitindo-se que $\bar{a} < 0$ (país devedor), $\bar{a}\mu > 0$. Logo, o lado direito desta expressão é positivo. Como $\mu < 0, \bar{r}-\mu > 0$. Portanto,

$$-\left(-\gamma+\alpha\delta-\mu\right)\mu+\beta\delta > 0$$

Quando o país for devedor $a = -d$ e $\bar{a} = -\bar{d}$ onde d é a dívida externa líquida do país. Logo:
$$\lim_{t \to \infty} \frac{s - \bar{s}}{d - \bar{d}} > 0$$

Este modelo implica que se a dívida externa do país estiver acima do nível de equilíbrio de longo prazo, a relação de troca vai estar acima do seu equilíbrio de longo prazo, para que a dívida seja reduzida e atinja seu nível de equilíbrio estacionário.

Experimento

Considere o experimento da Figura 9.8, que supõe uma redução permanente da taxa de inflação mundial de π_0^* para π_1^*.

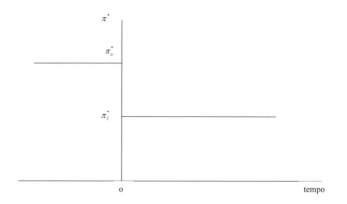

Figura 9.8

A Figura 9.9 reproduz o diagrama de fases da Figura 9.7 para analisar este experimento. O ponto E_o é o ponto de equilíbrio inicial quando a inflação mundial, igual à doméstica, é igual a π_0^* e a relação de troca igual a $\bar{s}$. O ponto de equilíbrio final é o ponto E_f quando a taxa de inflação for igual a π_1^*. A relação de troca de equilíbrio de longo prazo permanece a mesma, pois ela independe de variáveis nominais da economia. A trajetória de ajuste da economia implica um processo de apreciação cambial e de endividamento externo. A relação de troca somente inicia o processo de recuperação quando a taxa de inflação diminui além do seu valor de equilíbrio de longo prazo (*undershooting*, em inglês), como indicado na Figura 9.9.

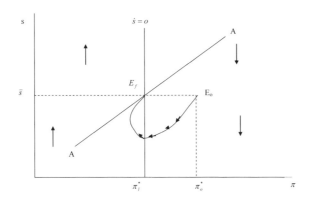

Figura 9.9

3. Modelo Novokeynesiano: Câmbio Fixo

O modelo novokeynesiano tem como um dos ingredientes fundamentais a curva IS deduzida a partir do problema da alocação intertemporal do consumo. A especificação desta curva é o primeiro tema desta seção. O segundo tema é a curva BP que mostra a evolução da conta-corrente do balanço de pagamentos. O terceiro tema é a especificação e a análise do modelo.

Curva IS

No modelo de gerações superpostas, de uma economia aberta pequena, a curva IS é dada por:

$$\dot{x} = \beta_x x + \beta_r (r - \bar{r}) - \beta_a (a - \bar{a}) - \beta_s (s - \bar{s})$$

A aceleração do hiato do produto depende do próprio hiato e dos hiatos da taxa de juros real, da riqueza e da relação de troca. Os parâmetros desta curva IS são definidos pelas expressões:

$$\beta_x = \frac{n\theta\bar{a}}{\bar{c}_y}; \beta_r = \omega_1\sigma + \omega_2\xi$$

$$\beta_a = \frac{\omega_1 n\theta}{\bar{c}_y}; \beta_s = \frac{n\theta\bar{a}\omega_2\xi}{\bar{c}_y}$$

Os coeficientes β_r e β_a são positivos. Os coeficientes β_x e β_s tanto podem ser positivos quanto negativos. Eles serão positivos se o país for credor líquido externo ($\bar{a} > 0$) e negativos se o país for devedor ($\bar{a} < 0$).

Curva BP

A equação do saldo da conta-corrente do balanço de pagamentos, no modelo de gerações superpostas de uma economia aberta pequena, é dada por:

$$\dot{A} = (r - n) A + Ex$$

Esta equação, quando normalizada pelo produto potencial da economia pode ser escrita como:

$$\dot{a} = (r - n) a + \frac{Ex}{\bar{y}}$$

No equilíbrio estacionário ($\dot{a} = 0$) tem-se:

$$0 = (\bar{r} - n) \bar{a} + \frac{\bar{E}x}{\bar{y}}$$

Logo,

$$\dot{a} = (r - n) a - (\bar{r} - n) \bar{a} + \frac{Ex - \bar{E}x}{\bar{y}}$$

Fazendo-se uma expansão de primeira ordem do termo ra e das exportações líquidas, obtém-se:

$$ra = \bar{r}\bar{a} + \bar{r} (a - \bar{a}) + \bar{a} (r - \bar{r})$$

$$\frac{Ex}{\bar{y}} = \frac{\bar{E}x}{\bar{y}} + \frac{\bar{S}Ex'}{\bar{y}} \left(\frac{S - \bar{S}}{\bar{S}} \right) = \frac{\bar{E}x}{\bar{y}} + \epsilon (s - \bar{s})$$

Substituindo-se estas expressões na equação do balanço de pagamentos resulta:

$$\dot{a} = \alpha_a (a - \bar{a}) + \alpha_r (r - \bar{r}) + \alpha_s (s - \bar{s})$$

Os parâmetros desta equação são definidos por:

$$\alpha_a = \bar{r} - n \qquad \alpha_r = \bar{a}, \alpha_s = \epsilon$$

Os coeficientes α_a e α_s são positivos. O sinal do coeficiente do hiato da taxa de juros depende do país ser credor ($\bar{a} > 0$) ou devedor ($\bar{a} < 0$).

Modelo

O modelo novokeynesiano de uma economia aberta pequena no regime de câmbio fixo, tem uma curva IS deduzida a partir da equação de Euler, uma curva de Phillips *à la* Calvo, a paridade de juros descoberta, uma regra de política monetária na qual o Banco Central fixa a taxa de câmbio e a equação da conta-corrente do balanço de pagamentos. As condições iniciais deste modelo supõem que o nível de preços, a relação de troca e a riqueza líquida são variáveis predeterminadas. As demais variáveis são livres. O modelo tem a seguinte especificação:

IS: $\dot{x} = \beta_x x + \beta_r (r - \bar{r}) - \beta_a (a - \bar{a}) - \beta_s (s - \bar{s})$

CP: $\dot{\pi} = -\delta x$

PJD: $\dot{s} = r - \bar{r}$

RPM: $e = ct$

BP: $\dot{a} = \alpha_a (a - \bar{a}) + \alpha_r (r - \bar{r}) + \alpha_s (s - \bar{s})$

CI: Dados $p(0), s(0)$ e $a(0)$

Álgebra

A relação de troca é definida por:

$$s = e + p^* - p$$

Derivando-se ambos os lados desta expressão com relação ao tempo e levando-se em conta que a taxa de câmbio nominal é constante ($\dot{e} = 0$), obtém-se:

$$\dot{s} = \dot{e} + \pi^* - \pi = \pi^* - \pi = r - \bar{r}$$

Substituindo-se, então, o hiato da taxa de juros real pelo hiato da taxa de inflação nas equações da curva IS, da paridade de juros e do balanço de pagamentos, tem-se:

$$\dot{x} = \beta_x x - \beta_r (\pi - \pi^*) - \beta_a (a - \bar{a}) - \beta_s (s - \bar{s})$$

$$\dot{s} = - (\pi - \pi^*)$$

$$\dot{a} = -\alpha_r (\pi - \pi^*) + \alpha_s (s - \bar{s}) + \alpha_a (a - \bar{a})$$

Sistema Dinâmico

O sistema dinâmico do modelo novokeynesiano, de uma economia aberta pequena no regime de câmbio fixo, é formado por quatro equações diferenciais: da taxa de inflação, do hiato do produto, da relação de troca e da riqueza líquida do país. Isto é:

$$\begin{bmatrix} \dot{\pi} \\ \dot{x} \\ \dot{s} \\ \dot{a} \end{bmatrix} \begin{bmatrix} 0 & -\delta & 0 & 0 \\ -\beta_r & \beta_x & -\beta_s & -\beta_a \\ -1 & 0 & 0 & 0 \\ -\alpha_r & 0 & \alpha_s & \alpha_a \end{bmatrix} \begin{bmatrix} \pi - \pi^* \\ x \\ s - \bar{s} \\ a - \bar{a} \end{bmatrix}$$

Capítulo 9

A matriz jacobiana deste sistema é a seguinte:

$$\begin{bmatrix} 0 & -\delta & 0 & 0 \\ -\beta_r & \beta_x & -\beta_s & -\beta_a \\ -1 & 0 & 0 & 0 \\ -\alpha_r & 0 & \alpha_s & \alpha_a \end{bmatrix}$$

O determinante e traço desta matriz são dados, respectivamente, por:

$$|J| = \delta\left[\alpha_s\beta_a - \alpha_a\beta_s\right]$$

$$tr\,J = \beta_x + \alpha_a$$

Para que este modelo tenha uma sela, com duas raízes positivas e duas raízes negativas, o determinante deve ser positivo. Este determinante também será positivo se todas as quatro raízes tiverem o mesmo sinal (positivas ou negativas). Logo, deve-se provar que nem todas as raízes têm o mesmo sinal. Para que isto ocorra, o coeficiente do termo μ^2 da equação característica deve ser negativo [Sydsaeter, Strom e Berck (2000), p. 8]:

$$\sum_{i<j} \mu_i\mu_j = \text{coeficiente de } \mu^2$$

Observe-se que, se as raízes características tiverem o mesmo sinal, o coeficiente μ^2 seria positivo. A equação característica do sistema dinâmico é dada por:

$$\begin{vmatrix} -\mu & -\delta & 0 & 0 \\ -\beta_r & \beta_x - \mu & -\beta_s & -\beta_a \\ -1 & 0 & -\mu & 0 \\ -\alpha_r & 0 & \alpha_s & \alpha_s - \mu \end{vmatrix} = 0$$

Resolvendo-se este determinante pela expansão dos cofatores da primeira linha, obtém-se a equação característica:

$$\mu^4 \;-\; (\alpha_a + \beta_x)^3 + (\alpha_a\beta_x - \delta\beta_r)\,\mu^2$$
$$+\; \delta\left(\alpha_a\beta_r + \alpha_r\beta_a + \beta_s\right)\mu + \delta\left(\alpha_s\beta_a\alpha_a\beta_s\right) = 0$$

O coeficiente de μ^2 deve ser negativo. Para que isto ocorra, a seguinte desigualdade deve ser satisfeita:

$$\beta_r > \frac{\beta_s\alpha_a}{\delta}$$

A solução do sistema dinâmico, supondo-se que haja duas raízes características negativas, $\mu_1 > \mu_2$, é dada por:

$$\begin{aligned}
\pi &= \pi^* + c_1 v_{11} e^{\mu_1 t} + c_2 v_{21} e^{\mu_2 t} \\
x &= c_1 v_{12} e^{\mu_1 t} + c_2 v_{22} e^{\mu_2 t} \\
s &= \bar{s} + c_1 v_{13} e^{\mu_1 t} + c_2 v_{23} e^{\mu_2 t} \\
a &= \bar{a} + c_1 v_{14} e^{\mu_1 t} + c_2 v_{24} e^{\mu_2 t}
\end{aligned}$$

As constantes c_1 e c_2 são obtidas a partir das condições iniciais do problema e os elementos dos vetores v_{ij} resultam da solução do sistema linear:

$$
\begin{bmatrix}
-\mu & -\delta & 0 & 0 \\
-\beta_r & \beta_x - \mu & -\beta_s & -\beta_a \\
-1 & 0 & -\mu & 0 \\
-\alpha_r & 0 & \alpha_s & \alpha_s - \mu
\end{bmatrix}
\begin{bmatrix}
v_{i1} \\
v_{i2} \\
v_{i3} \\
v_{i4}
\end{bmatrix}
=
\begin{bmatrix}
0 \\
0 \\
0 \\
0
\end{bmatrix}
$$

A primeira e a terceira equações deste sistema produzem as seguintes desigualdades:

$$
\frac{v_{i1}}{v_{i2}} = -\frac{\delta}{\mu} > 0
$$

$$
\frac{v_{i1}}{v_{i3}} = -\mu > 0
$$

A quarta equação combinada com a terceira resulta na desigualdade:

$$
\frac{v_{i3}}{v_{i4}} = -\frac{\alpha_a - \mu}{\alpha_r \mu + \alpha_s} < 0
$$

Previsões

Dividindo-se o hiato da taxa de inflação pelo hiato da taxa de juros, e tomando-se o limite desta razão quando o tempo vai para o infinito, obtém-se:

$$
\lim_{t \to \infty} \frac{\pi - \pi^*}{x} = \lim_{t \to \infty} \frac{c_1 v_{11} e^{\mu 1 t} \left[1 + \frac{c_2 v_{21}}{c_1 v_{11}} e^{(\mu 2 - \mu 1) t} \right]}{c_1 v_{12} e^{\mu_1 t} \left[1 + \frac{c_2 v_{22}}{c_1 v_{12}} e^{(\mu_2 - \mu_1) t} \right]}
$$

Quando $t \to \infty$, como $\mu_2 - \mu_1 < 0$, os termos entre colchetes, no numerador e no denominador, convergem para um. Logo,

$$
\lim_{t \to \infty} \frac{\pi - \pi^*}{x} = \frac{v_{11}}{v_{12}} > 0
$$

Neste modelo, a razão entre os hiatos da taxa de inflação e do produto convergem para o equilíbrio estacionário, aproximando-se do raio (do autovalor) dominante, de tal sorte que nesta trajetória a razão mantém-se positiva. Isto significa dizer, por exemplo, que se a taxa de inflação doméstica estiver acima da taxa de inflação internacional, o hiato do produto será positivo.

Usando-se o mesmo procedimento, pode-se provar que:

$$
\lim_{t \to \infty} \frac{\pi - \pi^*}{s - \bar{s}} = \frac{v_{11}}{v_{13}} > 0
$$

Capítulo 9

$$\lim_{t \to \infty} \frac{s - \bar{s}}{a - \bar{a}} = \frac{v_{13}}{v_{14}} < 0$$

A razão entre o hiato da inflação e o hiato da relação de troca aproxima-se do raio dominante com um valor positivo. Por outro lado, a razão entre o hiato da relação de troca e o hiato da riqueza tem um valor negativo quando se aproxima do raio dominante do modelo.

O hiato da taxa de juros real é igual à derivada da taxa de câmbio real com relação ao tempo. Logo, a equação do hiato da taxa de juros é obtida derivando-se, com relação ao tempo, a equação dos termos de troca. Isto é:

$$r - \bar{r} = \dot{s} = c_1 v_{13} \mu_1 e^{\mu_1 t} + c_2 v_{23} \mu_2 e^{\mu_2 t}$$

Usando-se a mesma técnica de cálculo do limite para a razão entre o hiato da inflação e o hiato do produto, conclui-se que:

$$\lim_{t \to \infty} \frac{r - \bar{r}}{s - \bar{s}} = \mu_1 < 0$$

Esta proposição afirma que a taxa de juros real e os termos de troca, quando estão fora de equilíbrio de longo prazo, andam em sentidos contrários na trajetória que se aproxima do raio dominante do modelo.

4. Modelo Mundell/Fleming/Dornbusch: Câmbio Flexível

As curvas IS, de Phillips e a paridade descoberta da taxa de juros têm a mesma especificação do modelo keynesiano com regime de câmbio fixo. A regra de política monetária é a regra de Taylor. O modelo tem, então, as seguintes equações:

IS: $x = -\alpha(r - \bar{r}) + \beta(s - \bar{s})$

CP: $\mathring{\pi} = \gamma \dot{s} + \delta x$

PJD: $r = \bar{r} + \dot{s}, \bar{r} = r^*$

RPM: $i = \bar{r} + \pi + \phi(\pi - \bar{\pi}) + \theta x$

CI: Dados $p(0)$) e $\pi(0)$

Este modelo pode ser resolvido de diferentes maneiras. Em primeiro lugar, apresenta-se a solução em que ele é reduzido a um sistema dinâmico de duas equações diferenciais, da taxa de inflação e do hiato do produto. Em seguida, a solução do modelo é obtida a partir de um sistema dinâmico de equações diferenciais da taxa de juros e da relação de troca.

Álgebra

A combinação da curva de Phillips com a paridade descoberta de juros permite escrever a aceleração da taxa de inflação em função dos hiatos da taxa de juros real e do produto:

$$\mathring{\pi} = \gamma \left(r - \bar{r} \right) + \delta x$$

O hiato da taxa de juros real de acordo com a regra de política monetária é dado por:

$$r - \bar{r} = \phi \left(\pi - \bar{\pi} \right) + \theta x$$

Substituindo-se esta equação na expressão anterior obtém-se a equação diferencial da taxa de inflação como função do hiato da taxa de inflação e do hiato do produto:

$$\mathring{\pi} = \gamma \phi \left(\pi - \bar{\pi} \right) + \left(\gamma \theta + \delta \right) x$$

Para obter a equação diferencial do hiato do produto comecemos por derivar, com relação ao tempo, a curva IS e a regra de política monetária:

$$\mathring{x} = -\alpha \mathring{r} + \beta \dot{s}$$
$$\mathring{r} = \phi \mathring{\pi} + \theta \mathring{x}$$

Substituindo-se a segunda equação na primeira resulta em:

$$\mathring{x} = -\alpha \phi \mathring{\pi} - \alpha \theta \mathring{x} + \beta \left(r - \bar{r} \right)$$

Levando-se em conta a regra de política monetária para substituir o hiato da taxa de juros real e transferindo-se para o lado esquerdo o termo que contém a derivada do hiato do produto com relação ao tempo chega-se a seguinte expressão:

$$\left(1 + \alpha \theta \right) \mathring{x} = -\alpha \phi \mathring{\pi} + \beta \phi \left(\pi - \bar{\pi} \right) + \beta \theta x$$

Substituindo-se a derivada da inflação com relação ao tempo pela expressão da equação diferencial da mesma obtém-se:

$$\left(1 + \alpha \theta \right) \mathring{x} = -\alpha \phi \gamma \phi \left(\pi - \bar{\pi} \right) - \alpha \phi \left(\gamma \theta + \delta \right) x + \beta \phi \left(\pi - \bar{\pi} \right) + \beta \theta x$$

Esta expressão pode ser reescrita como:

$$\left(1 + \alpha \theta \right) \mathring{x} = \phi \left(\beta - \alpha \phi \gamma \right) \left(\pi - \bar{\pi} \right) + \left[\beta \theta - \alpha \phi \left(\gamma \theta + \delta \right) \right] x$$

Capítulo 9

Sistema Dinâmico

O modelo da economia aberta pequena, com regime de câmbio flexível, pode ser resumido no sistema dinâmico de duas equações diferenciais, da taxa de inflação e do hiato do produto:

$$\begin{bmatrix} \dot{\pi} \\ \dot{x} \end{bmatrix} = \begin{bmatrix} \gamma\phi & \gamma\theta + \delta \\ \frac{\phi(\beta-\alpha\phi\gamma)}{1+\alpha\theta} & \frac{\beta\theta-\alpha\phi(\gamma\theta+\delta)}{1+\alpha\theta} \end{bmatrix} \begin{bmatrix} \pi - \bar{\pi} \\ x \end{bmatrix}$$

A matriz jacobiana deste sistema é dada por:

$$\begin{bmatrix} \frac{\partial \dot{\pi}}{\partial \pi} & \frac{\partial \dot{\pi}}{\partial x} \\ \frac{\partial \dot{x}}{\partial \pi} & \frac{\partial \dot{x}}{\partial x} \end{bmatrix} = \begin{bmatrix} \gamma\phi & \gamma\theta + \delta \\ \frac{\phi(\beta - \alpha\phi\gamma)}{1+\alpha\theta} & \frac{\beta\theta - \alpha\phi(\gamma\theta + \delta)}{1+\alpha\theta} \end{bmatrix}$$

O determinante desta matriz é negativo e o sistema tem um ponto de sela. Isto é:

$$|J| = \frac{\gamma\phi\beta\theta - \gamma\phi\alpha\phi(\gamma\theta + \delta) - (\gamma\theta + \delta)(\phi\beta - \alpha\phi\phi\gamma)}{1+\alpha\theta} = -\frac{\delta\phi\beta}{1+\alpha\theta}$$

$$|J| < 0 \to sela$$

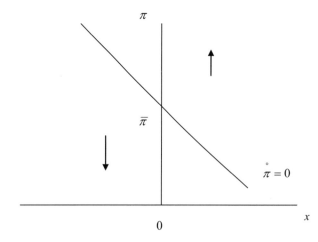

Figura 9.10

A Figura 9.10 mostra o diagrama de fases da equação diferencial da taxa de inflação. No eixo vertical mede-se a taxa de inflação e no eixo horizontal

Flutuação e Estabilização na Economia Aberta

o hiato do produto. A equação que descreve os pontos em que a taxa de inflação não muda é uma linha reta com uma inclinação negativa. Isto é:

$$\dot{\pi} = 0 \rightarrow \pi = \bar{\pi} - \frac{\gamma\theta + \delta}{1 + \alpha\theta}x$$

Nos pontos acima da reta a taxa de inflação aumenta e nos pontos abaixo da mesma a taxa de inflação diminui.

O diagrama de fases da equação diferencial do hiato do produto depende dos valores dos parâmetros do modelo. A equação $\dot{x} = 0$ é uma linha reta, porém sua inclinação depende dos sinais dos parâmetros, como se pode constatar examinando-se o coeficiente do hiato do produto na equação:

$$\dot{x} = 0 \Rightarrow \pi = \bar{\pi} - \frac{[\beta\theta - \alpha\phi(\gamma\theta + \delta)]}{\phi(\beta - \alpha\phi\gamma)}x$$

A equação anterior pode ser escrita como:

$$\pi = \bar{\pi} - \frac{\theta(\beta - \alpha\phi\gamma) - \alpha\phi\delta}{\phi(\beta - \alpha\phi\gamma)}x$$

Se $\beta - \alpha\phi\gamma < 0$ a inclinação desta reta é negativa. Na hipótese de que $\beta - \alpha\phi\gamma < 0$ as retas que correspondem a $\dot{x} = 0$ e a $\dot{\pi} = 0$ são negativamente inclinadas. Para saber qual delas é a mais inclinada verifica-se a diferença entre os valores absolutos dos dois coeficientes angulares. Isto é, o valor absoluto do coeficiente angular da reta $\dot{x} = 0$ é maior do que o valor absoluto do coeficiente angular da reta $\dot{\pi} = 0$:

$$\frac{\theta(\beta - \alpha\phi\gamma) - \alpha\phi\delta}{\phi(\beta - \alpha\phi\gamma)} - \frac{\gamma\theta + \delta}{\gamma\phi} = \frac{-\beta\delta}{\gamma\phi(\beta - \alpha\phi\gamma)} > 0$$

Na hipótese de que os parâmetros do modelo satisfaçam à desigualdade $\beta - \alpha\phi\gamma > 0$ existem duas possibilidades. Caso $\theta(\beta - \alpha\phi\gamma) > \alpha\phi\delta$ a reta $\dot{x} = 0$ é negativamente inclinada e a diferença dos coeficientes (veja expressão acima) é negativa, ou seja, o valor absoluto do coeficiente angular desta reta é menor do que o coeficiente angular da reta $\dot{\pi} = 0$. Quando $\theta(\beta - \alpha\phi\gamma) < \alpha\phi\delta$ a reta $\dot{x} = 0$ é positivamente inclinada. O diagrama de fases deste caso está apresentado na Figura 9.11. Nos pontos abaixo da reta o hiato do produto diminui e nos pontos acima da reta o hiato do produto aumenta.

A Figura 9.12 mostra o diagrama de fases do sistema dinâmico, com a reta $\dot{x} = 0$ positivamente inclinada. A trajetória de sela SS convergente é negativamente inclinada.

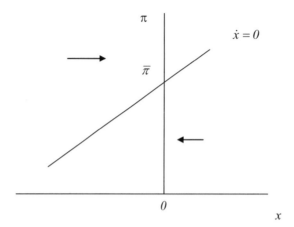

Figura 9.11

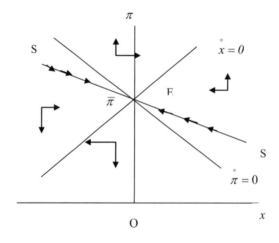

Figura 9.12

Experimento

Este modelo pode ser usado para analisar o experimento de política econômica que consiste na mudança da meta de inflação pelo Banco Central. Admita que o Banco Central reduza a meta de inflação de $\bar{\pi}_0$ para $\bar{\pi}_1$, como indicado na Figura 9.13. Neste modelo a taxa de inflação não muda instantaneamente, porque ela é uma variável predeterminada. O gráfico da

Figura 9.14 mostra a dinâmica de ajuste da economia. O hiato do produto tem uma redução no momento do anúncio da nova meta de inflação, e a economia entra numa recessão. A taxa de inflação começa a diminuir gradualmente, seguindo a trajetória da sela SS, até atingir a nova meta de inflação e a economia retorna ao produto real de pleno emprego.

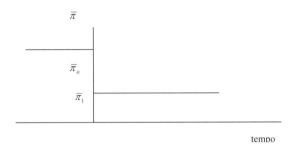

Figura 9.13

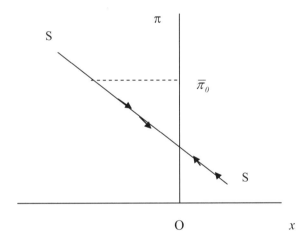

Figura 9.14

Álgebra

O modelo apresentado nesta seção também pode ser resolvido com um sistema de equações diferenciais nas variáveis relação de troca e taxa de juros real. A equação diferencial da taxa de câmbio real é a equação da paridade

Capítulo 9

de juros descoberta:

$$\mathring{s} = r - \bar{r}$$

Para obter-se a equação diferencial da taxa de juros real comecemos por derivar, com relação ao tempo, as equações da regra de política monetária e da curva IS. Isto é:

$$\mathring{r} = \phi\mathring{\pi} + \theta\mathring{x}$$

$$\mathring{x} = -\alpha\mathring{r} + \beta\mathring{s}$$

Substituindo-se o valor de $\dot{x}$ na equação de $\dot{r}$ resulta:

$$\mathring{r} = \phi\mathring{\pi} - \alpha\theta\mathring{r} + \beta\theta\mathring{s}$$

A aceleração da inflação depende da variação dos termos de troca e do hiato do produto. Logo:

$$(1 + \alpha\theta)\,\mathring{r} = \phi\left[\gamma\mathring{s} + \delta x\right] + \beta\theta\mathring{s}$$

Esta equação pode ser escrita como:

$$(1 + \alpha\theta)\,\mathring{r} = \phi\delta x + (\beta\theta + \phi\gamma)\,\mathring{s}$$

O hiato do produto depende dos hiatos da taxa de juros real e da relação de troca de acordo com a curva IS. A expressão anterior transforma-se, então, na seguinte equação:

$$(1 + \alpha\theta)\,\mathring{r} = \phi\delta\left[-\alpha\left(r - \bar{r}\right) + \beta\left(s - \bar{s}\right)\right] + (\beta\theta + \phi\gamma)\left(r - \bar{r}\right)$$

Colocando-se em evidência os termos que correspondem aos hiatos de juros e da relação de troca obtém-se a equação diferencial da taxa de juros real:

$$(1 + \alpha\theta)\,\mathring{r} = (\beta\theta + \phi\gamma - \alpha\phi\delta)\left(r - \bar{r}\right) + \beta\phi\delta\left(s - \bar{s}\right)$$

Sistema Dinâmico

O sistema dinâmico do modelo, no regime de câmbio flexível, é formado pelas equações diferenciais da taxa de juros real e da relação de troca:

$$\begin{bmatrix} \dot{r} \\ \dot{s} \end{bmatrix} \begin{bmatrix} \frac{\beta\theta + \phi\gamma - \alpha\phi\delta}{1 + \alpha\theta} & \frac{\beta\phi\delta}{1 + \alpha\theta} \\ 1 & 0 \end{bmatrix} \begin{bmatrix} r - \bar{r} \\ s - \bar{s} \end{bmatrix}$$

Neste sistema dinâmico as duas variáveis, a taxa de juros real e a relação de troca, não são predeterminadas, mas seus valores iniciais são livres. Todavia, estes valores devem satisfazer simultaneamente a curva IS e a regra de política monetária, como será mostrado mais adiante.

302

A matriz jacobiana deste sistema é dada por:

$$\begin{bmatrix} \frac{\partial \dot{r}}{\partial r} & \frac{\partial \dot{r}}{\partial s} \\ \frac{\partial \dot{s}}{\partial r} & \frac{\partial \dot{s}}{\partial s} \end{bmatrix} = \begin{bmatrix} \frac{\beta\theta + \phi\gamma - \alpha\phi\delta}{1+\alpha\theta} & \frac{\beta\phi\delta}{1+\alpha\theta} \\ 1 & 0 \end{bmatrix}$$

O determinante desta matriz é negativo:

$$|J| = -\frac{\beta\phi\delta}{1+\alpha\theta} < 0 \Rightarrow sela$$

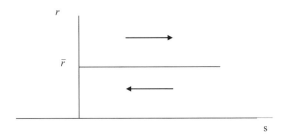

Figura 9.15

A Figura 9.15 mostra o diagrama de fases da equação diferencial da relação de troca, com a taxa de juros real no eixo vertical e a relação de troca no eixo horizontal. Quando a relação de troca não varia, a taxa de juros real é igual à taxa de juros real externa:

$$\dot{s} = 0 \Rightarrow r = \bar{r}$$

Nos pontos acima da taxa de juros real externa os termos de troca aumenta, e nos pontos abaixo da taxa de juros real externa os termos de troca diminui, como indicado pelas setas.

O diagrama de fases da equação diferencial da taxa de juros real está desenhado na Figura 9.16. A reta que corresponde aos pontos em que a taxa de juros real permanece constante tanto pode ser negativamente inclinada quanto positivamente inclinada, dependendo dos parâmetros do modelo:

$$\dot{r} = 0 \Rightarrow r = \bar{r} - \frac{\beta\phi\delta}{\beta\theta + \phi\gamma - \alpha\phi\delta}(s - \bar{s})$$

Na Figura 9.16 supõe-se que a reta $\dot{r} = 0$ seja negativamente inclinada. Esta hipótese não altera as conclusões qualitativas do modelo. Nos pontos acima desta reta a taxa de juros real aumenta e nos pontos abaixo a taxa de juros real diminui.

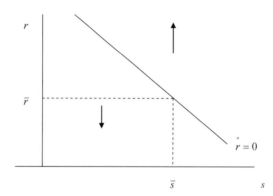

Figura 9.16

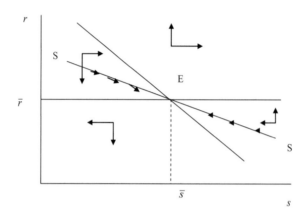

Figura 9.17

A Figura 9.17 mostra o diagrama de fases do sistema dinâmico formado pelas equações diferenciais da taxa de juros real e dos termos de troca. A sela convergente SS é negativamente inclinada. A principal conclusão é de que a taxa de juros real e os termos de troca movem-se em sentidos opostos, ou seja, a taxa de juros real e a relação de troca devem estar negativamente correlacionadas. Analiticamente, na sela, o hiato da relação de troca e o hiato da taxa de juros estariam relacionados por uma equação do tipo:

$$s - \bar{s} = -\kappa(r - \bar{r})$$

onde o coeficiente κ é positivo e depende dos parâmetros do modelo. Esta equação quando substituída na equação da curva IS resulta em:

$$x = -\alpha(r - \bar{r}) + \beta(s - \bar{s}) = -(\alpha + \beta\kappa)(r - \bar{r})$$

O efeito da política monetária sobre o hiato do produto é muito maior na economia aberta em virtude da taxa de juros afetar a relação de troca e esta influenciar a conta-corrente do balanço de pagamentos.

Experimento

O experimento de política econômica, descrito na Figura 9.18, em que o Banco Central reduz a meta de inflação de $\bar{\pi}_0$ para $\bar{\pi}_1$ pode ser analisado a partir do diagrama de fases da Figura 9.18. As duas retas, $\dot{r} = 0$ e $\dot{s} = 0$, mantêm-se inalteradas com a mudança da política monetária. Todavia, a economia não permanece no ponto de equilíbrio E. Este ponto é o ponto de equilíbrio de longo prazo. No momento do anúncio da nova meta de inflação o Banco Central aumenta a taxa de juros nominal. Como a inflação é uma variável predeterminada, a taxa de juros real também aumenta, e o produto da economia é afetado. Por outro lado, o aumento da taxa de juros nominal acarreta a redução da taxa de câmbio nominal em virtude da entrada de divisas no mercado de câmbio. Como consequência, a relação de troca aprecia-se. As duas variáveis, a taxa de juros real e a relação de troca, mudam instantaneamente. Como determinar o ponto na sela SS para o qual estas variáveis saltam do seu ponto de equilíbrio inicial? Estas variáveis têm de satisfazer a cada momento a curva IS e a regra de política monetária. Eliminando-se o hiato do produto destas duas equações obtém-se:

$$r - \bar{r} = \frac{\phi}{1 + \alpha\theta}(\pi - \bar{\pi}) + \frac{\beta\theta}{1 + \alpha\theta}(s - \bar{s})$$

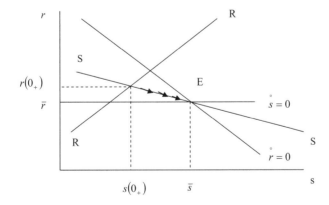

Figura 9.18

A Figura 9.18 mostra o gráfico desta reta, representada pelas letras RR, no momento da mudança da política monetária. Neste instante o hiato da

Capítulo 9

taxa de inflação é medido pela diferença entre a antiga e a nova meta de inflação. O ponto de interseção da reta RR com a sela SS é o ponto inicial da taxa de juros e da relação de troca logo após o anúncio da nova meta de inflação. A economia começa, então, a mover-se na direção do equilíbrio de longo prazo (ponto E), com a redução da taxa de juros real e o aumento da relação de troca ao longo da trajetória da sela SS.

5. Modelo Keynesiano Ampliado: Câmbio Flexível

O modelo keynesiano de uma economia aberta pequena no regime de câmbio flexível, com a riqueza no consumo, tem a mesma especificação do modelo de regime de câmbio fixo, exceto pela regra de política monetária. No regime de câmbio flexível, o Banco Central controla a taxa de juros nominal e o mercado determina a taxa de câmbio. A regra de política monetária é a regra de Taylor. Para simplificar a álgebra, esta regra não contém o termo do hiato do produto. O modelo tem a seguinte especificação:

IS: $x = -\alpha\,(r - \bar{r}) + \beta\,(s - \bar{s}) + \Psi\,(a - \bar{a})$

CP: $\dot{\pi} = \gamma\dot{s} + \delta x$

PJD: $\dot{s} = r - \bar{r}$

BP: $\dot{a} = \bar{r}\,(a - \bar{a}) + \bar{a}\,(r - \bar{r}) + \Phi\,(s - \bar{s})$

RPM: $i = \bar{r} + \pi + \phi\,(\pi - \bar{\pi})$

CI: Dados $p(0), \pi(0)$ e $a(0)$

Álgebra

A regra de política monetária pode ser escrita como:

$$r - \bar{r} = \phi\,(\pi - \bar{\pi})$$

Substituindo-se este valor do hiato da taxa de juros real na curva IS e na curva da conta-corrente do balanço de pagamentos, tem-se:

$$
\begin{aligned}
x &= -\alpha\phi\,(\pi - \bar{\pi}) + \beta\,(s - \bar{s}) + \rho\,(a - \bar{a}) \\
\dot{a} &= \phi\bar{a}\,(\pi - \bar{\pi}) + \Phi\,(s - \bar{s}) + \bar{r}\,(a - \bar{a})
\end{aligned}
$$

A curva de Phillips, quando se substitui o hiato da taxa de juros real e o hiato do produto, resulta na seguinte equação diferencial:

$$\dot{\pi} = (\gamma - \alpha\delta\phi)\,(\pi - \bar{\pi}) + \beta\delta\,(s - \bar{s}) + \delta\Psi\,(a - \bar{a})$$

Sistema Dinâmico

O sistema dinâmico deste modelo é formado pelas equações diferenciais da taxa de inflação, da relação de troca e da riqueza externa. Isto é:

$$\begin{bmatrix} \dot{\pi} \\ \dot{s} \\ \dot{a} \end{bmatrix} = \begin{bmatrix} \gamma - \alpha\delta\phi & \beta\delta & \delta\Psi \\ \phi & 0 & 0 \\ \phi\bar{a} & \Phi & \bar{r} \end{bmatrix} \begin{bmatrix} \pi - \bar{\pi} \\ s - \bar{s} \\ a - \bar{a} \end{bmatrix}$$

A matriz jacobiana deste sistema é dada por:

$$J = \begin{bmatrix} \gamma - \alpha\delta\phi & \beta\delta & \delta\Psi \\ \phi & 0 & 0 \\ \phi\bar{a} & \Phi & \bar{r} \end{bmatrix}$$

O determinante e o traço desta matriz são iguais, respectivamente, a:

$$|J| = \phi\Phi\delta\Psi - \phi\beta\delta\bar{r}$$

$$trJ = \gamma - \alpha\delta\phi + \bar{r}$$

Para que este sistema dinâmico tenha um ponto de sela com duas raízes características negativas e uma positiva, o determinante deve ser positivo e o traço da matriz jacobiana negativo. Para que haja este ponto de sela, a taxa de juros real de longo prazo, a taxa de juros externa, deve satisfazer à seguinte desigualdade:

$$\bar{r} < \min\left(\frac{\Phi\Psi}{\beta}, \alpha\delta\phi - \gamma\right)$$

A solução do sistema dinâmico é dada pelas seguintes equações:

$$\begin{aligned} \pi &= \bar{\pi} + c_1 v_{11} e^{\mu_1 t} + c_2 v_{21} e^{\mu_2 t} \\ s &= \bar{s} + c_1 v_{12} e^{\mu_1 t} + c_2 v_{22} e^{\mu_2 t} \\ a &= \bar{a} + c_1 v_{13} e^{\mu_1 t} + c_2 v_{23} e^{\mu_2 t} \end{aligned}$$

onde μ_1 e μ_2 são as raízes características negativas, $\mu_1 > \mu_2, c_1$ e c_2 são constantes determinadas pelas condições iniciais, e v_{ij} são os elementos dos vetores característicos associados a cada raiz, obtidos pela solução do sistema de equações:

$$\begin{bmatrix} \gamma - \alpha\delta - \mu & \beta\delta & \delta\Psi \\ \phi & -\mu & 0 \\ \phi\bar{a} & \Psi & \bar{r} - \mu \end{bmatrix} \begin{bmatrix} v_{i1} \\ v_{i2} \\ v_{i3} \end{bmatrix} = \begin{bmatrix} 0 \\ 0 \\ 0 \end{bmatrix}$$

A segunda equação deste sistema implica que:

$$\frac{v_{i1}}{v_{i2}} = \frac{\mu}{\phi} < 0$$

O sinal de desigualdade decorre do fato de que a raiz característica é negativa e o parâmetro ϕ positivo.

Capítulo 9

Previsões

O limite, quando o tempo aumenta indefinidamente, da razão entre o hiato da inflação e o hiato da relação de troca, é dado por:

$$\lim_{t \to \infty} \frac{\pi - \pi^*}{s - \bar{s}} = \lim_{t \to \infty} \frac{c_1 v_{11} e^{\mu_1 t} \left[1 + \frac{c_2 v_{21}}{c_1 v_{11}} e^{(\mu_2 - \mu_1)t} \right]}{c_1 v_{12} e^{\mu_1 t} \left[1 + \frac{c_2 v_{22}}{c_1 v_{12}} e^{(\mu_2 - \mu_1)t} \right]}$$

Como $\mu_2 - \mu_1 < 0$ os termos entre colchetes, no numerador e no denominador, convergem para um. Portanto, este limite é negativo:

$$\lim_{t \to \infty} \frac{r - \bar{r}}{s - \bar{s}} < 0$$

Isto significa dizer que se o juro real estiver elevado, a relação de troca (a taxa de câmbio real) estará apreciada e vice-versa.

O limite da razão entre o hiato da taxa da relação de troca e o hiato da riqueza externa, é obtido pela seguinte expressão:

$$\lim_{t \to \infty} \frac{s - \bar{s}}{a - \bar{a}} = \lim_{t \to \infty} \frac{c_1 v_{12} e^{\mu_1 t} \left[1 + \frac{c_2 v_{22}}{c_1 v_{12}} e^{(\mu_2 - \mu_1)t} \right]}{c_1 v_{13} e^{\mu_1 t} \left[1 + \frac{c_2 v_{23}}{c_1 v_{13}} e^{(\mu_2 - \mu_1)t} \right]}$$

Usando-se as mesmas propriedades aplicadas no cálculo do limite anterior, conclui-se que:

$$\lim_{t \to \infty} \frac{s - \bar{s}}{a - \bar{a}} = \frac{v_{12}}{v_{13}} < 0$$

Quando a relação de troca estiver acima do seu valor de equilíbrio de longo prazo, a riqueza líquida externa estará abaixo do seu valor de longo prazo. O sinal desta desigualdade pode ser obtido do seguinte modo. Combinando-se as duas primeiras equações do sistema que produz os vetores característicos, obtém-se:

$$\frac{v_{12}}{v_{13}} = -\frac{\delta \Psi \phi}{(\gamma - \alpha \delta - \mu) \mu + \beta \delta \phi} < 0$$

A equação característica do sistema de equações diferenciais é dada por:

$$- (\gamma - \alpha \delta - \mu) \mu (\bar{r} - \mu) + \phi \Phi \delta \Psi + \phi \bar{a} \mu \delta \Psi - \phi \beta \delta (\bar{r} - \mu) = 0$$

Rearranjando seus termos, pode-se escrever:

$$- (\bar{r} - \mu) [(\gamma - \alpha \delta - \mu) \mu + \beta \delta \phi] = -\phi \Phi \delta \Psi - \phi \bar{a} \mu \delta \Psi$$

Logo, como $\mu < 0$ e se $\bar{a} < 0$, resulta que:

$$(\gamma - \alpha \delta - \mu) \mu + \beta \delta \phi > 0$$

308

A equação do hiato do produto pode ser obtida, por exemplo, a partir da curva de Phillips:

$$x = \frac{\dot{\pi} - \gamma \dot{s}}{\delta}$$

Com um pouco de álgebra, pode-se mostrar que o limite da razão entre os hiatos do produto e da taxa de inflação é negativo:

$$\lim_{t \to \infty} \frac{\pi - \bar{\pi}}{x} < 0$$

No processo de convergência para o equilíbrio estacionário, se a inflação estiver acima da sua meta, por exemplo, a economia estará em recessão (hiato do produto negativo).

6. Modelo Novokeynesiano: Câmbio Flexível

O modelo novokeynesiano no regime de câmbio flexível tem as mesmas equações das curvas IS e de Phillips, da paridade de juros descoberta e do balanço de pagamentos do regime de câmbio fixo. A regra de política monetária supõe que o Banco Central controla a taxa de juros nominal. Para simplificar a álgebra, a regra de Taylor não contém o termo do hiato do produto. As condições iniciais do modelo do regime de câmbio flexível são diferentes daquelas do modelo do regime de câmbio fixo. As condições iniciais supõem que o nível de preços e a riqueza líquida externa são variáveis predeterminadas. As demais variáveis são livres. A especificação do modelo é a seguinte:

IS: $\dot{x} = \beta_x x + \beta_r \left(r - \bar{r} \right) - \beta_a \left(a - \bar{a} \right) - \beta_s \left(s - \bar{s} \right)$
CP: $\dot{\pi} = -\delta x$
PJD: $\dot{s} = r - \bar{r}$
BP: $\dot{a} = \alpha_a \left(a - \bar{a} \right) + \alpha_r \left(r - \bar{r} \right) + \alpha_s \left(s - \bar{s} \right)$
RPM: $i = \bar{r} + \pi + \phi \left(\pi - \bar{\pi} \right)$
CI: Dados $p(0)$ e $a(0)$

Álgebra

A regra de política monetária pode ser escrita como:

$$r - \bar{r} = \phi \left(\pi - \bar{\pi} \right)$$

Substituindo-se o valor deste hiato da taxa de juros real nas equações da curva IS, da paridade da taxa de juros e do balanço de pagamentos, obtém-se:

$$\dot{x} = \beta_x x + \beta_r \phi \left(\pi - \bar{\pi} \right) - \beta_a \left(a - \bar{a} \right) - \beta_s \left(s - \bar{s} \right)$$

$$\dot{s} = \phi \left(\pi - \bar{\pi} \right)$$

$$\dot{a} = \alpha_a \left(a - \bar{a} \right) + \alpha_r \phi \left(\pi - \bar{\pi} \right) + \alpha_s \left(s - \bar{s} \right)$$

Capítulo 9

Sistema Dinâmico

O sistema dinâmico do modelo novokeynesiano, com regime de câmbio flexível, é formado pelas equações diferenciais da taxa de inflação, do hiato do produto, da relação de troca e do saldo do balanço de pagamentos. Isto é:

$$
\begin{bmatrix} \dot{\pi} \\ \dot{x} \\ \dot{s} \\ \dot{a} \end{bmatrix}
\begin{bmatrix} 0 & -\delta & 0 & 0 \\ \beta_r\phi & \beta_x & -\beta_s & -\beta_a \\ \phi & 0 & 0 & 0 \\ \alpha_r\phi & 0 & \alpha_s & \alpha_a \end{bmatrix}
\begin{bmatrix} \pi - \bar{\pi} \\ x \\ s - \bar{s} \\ a - \bar{a} \end{bmatrix}
$$

A matriz jacobiana deste sistema é dada por:

$$
J = \begin{bmatrix} 0 & -\delta & 0 & 0 \\ \beta_r\phi & \beta_x & -\beta_s & -\beta_a \\ \phi & 0 & 0 & 0 \\ \alpha_r\phi & 0 & \alpha_s & \alpha_a \end{bmatrix}
$$

O cálculo do determinante desta matriz pela regra de expansão do cofator, da primeira linha, é igual a

$$
|J| = (-\delta)(-1)^{1+2} \begin{vmatrix} \beta_r\phi & \beta_s & -\beta_a \\ \phi & 0 & 0 \\ \alpha_r\phi & \alpha_s & \alpha_a \end{vmatrix}
$$

Logo,

$$
|J| = -\delta\phi\left(\alpha_s\beta_a + \beta_s\alpha_a\right)
$$

O traço da matriz jacobiana é dado por:

$$
trJ = \beta_x + \alpha_a
$$

Admite-se que os parâmetros são tais que o determinante seja negativo: $|J| < 0$. O sistema dinâmico tem, então, uma raiz característica negativa e três raízes positivas, ou então, três raízes negativas e uma raiz positiva. Para saber se existe uma solução com três raízes positivas é necessário analisar a equação característica deste modelo. Esta equação característica é obtida pela solução do seguinte determinante:

$$
\begin{vmatrix} -\mu & -\delta & 0 & 0 \\ \beta_r\phi & \beta_x - \mu & \beta_s- & \beta_a \\ \phi & 0 & -\mu & 0 \\ \alpha_r\phi & 0 & \alpha_s & \alpha_a - \mu \end{vmatrix} = 0
$$

Usando-se a regra da expansão do cofator, para a primeira linha, por exemplo, obtém-se, depois de alguma álgebra, a seguinte equação:

$$
\mu^4 \;-\; (\alpha_a + \beta_x)\mu^3 + (\alpha_a\beta_x + \beta_r\delta\phi)\mu^2
$$
$$
-\; \delta\phi\left(\alpha_a\beta_r + \alpha_r\beta_a - \beta_s\right)\mu + \phi\left(\alpha_s\beta_a + \alpha_a\beta_s\right) = 0
$$

Se o número de mudanças de sinais da sequência de coeficientes [Sydsaeter, Strom e Berck (2000), p. 8]:

$$a_4 = 1, a_3 = -\left(\alpha_a + \beta_x\right), a_2 = \left(\alpha_a\beta_x + \delta\phi\right),$$

$$a_1 = -\delta\phi\left(\alpha_a\beta_r + \alpha_r\beta_a - \beta_s\right), a_0 = \phi\left(\alpha_s\beta_r + \alpha\beta_x\right)$$

for igual a três, existem três raízes positivas. Admite-se que os coeficientes sejam tais que satisfaçam esta condição.

A solução do sistema dinâmico é, então, dada pelas seguintes equações:

$$\pi = \bar{\pi} + c_1 v_{11} e^{\mu_1 t}$$

$$x = c_1 v_{12} e^{\mu_1 t}$$

$$s = \bar{s} + c_1 v_{13} e^{\mu_1 t}$$

$$a = \bar{a} + c_1 v_{14} e^{\mu_1 t}$$

onde a constante c_1 é obtida a partir do valor inicial da variável predeterminada $a(0)$, μ_1 é a raiz característica negativa, e os elementos v_{ij} são obtidos da solução do sistema linear:

$$\begin{bmatrix} -\mu & -\delta & 0 & 0 \\ \beta_r\phi & \beta_x - \mu & -\beta_s & -\beta_a \\ \phi & 0 & -\mu & 0 \\ \alpha_r\phi & 0 & \alpha_s & \alpha_a - \mu \end{bmatrix} \begin{bmatrix} v_{i1} \\ v_{i2} \\ v_{i3} \\ v_{i4} \end{bmatrix} = \begin{bmatrix} 0 \\ 0 \\ 0 \\ 0 \end{bmatrix}$$

A primeira, a terceira e a quarta equações implicam as seguintes propriedades:

$$\frac{v_{11}}{v_{12}} = -\frac{\delta}{\mu} > 0$$

$$\frac{v_{11}}{v_{13}} = \frac{\mu}{\phi} < 0$$

$$\frac{v_{13}}{v_{14}} = -\frac{\phi\left(\alpha_0 - \mu\right)}{\alpha_r\phi_\mu + \alpha_s\phi} < 0$$

Os sinais destas desigualdades decorrem do fato de que a raiz característica μ é negativa.

Previsões

Dividindo-se o hiato da taxa de inflação pelo hiato do produto resulta em:

$$\frac{\pi - \bar{\pi}}{x} = \frac{v_{11}}{v_{12}}$$

O hiato da inflação e o hiato do produto devem, portanto, na trajetória de equilíbrio, caminhar no mesmo sentido.

Dividindo-se o hiato da taxa de inflação pelo hiato da relação de troca, obtém-se:

$$\frac{\pi - \bar{\pi}}{s - \bar{s}} = \frac{v_{11}}{v_{13}} < 0$$

Os hiatos da taxa de inflação e da relação de troca devem caminhar em sentidos opostos. Como o hiato da taxa de juros real é proporcional ao hiato da taxa de inflação, em virtude da regra de política monetária, os hiatos da taxa de juros real e da relação de troca andam em sentidos contrários, juros para cima (baixa), câmbio para baixo (cima). Esta proposição pode, também, ser deduzida usando-se o fato de que $r - \bar{r} = \dot{s}$. É fácil concluir-se que:

$$r - \bar{r} = c_1 v_{13} \mu_e^{\mu_1 t} = \mu_1 (s - \bar{s}), \mu_1 < 0$$

Dividindo-se o hiato da riqueza pelo hiato da relação de troca, obtém-se:

$$\frac{a - \bar{a}}{s - \bar{s}} = \frac{v_{14}}{v_{13}} < 0$$

Logo, quando a relação de troca está acima (abaixo) do seu valor de longo prazo, a riqueza líquida do país está abaixo (acima) do seu valor de equilíbrio de longo prazo.

7. Exercícios

1) Considere o seguinte modelo de uma economia aberta pequena (modelo Mundell-Fleming-Dornbusch):
$\dot{p} = \delta (d - y)$
$d = k + \alpha (e + p^* - p) - \beta i$
$m - p = -\gamma i + \phi y$
$i = i^* + \dot{e}^e$
$\dot{e}^e = \dot{e}$

Os símbolos têm o seguinte significado: p = índice de preços; d = dispêndio; y = produto real; e = taxa de câmbio nominal; p^* = índice de preços do exterior; i = taxa de juros; m = estoque de moeda; i^* = taxa de juros no exterior; $\delta, k, \alpha, \beta, \gamma$ e ϕ são parâmetros positivos; e o índice e indica o valor esperado da variável. As variáveis do modelo são os logaritmos das mesmas, com exceção da taxa de juros.
a) Qual o efeito, no curto e no longo prazo, sobre a taxa de câmbio, de um aumento do déficit público?
b) Qual o efeito, no curto e no longo prazo, sobre a taxa de câmbio, de um aumento do índice de preços, dos bens e serviços produzidos no exterior?

2) Considere o seguinte modelo:
$\dot{p} = \phi (y - \bar{y})$

Flutuação e Estabilização na Economia Aberta

$$y = \alpha_0 + \alpha_1 \left(e + p^* - p \right) - \alpha_2 i$$
$$m - p = \beta_0 + \beta_1 y - \beta_2 i$$
$$i = i^* + \dot{e}$$

Os símbolos têm o seguinte significado: y = produto real; e = taxa de câmbio nominal; p^* = índice de preços externos; p = índice de preços domésticos; i = taxa de juros; m = quantidade nominal de moeda; i^* = taxa de juros internacional; $\bar{y}$ = produto potencial. As variáveis do modelo são os logaritmos das mesmas, com exceção da taxa de juros.

a) Qual o efeito de um aumento da quantidade de moeda sobre a taxa de câmbio?

b) Compare a resposta do item anterior com aquela que se obteria se substituísse a equação de $\dot{p}$ pela seguinte: $\dot{p} = \phi \left(d - y \right)$ com a segunda equação transformando-se na equação do dispêndio: $d = \alpha_0 + \alpha_1 \left(e + p^* - p \right) - k_2 i$. Existe a possibilidade de uma expansão monetária causar *undershooting* ao invés de *overshooting*?

3) Considere o seguinte modelo de uma economia aberta pequena:
IS: $x = -\alpha \left(r - \bar{r} \right) + \beta \left(s - \bar{s} \right)$
CP: $\dot{\pi} = \gamma \dot{s} + \delta x$
PJD: $r = \bar{r} + \dot{s}, \bar{r} = r^*$
RPM: $i = \bar{r} + \pi + \phi \left(\pi - \bar{\pi} \right) + \theta \left(s - \bar{s} \right)$
CI: Dados $p(0)$ e $\pi(0)$

Os símbolos têm o seguinte significado: x = hiato do produto; r = taxa de juros real; $\bar{r}$ = taxa de juros natural; s = relação de troca; $\bar{s}$ = relação de troca natural; π = taxa de inflação; $\dot{\pi} = d\pi/dt; \dot{s} = ds/dt; r^*$ = taxa de juros real externa; i = taxa de juro nominal; $\alpha, \beta, \gamma, \delta, \phi$ e θ são parâmetros positivos.

a) Analise o equilíbrio e a dinâmica deste modelo num diagrama de fases com a taxa de juros real (r) no eixo vertical e a relação de troca (s) no eixo horizontal.

b) A taxa de juros real e a relação de troca são negativamente correlacionadas quaisquer que sejam os valores dos parâmetros do modelo?

c) Mostre, no diagrama de fases do item a, o que acontece neste modelo quando o déficit público aumenta.

d) Mostre, no diagrama de fases do item a, o que acontece neste modelo quando a taxa de juros real externa aumenta.

4) Considere o seguinte modelo:
IS: $x = -\alpha \left(r - \bar{r} \right) + \beta \left(s - \bar{s} \right)$
CP: $\dot{\pi} = \phi \dot{s} + \theta x$
PJD: $r = \bar{r} + \dot{s}, \bar{r} = r^*$
RPM: $e = \bar{e}$
CI: Dados $p(0)$ e $\pi(0)$

Capítulo 9

Os símbolos têm o seguinte significado: x = hiato do produto; r = taxa de juros real; $\bar{r}$ = taxa de juros natural; s = relação de troca; $\bar{s}$ = relação de troca natural; i = taxa de juro nominal; π = taxa de inflação; $\dot{\pi} = d\pi/dt$; $\dot{s} = ds/dt$; r^* = taxa de juros real externa; e = taxa de câmbio nominal. Os parâmetros α, β, ϕ e θ são positivos. Admita que a taxa de inflação externa seja constante ($\pi^* = dp^*/dt$ = constante).

Mostre em um diagrama de fases, com r no eixo vertical e s no eixo horizontal, o equilíbrio e a dinâmica deste modelo.

5) Considere o seguinte modelo:
IS: $x = -\alpha\,(r - \bar{r}) + \beta\,(s - \bar{s})$
CP: $\dot{\pi} = \gamma\dot{s} + \delta x$
PJD: $r = \bar{r} + \dot{s}$
RPM: $i = \bar{r} + \pi + \theta\,(\pi - \bar{\pi}) + \phi\dot{s}$
CI: Dados $p(0)$ e $\pi(0)$

Os símbolos têm o seguinte significado: x = hiato do produto; r = taxa de juros real; $\bar{r}$ = taxa de juros natural; s = relação de troca; $\bar{s}$ = relação de troca natural; π = taxa de inflação; $\dot{\pi} = d\pi/dt$; $\bar{\pi}$ meta da taxa de inflação; $\dot{s} = ds/dt$; i = taxa de juros nominal.
a) Analise o equilíbrio e a dinâmica deste modelo num diagrama de fases com a taxa de inflação no eixo vertical e a relação de troca no eixo horizontal;
b) Mostre no diagrama de fases do item anterior o que acontece quando o Banco Central reduz a meta de inflação de $\bar{\pi}_0$ para $\bar{\pi}_1\,(< \bar{\pi}_o)$.

6) Considere o seguinte modelo:
IS: $x = -\alpha\,(r - \bar{r}) + \beta\,(q - \bar{q})$
CP: $\dot{\pi} = \gamma\dot{q} + \delta x$
PJD: $r = \bar{r} + \dot{q}$
RPM: $i = \bar{r} + \pi_C + \theta\,(\pi_C - \bar{\pi}_C)$
IPC: $\pi_C = \pi + \chi\dot{q}, \chi = \omega/\,(1 - \omega)$
TJR: $i = r + \pi_C$
CI: Dados $p(0)$ e $\pi(0)$

Os símbolos têm o seguinte significado: x = hiato do produto; r = taxa de juros real; $\bar{r}$ = taxa de juros natural; q = taxa de câmbio real; $\bar{q}$ = taxa de câmbio natural; π = taxa de inflação; $\dot{\pi} = d\pi/dt$; $\bar{\pi}_C$ = meta da taxa de inflação; $\dot{q} = dq/dt$; i = taxa de juros nominal. A taxa de câmbio real é definida por: $q = e + p^* - p_C$ e o índice de preços ao consumidor é igual a: $p_C = (1 - \omega)\,p + \omega\,(e + p^*)$.
a) Analise o equilíbrio e a dinâmica deste modelo num diagrama de fases com a taxa de juros real (no eixo vertical) e a taxa de câmbio real (no eixo horizontal);
b) Mostre no diagrama de fases do item anterior o que acontece nesta economia quando a taxa de juros real aumenta de r_0^* para $r_1^* > r_0^*$.

Flutuação e Estabilização na Economia Aberta

c) Analise o equilíbrio e a dinâmica deste modelo com a taxa de inflação no eixo vertical e o hiato do produto no eixo horizontal.

d) Mostre no diagrama de fases do item anterior o que acontece quando o Banco Central reduz a meta de inflação de $\bar{\pi}_0$ para $\bar{\pi}_1$ ($< \bar{\pi}_o$).

7) Considere o seguinte modelo:

IS: $x = -\alpha\,(r - \bar{r}) + \beta\,(q - \bar{q})$
CP: $\dot{\pi} = \gamma\dot{q} + \delta x$
PJD: $r = \bar{r} + \dot{q}$
RPM: $e = \bar{e}$
IPC: $\pi_C = \pi + \omega\dot{q}$
TJR: $i = r + \pi_C$
CI: Dados $p(0)$ e $\pi(0)$

Os símbolos têm o seguinte significado: x = hiato do produto; r = taxa de juros real; $\bar{r}$ = taxa de juros natural; q = taxa de câmbio real; $\bar{q}$ = taxa de câmbio natural; π = taxa de inflação dos bens domésticos; π_C = taxa de inflação dos preços ao consumidor; $\dot{\pi} = d\pi/dt; \dot{q} = dq/dt; i =$ taxa de juros nominal, e = taxa de câmbio nominal. A taxa de câmbio real é definida por: $q = e + p^* - p_C$ e o índice de preços ao consumidor é igual a: $p_C = (1 - \omega)\,p + \omega\,(e + p^*)$.

a) Analise o equilíbrio e a dinâmica deste modelo num diagrama de fases com a taxa de juros real (no eixo vertical) e a taxa de câmbio real (no eixo horizontal);

b) Mostre no diagrama de fases do item anterior o que acontece nesta economia quando a taxa de juros real aumenta de r_1^* para $r_1^* > r_0^*$.

c) Analise o equilíbrio e a dinâmica deste modelo com a taxa de inflação no eixo vertical e o hiato do produto no eixo horizontal.

d) Mostre no diagrama de fases do item anterior o que acontece quando a taxa de inflação internacional diminui de π_0^* para π_1^* ($< \pi_0^*$).

8) Considere o seguinte modelo:

IS: $x = -\alpha\,(r - \bar{r}) + \beta\,(q - \bar{q})$
CP: $\dot{\pi} = \gamma\dot{q} + \delta x$
PJD: $r = \bar{r} + \dot{q}$
RPM: $\dot{e} = \pi - \pi^*$
CI: Dados $p(0)$ e $\pi(0)$

Os símbolos têm o seguinte significado: x = hiato do produto; r = taxa de juros real; $\bar{r}$ = taxa de juros natural; q = taxa de câmbio real; $\bar{q}$ = taxa de câmbio natural; π = taxa de inflação; e = taxa de câmbio nominal.

a) Analise o equilíbrio e a dinâmica deste modelo.

b) Mostre o que acontece nesta economia quando a taxa de juros natural aumenta.

Capítulo 9

9) Admita-se que as importações e a mão-de-obra são usadas como insumos na produção do bem doméstico. O produto real da economia é, então, igual a soma do consumo e das exportações:

$$y_t = \omega_1 c_t + \omega_2 ex_t$$

As variáveis estão em logaritmos e o peso ω_i é a proporção da respectiva variável no estado estacionário. A equação de demanda pelas exportações é a equação de demanda de um insumo que depende do produto mundial e do preço relativo:

$$ex_t = y_t^* + \eta s_t + \kappa$$

O parâmetro η é a elasticidade de substituição entre o insumo e a mão de obra, κ uma constante e s a relação de troca definida por: $s_t = e_t + p_t^* - p_{t^*}$. A equação de Euler é dada por:

$$c_t = -\sigma \left(r_t - \rho\right) + c_{t+1}$$

a) Mostre que a curva IS deste modelo da economia aberta é a seguinte:

$$x_t = x_{t+1} - \omega_1 \sigma \left(r_t - \bar{r}_t\right) - \omega_2 \eta \triangle \left(s_{t+1} - \bar{s}_{t+1}\right)$$

b) Mostre que a taxa de juros natural é dada pela expressão:

$$\bar{r}_t = \rho + \frac{\triangle \bar{y}_{t+1}}{\omega_1 \sigma} - \frac{\omega_2 \triangle y_{t+1}^*}{\omega_1 \sigma} - \frac{\omega_2 \eta \triangle \bar{s}_{t+1}}{\omega_1 \sigma}$$

c) Mostre que esta expressão da taxa natural pode ser simplificada, com um pouco de álgebra, para obter-se a mesma fórmula da economia fechada:

$$\bar{r}_t = \rho + \frac{1}{\sigma} \triangle \bar{y}_{t+1}$$

d) Qual o seu veredito deste modelo da curva IS de uma economia aberta pequena? (Sugestão: Compare a taxa de juros natural do item anterior com aquela que se obtém da paridade de juros descoberta).

PARTE III: MODELOS DE POLÍTICAS MONETÁRIA E FISCAL

Capítulo 10: Restrição Orçamentária do Governo

Este capítulo apresenta a restrição orçamentária do governo e vários tópicos que podem ser analisados a partir deste arcabouço contábil. A primeira seção mostra que a restrição orçamentária do governo resulta da consolidação das contas do Tesouro e do Banco Central. A segunda seção estabelece as condições para que a dívida pública seja sustentável. A terceira seção cuida do imposto inflacionário e das diferentes alternativas para o cálculo do custo social deste imposto. A quarta seção apresenta diferentes modelos de hiperinflação. A quinta seção cuida da equivalência ricardiana. A sexta seção trata da teoria fiscal do nível de preços. A oitava seção analisa as condições de sustentabilidade do regime monetário.

1. Consolidação das Contas do Tesouro e do Banco Central

As principais contas do balanço de um Banco Central estão apresentadas na Tabela 10.1. No ativo estão os títulos denominados em moeda estrangeira, no item Reservas Internacionais (RI), e os títulos em moeda doméstica, em geral Títulos Públicos emitidos pelo Tesouro (B^{BC}). O passivo do Banco Central consiste da Base Monetária (M) e dos Depósitos do Tesouro (DT). Os depósitos do Tesouro não necessariamente são efetuados no Banco Central, dependendo da legislação de cada país. No Brasil, a Constituição de 1988 obriga que eles sejam feitos no Banco Central do Brasil. A base monetária é composta do papel moeda em poder do público e das reservas bancárias. A conta Reservas bancárias é uma conta que os bancos são obrigados a manterem no Banco Central, onde inclusive os depósitos compulsórios dos bancos são feitos. Nesta conta trafega todas as operações do Banco Central com os bancos e todas as operações do sistema de pagamentos brasileiro, supervisionado pelo Banco Central.

O Banco Central tem o monopólio da emissão de moeda e seu negócio consiste em vender e comprar a moeda que ele próprio emite. Quando deseja vender sua moeda ele compra títulos, estrangeiros ou domésticos. Na compra de títulos estrangeiros ele compra divisas estrangeiras no mercado pronto de câmbio para entrega imediata, ou no mercado a termo para entrega futura. Na compra de títulos domésticos ele pode efetuar compras definitivas, ou compras temporárias através de operações de recompras. Quando o Banco Central deseja comprar sua moeda ele vende títulos de sua carteira, seja títulos estrangeiros ou títulos domésticos. Na venda, ou compra, de títulos estrangeiros ele opera no mercado de câmbio, e no caso da venda, ou compra, de títulos domésticos ele atua no mercado secundário de títulos públicos, e em ambos os casos as operações são conduzidas pela mesa de operações do Banco Central.

A hipótese simplificadora de que as reservas internacionais e os depósitos do Tesouro são iguais a zero, $RI = DT = 0$, será usada na análise que se segue. Nestas circunstâncias, o lucro do Banco Central será igual aos juros dos títulos públicos existentes em sua carteira, desprezando-se seus custos operacionais. Isto é:

$$L^{BC} = i B^{BC}$$

Tabela 10.1: Balanço do Banco Central

ATIVO	PASSIVO
1.Reservas internacionais (RI)	1.Base monetária (M)
	a) Papel moeda em poder do público
	b) Reservas bancárias
2.Títulos públicos (B^{BC})	2.Depósitos do Tesouro (DT)

$$RI + B^{BC} \equiv M + DT$$

A variação da Base Monetária é igual a variação do estoque de títulos públicos em sua carteira:

$$\mathring{M} = \mathring{B}^{BC}$$

O Tesouro financia os gastos do governo com a arrecadação de impostos, com o lucro do Banco Central e com a emissão de dívida pública:

$$G - T + i B^T - L^{BC} \equiv \mathring{B}^T$$

A variação do estoque da dívida pública é igual à variação do estoque em poder do público mais à variação do estoque em poder do Banco Central:

$$\mathring{B}^T = \mathring{B} + \mathring{B}^{BC}$$

A dívida pública emitida pelo Tesouro ou é carregada pelo público ou pelo Banco Central:

$$B^T = B + B^{BC}$$

Substituindo-se na restrição do Tesouro o lucro do Banco Central e a decomposição da dívida pública resulta:

$$G - T + iB^T - iB^{BC} \equiv \mathring{B} + \mathring{B}^{BC}$$

O Tesouro financia o déficit vendendo títulos públicos diretamente para o setor privado e indiretamente para o Banco Central, que compra títulos emitidos pelo Tesouro no mercado secundário.

Consolidando-se as contas do Tesouro e do Banco Central obtém-se a restrição orçamentária do governo:

$$G - T + iB \equiv \mathring{B} + \mathring{M}$$

O nome mais apropriado para esta restrição seria fontes de financiamento do governo porque os gastos do governo, com consumo e investimento (G), e o serviço da dívida pública, são financiados por impostos, aumento da dívida pública ou emissão de moeda. Esta equação de financiamento torna-se facilmente compreendida quando medida em termos do produto interno bruto da economia. Isto é:

$$\frac{G - T}{Y} + i\frac{B}{Y} \equiv \frac{\mathring{B}}{Y} + \frac{\mathring{M}}{Y}$$

O superávit primário é definido pela diferença entre a receita tributária e os gastos do governo que não incluem o pagamento dos juros da dívida pública:

$$\frac{G - T}{Y} = -f_s$$

O símbolo f_s representa o superávit primário. A letra b representa a relação dívida/PIB $(b = B/Y)$. Derivando-se a relação dívida/PIB com relação ao tempo obtém-se:

$$\mathring{b} = \frac{\mathring{B}}{Y} - \frac{B\mathring{Y}}{Y^2} = \frac{\mathring{B}}{Y} - \frac{B}{Y}\frac{\mathring{Y}}{Y}$$

O produto nominal da economia é igual ao índice de preços vezes o produto real, $Y = Py$. Logo, a taxa de crescimento do produto nominal é igual à soma da taxa de inflação com a taxa de crescimento (n) do produto real:

$$\frac{\mathring{Y}}{Y} = \frac{\mathring{P}}{P} + \frac{\mathring{y}}{y} = \pi + n$$

O aumento do endividamento público como proporção do produto interno bruto pode, então, ser escrito do seguinte modo:

$$\frac{\mathring{B}}{Y} = \mathring{b} + b\,(\pi + n)$$

Definindo-se a letra m como a relação entre a base monetária e o produto nominal da economia, derivando-se m com relação ao tempo e procedendo-se do mesmo modo que foi feito com a relação Dívida/PIB, resulta em:

$$\frac{\overset{\circ}{M}}{Y} = \overset{\circ}{m} + m\left(\pi + n\right)$$

Substituindo-se estes resultados na restrição orçamentária do governo, ela transforma-se em:

$$-f_s + ib \equiv \overset{\circ}{b} + \left(\pi + n\right) b + \overset{\circ}{m} + \left(\pi + n\right) m$$

ou ainda

$$-f_s + \left(i - \pi - n\right) b - \left(\pi + n\right) m \equiv \overset{\circ}{b} + \overset{\circ}{m} \equiv f$$

O déficit fiscal f é definido como o aumento do passivo do governo, seja em títulos públicos ou em moeda. Isto é:

$$f = \overset{\circ}{b} + \overset{\circ}{m}$$

2. Sustentabilidade da Dívida Pública

A análise da sustentabilidade da dívida pública será feita nesta seção com a hipótese simplificadora de que a variação do estoque de moeda é igual a zero:

$$\dot{M} = 0$$

A restrição orçamentária do governo pode, então, ser escrita como:

$$\overset{\circ}{b} = \left(i - \pi - n\right) b - f_s$$

Como a diferença entre a taxa de juros nominal e a taxa de inflação é igual à taxa de juros real, a equação anterior transforma-se em:

$$\overset{\circ}{b} = \left(r - n\right) b - f_s$$

2.1 Déficit (Superávit) Primário Constante

Quando a taxa de juros real for menor do que a taxa de crescimento do produto real da economia, $r - n < 0$, a equação diferencial que descreve a dinâmica da dívida pública é negativamente inclinada como mostra a Figura 10.1. Se houver déficit primário, $f_d = -f_s > 0$, a relação dívida/PIB converge para um valor de equilíbrio. Caso haja superávit primário, o Tesouro se estiver inicialmente endividado resgatará seus títulos e ao longo do tempo começa a comprar ativos. A relação ativo/PIB, em equilíbrio, converge para um valor fixo, como mostra o gráfico da esquerda na Figura 10.1.

Qualquer que seja o valor inicial da relação dívida/PIB esta relação converge para o valor de equilíbrio:

$$\bar{b} = \frac{f_s}{r-n}$$

Este valor é positivo quando houver déficit primário e negativo no caso de superávit primário.

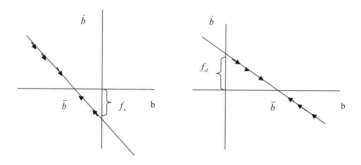

Figura 10.1: $r - n < 0$

Quando a taxa de juros real for igual à taxa de crescimento do produto real $r = n$, e houver déficit fiscal financiado por endividamento público, a dívida pública tem uma trajetória explosiva como indicado no diagrama de fases da Figura 10.2. Qualquer que seja o valor inicial da relação dívida/PIB ela cresce indefinidamente. Quando o Tesouro tiver superávit primário ele acumula ativos, e o estoque dos mesmos também cresce ilimitadamente.

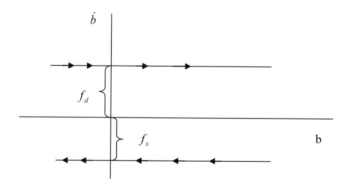

Figura 10.2: $r - n = 0$

Quando a taxa de juros real for maior do que a taxa de crescimento do produto real da economia, $r - n > 0$, a equação diferencial que descreve a evolução da relação dívida/PIB é positivamente inclinada como mostra a Figura 10.3. Caso haja superávit primário existe um valor de equilíbrio para a relação dívida/PIB. Se o valor inicial desta relação for diferente do valor de equilíbrio a dívida pública é insustentável, pois o modelo é instável. Na hipótese de que o Tesouro tenha um déficit primário, ele deve ter um estoque de ativos para que a política fiscal seja sustentável. O diagrama da esquerda da Figura 10.3 mostra o diagrama de fases que corresponde a este caso.

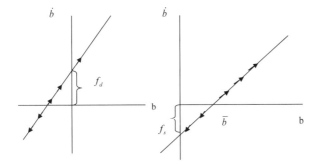

Figura 10.3: $r - n > 0$

2.2 Déficit (Superávit) Primário Variável

Quando o superávit (déficit) primário é variável ao longo do tempo o termo f_s na equação diferencial

$$\dot{b} - (r - n) b = -f_s$$

que descreve a evolução da relação dívida/PIB não é mais um parâmetro, mas sim uma função do tempo.

Álgebra

Para determinar a solução desta equação comecemos por multiplicar ambos os lados da mesma pelo número natural elevado à diferença entre as taxas de juros real e de crescimento do produto real vezes o tempo com o sinal menos. Isto é:

$$e^{-(r-n)v} [\dot{b} - (r - n) b] = -f_s e^{-(r-n)v}$$

É fácil verificar que:

$$\frac{d}{dv}be^{-(r-n)v} = -f_s e^{-(r-n)v}$$

Logo,

$$dbe^{-(r-n)v} = -f_s e^{-(r-n)v}dv$$

Integrando-se esta expressão entre hoje (t) e o futuro (T) obtém-se:

$$\int_t^T dbe^{-(r-n)v} = -\int_t^T f_s e^{-(r-n)v}dv$$

Calculando-se a integral do lado esquerdo desta expressão resulta,

$$b(T)e^{-(r-n)T} - b(t)e^{-(r-n)t} = -\int_t^T f_s e^{-(r-n)v}dv$$

Esta equação pode ser escrita como:

$$b(t) = b(T)e^{-(r-n)(T-t)} + \int_t^T f_s e^{-(r-n)(v-t)}dv$$

Sustentabilidade da Dívida

Uma dívida torna-se impagável quando seu emissor não somente faz a rolagem do principal, mas financia integralmente os juros com nova emissão de dívida. Este comportamento tornou-se conhecido na literatura econômica pelo nome de jogo de Ponzi. A condição para inexistência de jogo de Ponzi é de que o seguinte limite seja igual a zero:

$$\lim_{T \to \infty} b(T)e^{-(r-n)(T-t)} = 0$$

Este limite afirma que a dívida pública é sustentável se a dívida pública, como proporção do produto, crescer a uma taxa menor do que a taxa de juros real deduzida da taxa do crescimento do produto real, supondo-se que $r > n$. Esta restrição não tem nenhuma implicação sobre o nível da dívida pública, apenas sobre sua taxa de crescimento. Nestas circunstâncias, a relação dívida/PIB existente deve ser igual ao valor presente dos superávits primário futuros descontados pela taxa de juros real líquida da taxa de crescimento da economia:

$$b(t) = \int_t^\infty f_s e^{-(r-n)(v-t)}dv$$

Esta equação corresponde à restrição orçamentária intertemporal do governo, isto é, o valor presente dos tributos deve ser capaz de financiar

Restrição Orçamentária do Governo

o valor presente dos gastos mais o valor da dívida pública que existe em poder do público:

$$b(t) + \int_t^\infty g e^{-(r-n)(v-t)} dv = \int_t^\infty \tau e^{-(r-n)(v-t)} dv$$

Cabe observar que se o superávit primário for constante a relação entre o mesmo e a dívida pública deve ser igual à taxa de juros real líquida: $r - n = \bar{f}_s / b$.

Quando a taxa de juros real for menor do que a taxa de crescimento do produto real da economia, $r < n$, a solução da equação diferencial da dívida pública pode ser escrita como:

$$b(T) = b(t)e^{-(r-n)(T-t)} + \int_t^T f_d e^{-(r-n)(T-v)} dv$$

Como

$$\lim_{T \to \infty} b(t)e^{-(r-n)(T-t)} = 0$$

segue-se, então, que:

$$\lim_{T \to \infty} b(T) = \int_t^\infty f_d e^{-(r-n)(T-v)} dv$$

Quando o déficit primário, f_d, for constante tem-se o resultado obtido anteriormente de que a dívida pública converge para um valor finito e igual a $f_d/(\eta - r)$. Quando o déficit primário variar com o tempo deve-se exigir que o limite da dívida pública, como proporção do produto interno bruto, seja finito. Todavia, a análise de sustentabilidade não indica qual o valor deste limite.

3. Imposto Inflacionário

Na restrição orçamentária do governo aparece como fonte de receita um termo que é igual ao produto da taxa de inflação pela quantidade real de moeda. Este termo é denominado imposto inflacionário,

$$\tau = \pi m$$

A taxa de inflação π é a alíquota do imposto e m a base do mesmo. A quantidade de moeda demandada depende do nível do produto real e da taxa de juros nominal, o custo de oportunidade de reter moeda. Admite-se, por simplicidade, que a elasticidade da quantidade real de moeda com relação ao produto real seja igual a um. A equação de demanda de moeda pode ser escrita com a taxa de juros nominal em função da quantidade real de moeda:

$$m = \frac{M}{Py} = L(i), i = L^{-1}(m) = r(m)$$

A Figura 10.4 mostra a curva de demanda de moeda. O imposto inflacionário é a área tracejada. Esta área mede a perda do poder de compra, em virtude da inflação, de quem detém o estoque de moeda que não é remunerada. Para recompor o estoque real de moeda o público demanda uma quantidade adicional de moeda, o Banco Central emite esta moeda e se apropria dos recursos reais correspondentes para financiar as despesas do governo. A Figura 10.5 mostra o formato da curva do imposto para dois casos particulares. No eixo vertical desta figura mede-se o imposto inflacionário e no eixo horizontal a taxa de inflação, a alíquota do imposto. No caso da Figura 10.5a o imposto tem um máximo e no caso da Figura 10.5b o imposto aumenta quando a alíquota do imposto aumenta.

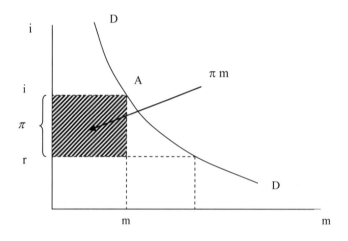

Figura 10.4

Custo Social do Imposto Inflacionário: Excedente do Consumidor

O imposto inflacionário, como qualquer outro imposto, tem um custo social porque cria uma cunha fiscal entre o valor para quem detém a moeda e o valor para quem emite a moeda. A área tracejada da Figura 10.6 mostra o custo social da inflação, desprezando-se os custos operacionais do Banco Central e levando-se em conta que o custo de produção da moeda é bastante pequeno, e também pode ser desconsiderado. A área corresponde à seguinte integral:

$$\omega(i) = \int_{m(i)}^{m(0)} i(m)dm = \int_0^i m(v)dv - im$$

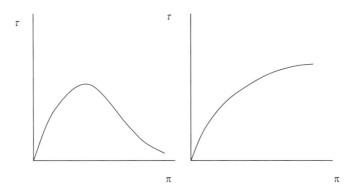

Figura 10.5

O cálculo do custo social pela primeira integral usa a função inversa da equação de demanda de moeda, enquanto a fórmula depois do segundo sinal de igualdade usa a equação de demanda de moeda. É fácil verificar a equivalência das duas fórmulas pela análise da Figura 10.6.

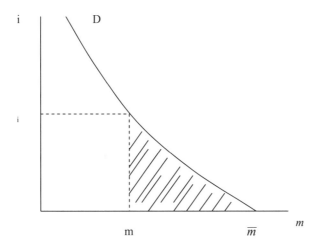

Figura 10.6

Para uma equação de demanda de moeda com a semielasticidade constante, especificada por $\log m = -\alpha i$, o custo social da inflação é igual a:

$$\omega(i) = \int_0^r e^{-\alpha v} dv - i e^{-\alpha i} = \frac{1}{\alpha}\left(1 - e^{-\alpha i}\right) - i e^{-\alpha i}$$

Capítulo 10

Quando $i \to \infty$ o custo social da hiperinflação é finito e igual ao inverso do parâmetro α, isto significa dizer que o custo social é proporcional à quantidade de moeda que a sociedade deseja reter quando a taxa de juros é igual a zero, o coeficiente de proporcionalidade sendo igual ao inverso da semielasticidade.

Quando a equação de demanda de moeda tem uma elasticidade constante, especificada por $\log m = -\alpha \log i, \alpha < 1$, o custo social da inflação é dado por:

$$\omega(i) = \int_0^i v^{-\alpha}dv - ii^{-\alpha} = \frac{i^{1-\alpha}}{1-\alpha} - i^{1-\alpha} = \frac{\alpha}{1-\alpha}i^{1-\alpha}$$

É fácil verificar através desta expressão que o custo social da hiperinflação neste caso é infinito porque

$$\lim_{i \to \infty} \omega(i) = \infty$$

A análise dos dois casos, da semielasticidade constante e da elasticidade constante, mostra que se a moeda não for essencial o custo social da hiperinflação é finito, mas se ela for essencial o custo social é infinito. A forma funcional da equação de demanda de moeda produz, portanto, resultados completamente diferentes quanto ao custo social da hiperinflação.

Custo Social do Imposto Inflacionário: Agente Representativo

O custo social da inflação calculado nas expressões anteriores baseia-se no excedente do consumidor da análise de equilíbrio parcial. Num modelo de uma economia monetária, com microfundamentos, o consumo (c) e os serviços da moeda (m) são argumentos da função utilidade:

$$u = u(c, m)$$

Um real, alocado na forma de moeda, produz um aumento de bem-estar igual à utilidade marginal da moeda $(\partial u / \partial m)$. O custo de oportunidade da moeda é igual ao juro nominal que se deixa de ganhar numa aplicação financeira alternativa. Logo, quando se mantém um real sob a forma de moeda, a perda de bem-estar é igual ao produto da taxa de juros i pela utilidade marginal do consumo $(\partial u / \partial c)$. Portanto, em equilíbrio:

$$i = \frac{\partial u / \partial m}{\partial u / \partial c} = \frac{u_m(c, m)}{u_c(c, m)}$$

A utilidade total do agente representativo é máxima quando a utilidade marginal de moeda for igual a zero. A quantidade ótima de moeda é obtida, então, quando a taxa de juros nominal for igual a zero. Para calcular o custo social da inflação neste enfoque, é conveniente normalizar o consumo, fazendo-o igual a um. Logo,

$$i = \frac{u_m(1,m)}{u_c(1,m)}$$

Esta expressão define implicitamente a equação de demanda de moeda: $m = m(i)$.

O custo do bem-estar da inflação é a percentagem da renda que o consumidor deve receber para que ele seja indiferente entre duas situações, uma na qual a taxa de juros é igual a i e a outra na qual a taxa de juros é zero. O custo de bem-estar da inflação $\omega(i)$ é, então, definido por:

$$u\left(1 + \omega(i), m(i)\right) = u\left(1, m(0)\right)$$

O valor aproximado de $\omega(i)$ pode ser obtido expandindo-se esta função em série de Taylor, em torno do ponto $i = 0$, desprezando-se os termos de terceira ordem. Isto é:

$$\omega(i) \cong \omega(0) + \omega'(0)\left(i - 0\right) + \frac{\omega''(0)}{2}\left(i - 0\right)^2$$

O custo social para $i = 0$ é zero: $\omega(0) = 0$. Para obter as expressões de $\omega'(0)$ e $\omega''(0)$ deriva-se a equação de definição do custo social.

$$u_c \omega'(i) + u_m m'(i) = 0$$

Como em equilíbrio $i u_c = u_m$, segue-se que:

$$\omega'(i) = -i m'(i)$$

A segunda derivada do custo social com relação à taxa de juros é, então, dada por:

$$\omega''(i) = -\left(m'(i) + i m''(i)\right)$$

É fácil verificar que $\omega'(0) = 0$ e $\omega''(0) = -m'(0)$. O custo do bem-estar da inflação é, então, aproximado por:

$$\omega(i) \cong -\frac{m'(0)}{2} i^2$$

O custo social da inflação é proporcional ao quadrado da taxa de juros. Para valores pequenos da taxa de juros, o custo social também é pequeno. Todavia, para valores elevados, o custo social aumenta com o quadrado da taxa de juros. Na especificação da equação de demanda de moeda semilogarítmica, $\log m = -\alpha i, m'(i) = -\alpha m(i)$, e o custo social depende do estoque inicial da quantidade real de moeda e da semielasticidade α da equação de demanda, de acordo com:

$$\omega(i) = \frac{1}{2} m(0)\alpha i^2$$

Capítulo 10

4. Hiperinflação

Um arcabouço teórico para explicar a hiperinflação tem que ser capaz de reproduzir alguns fatos estilizados observados neste processo. Estes fatos são comuns a todas as experiências e estão documentados em vários trabalhos clássicos sobre o tema. Os fatos estilizados das hiperinflações são os seguintes: i) a quantidade real de moeda aproxima-se de zero; ii) a taxa de inflação aumenta de maneira explosiva; iii) o déficit público é financiado através da emissão de moeda; iv) a duração da hiperinflação é bastante variável, dependendo da experiência de cada país; v) a moeda local sofre a concorrência de uma moeda estrangeira, primeiro substituindo as funções de reserva de valor e de unidade de conta, e depois substituindo a própria moeda local como meio de pagamentos; e vi) a hiperinflação é estancada da noite para o dia, por meio de um programa de estabilização que muda o regime das políticas monetária e fiscal.

A literatura econômica apresenta quatro hipóteses para explicar este fenômeno: i) a hipótese de bolha; ii) a hipótese de equilíbrio múltiplo; iii) a hipótese de crise fiscal e rigidez de expectativas ou ajustamento; e iv) a hipótese de crise fiscal e expectativas racionais. Nem todas estas hipóteses são capazes de explicar os fatos estilizados que acabamos de enumerar.

Nos modelos de hiperinflação que serão analisados nesta seção admite-se que o déficit público é financiado único e exclusivamente por moeda. A dívida pública e sua taxa de variação são iguais a zero:

$$B = \overset{\circ}{B} = 0$$

Dinâmica da Inflação

A restrição orçamentária do governo é, então, dada por:

$$\overset{\circ}{m} = f - \pi m$$

Somando-se e subtraindo-se a taxa de juros real vezes a quantidade real de moeda esta restrição permanece inalterada:

$$\overset{\circ}{m} = f - rm - \pi m + rm$$

Usando-se a equação de Fisher, de que a taxa de juros nominal é igual à soma da taxa de juros real com a taxa de inflação, obtém-se a equação diferencial da quantidade real de moeda:

$$\overset{\circ}{m} = f + rm - im$$

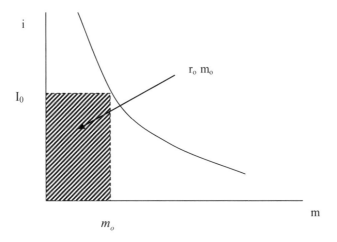

Figura 10.7

O valor dos serviços da moeda im é função da quantidade real de moeda, como indicado na Figura 10.7. Logo, esta equação pode ser escrita como:

$$\mathring{m} - rm = f - s(m)$$

A função que representa os serviços da moeda pode ter diferentes formatos de acordo com a elasticidade da quantidade real de moeda com relação à taxa de inflação. A Figura 10.8 ilustra dois casos. Na curva em formato de sino (U invertido) a moeda não é essencial porque o valor dos serviços da moeda tende para zero quando a quantidade real de moeda aproxima-se de zero. Na outra curva da Figura 10.8, o valor dos serviços da moeda converge para um valor finito quando a quantidade real de moeda tende para zero, e a moeda neste caso é essencial.

4.1 Bolha

O preço da moeda como o preço de qualquer outro ativo financeiro pode eventualmente ter uma bolha. O preço da moeda tem dois componentes, aquele que corresponde aos fundamentos e o componente de bolha. A Figura 10.9 mostra os dois casos. No diagrama da esquerda, a curva de serviços da moeda tem o formato de sino, e existem dois pontos de equilíbrio. O ponto de equilíbrio de inflação alta, no qual a quantidade real de moeda é menor, é um ponto de equilíbrio estável. Neste caso, não existe a possibilidade de hiperinflação de bolha, pois a quantidade real de moeda não converge para zero.

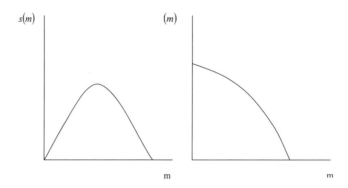

Figura 10.8

No gráfico da direita da Figura 10.9 a curva de serviços da moeda é negativamente inclinada e somente existe um ponto de equilíbrio, que é instável. Neste caso pode existir uma trajetória de bolha, na qual a quantidade real de moeda converge para zero. O formato da curva de serviços da moeda pressupõe que a elasticidade da quantidade real de moeda com relação à taxa de inflação é, em valor absoluto, menor do que um. Isto é, a trajetória de bolha existe desde que a demanda de moeda seja inelástica.

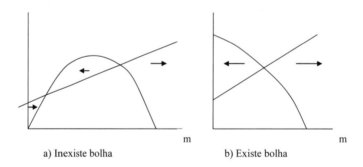

a) Inexiste bolha   b) Existe bolha

Figura 10.9

4.2 Equilíbrio Múltiplo

A hipótese de equilíbrio múltiplo para explicar a hiperinflação na verdade não explica hiperinflação, mas sim um processo de alta inflação. Na Figura

10.10 estão desenhados os vários componentes da equação diferencial,
$$\dot{m} = f + rm - s(m)$$
A curva $s(m)$ tem a forma de sino e a reta positivamente inclinada $f + rm$ corta esta curva em dois pontos. O ponto m_B corresponde ao ponto de inflação baixa e o ponto m_A é o ponto de inflação alta. Na região entre os dois pontos $\dot{m}$ é negativa, a quantidade real de moeda diminui e a taxa de inflação aumenta. Nos pontos acima do ponto de inflação baixa $\dot{m}$ é positiva, a quantidade real de moeda aumenta e a taxa de inflação diminui. Nos pontos compreendidos entre m_A e a origem dos eixos $\dot{m}$ é positiva, a quantidade real de moeda aumenta e a inflação diminui. Portanto, o ponto de inflação baixa é instável e o ponto de inflação alta é estável. A hipótese de equilíbrio múltiplo admite que, por alguma razão, a economia entre numa trajetória que tem início em algum ponto entre os pontos A e B, e que termina no ponto A, com a quantidade real de moeda diminuindo e a taxa de inflação aumentando. Esta trajetória é na verdade uma trajetória transitória de desequilíbrio porque não houve nenhuma mudança nos fundamentos da economia, isto é, o déficit público financiado por moeda continua sendo exatamente o mesmo. A taxa de inflação atinge um novo patamar de equilíbrio, mas não ocorre uma hiperinflação no sentido estrito da palavra.

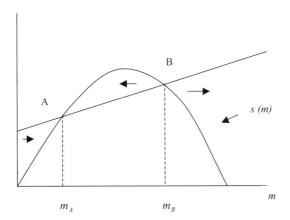

Figura 10.10

4.3 Crise Fiscal e Rigidez

O modelo de hiperinflação produzida por uma crise fiscal e com rigidez na formação de expectativas tem quatro equações:
$$\dot{m} = f - m\pi$$

Capítulo 10

$$\log m = k - \alpha\pi^e$$

$$\dot{\pi}^e = \beta\left(\pi - \pi^e\right)$$

$$f = f(t)$$

A primeira equação supõe que o déficit público f é financiado por moeda; a segunda é a equação de demanda de moeda onde o logaritmo da quantidade real de moeda $m(= M/P)$ depende da taxa de inflação esperada π^e e α é a semielasticidade da demanda de moeda; a terceira equação é o mecanismo de expectativa adaptativa com β o parâmetro que mede a velocidade de ajuste da previsão; e a quarta equação representa a evolução do déficit público ao longo do tempo.

Álgebra

Derivando-se com relação ao tempo a segunda equação obtém-se, depois de levar em conta o mecanismo de formação de expectativa, a seguinte expressão:

$$\frac{\dot{m}}{m} = -\alpha\dot{\pi}^e = -\alpha\beta\left(\pi - \pi^e\right) = -\alpha\beta\pi + \alpha\beta\pi^e$$

Esta equação se transforma em,

$$\frac{\dot{m}}{m} = -\alpha\beta\pi + \beta k - \beta\log m$$

quando substitui-se o valor da taxa de inflação esperada π^e da equação de demanda de moeda. A taxa de inflação é obtida combinando-se esta expressão com a primeira equação do modelo. Isto é:

$$\pi = \frac{1}{1 - \alpha\beta}\left(\frac{f}{m} - \beta k + \beta\log m\right)$$

O imposto inflacionário $\tau(m)$ é igual ao produto da taxa de inflação (π) pela quantidade real de moeda (m). Logo, da expressão anterior segue-se que:

$$\tau(m) = \frac{1}{1 - \alpha\beta}\left(f - \beta km + \beta m\log m\right)$$

As derivadas de $\tau(m)$ com respeito à quantidade real de moeda m são dadas por:

$$\frac{d\tau(m)}{dm} = \frac{1}{1 - \alpha\beta}\left(-\beta k + \beta\left(\log m + 1\right)\right), \frac{d^2\tau(m)}{dm^2} = \frac{\beta}{\left(1 - \alpha\beta\right)m} > 0$$

A desigualdade supõe que $1 - \alpha\beta > 0$, caso contrário o modelo não produz hiperinflação. Portanto, a função do imposto inflacionário é convexa, com um mínimo no ponto $m^* = \exp(k - 1)$, e o imposto aumenta quando m

aproxima-se de zero. A Figura 10.11 mostra que o imposto inflacionário tem a forma de um U. Esta função é completamente diferente do formato de sino da curva de Laffer que corresponde à equação de demanda de moeda de Cagan quando a taxa de inflação esperada é igual à taxa de inflação observada. A elasticidade da quantidade demandada de moeda, em valor absoluto, é maior do que um para m maior do que o mínimo do imposto $(m = m^*)$, e menor do que um, em valor absoluto, para valores de m compreendidos entre zero e a quantidade real de moeda que corresponde ao ponto de mínimo. O limite do imposto inflacionário, quando m aproxima-se de zero é positivo,

$$\lim_{m \to \infty} \tau(m) = \frac{f}{1 - \alpha\beta} > 0$$

Neste modelo a moeda é essencial, pois o imposto inflacionário não se aproxima de zero quando a quantidade real de moeda tende a zero, a despeito da forma funcional da equação de demanda de moeda supor que o valor absoluto da elasticidade com relação à taxa de inflação esperada tenda para mais infinito.

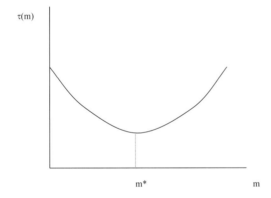

Figura 10.11

Dinâmica da Hiperinflação

Combinando-se a equação do imposto inflacionário com a primeira equação do modelo obtém-se a equação diferencial não linear:

$$\dot{m} = -\frac{\alpha\beta}{1 - \alpha\beta} f(t) + \frac{\beta k m}{1 - \alpha\beta} - \frac{\beta}{1 - \alpha\beta} m \log m$$

Esta equação descreve a dinâmica do modelo. A hiperinflação é produzida quando a função $f(t)$ tem a forma de degrau,

$$f(t) = \begin{cases} f_0 < f^*, & \text{se } t < 0 \\ \bar{f} > f^* = \frac{e^{k-1}}{\alpha}, & \text{se } t \geq 0 \end{cases}$$

O diagrama de fases da Figura 10.12, com a quantidade real de moeda no eixo horizontal e sua taxa de variação com relação ao tempo no eixo vertical, mostra a dinâmica da hiperinflação. No momento antes da crise fiscal a economia está em equilíbrio no ponto A. Quando o déficit público, financiado por moeda, aumenta de f_0 para $\bar{f}$, a economia muda para o ponto B e começa, então, a trajetória de hiperinflação. A quantidade real de moeda não pula, mas começa a diminuir até atingir o valor zero. A curva do imposto inflacionário desloca-se para cima, como indicado na Figura 10.13. O imposto inflacionário aumenta imediatamente (do ponto A para o ponto I), e começa a diminuir, passa por um ponto de mínimo, e depois aumenta até chegar ao ponto máximo quando toca o eixo vertical. A correlação entre o imposto inflacionário e a taxa de inflação não pode ser inferida a partir do ramo ascendente ou do trecho descendente da curva do imposto inflacionário, pois a dinâmica do modelo é muito mais complexa, e nem sempre reconhecida na literatura econômica que trata deste modelo.

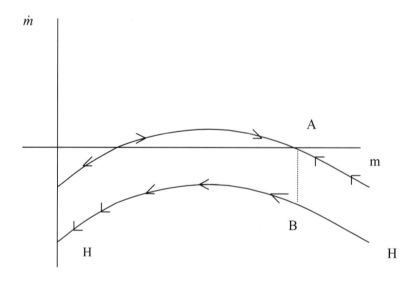

Figura 10.12

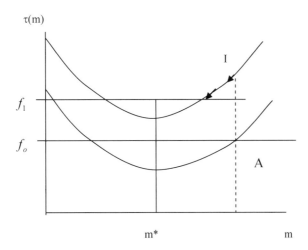

Figura 10.13

4.4 Enfoque Intertemporal

No enfoque intertemporal, de crise fiscal e expectativas racionais, o modelo pode ser resumido em duas equações. Uma equação da dinâmica da quantidade real de moeda e uma equação da crise fiscal:

$$\mathring{m} = f + rm - s(m)$$

$$f = f(t), \dot{f} > 0, f < \bar{f}$$

A especificação da crise fiscal supõe que o déficit público financiado por moeda aumenta ao longo do tempo, mas que ele é menor do que um limite superior predeterminado ($\bar{f}$). Este limite é maior do que seria possível arrecadar, de modo sistemático nesta economia, através do imposto inflacionário.

Integrando-se a equação diferencial anterior entre o momento t e o tempo T no futuro obtém-se a restrição intertemporal do governo:

$$m(t) = m(T)e^{-r(T-t)} + \int_t^T \left(s(m) - f\right) e^{-r(v-t)} dv$$

A condição para que não haja hiperdeflação é de que o seguinte limite seja igual a zero:

$$\lim_{T \to \infty} m(T)e^{-r(T-t)} = 0$$

Capítulo 10

A restrição intertemporal do governo é, então, dada pela seguinte expressão:

$$m(t) = \int_t^\infty \left[s(m) - f \right] e^{-r(v-t)} dv$$

Esta restrição afirma que a quantidade real de moeda em poder do público é igual ao valor presente dos serviços da moeda subtraída do déficit público financiado pela emissão de moeda. Outra maneira de ler esta restrição é a seguinte: a quantidade real de moeda existente atualmente na economia (o passivo monetário do governo) mais o valor presente do déficit público tem que ser igual ao valor presente dos serviços da moeda. Caso esta restrição não seja satisfeita, a política de financiar o déficit público emitindo moeda não é sustentável. Isto é, suponha que o déficit público a ser financiado por moeda aumenta ao longo do tempo de tal sorte que a partir de um certo momento ele se torna maior do que o valor dos serviços da moeda. Existe, então, um tempo tal que a quantidade real de moeda será igual a zero:

$$m(t_h) = \int_t^{t_h} \left[s(m) - f \right] e^{-r(v-d)} dv = 0$$

O intervalo de tempo $t_h - t$ é o período máximo de duração da hiperinflação dado o regime monetário de financiamento do déficit público pela emissão de moeda. Neste enfoque intertemporal a hiperinflação é analisada da mesma forma que um regime fiscal que produz uma crise da dívida pública, isto é, a restrição orçamentária intertemporal do governo deixa de ser satisfeita. Analiticamente, a solução do modelo requer a solução de uma equação diferencial não autônoma porque o déficit público varia ao longo do tempo. Todavia, é possível resolvê-lo graficamente, como se faz a seguir. Nesta solução serão consideradas duas hipóteses para a equação de demanda de moeda. Na primeira, a moeda é inelástica e, portanto, essencial. Esta hipótese corresponde à hiperinflação forte, ou hiperinflação propriamente dita. Na segunda hipótese a moeda é não inelástica. Neste caso a crise fiscal produz uma hiperinflação fraca porque a quantidade real de moeda não converge para zero nem tampouco a taxa de inflação tende para infinito.

Hiperinflação Forte

A Figura 10.14 descreve a solução da equação diferencial para o caso da moeda inelástica. No momento inicial, o déficit público financiado por moeda é igual a $f(0)$. A quantidade real de moeda neste ponto é igual a $m(0)$ e o valor de $\dot{m}$ é negativo. A quantidade real de moeda começa a diminuir e a taxa de inflação aumenta, descrevendo uma trajetória hiperinflacionária. A sociedade sabe de antemão que a restrição orçamentária não é sustentável, e que em algum ponto do tempo haverá a estabilização da economia. O período de tempo t_h indica o maior período de tempo que a hiperinflação pode durar. A estabilização da economia pode ocorrer a qualquer momento antes de terminar este período. Todavia, mesmo sabendo que a situação é insustentável a sociedade continua usando a moeda porque ela é essencial para as transações econômicas.

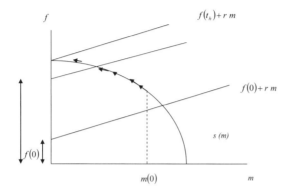

Figura 10.14: Hiperinflação forte

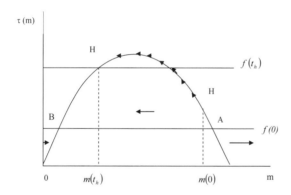

Figura 10.15: Hiperinflação fraca

Hiperinflação Fraca

A Figura 10.15 mostra a solução do modelo quando a moeda não é inelástica. No momento inicial quando o déficit público é $f(0)$ a quantidade real de moeda é igual a $m(0)$ e $\dot{m}(0) < 0$. Isto é, a quantidade real de moeda começa a diminuir e a taxa de inflação aumentar. A dinâmica do processo pode levar a economia eventualmente ao "lado errado" da curva de

Capítulo 10

Laffer. Este fato não resulta de um comportamento irracional do governo, no sentido de que poderia arrecadar mais com menos inflação. Ele resulta da irracionalidade da crise fiscal financiada por moeda ser uma política insustentável, pois a restrição intertemporal do governo não é satisfeita.

5. Equivalência Ricardiana

O teorema da equivalência ricardiana estabelece que dívida pública e imposto são equivalentes, para uma dada trajetória dos gastos do governo. O teorema admite as seguintes hipóteses: i) o agente representativo tem um horizonte infinito; ii) o agente representativo toma emprestado e empresta a mesma taxa de juros real que o governo; iii) os impostos futuros são completamente previsíveis; iv) os impostos não têm efeitos alocativos e são do tipo "soma total"(*lump sum* em inglês). A demonstração deste teorema é bastante simples, bastando para isto que se faça a consolidação das restrições orçamentárias do setor privado e do governo.

Restrição Orçamentária: Setor Privado

A restrição orçamentária do setor privado mostra como os recursos deste setor são usados. A renda Y mais os juros dos títulos públicos em carteira iB financiam os gastos com consumo C, o pagamento de impostos T, a variação do estoque de moeda $\dot{M}$ e a variação do estoque de títulos públicos $\dot{B}$:

$$Y + iB = C + T + \dot{M} + \dot{B}$$

Dividindo-se ambos os lados desta expressão pelo nível de preços obtém-se:

$$\frac{Y}{P} + i\frac{B}{P} = \frac{C}{P} + \frac{T}{P} + \frac{\dot{M}}{P} + \frac{\dot{B}}{P}$$

Usando-se letras minúsculas para denominar os valores reais das variáveis, esta restrição pode ser escrita como:

$$y + ib = c + \tau + \dot{m} + \pi m + \dot{b} + \pi b$$

Somando-se e subtraindo-se o produto da taxa de juros real pela quantidade real de moeda não altera a expressão anterior. Isto é:

$$y + (i - \pi)b = c + \tau + \dot{m} + \dot{b} + mr - mr + \pi m$$

Os serviços da moeda dependem da quantidade real de moeda, $im = s(m)$. Logo, a restrição orçamentária do setor privado afirma que a renda e os rendimentos provenientes dos ativos financeiros são usados na compra de bens e serviços, no pagamento de impostos, no consumo dos serviços da moeda e na variação dos estoques reais de moeda e de títulos da dívida pública. Em símbolos:

$$y + r\left(m + b\right) = c + \tau + s(m) + \dot{m} + \dot{b}$$

O total de ativos financeiros do setor privado é igual à soma do estoque de moeda com o estoque de títulos: $a = m + b$. Segue-se, portanto, que a restrição orçamentária do setor privado em termos de fluxos é descrita pela equação diferencial:

$$\dot{a} = ra + y - c - \tau - s(m)$$

A integral desta equação entre as datas t e T produz a restrição orçamentária do setor privado em termos de estoque:

$$a(t) = a(T)e^{-r(T-t)} + \int_t^T \left[c + \tau + s(m) - y\right]e^{-r(v-t)}dv$$

Para que não ocorra jogo de Ponzi o seguinte limite deve ser satisfeito:

$$\lim_{T \to \infty} a(T)e^{-r(T-t)} = 0$$

Esta condição afirma que o agente não pode se endividar em bola de neve, ou seja, ele não pode refinanciar sua dívida e os juros devidos com mais dívida. Esta proposição é equivalente à afirmação de que o valor presente dos seus gastos com consumo, pagamento de impostos e com os serviços da moeda tem que ser igual ao valor presente de sua renda adicionada ao patrimônio atual de seus ativos financeiros:

$$a(t) + \int_t^\infty ye^{-r(v-t)}dv = \int_t^\infty \left[c + \tau + s(m)\right]e^{-r(v-t)}dv$$

Restrição Orçamentária: Setor Público

A restrição orçamentária do governo estabelece que o mesmo financie suas despesas cobrando impostos, emitindo moeda e se endividando:

$$\frac{G}{P} + i\frac{B}{P} - \frac{T}{P} = \frac{\mathring{M}}{P} + \frac{\mathring{B}}{P}$$

Os valores foram deflacionados pelo índice de preços. Usando-se letras minúsculas para denominar os valores reais das varáveis, levando-se em conta que $\dot{M}/P = \dot{m} + \pi m$ e de que $\dot{B}/P = \dot{b} + \pi b$, a restrição anterior transforma-se em:

$$g - \tau + ib = \dot{m} + \pi m + \dot{b} + \pi b$$

Adicionando-se e subtraindo-se rm nesta equação obtém-se:

$$g - \tau + (i - \pi)b = \dot{m} + \dot{b} + rm - rm + \pi m$$

Esta equação é equivalente a:

$$g - \tau + r(m + b) = \dot{m} + \dot{b} + im$$

A restrição orçamentária do governo em termos de fluxos é dada pela seguinte equação diferencial:

$$\dot{a} = ra + g - \tau - s(m)$$

Integrando-se os dois lados desta expressão obtém-se a restrição orçamentária do governo em termos de estoque:

$$a(t) = \int_t^\infty [\tau + s(m) - g] e^{-r(v-t)} dv$$

Esta expressão supõe que a condição para inexistência de jogo de Ponzi seja satisfeita:

$$\lim_{t \to \infty} a(T) e^{-r(T-t)} = 0$$

Consolidação dos Setores Privado e Público

Substituindo-se o valor de $a(t)$ da restrição orçamentária do governo na restrição orçamentária do setor privado conclui-se que o valor presente dos gastos de consumo tem que ser igual ao valor presente do fluxo de renda do setor privado deduzido dos gastos do governo:

$$\int_t^\infty c e^{-r(v-t)} dv = \int_t^\infty (y - g) e^{-r(v-t)} dv$$

A dívida pública e os impostos são irrelevantes nas decisões de gastos de consumo do agente representativo. A razão básica para este resultado é de que a dívida pública não é considerada como parte do patrimônio do setor privado porque ao valor da dívida pública corresponde um passivo igual ao valor presente dos impostos futuros para pagar a dívida.

6. Teoria Fiscal do Nível de Preços

A teoria fiscal do nível de preços supõe que o Banco Central fixa a taxa de juros nominal da economia,

$$i = \bar{i}$$

e que o tesouro fixa o superávit primário,

$$f_s = \bar{f}_s$$

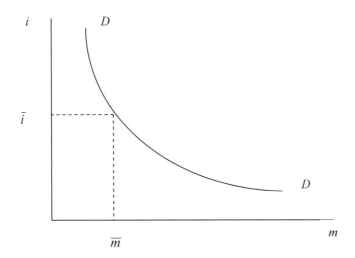

Figura 10.16

A política fiscal é uma política não ricardiana porque o governo escolhe livremente o superávit primário e não aquele que seria consistente com a restrição orçamentária do governo.

Na teoria fiscal do nível de preços a restrição orçamentária do governo não é uma identidade, mas sim uma condição de equilíbrio do modelo. A combinação de políticas monetária e fiscal resolveria o problema de indeterminação do nível de preços quando o Banco Central fixa a taxa de juros nominal. Na Figura 10.16 a quantidade real de moeda está determinada pela taxa de juros nominal, mas o nível de preços e a quantidade nominal de moeda estão indeterminados. A teoria fiscal resolve este problema determinando o nível de preços pelo lado fiscal, de tal sorte que a dívida pública seja solvente.

O equilíbrio no mercado de bens e serviços ocorre quando o dispêndio é igual ao produto:

$$y = c + g, \quad y = \bar{y}$$

Nesta economia o produto real, por hipótese, é fixo, ou seja, a dotação do produto real é igual a $\bar{y}$.

A dívida do governo é composta pela quantidade real de moeda em poder do público e pelo estoque real da dívida pública, que por hipótese não é indexada a nenhum índice de preços. Isto é:

$$a(t) = m(t) + b(t) = \bar{m} + b(t)$$

A dívida do governo será sustentável quando ela for igual ao valor

Capítulo 10

presente dos fluxos de superávit primários:

$$a(t) = \int_t^\infty \bar{f}_s e^{-r(v-t)} dv$$

Esta condição de solvência combinada com a definição da dívida permite escrever:

$$\bar{m} + b(t) = \int_t^\infty \bar{f}_s e^{-r(v-t)} dv$$

Como o estoque real da dívida é igual à razão entre o estoque nominal e o índice de preços, segue-se que:

$$\frac{B(t)}{P(t)} = \int_t^\infty \bar{f}_s e^{-r(v-t)} dv - \bar{m}$$

O nível de preços é, então, dado pela razão entre o estoque nominal da dívida pública e o valor presente dos superávits primários deduzido da quantidade real de moeda:

$$P(t) = \frac{B(t)}{\int_t^\infty \bar{f}_s e^{-r(v-t)} dv - \bar{m}}$$

O mecanismo por trás da determinação do nível de preços é um efeito riqueza proveniente da política fiscal não ricardiana. Quando o governo fixa o superávit primário, a riqueza do público aumenta e este aumento da riqueza acarreta aumento na compra de bens e serviços. A consequência deste aumento do dispêndio é o aumento do nível de preços, que recompõe a lógica do sistema tornando a dívida do governo igual ao valor presente dos fluxos de superávit primários.

7. Sustentabilidade do Regime Monetário

O Banco Central pode escolher o regime monetário, fixando a taxa de câmbio ou a taxa de juros. No regime de câmbio fixo, o Banco Central compra e vende a moeda estrangeira a um preço previamente estipulado. Neste regime, a taxa de inflação, no longo prazo, será igual à taxa de inflação do país ao qual o câmbio está atrelado. No regime monetário de câmbio flexível, o Banco Central controla a taxa de juros do mercado interbancário. A taxa de câmbio é dada pelo mercado de câmbio. O Banco Central, neste regime, pode escolher livremente a taxa de inflação de longo prazo do país.

Em ambos os regimes, a taxa de inflação de longo prazo, isto é, a alíquota do imposto inflacionário é escolhida sem que se leve em conta a restrição orçamentária do governo. Estes regimes monetários são sustentáveis no longo prazo? Para responder a esta pergunta, tem-se que analisar a restrição orçamentária intertemporal do governo.

Restrição Orçamentária do Governo

A restrição orçamentária do governo, em termos de fluxos, pode ser escrita como:

$$\dot{b} + \dot{m} = (r - n)(b + m) - f_s - (r + \pi)m$$

A notação é a mesma que tem sido usada neste capítulo. Como $a = b + m$ e $s(m) = (r + \pi)m$, esta restrição é equivalente a:

$$\dot{a} = (r - n)a - f_s - s(m)$$

A restrição intertemporal do governo, admitindo-se que não haja jogo de Ponzi é, portanto, dada por:

$$a(t) = \int_t^\infty [f_s + s(m)]e^{-r(v-t)}dv$$

No longo prazo, qualquer que seja o regime monetário, o valor dos serviços da moeda depende da taxa de inflação e é fixo. Isto é:

$$s(m) = (r + \bar{\pi})\bar{m} = \bar{s}$$

onde a taxa de inflação de longo prazo $(\bar{\pi})$ é igual à taxa de inflação externa $(\bar{\pi} = \pi^*)$ quando o câmbio é fixo, ou então, igual à meta de inflação, implícita ou explícita, no regime de câmbio flexível. A taxa de juros nominal $(r + \bar{\pi})$ determina a quantidade real de moeda $(\bar{m})$ e, portanto, o valor dos serviços de moeda $(\bar{s})$.

Como $a(t) = b(t) + \bar{m}$ segue-se, então, que a restrição orçamentária intertemporal do governo pode ser escrita como:

$$b(t) = \int_t^\infty f_s e^{-r(v-t)}dv + \frac{(n + \bar{\pi})\bar{m}}{r - n}$$

A conclusão a que se chega, a partir desta restrição intertemporal, é de que a sustentabilidade de qualquer regime monetário, seja de câmbio fixo ou de câmbio flexível, depende do regime fiscal. Se o regime fiscal não for sustentável, o regime monetário também não será sustentável.

8. Exercícios

1) O governo financia seu déficit emitindo títulos e moeda de acordo com:

$$g - \tau + ib = \dot{b} + (n + \pi)b + \mu m$$

onde g, τ, b e m são os valores das despesas, dos impostos, da dívida pública e da base monetária, como proporção do produto nominal; i é a taxa de juros nominal, n é a taxa de crescimento do produto real, π

Capítulo 10

é a taxa de inflação, μ é a taxa de crescimento da base monetária, e $\dot{b} = db/dt$. Admita que a política fiscal siga a regra:

$$f = g - \tau + ib = a + \alpha b > 0$$

As letras a e α são parâmetros e $0 \leq \alpha \leq r$. Analise a sustentabilidade da dívida pública com esta regra de política fiscal.

2) Considere o seguinte modelo:
Déficit público financiado por títulos e moeda: $g - \tau + rb = \dot{b} + \mu m$
Imposto depende da dívida pública: $\tau = \tau(b), \tau' > 0$
Demanda de moeda: $m = f(i), f' < 0$
Regra de política monetária: $\dot{m} = m\left(\mu - \pi\right), \mu = $ constante
Taxa de juro real constante.
Analise o equilíbrio e a dinâmica deste modelo.

3) Considere o seguinte modelo:
Demanda de moeda: $m = \alpha - \beta\pi^e, \alpha > 0, \beta > 0, m \leq \bar{m}$
Déficit público financiado por moeda: $f = \frac{dM}{dt} \frac{1}{P}, f = $ constante
Taxa de inflação esperada: $\dot{\pi}^e = \theta\left(\pi - \pi^e\right)$

Os símbolos têm o seguinte significado: m é a quantidade real de moeda $(m = M/P), \pi^e$ a taxa de inflação esperada, M o estoque nominal de moeda, P o índice de preços e π a taxa de inflação.
a) Analise a dinâmica e o equilíbrio deste modelo;
b) Repita o item a) quando $\theta \to \infty$;
c) Qual a taxa de inflação que maximiza a receita do imposto inflacionário?

4) Suponha uma economia descrita pela seguinte equação diferencial

$$\dot{\pi} = F\left(\pi, m, \alpha\right)$$

onde $\pi = d\log P/dt$ é a taxa de inflação, P é o índice de preços e m o nível de liquidez real $(m = M/P$, onde M é o estoque de moeda) e α é um vetor de parâmetros de economia.

Admita dois regimes de política econômica:
RPM (regime monetário, política monetária ativa): $\dot{m} = m\left(\mu - \pi\right)$.
RPM (regime fiscal, política monetária passiva): $\dot{m} = f - m\pi$.

Os símbolos têm o seguinte significado: μ é a taxa de expansão do estoque de moeda $(\mu = d\log M/dt)$ e f é o déficit público real.
a) Especifique uma função F para a equação de $\dot{\pi}$, indicando as hipóteses que você adotou na especificação.
b) Analise a dinâmica da economia para cada um dos regimes de política econômica.

346

Restrição Orçamentária do Governo

c) O que acontece quando o déficit real (f) diminui?

d) O que acontece quando a taxa de expansão monetária (μ) diminui?

5) Considere o seguinte modelo:

Demanda agregada: $y = k + \alpha\,(m - p) + \beta\pi$

CP: $\pi = \pi^e + \delta\,(y - \bar{y})$

Expectativa: $\pi^e = \mu$

RPM: $\frac{\dot{M}}{M} = \mu = $ constante

Os símbolos têm o seguinte significado: $y = \log$ do produto real; $m = \log$ do estoque nominal de moeda, $p = \log$ do índice de preços; $\dot{p} = \pi$.

a) Nesta economia o produto pode ser diferente do produto de pleno emprego ($\bar{y}$)?

b) Pode-se afirmar que a estabilidade deste modelo independe dos valores dos parâmetros?

c) Você seria capaz de resolver este modelo quando a regra de política monetária é substituída pela seguinte regra $\frac{\dot{M}}{P} = f = $ constante, e responder à questão do item anterior?

6) Considere a seguinte restrição orçamentária do governo:

$$f + rb = \dot{b} + \frac{\dot{M}}{P}$$

Suponha que o governo adota a seguinte regra de política monetária/fiscal:

$$\frac{\dot{M}}{P} = \alpha f$$

a) Qual o valor do parâmetro α para que a dívida pública seja sustentável?

b) Suponha que ocorra uma inovação financeira que desloque a curva de demanda de moeda. Pode acontecer uma hiperinflação nesta economia?

7) A restrição orçamentária do governo é dada por:

$$G_t + i_{t-1}B_{t-1} = T_t + B_t - B_{t-1}$$

Defina:

$$
\begin{aligned}
d_t &= \frac{d_{t-1}}{1 + r_{t-1}}, t = 1, 2, \cdots \\
d_0 &= 1
\end{aligned}
$$

a) Mostre que: $\sum_{t=1}^{\infty} d_t T_t = \sum_{t=1}^{\infty} d_t G_t + B_0 - \lim_{T\to\infty} d_T B_T$

b) Se $\lim_{T\to\infty} d_T B_T > 0$, você compraria títulos públicos?

Os símbolos têm o seguinte significado: $B = $ dívida pública; $G = $ gastos do governo; $T = $ impostos, $i = $ taxa de juros.

347

Capítulo 10

8) O governo financia o déficit público emitindo moeda de acordo com:

$$G_t - T_t = M_t - M_{t-1}$$

Os símbolos têm o seguinte significado: G = gastos (nominais) do governo; T = impostos (nominais) arrecadados pelo governo; M_t = estoque da base monetária.

Como você mediria o imposto inflacionário neste modelo com variáveis discretas?

9) O saldo em conta-corrente do balanço de pagamentos $(\dot{B})$ é dado pela seguinte expressão

$$\dot{B} = -TB + i^* B$$

TB é o saldo das exportações sobre as importações dos bens e serviços, i^* é a taxa de juros que incide sobre a dívida externa B (em dólares). Divida ambos os lados desta expressão pelo produto interno bruto Y (em dólares) dos bens e serviços transacionados no comércio internacional. Isto é: $\frac{\dot{B}}{Y} = -\frac{TB}{Y} + i^* \frac{B}{Y}$.

Analise a sustentabilidade da dívida externa deste país.

10) Admita que o governo dê um calote na dívida pública. Admita também que o teorema da equivalência ricardiana é válido. Quais as consequências deste calote?

11) Um partido político tem os seguintes objetivos em seu programa de governo:
a) Manter a carga tributária estável;
b) Aumentar a proporção dos gastos do governo em relação ao produto;
c) Reduzir o serviço da dívida;
d) Não aumentar a taxa de inflação.

Analise a consistência deste programa.

12) A restrição orçamentária do governo é dada por:

$$\frac{G-T}{Y} + i\frac{B}{Y} \equiv \frac{\dot{B}}{Y} + \frac{\mathring{M}}{Y}$$

Os símbolos têm o seguinte significado: G = gastos do governo; T = arrecadação tributária; Y = produto nominal; i = taxa de juro nominal; B = estoque da dívida pública; M = estoque da base monetária; $\dot{B}$ = dB/dt; $\dot{M}$ = dM/dt. Admita que o aumento de base monetária seja desprezível $\left(\mathring{M} = 0\right)$.

a) Suponha que o governo tivesse como objetivo um déficit nominal de 3%. Qual seria o valor do superávit primário necessário para atingir tal objetivo?

b) Suponha que o governo fixasse o superávit primário de acordo com a seguinte regra: $\frac{T-G}{Y} = \alpha rb$. A taxa de juros real é $r = i - \pi$ e α um coeficiente positivo. Qual a restrição que o coeficiente α deve obedecer para que a dívida pública seja sustentável?

c) Suponha que a regra do superávit primário fosse dada por: $\frac{T-G}{Y} = \alpha b$. A dívida pública é sustentável?

13) Considere o seguinte modelo (Aritmética Monetarista Perversa):

Déficit público financiado por títulos e moeda: $\dot{b} = f + rb - \mu m$

Política monetária: $\dot{m} = m(\mu - \pi), \mu = $ constante

Demanda de moeda: $m = m(i), m' < 0$

Equação de Fisher: $i = r + \pi$

Admita que o déficit público f seja constante.

a) Analise a dinâmica e o equilíbrio deste modelo num diagrama de fases com b no eixo vertical e m no eixo horizontal.

b) Admita que o Banco Central decida reduzir a taxa de expansão monetária, mas que exista um teto para a dívida pública igual a $b(T)$. Que acontece com a taxa de inflação no momento da mudança da política monetária?

14) Considere o limite,

$$\lim_{T \to \infty} m(T)e^{-r(T-t)} = Ce^{\rho t}$$

onde: $C = \lim_{T \to \infty} m(T)e^{-rT}$. Quando $C \neq 0$ o que acontece com a solução da equação diferencial:

$$\dot{m} = rm + f - s(m)$$

15) Derive $b(t)$ com relação ao tempo,

$$b(t) = \int_t^\infty f_s e^{-(r-n)(v-t)} dv$$

para obter a equação diferencial:

$$\dot{b} = (r - n)b - f_s$$

A solução deste exercício requer a aplicação da regra de Leibnitz da derivada de $V(r)$ com relação à r:

$$V(r) = \int_{\alpha(r)}^{\beta(r)} f(x, r) \, dx$$

A regra de Leibnitz é a seguinte:

$$\frac{dV(r)}{dr} = f(\beta(r), r)\frac{d\beta(r)}{dr} - f(\alpha(r), r)\frac{d\alpha(r)}{dr} + \int_{\alpha(r)}^{\beta(r)} \alpha(r)\frac{\partial f(x, r)}{\partial r} dx$$

Capítulo 10

16) Derive $m(t)$ com relação ao tempo,

$$m(t) = \int_t^\infty [s(m) - f] e^{-r(v-t)} dv$$

para obter a equação diferencial:

$$\dot{m} = rm + f - s(m)$$

17) Derive $a(t)$ com relação ao tempo,

$$a(t) = \int_t^\infty [\tau + s(m) - g] e^{-r(v-t)} dv$$

para obter a equação diferencial:

$$\dot{a} = ra + g - \tau - s(m)$$

18) Dada a restrição orçamentária

$$-f_s + (r - n) b - (\pi + n) m = \dot{b} + \dot{m}$$

a) Mostre que ela pode ser escrita como:

$$a(t) = \int_t^\infty [f_s + s(m)) e^{-(r-\eta)(v-t)} dv$$

onde $a = b + m$.
b) Mostre que

$$\int_t^\infty s(m)e^{-(r-n)(v-t)} dv \quad - \quad m(t)$$

$$= \int_t^\infty (r - n) [m(v) - m(t)] e^{-(r-\eta)(v-t)} dv$$

$$+ \int_t^\infty (\pi + n) m(v)e^{-(r-n)(v-t)} dv$$

c) Qual a interpretação dos dois componentes do lado direito da expressão acima?

19) O déficit público é financiado através da venda pelo Tesouro, de títulos denominados em moeda local e em moeda estrangeira, de acordo com:

$$G - T + iB + i^* SB^* \equiv \dot{B} + S\dot{B}^*$$

onde G = gastos do governo, T = impostos, i = taxa de juros nominal, B = estoque de títulos denominados em moeda local, S = taxa de câmbio, B^* = estoque de títulos denominados em moeda estrangeira. $\dot{B} = dB/dt; \dot{B} = dB^*/dt$.

Restrição Orçamentária do Governo

Seja Y o produto nominal da economia: $Y = Py, P$ é o índice de preços e y o produto real. Defina-se: $f = (G - T)/Y : b = B/Y, b^* = SB^*/Y$

a) Mostre que a restrição orçamentária do governo pode ser escrita como:

$$f + (i - \pi - n)\, b + (i^* - n - \pi + \dot{s})\, b^* = \dot{b} + \dot{b}^*$$

onde $\pi = \dot{P}/P, \dot{s} = \dot{S}/S, n = \dot{y}/y$.

b) Supondo que a arbitragem descoberta da taxa de juros real, $\dot{q} = r - r^*$, mostre que a restrição orçamentária transforma-se em:

$$f + (r - n)\, (b + b^*) = \dot{b} + \dot{b}^*$$

20) O Tratado de Maastricht, da União Europeia, estabeleceu que os países para aderirem ao euro deveriam satisfazer as seguintes condições: i) a dívida pública, como proporção do PIB, não deveria ultrapassar 60% e ii) o déficit público, também como proporção do PIB, deveria ser no máximo igual a 3%.

a) Mostre que para a relação dívida/PIB seja estável, $\dot{b} = 0$, a seguinte equação deve ser satisfeita:

$$f = b\, (n + \pi)$$

b) Para $b = 60\%$, $n = 3\%$, e $\pi = 2\%$, o déficit fiscal de 3% mantém a relação dívida/PIB estável?

21) Considere o seguinte modelo:

Função de produção: $y = f(k)$

Restrição orçamentária do governo: $g + rb = \tau\,(y + rb)$

Taxa de juros bruta: $r = f'(k)$

Taxa de juros líquida: $\rho = (1 - \tau)\, r$

a) Mostre que:

$$\frac{dk}{db} = \left[\frac{\tau}{1 - \tau} + \frac{f f''}{(f')^2} \right]^{-1}$$

b) Admita que $y = k^\alpha, \tau = 1\big/3$ e $\alpha = 1\big/3$. Mostre que:

$$\frac{dk}{db} = -\frac{2}{3}$$

Capítulo 11: Teoria e Política Monetária

Este capítulo apresenta vários tópicos da teoria e política monetária. A primeira seção: i) cuida da determinação do preço da moeda como preço de um ativo financeiro, com seus dois componentes: fundamentos e bolhas; ii) mostra a possibilidade de equilíbrio múltiplo numa economia monetária, onde num dos equilíbrios a moeda não tem valor; e iii) trata da questão da indeterminação do preço da moeda quando o Banco Central adota uma regra de política monetária rígida fixando a taxa de juros nominal, independentemente das condições vigentes da economia. A segunda seção deduz a quantidade ótima de moeda numa economia com preços flexíveis. A terceira seção analisa a armadilha da liquidez na sua versão moderna com o limite zero da taxa de juros nominal. A quarta seção trata do problema da inconsistência dinâmica quando existem incentivos para que as decisões tomadas no presente para o futuro não sejam levadas a cabo. A quinta seção cuida da suavização da taxa de juros pelos banqueiros centrais que preferem não mudar bruscamente a taxa de juros, mas sim alterá-la gradualmente produzindo certo grau de inércia no comportamento da taxa de juros do mercado interbancário. A sexta seção trata do programa de metas de inflação, um sistema adotado, desde a década de 1990, por vários bancos centrais do mundo. A sétima seção analisa os procedimentos operacionais da política monetária no mercado de reservas bancárias, um mercado no qual o Banco Central tem um papel dominante. A oitava seção mostra como se pode introduzir a estrutura a termo da taxa de juros nos modelos macroeconômicos de curto prazo. Este arcabouço permite que se analise o efeito do anúncio do Banco Central com relação a taxa de juros de curto prazo sobre o nível de atividade e a taxa de inflação da economia.

1. Preço da Moeda

O preço da moeda é igual à quantidade de bens e serviços que pode ser

Teoria e Política Monetária

comprada com uma unidade monetária. Isto é, o preço da moeda (q) é igual ao inverso do nível de preços (P):

$$q = \frac{1}{P} = \frac{m}{M}$$

O termo depois do segundo sinal da igualdade mostra que o preço da moeda é igual à razão entre a quantidade real (m) e o estoque nominal (M) de moeda. O enfoque tradicional para determinar o valor da moeda consiste justamente em analisar as variáveis que afetam os estoques, real e nominal, da moeda. Os indivíduos decidem a quantidade real de moeda que desejam ter nas suas carteiras de ativos financeiros, e o Banco Central dispõe de instrumentos para a compra e a venda de moeda que lhe permite controlar o estoque nominal da mesma.

1.1 Bolhas × Fundamentos

Um problema fundamental na teoria monetária é a provisão de microfundamentos da equação de demanda de moeda. Quatro enfoques têm sido usados com este propósito na literatura: i) moeda na função utilidade (MIU); ii) restrição prévia de liquidez (CIA); iii) custos de transação (TC); e iv) modelos de gerações superpostas (OLG). Os acrônimos são formados pelas iniciais das letras em inglês que denominam cada um destes enfoques. Os três primeiros enfoques foram apresentados no capítulo 5 e o último enfoque foi abandonado porque ele não leva em consideração o principal atributo da moeda, a função de meio de pagamentos. Qualquer um destes enfoques produz uma equação inversa para a quantidade real demandada de moeda,

$$i = i(m), \qquad i' < 0$$

A taxa nominal de juros i é o custo de oportunidade de reter moeda. A equação de demanda de moeda depende também de uma variável de escala, como a renda ou o consumo. A análise que se segue supõe que esta variável não mude de valor.

Os serviços de liquidez da moeda podem ser medidos pelo custo de oportunidade dos recursos usados na forma de moeda. Isto é:

$$s = im = s(m)$$

O valor dos serviços corresponde ao retângulo com a área tracejada da Figura 11.1. Os serviços de liquidez por unidade de moeda são obtidos dividindo-se o fluxo de serviços (s) pelo estoque nominal de moeda: $s(m)/M$.

Exemplos usuais da função $s(m)$ correspondem às especificações da equação de demanda de moeda nas formas funcionais semilogarítmica e dupla logarítmica. Na forma semilogarítmica $\log m = -\alpha i, \alpha > 0, s(m) =$

Capítulo 11

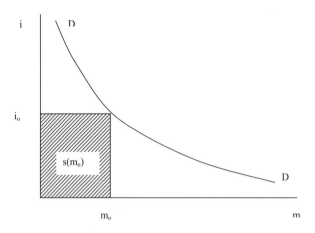

Figura 11.1

$-(m\log m)/\alpha$, $s'(m) = 0$ quando $m = \exp(-1)$ e $s''(m) < 0$. A forma funcional dupla logarítmica é um caso particular de $\log m = -\epsilon \log(\beta+i)$, $\epsilon > 0$, quando $\beta = 0$. A função de serviços de liquidez neste caso é dada por $s(m) = m\left(m^{-1/\epsilon} - \beta\right)$, $s'(m) < 0$ e $s''(m) \geq 0$ quando $\epsilon \leq 1$. Os gráficos da Figura 11.2 correspondem aos casos particulares das equações semilogarítmica e dupla logarítmica em que $\epsilon = 1$. Na Figura 11.2a a elasticidade da quantidade real demandada de moeda com relação à taxa de juros varia entre zero e menos infinito. Na Figura 11.2b a elasticidade é menor do que um em valor absoluto. Neste caso a moeda é definida como essencial.

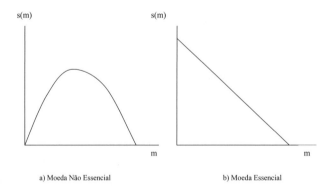

Figura 11.2

Teoria e Política Monetária

A moeda é essencial quando ela não é facilmente substituível por outros ativos financeiros na sua função de meio de pagamentos. A moeda é uma convenção social que depende tanto do arcabouço jurídico que estabelece as condições legais para a liquidação financeira dos contratos quanto do grau em que a sociedade é obrigada a cumprir as leis vigentes. Portanto, a essencialidade da moeda é determinada não somente pela tecnologia das transações econômicas, mas também pelas instituições de cada país.

O preço de qualquer ativo em equilíbrio, quando existe certeza e os mercados de capitais são perfeitos, é tal que sua taxa de retorno é igual à taxa de juros. Caso contrário existe oportunidades para arbitragem. Portanto, se r é a taxa de juros real, o preço da moeda satisfaz à seguinte condição de arbitragem:

$$r = \frac{\dot{q} + \frac{s(m)}{M}}{q}$$

onde $\dot{q} = dq/dt$ é o ganho (perda) de capital quando o preço da moeda aumenta (diminui).

Para deduzir esta equação basta combinar-se $s(m) = im$ e a equação de Fisher $i = r + \pi = r - \dot{q}/q$, ou seja, $s(m) = \left(r - \dot{q}/q\right) Mq$ levando-se em conta o fato de que $m = Mq$. A equação de arbitragem também pode ser escrita do seguinte modo:

$$\dot{q} = rq - s\left(Mq\right)/M$$

A solução desta equação diferencial necessita da especificação da função que representa os serviços da moeda $s(m)$ e do processo que gera o estoque nominal (M) de moeda. Todavia, qualquer que seja a solução, ela tem dois componentes, um de fundamentos e outro de bolha:

$$q(t) = q_f(t) + q_b(t)$$

A solução de bolha q_b é dada por:

$$q_b(t) = Ce^{rt}$$

É fácil verificar que esta expressão é solução da equação de arbitragem. Com efeito, derivando-se ambos os lados da mesma, levando-se em conta os dois componentes da solução e substituindo-se na equação de arbitragem, obtém-se:

$$\dot{q}_f + rCe^{rt} = rq_f + rCe^{rt} - s(m)/M$$

Simplificando-se, resulta em:

$$\dot{q}_f = rq_f - s(m)/M$$

Logo, a solução da equação de arbitragem tem dois componentes. A constante C da solução de bolha pode ser negativa porque no caso da moeda

Capítulo 11

sem lastro nada impede que o seu preço seja igual a zero, diferente do que ocorre com um ativo real que não teria uma bolha que levasse seu preço a zero. A solução de fundamentos (q_f) é igual ao valor presente dos fluxos dos serviços da moeda. Isto é:

$$q_f(t) = \int_t^{\infty} \frac{s(m)}{M} e^{-r(v-t)} dv$$

A afirmação de que a moeda é um ativo financeiro, usado como meio de pagamentos, e seu preço é igual ao valor presente dos fluxos de serviços de liquidez que ela produz, deve ser qualificada. Esta proposição baseia-se no seguinte teorema: o preço da moeda é dado pelo valor presente dos fluxos de serviços de liquidez se e somente se $i = i(m)$ e $i = r + \pi$, onde $i(\ )$ é a função inversa da equação de demanda de moeda e $i = r + \pi$ é a equação de Fisher. A demonstração de que esta condição é suficiente já foi feita da expressão acima. Para demonstrar que esta condição é necessária basta derivar a mesma expressão com relação ao tempo e usar a definição da função $s(m)$.

1.2 Equilíbrio Múltiplo

Para analisar a questão de equilíbrio múltiplo admita-se que o estoque nominal de moeda é constante e igual a uma unidade: $M = 1$. Esta hipótese simplifica o problema sem acarretar nenhuma perda de generalidade. A equação diferencial de arbitragem da moeda torna-se então,

$$\dot{q} = rq - s(q)$$

O diagrama de fases da Figura 11.3, com o preço da moeda no eixo horizontal e sua derivada com relação ao tempo no eixo vertical, mostra que esta equação diferencial pode ter dois equilíbrios estacionários, ou apenas um, dependendo do limite da função $s(q)$, quando o preço da moeda aproxima-se de zero,

$$\lim_{q \to 0_+} s(q) \begin{cases} = 0 \\ > 0 \end{cases}$$

Quando a moeda for essencial este limite é positivo e existe apenas um equilíbrio. Quando a moeda não for essencial, o limite é igual a zero e existem dois pontos de equilíbrio. Num equilíbrio, a moeda não tem valor, e existem trajetórias de hiperinflação que conduzem o valor da moeda para zero. As trajetórias que conduzem ao equilíbrio no qual o preço da moeda é igual a zero têm sido denominadas bolhas. Todavia, elas não correspondem a soluções de bolhas propriamente ditas porque o valor da moeda em equilíbrio é igual a zero em virtude dos fluxos de serviços de liquidez da moeda, neste caso, serem iguais a zero.

356

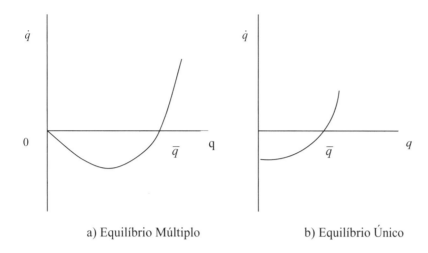

a) Equilíbrio Múltiplo   b) Equilíbrio Único

Figura 11.3

Como verificar empiricamente qual das duas situações é a relevante na prática? A resposta para esta pergunta é simples, porque se a moeda for essencial à elasticidade da quantidade real de moeda com relação à taxa de inflação é menor do que ou igual a um em valor absoluto. Quando a moeda não for essencial tal fato não ocorre. Logo, em princípio, dados de experiências de hiperinflação podem ser usados para testar esta hipótese.

1.3 Indeterminação

O preço da moeda é indeterminado quando o Banco Central fixa a taxa de juros nominal $i = \bar{i}$. Nestas circunstâncias, o fluxo de serviços é constante, $s(m) = \bar{s}$, mas a quantidade nominal de moeda não é determinada. Logo, a equação diferencial de arbitragem é dada por:

$$\dot{q} = rq - \frac{\bar{s}}{M}$$

O diagrama de fases da Figura 11.4 mostra que para cada valor de M existe um valor de equilíbrio para o preço da moeda. A indeterminação pode ser resolvida caso o Banco Central mude a regra de fixação da taxa de juros, para uma regra do tipo:

$$i = \bar{i} + \alpha \left(\bar{q} - q \right), \alpha > 0$$

onde $\bar{q}$ é a meta do preço da moeda para o Banco Central. Em equilíbrio, quando $i = \bar{i}, q = \bar{q}$ e o preço é determinado.

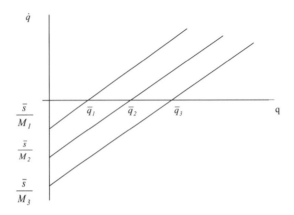

Figura 11.4

2. Quantidade Ótima de Moeda

O custo de oportunidade de reter moeda, para o setor privado, é a taxa de juros nominal. Numa economia com moeda sem lastro, o custo social de produzi-la é nulo. A Figura 11.5 mostra que o excedente do consumidor é máximo quando a taxa de juros nominal for igual a zero, e a quantidade real demandada de moeda igual a $\bar{m}$. O valor dos serviços da moeda, neste caso, é nulo: $s(\bar{m}) = 0$. Quando o valor dos serviços de liquidez da moeda é igual à zero, a equação diferencial de arbitragem é, então, dada por:

$$\dot{q} = rq$$

O preço da moeda cresce a uma taxa igual à taxa de juros real da economia. O preço da moeda, pelos fundamentos, é igual a zero. Todavia, o preço da moeda é dado pelo componente de bolha. Esta solução pode parecer estranha, mas ela não é uma solução de bolha típica dos modelos de otimização intertemporal, em virtude da hipótese de existência de uma quantidade real de moeda finita quando a taxa de juros nominal é igual a zero. Ademais, a interpretação mais adequada neste caso não seria com uma bolha, mas com o preço de um ativo que não produz um fluxo de caixa como o ouro, cujo preço, em equilíbrio, num mundo sem incerteza e com mercados perfeitos, deve aumentar a uma taxa igual à taxa de juros real. A analogia neste caso é com a conhecida regra para recursos naturais não renováveis. Esta regra estabelece que o preço sombra de um recurso não renovável deve crescer a uma taxa igual à taxa de juros. Quando o custo marginal de extração do recurso não renovável for igual a zero, o preço deste ativo aumenta a uma taxa igual à taxa de juros.

A regra de Friedman, da taxa de juros nominal igual a zero, que determina a quantidade ótima de moeda sofre do problema da indeterminação analisado na seção anterior, se o Banco Central decidir implementá-la fixando a taxa de juros. No instante inicial o preço da moeda não está definido, pois o valor presente dos fluxos dos serviços de liquidez da moeda é igual a zero. Esta condição, portanto, não pode ser usada para calcular o preço inicial da moeda. Logo, o Banco Central pode escolher qualquer valor inicial, de acordo com a regra modificada da taxa de juros em função do hiato do poder de compra da moeda. Isto equivale a dizer que existe um número infinito de trajetórias para o preço da moeda.

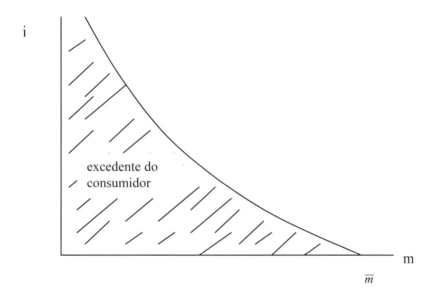

Figura 11.5

O preço da moeda tem de satisfazer a condição de que ele cresça a uma taxa igual à taxa de juros real da economia, qualquer que seja o seu valor inicial. O Banco Central ao invés de fixar a taxa de juros pode, portanto, implementar a política monetária ótima estabelecendo a trajetória da quantidade de moeda, com o estoque nominal diminuindo a uma taxa igual à taxa de juros real. As duas formas de implementar a política ótima são equivalentes desde que o preço inicial escolhido na regra da taxa de juros corresponda ao estoque inicial da trajetória do estoque nominal de moeda.

3. Limite Zero da Taxa de Juros Nominal

A taxa de juros nominal fixada pelo Banco Central tem como limite inferior o valor zero, pois não faz o mínimo sentido uma taxa negativa na presença de papel moeda (ou moeda metálica). Ninguém estaria disposto a aplicar, por exemplo, R$ 100 para obter um valor inferior no seu resgate. Portanto, se i^* é a taxa de juros calculada através de uma regra de política monetária, como a regra de Taylor, o Banco Central teria a seguinte regra de política,

$$i = \begin{cases} i^*, & \text{se } i^* > 0 \\ 0, & \text{se } i^* \leq 0 \end{cases}$$

A taxa de juros i^* é dada por:

$$i^* = \bar{r} + \pi + \phi(\pi - \bar{\pi}) + \theta(y - \bar{y})$$

Quando o valor desta taxa for negativo ou igual a zero, o Banco Central fixaria em zero a taxa de juros nominal do mercado interbancário de reservas. Este caso corresponde à versão moderna da armadilha da liquidez. Que aconteceria com o equilíbrio e a dinâmica de uma economia que funcionasse nestas circunstâncias? Para analisar esta questão admita-se um modelo formado por uma curva IS tradicional, uma curva de Phillips, com rigidez de preços e inércia na taxa de inflação, e a regra de política monetária com taxa de juros nominal zero. Isto é:

IS: $y - \bar{y} = -\alpha(i - \pi - \bar{r})$
CP: $\dot{\pi} = \delta(y - \bar{y})$
RPM: $i = 0$
CI: Dados $p(0)$ e $\pi(0)$

Substituindo-se a taxa de juros da regra de política monetária na curva IS obtém-se a equação:

$$y - \bar{y} = \alpha(\bar{r} + \pi)$$

Esta equação combinada com a curva de Phillips pode ser analisada num diagrama de fases com a taxa de inflação medida no eixo vertical e o produto real no eixo horizontal, como indicado na Figura 11.6. A taxa de inflação de equilíbrio é negativa, ou seja, uma deflação, igual à taxa de juros real. O equilíbrio do produto real é igual ao produto potencial da economia. O equilíbrio do modelo é instável, como mostra as setas da reta positivamente inclinada no diagrama da Figura 11.6. Que aconteceria neste modelo se a taxa de juros natural mudasse? Neste caso, em virtude da inércia da taxa de inflação, a economia entraria num processo recessivo, e não retornaria ao pleno emprego, se a taxa de juros natural diminuísse. No caso oposto, se a taxa de juros natural aumentasse, o produto real aumentaria sem que houvesse um mecanismo que fizesse a economia voltar ao pleno emprego.

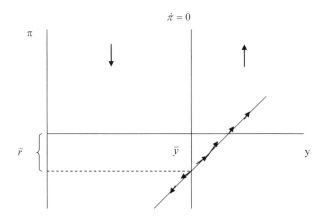

Figura 11.6: $\delta > 0$

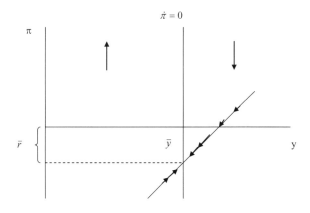

Figura 11.7: $\delta < 0$

A outra possibilidade do modelo é que o parâmetro δ da curva de Phillips seja negativo. Esta hipótese ocorre quando existe rigidez do nível de preços e não há inércia da taxa de inflação, que pode mudar de valor instantaneamente. O modelo é estável, como indicado no diagrama de fases da Figura 11.7. Todavia, existe agora multiplicidade de soluções. Uma mudança da taxa de juros natural é consistente com uma infinidade de soluções, pois a taxa de inflação é uma variável que pode mudar de um valor para outro bruscamente.

Capítulo 11

4. Inconsistência Dinâmica

A inconsistência dinâmica é o fenômeno que acontece quando o agente econômico não tem como ser obrigado a cumprir amanhã o que prometeu hoje. Admita que o banqueiro central anuncie uma meta de inflação igual a $\bar{\pi}$ e que sua função objetivo dependa do quadrado da diferença entre a taxa de inflação observada e a meta da taxa de inflação, e do quadrado da diferença entre o produto real e a meta do produto real y^*. Isto é:

$$L = \frac{\varphi}{2} (\pi - \bar{\pi})^2 + \frac{1}{2} (y - y^*)^2$$

O coeficiente φ desta função objetivo indica o peso relativo que o Banco Central atribui à taxa de inflação com relação ao produto. Quando φ é igual a zero o Banco Central só está preocupado com o produto real. Por outro lado, quando este parâmetro tende para infinito o Banco Central preocupa-se apenas com a inflação.

A meta do produto real é igual ao produto potencial da economia acrescido de uma constante k:

$$y^* = \bar{y} + k, \qquad k > 0$$

Substituindo-se este valor na função objetivo do Banco Central, a função de perda L, obtém-se:

$$L = \frac{\varphi}{2} (\pi - \bar{\pi})^2 + \frac{1}{2} (y - \bar{y} - k)^2$$

A curva de Phillips será simplificada para não incluir parâmetros irrelevantes para as conclusões qualitativas do problema tratado nesta seção. A taxa de inflação é igual à taxa de inflação esperada e o coeficiente do hiato do produto é igual a um:

$$\pi = \pi^e + y - \bar{y}$$

Substituindo-se o hiato do produto da curva de Phillips na função de perda resulta em:

$$L = \frac{\varphi}{2} (\pi - \bar{\pi})^2 + \frac{1}{2} (\pi - \pi^e - k)^2$$

O Banco Central apesar de ter anunciado a meta de inflação escolhe a taxa de inflação minimizando a função de perda com relação à taxa de inflação. A derivada parcial de L com relação à taxa de inflação π é dada por:

$$\frac{\partial L}{\partial \pi} = \varphi (\pi - \bar{\pi}) + (\pi - \pi^e - k) = 0$$

A solução da condição de primeira ordem deste problema é a seguinte taxa de inflação:

$$\pi = \frac{\varphi \bar{\pi} + \pi^e + k}{1 + \varphi}$$

Teoria e Política Monetária

Os agentes desta economia têm informação dos critérios adotados pelo Banco Central e expectativas racionais que neste caso é equivalente a previsão perfeita. Logo, a taxa de inflação esperada é igual à taxa de inflação observada:

$$\pi^e = \pi$$

Substituindo-se a taxa de inflação esperada pela taxa de inflação observada na solução da condição de primeira ordem, a taxa de inflação da economia será igual à meta de inflação prometida pelo Banco Central adicionada de um termo positivo que depende da constante k e do parâmetro φ da função de perda do Banco Central. Isto é:

$$\pi = \bar{\pi} + \frac{k}{\varphi}$$

A política monetária sofre de inconsistência dinâmica porque a meta de inflação anunciada não foi cumprida. Até que ponto este modelo, bastante popular na literatura econômica, é relevante na prática para explicar o comportamento do banqueiro central? A hipótese crucial para o resultado do modelo é de que o Banco Central tem como objetivo atingir uma meta para o produto real maior do que o produto potencial da economia. Esta hipótese é bastante implausível. Ela seria adequada num país com um governo populista que desejasse usar o Banco Central para atingir objetivos que ele não pode atingir. A proposta de que o problema do viés inflacionário (k/φ) do Banco Central seria resolvido com a escolha de um banqueiro central conservador com um parâmetro φ bastante elevado, diferente do parâmetro da população, também não parece adequada num país democrata. Dificilmente numa sociedade democrática instituições que não representem as preferências da população sobrevivem. Ademais, um banqueiro central conservador não teria como argumento na sua função objetivo uma meta para o produto real que não fosse o produto potencial da economia.

5. Suavização da Taxa de Juros

Um fato estilizado no comportamento dos bancos centrais consiste no ajuste gradual da taxa de juros, evitando movimentos súbitos. A consequência é tornar a taxa de juros menos volátil. Este fenômeno é conhecido na literatura como suavização da taxa de juros (*interest rate smoothing*, em inglês). A taxa de juros depende, então, de sua própria história recente, como descrito, por exemplo, na equação,

$$i_t = \omega \, i_t^* + (1 - \omega) \, i_{t-1} + \epsilon_t, 0 < \omega \leq 1$$

A taxa de juros no período t é função da taxa de juros do período $t - 1$ e da taxa de juros desejada i^*, ω é o peso da taxa de juros desejada i^*, que

Capítulo 11

deve ser especificada de acordo com a regra de política monetária seguida pelo Banco Central, e ϵ representa choques estocásticos. Alguns trabalhos empíricos reportam que para dados trimestrais a ordem de grandeza para o parâmetro ω fica entre 0,1 e 0,2, que sugere um ajustamento muito lento e uma inércia muito grande para a taxa de juros.

As razões que determinam este tipo de comportamento ainda não são bem conhecidas na teoria monetária. Cabe aqui mencionar duas. A primeira é a preocupação de preservar a saúde do setor financeiro. A segunda é afetar a taxa de juros de longo prazo, que depende da expectativa da taxa de juros futura do Banco Central. Qualquer que seja a motivação, a inércia da taxa de juros por parte dos bancos centrais é um fato empírico bem documentado. Esta seção tem como objetivo analisar as condições que o parâmetro de suavização tem de satisfazer para que a regra de política monetária seja estável. Dois modelos são apresentados, os modelos keynesiano e novokeynesiano.

5.1 Modelo Keynesiano

A inércia da taxa de juros, no modelo em tempo contínuo, é descrita por um mecanismo de ajustamento parcial, onde a variação da taxa de juros é proporcional à diferença entre a taxa de juros desejada e a taxa de juros atual. Isto é:

$$\dot{i} = \lambda \left(i^* - i \right), \lambda > 0$$

Esta equação supõe que existe algum custo de ajustamento que impede o Banco Central de fixar imediatamente a taxa de juros nominal no nível desejado. Quando o parâmetro $\lambda \to \infty$ o ajustamento é instantâneo. Caso contrário, a taxa de juros ajusta-se gradualmente para sua posição de equilíbrio. A taxa de juros desejada segue a regra de Taylor:

$$i^* = \bar{r} + \pi + \phi \left(\pi - \bar{\pi} \right) + \theta x$$

O modelo para analisar as condições de estabilidade da economia com a suavização da taxa de juros é formado por uma curva IS e uma curva de Phillips. A curva IS supõe que o hiato do produto depende da diferença entre as taxas de juros real de curto (r) e de longo prazo $(\bar{r})$, de acordo com:

$$x = -\alpha \left(r - \bar{r} \right), \alpha > 0$$

onde x é o hiato do produto.

A curva de Phillips supõe que a aceleração da inflação é proporcional ao hiato do produto:

$$\dot{\pi} = \delta x, \delta > 0$$

O modelo é, então, especificado de acordo com:

IS: $x = -\alpha \left(r - \bar{r} \right), \alpha > 0$

Teoria e Política Monetária

CP : $\dot{\pi} = \delta x, \delta > 0$

RPM: $i = \lambda \left(i^* - i \right), i^* = \bar{r} + \pi + \phi \left(\pi - \bar{\pi} \right) + \theta x$

CI: Dados $p(0)$ e $\pi(0)$

Diferenciando-se a equação de suavização juntamente com a regra de política monetária, e com um pouco de álgebra resulta na equação diferencial para a taxa de juros real:

$$\dot{r} = \phi\lambda \left(\pi - \bar{\pi} \right) - \left[\left(1 + \alpha\theta \right) \lambda - \alpha\delta \right] \left(r - \bar{r} \right)$$

A segunda equação diferencial do modelo é obtida combinando-se as curvas IS e de Phillips. Isto é:

$$\dot{\pi} = -\alpha\delta \left(r - \bar{r} \right)$$

Sistema Dinâmico

O modelo é formado pelas equações diferenciais da taxa de inflação e da taxa de juros real:

$$\begin{bmatrix} \dot{\pi} \\ \dot{r} \end{bmatrix} = \begin{bmatrix} 0 & -\alpha\delta \\ \phi\lambda & -\left[\left(1 + \alpha\theta \right) \lambda - \alpha\delta \right] \end{bmatrix} \begin{bmatrix} \pi - \bar{\pi} \\ r - \bar{r} \end{bmatrix}$$

O sistema de equações diferenciais tem a seguinte matriz jacobiana:

$$J = \begin{bmatrix} \frac{\partial \dot{\pi}}{\partial \pi} & \frac{\partial \dot{\pi}}{\partial r} \\ \frac{\partial \dot{r}}{\partial \pi} & \frac{\partial \dot{r}}{\partial r} \end{bmatrix} = \begin{bmatrix} 0 & -\alpha\delta \\ \phi\lambda & -\left[\left(1 + \alpha\theta \right) \lambda - \alpha\delta \right] \end{bmatrix}$$

O determinante desta matriz é positivo:

$$|J| = \alpha\delta\phi\lambda > 0$$

O traço da matriz J tanto pode ser positivo, quanto negativo. Para que o sistema dinâmico seja estável o traço tem de ser negativo. Isto significa dizer que o parâmetro λ de ajuste da taxa de juros tem de satisfazer a restrição:

$$trJ < 0 \text{ se } \lambda > \underline{\lambda} = \frac{\alpha\delta}{1 + \alpha\theta}$$

A conclusão que se chega com esta restrição é que o Banco Central não pode ser muito lento em ajustar a taxa de juros quando houver uma mudança na taxa de juros desejada. A estabilidade do modelo impõe um piso ao parâmetro λ de ajuste da taxa de juros, que depende do parâmetro α da curva IS, do parâmetro δ da curva de Phillips, e do parâmetro θ da regra de política monetária. Quanto maior os dois primeiros, menor a inércia da taxa de juros. Quanto maior a resposta da política monetária ao hiato do produto, menor o piso do coeficiente de ajuste da taxa de juros.

Capítulo 11

A existência de um piso para o coeficiente λ significa dizer que na especificação da equação de suavização existe um limite superior para o grau de suavização, ou de inércia, da taxa de juros pelo Banco Central. Os parâmetros da economia e da regra de política monetária impõem uma restrição ao comportamento do Banco Central no processo de suavização da taxa de juros. As Tabelas 11.1 e 11.2 mostram alguns valores para o limite superior do coeficiente de inércia, em função de valores dos parâmetros α, δ e θ.

Tabela 11.1: Limite superior do coeficiente de inércia

$\alpha = 1,0$

δ	θ		
	0,25	0,50	1,00
0,25	0,82	0,85	0,88
0,50	0,67	0,72	0,78
1,00	0,45	0,51	0,61

A Tabela 11.1 supõe que o coeficiente α é igual a um, enquanto a Tabela 11.2 calcula o coeficiente de inércia supondo que α é igual a dois. Estes dois valores são bem representativos de valores usados em exercícios de calibragem, e também próximos de estimativas econométricas. As Tabelas 11.1 e 11.2 usam os mesmos valores para os parâmetros δ e θ, que assumem os valores de 0,25, 0,50 e 1,00. As primeiras linhas nas Tabelas 11.1 e 11.2 mostram que coeficientes de inércia entre 0,8 e 0,9, observados no comportamento dos bancos centrais, são consistentes com alguns valores dos parâmetros do modelo.

Tabela 11.2: Limite superior do coeficiente de inércia

$\alpha = 2,0$

δ	θ		
	0,25	0,50	1,00
0,25	0,72	0,78	0,85
0,50	0,51	0,61	0,72
1,00	0,26	0,37	0,51

O diagrama de fases da Figura 11.8 mostra a dinâmica do modelo, existindo quatro regiões com diferentes movimentos da taxa de inflação e da de juros real, caso a economia não esteja no ponto E de equilíbrio de longo prazo.

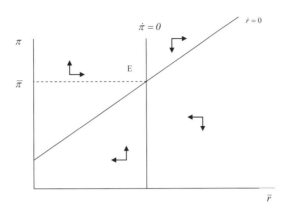

Figura 11.8

Experimento

A Figura 11.9 descreve a dinâmica de ajustamento da economia quando o Banco Central decide mudar a meta de inflação, no experimento de política monetária em que a meta é reduzida de $\bar{\pi}_0$ para $\bar{\pi}_1$. A taxa de inflação começa a cair gradualmente, enquanto a taxa de juros real aumenta até atingir seu nível máximo no ponto em que a trajetória da economia corta a reta em que $\dot{r} = 0$. A taxa de inflação continua a declinar, atingindo depois um valor menor do que aquele que corresponde ao de equilíbrio de longo prazo (no conhecido fenômeno conhecido em inglês pelo nome de *undershooting*), voltando a subir até convergir para a nova meta de inflação. A economia tem uma trajetória recessiva desde a mudança da política monetária até a taxa de inflação atingir o seu menor valor, quando começa a ocorrer um período de aquecimento, com o produto real ultrapassando o produto potencial, em virtude da taxa de juros real está abaixo, durante determinado intervalo de tempo, do seu valor de equilíbrio de longo prazo.

5.2 Modelo Novokeynesiano

No modelo novokeynesiano com inércia da taxa de juros, o Banco Central não ajusta a taxa de juros imediatamente para o nível desejado, mas o faz gradualmente num processo de suavização. O modelo tem uma curva de Phillips *à la* Calvo, a curva IS é uma equação de Euler, a equação de juros supõe um ajuste gradual da taxa de juros nominal e a política monetária segue uma regra de Taylor. O modelo tem a seguinte especificação:
IS: $\dot{x} = \sigma(i - \pi - \bar{r})$

Capítulo 11

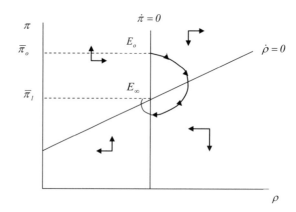

Figura 11.9

CP: $\dot{\pi} = -\delta x$
SJ: $\dot{i} = \lambda (i^* - i)$
RPM: $i^* = \bar{r} + \pi + \phi (\pi - \bar{\pi}) + \theta x$
CI: $p(0)$ e $r(0)$ dados, $\pi(0)$ e $x(0)$ livres

Álgebra

A curva IS pode ser escrita como função dos hiatos da taxa de juros nominal e da taxa de inflação, de acordo com:

$$\dot{x} = \sigma (i - \pi + \bar{\pi} - \bar{\pi} - \bar{r}) = \sigma \left(i - \bar{i}\right) - \sigma (\pi - \bar{\pi})$$

onde $\bar{i} = \bar{r} + \bar{\pi}$.

Substituindo-se a taxa de juros nominal desejada (i^*) na equação diferencial da taxa de juros nominal, obtém-se:

$$\dot{i} = \lambda [\bar{r} + \pi + \phi (\pi - \bar{\pi}) + \theta x - i]$$

Somando-se e subtraindo-se a meta de inflação no lado direito desta expressão e agrupando-se os seus termos, resulta:

$$\dot{i} = \lambda (1 + \phi) (\pi - \bar{\pi}) + \lambda \theta x - \lambda \left(i - \bar{i}\right)$$

Sistema Dinâmico

O modelo novokeynesiano é formado, então, pelo sistema dinâmico de três equações diferenciais, para a taxa de inflação, o hiato do produto e a taxa de juros nominal. Isto é:

$$\begin{bmatrix} \dot{\pi} \\ \dot{x} \\ \dot{i} \end{bmatrix} = \begin{bmatrix} 0 & -\delta & 0 \\ -\sigma & 0 & \sigma \\ \lambda(1+\phi) & \lambda\theta & -\lambda \end{bmatrix} \begin{bmatrix} \pi - \bar{\pi} \\ x \\ i - \bar{i} \end{bmatrix}$$

A matriz jacobiana deste sistema é igual a,

$$J = \begin{bmatrix} 0 & -\delta & 0 \\ -\sigma & 0 & \sigma \\ \lambda(1+\phi) & \lambda\theta & -\lambda \end{bmatrix}$$

O determinante e o traço desta matriz são dados por:

$$|J| = -\delta\sigma\lambda(1+\phi) + \sigma\delta\lambda = -\lambda\delta\sigma\phi < 0$$

$$trJ = -\lambda < 0$$

Neste sistema dinâmico, existem três raízes características negativas ou apenas uma raiz negativa. Para saber qual é o caso, pode-se usar o seguinte teorema: a condição necessária e suficiente para que um sistema de três equações diferenciais lineares de primeira ordem seja estável, é que $|A| < 0, trA < 0$ e que o seguinte determinante seja negativo.

$$\begin{vmatrix} a_{22} + a_{33} & -a_{12} & -a_{13} \\ -a_{21} & a_{11} + a_{33} & -a_{23} \\ -a_{31} & -a_{32} & a_{11} + a_{22} \end{vmatrix} < 0$$

No modelo novokeynesiano este determinante é dado por:

$$\begin{vmatrix} -\lambda & \delta & 0 \\ \sigma & -\lambda & -\sigma \\ -\lambda(1+\phi) & -\lambda\theta & 0 \end{vmatrix} = \delta\sigma\lambda(1+\phi) + \lambda\sigma\lambda\theta > 0$$

Logo, o determinante é positivo e as três raízes características não são negativas. O modelo tem, portanto, um ponto de sela, com uma raiz negativa e duas raízes positivas.

Solução do Modelo

A solução do modelo é obtida fazendo-se com que as constantes das raízes positivas sejam iguais a zero. Isto é:

$$\begin{aligned}
\pi &= \bar{\pi} + c_1 v_{11} e^{\mu_1 t} \\
x &= c_1 v_{12} e^{\mu_1 t} \\
i &= \bar{i} + c_1 v_{13} e^{\mu_1 t}
\end{aligned}$$

onde $\mu_1 < 0$ é a raiz característica negativa, c_1 uma constante a ser determinada e o vetor $[v_{11} v_{12} v_{13}]$ é associado a esta raiz, de acordo com:

$$\begin{bmatrix} -\mu & -\delta & 0 \\ -\sigma & -\mu & \gamma \\ \lambda(1+\phi) & \lambda\theta & -\lambda-\mu \end{bmatrix} \begin{bmatrix} v_{11} \\ v_{12} \\ v_{13} \end{bmatrix} = \begin{bmatrix} 0 \\ 0 \\ 0 \end{bmatrix}$$

Segue-se, portanto, que:

$$\begin{aligned}
-\mu v_{11} - \delta v_{12} &= 0 \\
-\sigma v_{11} - \mu v_{12} + \gamma v_{13} &= 0 \\
\lambda(1+\phi) v_{11} + \lambda\theta v_{12} - (\lambda+\mu) v_{13} &= 0
\end{aligned}$$

Um dos componentes do vetor característico pode ser normalizado. Por conveniência, faremos $v_{13} = 1$. A razão entre o primeiro e o segundo componente do vetor característico é positiva porque a raiz μ é negativa:

$$\frac{v_{11}}{v_{12}} = -\frac{\delta}{\mu} > 0$$

Os dois componentes do vetor v podem ser determinados pelas duas primeiras equações do sistema anterior:

$$\begin{bmatrix} \mu & \delta \\ \sigma & \mu \end{bmatrix} \begin{bmatrix} v_{11} \\ v_{12} \end{bmatrix} = \begin{bmatrix} 0 \\ \delta \end{bmatrix}$$

A solução deste sistema é dada por:

$$v_{11} = \frac{\delta\sigma}{\mu^2 - \sigma\delta} < 0; v_{12} = \frac{\mu\sigma}{\mu^2 - \sigma\delta}$$

Para verificar o sinal de cada um destes elementos usaremos a equação característica do sistema de equações diferenciais:

$$\begin{vmatrix} -\mu & -\delta & 0 \\ -\sigma & -\mu & \sigma \\ \lambda(1+\phi) & \lambda\theta & -(\lambda+\mu) \end{vmatrix} = 0$$

A equação característica pode ser escrita como:

$$-\mu\left(\mu^2 - \sigma\delta\right) = \delta\sigma\lambda\phi + \lambda\mu^2 - \mu\sigma\lambda\theta$$

Como $\mu > 0$, segue-se que:

$$-\mu\left(\mu^2 - \sigma\delta\right) > 0$$

Logo, $\mu^2 - \sigma\delta > 0$ e os dois elementos do vetor característico são negativos: $v_{11} < 0$ e $v_{12} < 0$.

Previsão

Dividindo-se a equação do hiato da inflação pela equação do hiato do produto obtém-se:

$$\frac{\pi - \bar{\pi}}{x} = \frac{c_1 v_{11} e^{\mu_1 t}}{c_1 v_{12} e^{\mu_1 t}} = \frac{v_{11}}{v_{12}} > 0$$

A conclusão que se chega é de que os hiatos da inflação e do produto convergem para o equilíbrio estacionário na mesma direção. A Figura 11.10 mostra este fato. As setas desta figura decorrem da curva de Phillips do modelo. A Figura 11.10 é desenhada supondo-se que a meta de inflação seja igual a zero ($\bar{\pi} = 0$).

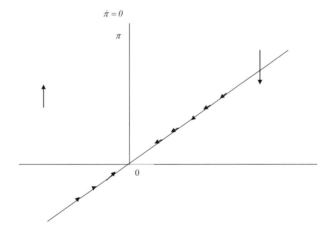

Figura 11.10

Experimento

A Figura 11.11 descreve um experimento no qual a meta de inflação aumenta de zero para $\bar{\pi}$, um aumento permanente e não antecipado pelo público.

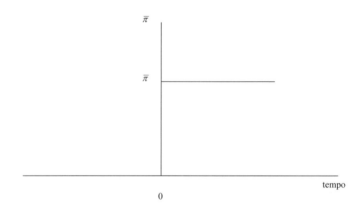

Figura 11.11

A Figura 11.12 mostra que a inflação, no momento inicial, dá um pulo, ultrapassando seu valor de equilíbrio (*overshooting*). O hiato do produto aumenta de zero para $x(0)$. Como determinar os valores de $\pi(0)$ e $x(0)$ neste modelo? Em primeiro lugar, deve-se determinar o valor da constante c_1 que aparece na solução do modelo. Quanto $t = 0, i = i(0)$. Segue-se, então, que:

$$i(0) - \bar{i} = c_1$$

Portanto, os valores iniciais da inflação e do hiato do produto são dados por:

$$\pi(0) = \bar{\pi} + v_{11}\left[i(0) - \bar{i}\right]$$
$$x(0) = v_{12}\left[i(0) - \bar{i}\right]$$

O aumento da meta de inflação faz com que a taxa de juros de longo prazo ($\bar{i}$) aumente. Como a taxa de juros nominal é uma variável predeterminada, $i(0) - \bar{i} < 0$. Logo, como v_{11} e v_{12} são ambos negativos, segue-se que a taxa de inflação inicial é maior do que a taxa da nova meta e o hiato do produto no momento inicial se torna positivo, como indicado na Figura 11.12.

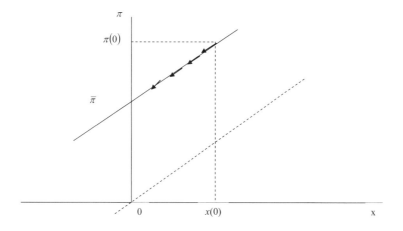

Figura 11.12

6. Programa de Metas de Inflação

Na segunda metade da década de 1960 argumentos teóricos demonstraram a inexistência de uma relação de troca entre inflação e desemprego no longo prazo. A curva de Phillips seria vertical no longo prazo. A evidência empírica subsequente não rejeitou esta hipótese. Esta evidência teve como consequência prática o convencimento dos banqueiros centrais de que a política monetária é responsável pelo patamar da inflação, isto é, o Banco Central não controla a taxa de inflação a cada momento do tempo, mas sim sua tendência.

Uma questão prática que certamente surgiu entre os banqueiros centrais foi a de como implementar, no dia a dia, a política monetária para atingir uma dada taxa de inflação. No início da década de 1990, o Banco Central da Nova Zelândia fez uma inovação que terminou sendo copiada por diversos bancos centrais, introduzindo o programa de metas de inflação. Neste programa, o Banco Central anuncia a meta de inflação para certo horizonte de tempo e calibra a taxa de juros do mercado interbancário de reservas para que esta meta seja atingida. A previsão da taxa de inflação para o horizonte de tempo especificado torna-se uma variável crucial neste processo. O Banco Central aumenta a taxa de juros quando a taxa de inflação prevista está acima da meta, e reduz a taxa de juros do mercado interbancário de reservas quando a previsão da taxa de inflação está abaixo da meta. Esta proposição pode ser deduzida a partir de um modelo bastante simples, onde existe uma defasagem de dois períodos para que a taxa de juros afete a taxa de inflação.

Capítulo 11

O modelo tem três equações, uma curva IS, uma curva de Phillips e uma função de perda do Banco Central. As equações têm as seguintes especificações:

$$y_{t+1} - \bar{y} = \lambda \left(y_t - \bar{y} \right) - \alpha \left(i_t - \pi_t - \bar{r} \right) + \epsilon_{t+1}$$

$$\pi_{t+1} = \pi_t + \delta \left(y_t - \bar{y} \right) + u_{t+1}$$

$$L = \beta^j \frac{1}{2} \left(\pi_{t+j} - \bar{\pi} \right)^2$$

Neste modelo o hiato do produto afeta a taxa de inflação com uma defasagem e a taxa de juros o hiato do produto também com uma defasagem. Portanto, a taxa de juros afeta a taxa de inflação depois de dois períodos. Para um modelo com dados anuais isto significaria dizer que o Banco Central leva dois anos para atingir a taxa de inflação. Os símbolos u e ϵ são os respectivos choques das curvas de Phillips e IS. Estes choques têm média zero, variância constante e não são correlacionados serialmente. O coeficiente β é a taxa de desconto do Banco Central.

A taxa de inflação de dois períodos adiante é dada por:

$$\pi_{t+2} = \left(1 + \alpha \delta \right) \pi_t + \delta \left(1 + \lambda \right) \left(y_t - \bar{y} \right) - \alpha \delta \left(i_t - \bar{r} \right) + u_{t+1} + \delta \epsilon_{t+1} + u_{t+2}$$

O problema do Banco Central consiste em escolher a taxa de juros nominal de tal sorte que o valor esperado da perda daqui a dois períodos seja o menor possível. Isto é:

$$\min_{t_t} E_t \frac{\beta^2}{2} \left(\pi_{t+2} - \bar{\pi} \right)^2$$

A condição de primeira ordem deste problema estabelece que a previsão da inflação daqui a dois períodos seja igual à meta da taxa de inflação:

$$E_t \pi_{t+2} = \bar{\pi}$$

O objetivo intermediário do programa de metas de inflação consiste, portanto, na previsão da taxa de inflação. Esta previsão permite calibrar a taxa de juros nominal do mercado de reservas interbancárias para atingir o objetivo final, a meta de inflação. Com efeito, a equação da taxa de inflação de dois períodos adiante permite calcular a previsão da taxa de inflação:

$$E_t \pi_{t+2} = \left(1 + \alpha \delta \right) \pi_t + \delta \left(1 + \lambda \right) \left(y_t - \bar{y} \right) - \alpha \delta \left(i_t - \bar{r} \right) = \bar{\pi}$$

A taxa de juros nominal para atingir a meta da taxa de inflação é facilmente obtida a partir desta expressão, escrevendo-se a taxa de juros como função das demais variáveis que são conhecidas no período t. Isto é:

$$i_t = \bar{r} + \pi_t + \frac{1}{\alpha \delta} \left(\pi_t - \bar{\pi} \right) + \frac{\delta \left(1 + \lambda \right)}{\alpha \delta} \left(y_t - \bar{y} \right)$$

A taxa de inflação no período $t+2$ será igual ao valor de sua previsão feita no período t, adicionada aos choques que ocorreram ao longo do período:

$$\pi_{t+2} = E_t \pi_{t+2} + u_{t+1} + \delta \epsilon_{t+1} + u_{t+2}$$

7. Procedimentos Operacionais da Política Monetária

O principal instrumento de política monetária da maioria dos bancos centrais do mundo é a taxa de juros no mercado de reservas bancárias. No Brasil esta taxa é conhecida como taxa SELIC, nos Estados Unidos como FED *funds rate*, na Nova Zelândia como *cash rate*, na Inglaterra *bank rate*, no Japão *call rate*. O comitê de política monetária do Banco Central, ou sua diretoria, decide o valor desta taxa e manda que as respectivas mesas de operações implementem a decisão.

Um procedimento operacional que está se tornando bastante comum é de o Banco Central fixar um corredor para a taxa de juros, com um limite superior e outro inferior. Caso o banco comercial tenha reservas em excesso ele pode aplicar estas reservas no Banco Central recebendo por estes recursos uma remuneração igual ao limite inferior da taxa de juros. Na hipótese que o banco comercial não tenha reservas ele pode pedir emprestado ao Banco Central que cobrará por este empréstimo uma taxa de juros igual ao limite superior da taxa de juros. A Figura 11.13 descreve este mecanismo. A taxa de juros i^c é a taxa de juros fixada pelo comitê de política monetária do Banco Central. A taxa de juros i^s é a taxa de juros que o Banco Central cobra nas reservas emprestadas (em inglês marginal *lending facility*) e a taxa de juros i^i é a taxa de juros que o Banco Central remunera as reservas dos bancos comerciais (em inglês *deposity facility*). Este procedimento impede que a taxa de juros do mercado de reservas bancárias suba acima do limite superior, ou que diminua abaixo do limite inferior.

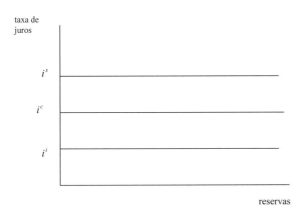

Figura 11.13

Capítulo 11

A mesa de operações do Banco Central mantém a taxa de juros do mercado de reservas bancárias no patamar decidido pelo comitê de política monetária por meio de suas operações de compra e venda de títulos, geralmente com acordos de recompra (em inglês conhecida pela sigla *repo*, de *repurchase agreement*). O modelo formado pelas duas equações abaixo descreve, de maneira estilizada, o funcionamento do mercado de reservas bancárias. A primeira equação do modelo é a função de reação da mesa de operações. Quando a taxa de juros estiver abaixo da taxa fixada pelo comitê, a mesa sobe a taxa de juros retirando reservas do mercado. Por outro lado, quando a taxa estiver acima da taxa fixada pelo comitê de política monetária, a mesa injeta reservas no mercado para fazer a taxa baixar. O parâmetro Ψ mede a velocidade de reação da mesa de operações quanto ao diferencial da taxa de juros. A segunda equação do modelo é a equação de demanda de reservas bancárias, na qual a quantidade demandada de reservas aumenta (diminui) quando a taxa de juros diminui (aumenta). A taxa de juros está limitada por um teto (i^s) e por um piso (i^i). A especificação do modelo é, então, a seguinte:

$$\begin{cases} \dot{i} = \Psi\left(i^c - i\right), \Psi > 0 \\ i = a - bR \\ i^i < i^c < i^s \end{cases}$$

A Figura 11.14 contém o diagrama de fases do modelo, com a taxa de juros no eixo vertical e a quantidade de reservas no eixo horizontal. O diagrama mostra o corredor da taxa de juros, com o teto e o piso da taxa de juros. O modelo é estável indicando que a mesa de operações através da injeção e retirada de reservas é capaz de implementar a decisão do comitê de política monetária do Banco Central.

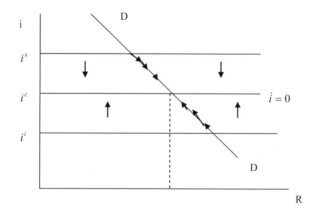

Figura 11.14

8. Estrutura a Termo da Taxa de Juros

A estrutura a termo da taxa de juros trata da relação entre as taxas de juros de curto e de longo prazo. Os bancos centrais controlam a taxa de juros de curto prazo, no mercado interbancário, enquanto as taxas de juros de longo prazo são determinadas no mercado financeiro. A Figura 11.15 mostra três tipos de curvas de juros que têm sido observadas na prática. No eixo horizontal, mede-se a maturidade do título e no eixo vertical a taxa de juros correspondente. Na Figura 11.15a a curva de juros é positivamente inclinada, ou seja, a taxa longa é maior do que a taxa curta. Na Figura 11.15b, a curva de juros é negativamente inclinada, isto é, a taxa de juros longa é menor do que a taxa curta. Na Figura 11.15c, a curva de juros tem o formato de uma corcunda. Que tipo de arcabouço teórico é capaz de explicar estes fatos? Aqui, trataremos apenas da teoria da expectativa da estrutura a termo da taxa de juros.

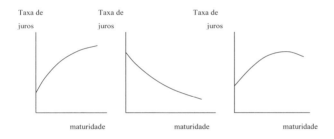

Figura 11.15

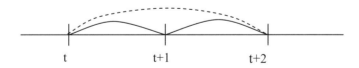

Figura 11.16

Capítulo 11

Admita que alguém deseje aplicar seus recursos por dois períodos, do período t ao período $t + 2$, como indicado na Figura 11.16. Ele pode aplicar no período t comprando um título com um período de maturidade e no vencimento reaplicar o principal e os juros noutro título de um período. O valor de sua aplicação, no final do segundo período, será igual a:

$$(1 + i_{t,t+1})(1 + i_{t+1,t+2})$$

onde $i_{t,t+1}$ é a taxa de juros vigente em t para um período, e $i_{t+1,t+2}$ será a taxa de juros em $t + 1$ para um título com vencimento em $t + 2$. Este indivíduo tem a alternativa de aplicar seus recursos comprando um título com dois períodos de maturidade com taxa de juros, por período, igual a $i_{t,t+2}$. O valor da sua aplicação no vencimento do título, será igual a:

$$(1 + i_{t,t+2})^2$$

Qual a alternativa mais vantajosa? A teoria da expectativa de estrutura a termo da taxa de juros admite agentes econômicos racionais e que, por arbitragem, as duas alternativas sejam exatamente iguais. Caso contrário, existiria oportunidade para lucro. Isto é:

$$(1 + i_{t,t+2})^2 = (1 + i_{t,t+1})(1 + i_{t+1,t+2})$$

Tomando-se o logaritmo de ambos os lados desta expressão e usando-se a aproximação $\log(1 + x) \cong x$, resulta:

$$i_{t,t+2} = \frac{i_{t,t+1} + i_{t+1,t+2}}{2}$$

Conclui-se, portanto, que a taxa longa $i_{t,t+2}$ é uma média das taxas curtas ($i_{t,t+1}$ e $i_{t+1,t+2}$). É fácil verificar que: i) se $i_{t,t+2} > i_{t,t+1} \Rightarrow i_{t+1,t+2} > i_{t,t+1}$; ii) se $i_{t,t+2} < i_{t,t+1} \Rightarrow i_{t+1,t+2} < i_{t,t+1}$.

A primeira conclusão da teoria da expectativa afirma, então, que se a taxa longa for maior (menor) do que a taxa curta, a taxa curta deve subir (diminuir) no futuro.

A arbitragem entre a taxa longa e as taxas curtas pode ser escrita no sistema de capitalização contínua. Seja i_L a taxa longa para uma maturidade T, e i_S a taxa de juros curta a cada momento do tempo. Por arbitragem, tem-se:

$$e^{i_L(T-t)} = e^{\int_t^T i_S(v)dv}$$

Logo, a taxa longa é uma média das taxas curtas:

$$i_L = \int_t^T i_S(v)dv / (T - t)$$

Derivando-se com relação ao tempo t, obtém-se:

$$\dot{i}_L = \frac{di_L}{dt} = \frac{1}{T - t}(i_L - i_S)$$

A segunda conclusão da teoria de expectativa da estrutura a termo da taxa de juros pode ser facilmente deduzida a partir da expressão anterior. Quando $i_L > i_S, \dot{i}_L > 0$. Isto é, a segunda conclusão da teoria da expectativa da estrutura a termo afirma que se a taxa longa for maior do que a taxa curta, a taxa longa deve subir, gerando uma perda de capital para os detentores dos títulos longos.

Os bancos centrais controlam a taxa de juros do mercado interbancário, a taxa de juros de empréstimos entre os bancos, em geral, por um dia. A taxa de juros longa é afetada por anúncios do Banco Central quanto à trajetória futura da taxa curta. Deste modo, mesmo que a taxa curta no momento atual não mude, o simples anúncio de mudanças futuras pode afetar o lado real da economia.

Modelo com Estrutura a Termo da Taxa de Juros

Admita o seguinte modelo:
IS: $x = -\alpha \left(i_L - \pi - \bar{r} \right)$
CP: $\dot{\pi} = \delta x$
ETTJ: $\dot{i}_L = \lambda \left(i_L - i_S \right)$
RPM: $i_S = \bar{r} + \pi + \phi \left(\pi - \bar{\pi} \right) + \theta x$
CI: $p(0)$ e $\pi(0)$ dados

A equação de estrutura a termo da taxa de juros (ETTJ) supõe que a taxa longa é determinada pela teoria da expectativa. A curva IS admite que a taxa longa (i_L) afeta as decisões de dispêndio dos agentes econômicos. Na regra de política monetária (RPM) o Banco Central determina a taxa de juros curta (i_S) da economia.

Álgebra

Derivando-se a curva IS com relação ao tempo, substituindo-se as equações da curva de Phillips e da estrutura a termo da taxa de juros e usando-se o valor de (i_L) da curva IS, obtém-se, depois de um pouco de álgebra, a seguinte equação diferencial para o hiato do produto:

$$\dot{x} = \left(\lambda + \alpha\lambda\theta + \alpha\delta \right) x + \alpha\lambda\phi \left(\pi - \bar{\pi} \right)$$

Sistema Dinâmico

O sistema de equações diferenciais é formado por esta equação e pela curva de Phillips:

$$\begin{bmatrix} \dot{\pi} \\ \dot{x} \end{bmatrix} \begin{bmatrix} 0 & \delta \\ \alpha\lambda\phi & \lambda + \alpha\lambda\theta + \alpha\delta \end{bmatrix} \begin{bmatrix} \pi - \bar{\pi} \\ x \end{bmatrix}$$

Este sistema tem a seguinte matriz jacobiana:

$$J = \begin{bmatrix} \frac{\partial \dot\pi}{\partial \pi} & \frac{\partial \dot\pi}{\partial x} \\ \frac{\partial \dot x}{\partial \pi} & \frac{\partial \dot x}{\partial x} \end{bmatrix} = \begin{bmatrix} 0 & \delta \\ \alpha\lambda\phi & \lambda + \alpha\lambda\theta + \alpha\delta \end{bmatrix}$$

O determinante desta matriz é negativo: $|J| = -\alpha\lambda\phi\delta < 0$. Logo, o sistema tem um ponto de sela. A Figura 11.17 é o diagrama de fases do modelo, com a taxa de inflação (π) no eixo vertical e o hiato do produto real (x) no eixo horizontal. A curva $\dot\pi = 0$ é vertical. A curva $\dot x = 0$ é negativamente inclinada. A trajetória de sela SS também é negativamente inclinada. Dada a taxa de inflação inicial do modelo, a economia converge pela trajetória de sela para a meta de inflação e para o produto de pleno emprego.

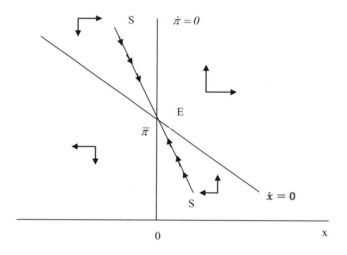

Figura 11.17

Experimento

A Figura 11.18 descreve o experimento de política monetária no qual o Banco Central anuncia hoje que no instante T, no futuro próximo, a meta de inflação será reduzida de $\bar\pi_0$ para $\bar\pi_1 < \bar\pi_0$.

Este anúncio equivale a dizer que no instante T o Banco Central aumentará a taxa de juros de curto prazo. Pela teoria da expectativa de estrutura a termo da taxa de juros, a taxa de juros longa (i_L) aumenta no instante do anúncio. O dispêndio da economia será, então, reduzido, e a taxa de inflação começará a diminuir antes mesmo que o Banco Central reduza a taxa de juros de curto prazo, como indicado na Figura 11.19. No

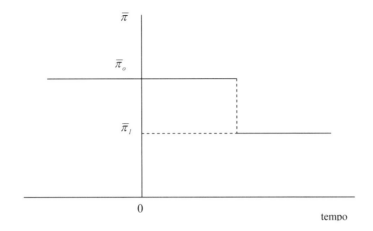

Figura 11.18

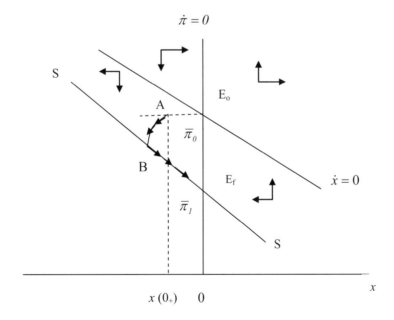

Figura 11.19

Capítulo 11

instante do anúncio, a economia tem uma contração no produto real, em virtude do aumento da taxa de juros real longa, e a economia pula do ponto E_o para o ponto A, pois a inflação tem inércia. O ponto B é justamente o momento em que o Banco Central aumenta a taxa de juros. Daí em diante, a economia segue a trajetória da nova sela, até chegar ao equilíbrio final do ponto E_f, com a nova meta de inflação e com pleno emprego da economia.

9. Exercícios

1) Considere o seguinte modelo:
IS: $x = -\alpha\,(r - \bar{r})\,, \alpha > 0$
CP: $\mathring{\pi} = \delta x, \delta > 0$
RPM: $\mathring{i} = \lambda\,(i^* - i)\,, \gamma > 0, i^* = \bar{r} + \pi + \phi\,(\pi - \bar{\pi})$
CI: Dados $p(0)$ e $\pi(0)$

Os símbolos têm o seguinte significado: x = hiato do produto; r = taxa de juros real; π = taxa de inflação; i = taxa de juro nominal; $\bar{\pi}$ = meta da taxa de inflação; $\mathring{\pi} = d\pi/dt$.

a) Analise o equilíbrio e a dinâmica deste modelo num diagrama de fases com π no eixo vertical e r no eixo horizontal.

b) Mostre o que acontece quando a meta de inflação é reduzida de $\bar{\pi}_0$ para $\bar{\pi}_1$.

2) Considere o seguinte modelo:
IS: $x = -\alpha\,(i - \pi - \bar{r})$
CP: $\dot{\pi} = \delta x$
RPM: $i = \bar{i}$
CI: Dados $p(0)$ e $\pi(0)$

Os símbolos têm o seguinte significado: x = hiato do produto; $\bar{r}$ = taxa de juros real de longo prazo; π = taxa de inflação; $\dot{\pi} = d\pi/dt$; i = taxa de juros nominal; $\bar{i}$ = taxa de juros nominal fixada pelo Banco Central; α, δ são parâmetros.

a) Analise o equilíbrio e a dinâmica deste modelo.

b) Admita que o parâmetro δ seja negativo. Analise o equilíbrio e a dinâmica do modelo com esta hipótese.

c) Você recomendaria o uso desta regra de política monetária?

3) A função de perda do Banco Central é dada por:

$$L = \frac{\alpha}{2}\pi^2 - y + \bar{y}, \alpha > 0$$

Os símbolos têm o seguinte significado: π é a taxa de inflação, $\bar{y}$ é o produto potencial, y é o produto real, e α é um parâmetro. A curva de Phillips desta economia tem o seguinte formato:

$$\pi = \pi^e + \beta\,(y - \bar{y})\,, \beta > 0$$

382

O símbolo π^e e é a taxa de inflação esperada. Admita que a expectativa de inflação do setor privado seja determinada antes de o Banco Central formar sua decisão sobre a taxa de inflação.

a) Qual a taxa de inflação desta economia se o Banco Central age de maneira casuística?

b) Uma regra de política monetária que não fosse capaz de ser violada seria melhor para esta economia?

c) Um banqueiro central conservador produziria melhores resultados do que um casuísta no Banco Central?

d) Um banqueiro central conservador teria a função de perda especificada neste exercício?

4) Considere o seguinte modelo:

IS: $y_t = \bar{y} - \alpha (r_t - \bar{r}) + \varepsilon_t$

CP: $\pi_t = \pi_{t-1} + \beta (y_t - \bar{y}) + v_t$

Os símbolos têm os significados tradicionais, e ε_t e v_t são variáveis aleatórias, com médias iguais a zero, variâncias constantes e não correlacionadas.

A função de perda do Banco Central é dada por:

$$L = \gamma (\pi_t - \bar{\pi})^2 + (y_t - \bar{y})^2$$

Qual a regra de política monetária para a taxa de juros real, quando o Banco Central tem como objetivo minimizar o valor esperado de L?

5) Considere o seguinte modelo do mercado de reservas bancárias:

$R^d = R_0 - \alpha i$

$R^s = BR + NBR$

$BR = \beta \left(i - i^d \right)$

$R^d = R^s$

Os símbolos têm o seguinte significado: R^d é o total de reservas bancárias demandada, R^s o total de reservas bancárias ofertada, i a taxa de juros, BR a parcela de reservas obtidas no redesconto, NBR a parcela de reservas que o Banco Central tem controle efetivo, i^d a taxa de redesconto (não punitivo, $i > i^d$).

Considere três procedimentos operacionais do Banco Central: i) fixar $i = \bar{i}$; ii) fixar $BR = \bar{B}\bar{R}$; iii) fixar $NBR = \bar{N}\bar{B}\bar{R}$. Analise o que aconteceria no mercado de reservas bancárias, para cada um destes procedimentos, quando ocorre uma mudança na demanda de reservas bancárias.

6) Considere o seguinte modelo do mercado de reservas bancárias:

$R_t^d = \alpha - \beta r_t + \delta i_{t+1}^e$

$R_t^s = \bar{R}$

$R_t^d = R_t^s$

Capítulo 11

Os símbolos têm o seguinte significado: R^s = volume de reservas ofertadas pelo Banco Central; i = taxa de juros; α, β e δ parâmetros positivos; i^e_{t+1} = taxa de juros antecipada em t para o período $t+1$.

Mostre graficamente o que acontece hoje quando o mercado antecipa que o Banco Central pretende aumentar a taxa de juros amanhã.

7) Admita que o título de longo prazo seja uma perpetuidade que paga um real por período. O preço P deste título é o inverso da taxa de juros de longo prazo: $P = 1/i_L$

a) Por que a taxa de juros de curto prazo deve satisfazer à seguinte equação?

$$i_s = \frac{1 + \dot{P}}{P}$$

b) Mostre que: $\frac{\dot{i}_L}{i_L} = i_L - i_S$

8) Considere o seguinte modelo:

IS: $x = -\alpha \left(r - \bar{r} \right), \alpha > 0$

CP: $\dot{\pi} = \delta x, \delta > 0$

ETTJ: $i_S = \beta \left(r - r^s \right), \beta > 0, r^s = i_S - \pi$

RPM: $i_S = \bar{r} + \pi + \phi \left(\pi - \bar{\pi} \right) + \theta x$

CI: Dados $p(0)$ e $\pi(0)$

Os símbolos têm o seguinte significado: x = hiato do produto; r = taxa de juros real de longo prazo; r^s = taxa de juros real de curto prazo; π = taxa de inflação; i_S = taxa de juro nominal de curto prazo; $\bar{\pi}$ = meta de taxa de inflação; $\dot{\pi} = d\pi/dt$.

a) Qual a interpretação da equação ETTJ (estrutura a termo da taxa de juros)?

b) Analise o equilíbrio e a dinâmica deste modelo num diagrama de fases com π no eixo vertical e x no eixo horizontal.

c) Mostre o que acontece quando a meta de inflação é reduzida de $\bar{\pi}_0$ para $\bar{\pi}_1$ nas seguintes situações: i) a redução não é antecipada e ii) a redução é antecipada.

9) Considere o seguinte modelo:

IS: $x = -\alpha \left(R - \pi - \bar{r} \right)$

CP: $\dot{\pi} = -\delta x$

ETTJ: $R = i + \lambda \dot{i}$

RPM: $i = \bar{r} + \pi + \phi \left(\pi - \bar{\pi} \right)$

CI: Dado $p(0)$

a) Que condições os parâmetros do modelo devem satisfazer para que haja um único equilíbrio?

b) O modelo tem um único equilíbrio quando $\delta < 0$?

PARTE IV: APÊNDICE MATEMÁTICO

APÊNDICE A: Equações Diferenciais

Este apêndice apresenta alguns resultados básicos de equações diferenciais lineares que são largamente utilizados no texto. A primeira seção trata da equação diferencial linear de primeira ordem. A segunda analisa a equação diferencial linear de segunda ordem. A terceira seção é dedicada ao sistema linear de equações diferenciais de primeira ordem. A quarta seção trata do sistema linear de n equações diferenciais de primeira ordem. A quinta seção aborda o problema da determinação das condições iniciais e terminais do sistema de equações diferenciais. A sexta seção analisa o fenômeno de histerese.

1. Equação Diferencial Linear de Primeira Ordem

A equação diferencial linear homogênea de primeira ordem é definida por:

$$\dot{x} + ax = 0$$

onde a é um coeficiente que independe do tempo. Se $x = e^{rt}$ for uma solução, $\dot{x} = re^{rt}$, ela deve satisfazer esta equação:

$$re^{rt} + ae^{rt} = 0$$

Logo, $r = -a$. A solução da equação é, então, dada por:

$$x = Ce^{-at}$$

onde C é uma constante a ser determinada. Esta equação pode ter as seguintes situações: i) o coeficiente a é positivo, $a > 0$, e a solução da equação é estável, pois ela converge para zero; ii) o coeficiente a é negativo, $a < 0$, e a solução da equação é instável, pois o valor de x cresce indefinidamente.

Considere agora a equação diferencial da primeira ordem não homogênea:

$$\dot{x} + ax = k$$

onde k é um parâmetro. A solução desta equação é dada por:

$$x = \bar{x} + Ce^{-at}$$

onde $\bar{x} = k/a$. Obviamente, se $a > 0$ a solução é estável, e em caso contrário, $a < 0$, a solução é instável. Cabe ainda lembrar que se o valor da constante C for igual a zero há uma solução estacionária, mas instável.

A análise da estabilidade desta equação pode ser feita com auxílio de um diagrama de fases, com o valor de $\dot{x}$ no eixo vertical, e o valor de x no eixo horizontal, como indicado nas Figuras A1 e A2. A reta AB é a representação geométrica da equação $\dot{x} + ax = k$. As setas da Figura A1 indicam que o valor de x converge para $\bar{x}$, porque para valores à esquerda de $\bar{x}, \dot{x} > 0$ e, portanto, x está aumentando. Por outro lado, para valores de x à direita de $\bar{x}, \dot{x} < 0$, ou seja, x está diminuindo. As setas da Figura A2 indicam que para valores de x diferentes de $\bar{x}$, a trajetória de x diverge do ponto E. Logo, a solução é instável.

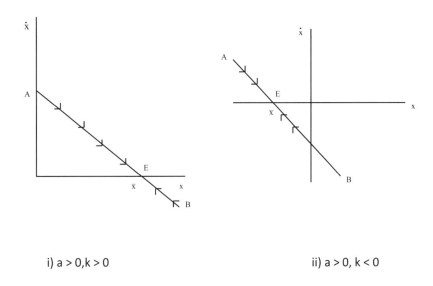

i) $a > 0, k > 0$ ii) $a > 0, k < 0$

Figura A1. Solução estável

2. Equação Diferencial Linear de Segunda Ordem

A equação diferencial linear homogênea de segunda ordem é definida por:

$$\ddot{x} + \dot{x} + bx = 0$$

APÊNDICE A

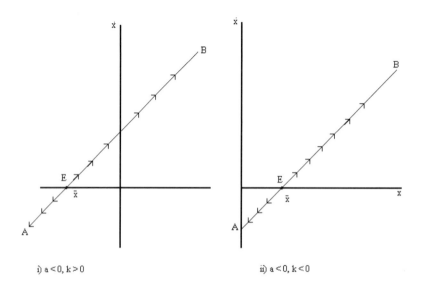

Figura A2. Solução instável

onde a e b são coeficientes que independem do tempo. Se $x = e^{rt}$ for uma solução desta equação, tem-se:

$$\dot{x} = re^{rt}, \ddot{x} = r^2 e^{rt}$$

Substituindo-se os valores de $x, \dot{x}$ e $\ddot{x}$ na equação diferencial obtém-se a equação do segundo grau:

$$r^2 + ar + b = 0$$

cujas raízes são:

$$r_1 = -\frac{a}{2} + \left(\frac{a^2}{4} - b\right)^{1/2}$$

$$r_2 = -\frac{a}{2} - \left(\frac{a^2}{4} - b\right)^{1/2}$$

A soma das raízes é igual a menos a e o produto das mesmas é igual ao parâmetro b. Isto é:

$$r_1 + r_2 = -a$$
$$r_1 r_2 = b$$

Raízes Reais e Distintas

As raízes são reais e distintas quando:

$$\frac{a^2}{4} - b > 0$$

A solução da equação diferencial é dada por:

$$x = C_1 e^{r_1 t} + C_2 e^{r_2 t}$$

onde C_1 e C_2 são duas constantes a serem determinadas. Os seguintes casos particulares são possíveis: a) Ambas as raízes são negativas: $r_1 < r_2 < 0$. Neste caso a solução é estável, pois o valor de x converge para zero; b) Ambas as raízes são positivas: $r_1 > r_2 > 0$. Nesta hipótese o valor de x cresce sem limites, e a solução é instável; c) Uma raiz é positiva e a outra é negativa: $r_1 > 0 > r_2$. Se a constante C_1 for diferente de zero, o valor de x cresce indefinidamente com o passar do tempo. Se o valor da constante C_1 é nulo, e a constante C_2 é diferente de zero, a solução é estável porque x converge para zero. Esta hipótese corresponde a um ponto de sela; d) Uma raiz é nula e a outra é negativa: $r_1 = 0$ e $r_2 < 0$, a solução é estável; e) Uma raiz é nula e a outra é positiva: $r_1 = 0$ e $r_2 > 0$, a solução é instável.

Raízes Reais e Iguais

As raízes são reais e iguais quando:

$$\frac{a^2}{4} - b = 0$$

A solução da equação diferencial é dada por:

$$x = (C_1 + C_2 t)\, e^{-\frac{1}{2}at}$$

pois: $r_1 = r_2 = -\frac{a}{2}$. Dois casos são possíveis: a) quando $a > 0$, a solução é estável e b) quando $a < 0$, a solução é instável.

Raízes Complexas Conjugadas

As raízes são complexas conjugadas quando a seguinte desigualdade é satisfeita:

$$\frac{a^2}{4} - b < 0$$

APÊNDICE A

Sejam $r_1 = \alpha + \beta i$ e $r_2 = \alpha - \beta i$ as duas raízes complexas onde $i^2 = -1$ e:

$$a = -\frac{a}{2}; \beta = \left(b - \frac{a^2}{4}\right)^{1/2}$$

Podemos escrever que:

$$e^{r_1 t} = e^{(\alpha + \beta i)} = e^{\alpha t} e^{\beta i t} = e^{\alpha t}(cos\beta t + isen\beta t)$$
$$e^{r_2 t} = e^{(\alpha - \beta i)} = e^{\alpha t} e^{-\beta i t} = e^{\alpha t}(cos\beta t - isen\beta t)$$

pois $e^{zi} = cosz + isenz$. Precisamos agora do seguinte resultado: seja $u(t)$ e $v(t)$ duas soluções da equação diferencial $\ddot{x} + a\dot{x} + bx = 0$, então a combinação linear $\theta u(t) + \phi v(t)$, onde θ e ϕ são parâmetros, também é solução da equação. Com efeito, substituindo-se a combinação linear das soluções na equação, obtém-se:

$$(\theta\ddot{u} + \phi\ddot{v}) + a(\theta\dot{u} + \phi\dot{v}) + b(\theta u + \phi v) = \theta.0 + \phi.0 = 0$$

Logo, $\theta u(t) + \phi v(t)$ é também solução da equação $\ddot{x} + a\dot{x} + bx = 0$. Portanto, se $e^{r_1 t}$ e $e^{r_2 t}$ são soluções destas equações, é fácil verificar-se que as seguintes combinações lineares,

$$\frac{1}{2}e^{r_1 t} + \frac{1}{2}e^{r_2 t} = e^{\alpha t}cos\beta t$$
$$\frac{1}{2i}e^{r_1 t} - \frac{1}{2i}e^{r_2 t} = e^{\alpha t}sen\beta t$$

são soluções da equação $\ddot{x} + a\dot{x} + b = 0$. Conclui-se, então, que

$$x = e^{\alpha t}(C_1 cos\beta t + C_2 sen\beta t)$$

é solução da equação diferencial linear de segunda ordem, pois resulta de uma combinação linear das duas soluções anteriores. As seguintes situações são possíveis: a) as raízes são puramente imaginárias: $\alpha = a = 0$. Neste caso a solução oscila dentro de limites fixos; b) a parte real do número complexo é negativa: $\alpha < 0$, isto é, $a > 0$. A solução oscila e converge para zero; c) a parte real do número complexo é positiva: $\alpha > 0$, ou seja, $a < 0$. A solução oscila e cresce indefinidamente.

Podemos agora estabelecer o seguinte teorema: A equação diferencial de segunda ordem $\ddot{x} + a\dot{x} + b = 0$ é estável se e somente se $a > 0$ e $b > 0$.

Equação Diferencial de Segunda Ordem Não Homogênea

A equação diferencial de segunda ordem não homogênea é definida por:

$$\ddot{x} + a\dot{x} + bx = k$$

Equações Diferenciais

A solução desta equação é dada por:

$$x = \bar{x} + C_1 e^{r_1 t} + C_2 e^{r_2 t}$$

onde $\bar{x} = k/b$ é a solução de equilíbrio estacionário e r_1 e r_2 são raízes da equação $r^2 + ar + b = 0$. Os resultados vistos até aqui para a equação homogênea aplicam-se neste caso.

3. Sistema Linear de Equações Diferenciais de Primeira Ordem

O sistema de equações diferenciais de primeira ordem é definido por:

$$\begin{cases} \dot{x} = a_{11}x + a_{12}y + b_1 \\ \dot{y} = a_{21}x + a_{22}y + b_2 \end{cases}$$

onde os coeficientes a_{ij} e b_i independem do tempo. Seja a matriz formada pelos valores de a_{ij} definida por A:

$$\begin{bmatrix} a_{11} & a_{12} \\ a_{21} & a_{22} \end{bmatrix}$$

cujo traço e determinante são dados por:

$$trA = a_{11} + a_{22}$$

$$|A| = a_{11}a_{22} - a_{21}a_{12}$$

O sistema de equações diferenciais de primeira ordem é equivalente a duas equações diferenciais de segunda ordem, nas variáveis x e y. Este resultado pode ser obtido do seguinte modo. Em primeiro lugar, derive-se com relação ao tempo a equação de $\dot{x}$:

$$\ddot{x} = a_{11}\dot{x} + a_{12}\dot{y}$$

Substituindo-se a expressão de $\dot{y}$ nesta equação obtém-se:

$$\ddot{x} = a_{11}\dot{x} + a_{12}\left(a_{21}x + a_{22}y + b_2\right)$$

A equação diferencial de $\dot{x}$ permite escrever que $y = \left(\dot{x} - a_{11}x - b_1\right)/a_{12}$. Substituindo-se este valor de y na expressão anterior obtém-se:

$$\ddot{x} = \left(a_{11} + a_{22}\right)\dot{x} - \left(a_{11}a_{22} - a_{12}a_{21}\right)x + a_{12}b_2 - a_{22}b_1$$

Esta é a equação diferencial de segunda ordem da variável x associada ao sistema linear de equações diferenciais de primeira ordem. A equação

APÊNDICE A

diferencial de segunda ordem da variável y é obtida de forma análoga. As duas equações diferenciais podem ser escritas como:

$$\begin{cases} \ddot{x} - (trA)\,\dot{x} + |A|x = a_{12}b_2 - a_{22}b_1 \\ \ddot{y} - (trA)\,\dot{y} + |A|y = a_{21}b_1 - a_{11}b_2 \end{cases}$$

Os resultados obtidos anteriormente sobre a estabilidade da equação diferencial de segunda ordem aplicam-se aqui. Isto é, a condição necessária e suficiente para que o sistema linear de equações diferenciais seja estável é de que o determinante da matriz seja positivo e seu traço negativo:

$$|A| > 0$$
$$trA < 0$$

A solução, $\bar{x}$ e $\bar{y}$, de equilíbrio estacionário do sistema de equações diferenciais é obtida resolvendo-se o sistema de duas equações e duas incógnitas,

$$a_{11}\bar{x} + a_{12}\bar{y} + b_1 = 0$$

$$a_{21}\bar{x} + a_{22}\bar{y} + b_2 = 0$$

A solução é facilmente obtida a partir do sistema anterior fazendo-se $\ddot{x} = \dot{x} = \dot{y} = \ddot{y} = 0$. Isto é:

$$\bar{x} = \frac{a_{12}b_2 - a_{22}b_1}{|A|}$$
$$\bar{y} = \frac{a_{21}b_1 - a_{11}b_2}{|A|}$$

O sistema de equações diferenciais de primeira ordem pode ser escrito de uma forma alternativa subtraindo-se das equações de $\dot{x}$ e de $\dot{y}$ as equações da solução de equilíbrio $(\bar{x}, \bar{y})$ do sistema. O sistema de equações diferenciais de primeira ordem é, então, expresso por:

$$\dot{x} = a_{11}(x - \bar{x}) + a_{12}(y - \bar{y})$$
$$\dot{y} = a_{21}(x - \bar{x}) + a_{22}(y - \bar{y})$$

Quando $x = \bar{x}$ e $y = \bar{y}, \dot{x} = \dot{y} = 0$. Por outro lado, quando pelo menos uma das variáveis não for igual ao seu valor de equilíbrio estacionário o sistema dinâmico está em movimento, na direção do ponto de equilíbrio se ele for um atrator, ou para longe do equilíbrio se o ponto for um repulsor. A análise da estabilidade do sistema pode ser feita com auxílio do diagrama de fases, com y no eixo vertical e x no eixo horizontal.

Sistema Estável

Admita-se que $a_{11} < 0, a_{22} < 0, a_{21} > 0$ e $a_{12} < 0$. É fácil verificar que o sistema é estável com estes valores, pois $trA < 0$ e $|A| > 0$. Quando $\dot{x} = 0$, os valores de y e de x que correspondem a este lugar geométrico são dados por:

$$y = \frac{a_{11}}{a_{12}}x - \frac{b_1}{a_{12}}$$

Quando $\dot{x} > 0$ a seguinte desigualdade deve ser obedecida:

$$y < -\frac{a_{11}}{a_{12}}x - \frac{b_1}{a_{12}}$$

Por outro lado, quando $\dot{x} < 0$, tem-se:

$$y > -\frac{a_{11}}{a_{12}}x - \frac{b_1}{a_{12}}$$

As setas na Figura A3 mostram o que acontece com o movimento dos pontos fora da reta $\dot{x} = 0$. O movimento da variável x pode ser facilmente obtido examinando-se o que acontece nos pontos A, B, C ou D da Figura A3. Por exemplo, no ponto A o valor de y é igual a $\bar{y}$, porém x é maior do que $\bar{x}$. Logo, como $a_{11} < 0$ segue-se que $\dot{x} < 0$. No ponto C a abscissa x é igual a $\bar{x}$, mas neste ponto $y < \bar{y}$ e $a_{12} < 0$; segue-se, então, que $\dot{x} > 0$. Raciocínio análogo pode ser aplicado aos pontos B e D.

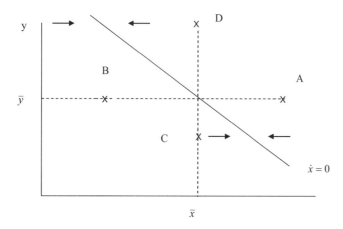

Figura A3. Diagrama de fases: equação $\dot{x} = 0$

Quando $\dot{y} = 0$, os valores de y e de x que correspondem a este lugar geométrico são dados por:

$$y = -\frac{a_{21}}{a_{22}}x - \frac{b_2}{a_{22}}$$

APÊNDICE A

Se $\dot{y} > 0$ a seguinte desigualdade verifica-se:

$$y < -\frac{a_{21}}{a_{22}}x - \frac{b_2}{a_{22}}$$

Por outro lado, quando $\dot{y} < 0$, tem-se a seguinte desigualdade:

$$y > -\frac{a_{21}}{a_{22}}x - \frac{b_2}{a_{22}}$$

As setas da Figura A4 mostram o que acontece com o movimento dos pontos fora da reta $\dot{y} = 0$. As direções das setas, como no caso anterior, podem ser obtidas analisando-se um dos pontos A, B, C ou D, da Figura A4. No ponto B a ordenada é igual a $\bar{y}$ e a abscissa x é menor do que $\bar{x}$. Como o coeficiente $a_{21} > 0$ segue-se que $\dot{y} < 0$. No ponto C a abscissa é igual a $\bar{x}$ e a ordenada é maior do que $\bar{y}$. Como $a_{22} < 0$ segue-se que $\dot{y} < 0$. Raciocínio análogo pode ser empregado para os pontos A e D.

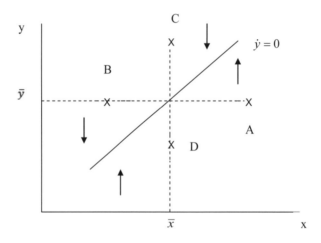

Figura A4. Diagrama de fases: equação $\dot{y} = 0$

Os gráficos das Figuras A3 e A4 podem ser combinados para analisar-se a estabilidade do sistema de equações, como indicado na Figura A5. As setas da Figura A5 indicam que a partir de qualquer ponto, como o ponto A, a dinâmica do sistema leva a convergência para o ponto E, que é um ponto de equilíbrio estável.

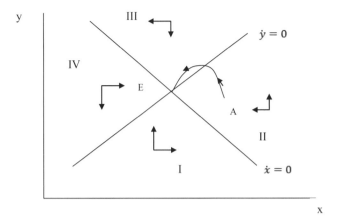

Figura A5. Diagrama de fases e análise de estabilidade

Sistema Instável

Admita-se que $a_{11} > 0, a_{12} > 0, a_{21} < 0$ e $a_{22} > 0$. O sistema é instável porque $trA > 0$. A Figura A6 mostra o diagrama de fases deste caso. O sistema é instável porque a partir de qualquer ponto, como o ponto A, move-se para longe do ponto de equilíbrio E.

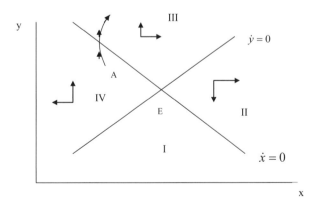

Figura A6. Diagrama de fases: sistema instável

Sistema Instável: Ponto de Sela

Suponha-se, agora, que $a_{11} < 0, a_{12} < 0, a_{21} < 0$ e $a_{22} > 0$. O sistema é instável porque $|A| < 0$. O sinal do traço da matriz A é *a priori* indeterminado, $trA \gtreqless 0$, e não tem a mínima importância para este caso. A Figura A7 mostra o diagrama de fases para este exemplo. O sistema é instável, pois se partindo de pontos como os pontos A e B move-se para longe da posição de equilíbrio (ponto E).

Observe-se que neste caso uma das raízes da equação $\ddot{x} - (trA)\dot{x} + |A|x = 0$ é positiva, enquanto que a outra é negativa, em virtude de $r_1 r_2 = |A| < 0$. Portanto, se o valor da constante associada à raiz positiva for nulo, o sistema converge para o ponto de equilíbrio E. Nestas circunstâncias denomina-se o ponto de equilíbrio de ponto de sela, existindo, portanto, uma trajetória, representada na Figura A7 pela reta SS, que conduz o sistema ao equilíbrio.

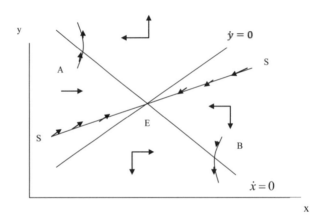

Figura A7. Diagrama de Fases: Ponto de Sela

4. Sistema Linear de n Equações Diferenciais de Primeira Ordem

O sistema linear de n equações diferenciais homogênea de primeira ordem é definido por:

$$\dot{z} = Az$$

onde o vetor z tem **n** componentes e a matriz $A[a_{ij}]$ é uma matriz não singular $(|A| \neq 0) n \times n$. No caso da seção anterior, de duas equações diferenciais, o vetor z e a matriz A são dados por:

$$z = \left[\begin{array}{c} y \\ x \end{array} \right], \left[\begin{array}{cc} a_{11} & a_{12} \\ a_{21} & a_{22} \end{array} \right]$$

Seja $z(t)$ um vetor solução do sistema de n equações diferenciais de primeira ordem,

$$z(t) = v e^{\mu t}$$

onde v é um vetor $n \times 1$ e μ um escalar. A derivada com relação ao tempo de $z(t)$ é igual a

$$\dot{z}(t) = \mu v e^{\mu t} = A v e^{\mu t}$$

A expressão depois do segundo sinal de igualdade leva em conta o fato de que $\dot{z}(t) = A z(t)$. Logo, para que $z(t)$ seja uma solução, a seguinte condição deve ser satisfeita:

$$A v = \mu v$$

Esta equação pode ser escrita como:

$$\left(A - \mu I \right) v = 0$$

O parâmetro μ é a raiz característica, também denominada autovalor, e v o vetor característico, também denominado autovetor, da matriz A. Para que este sistema de equações tenha uma solução diferente da solução trivial $v = 0$, o determinante do sistema linear tem que ser igual a zero:

$$|A - \mu I| = 0$$

Esta equação característica tem, em geral, n raízes, $\mu_i, i = 1, \ldots, n$. Associada a cada raiz existe um vetor característico.

A solução do sistema de n equações lineares diferenciais homogêneas de primeira ordem é, então, dada por:

$$z = \sum_{i=1}^{n} C_i v_i e^{\mu_i t}$$

onde o vetor v_i corresponde à raiz μ_i e C_i é a constante a ser determinada pelas condições iniciais e terminais do sistema dinâmico.

O sistema linear de n equações diferenciais de primeira ordem não homogêneas, é definido por

$$\dot{z} = A z + b$$

onde b é um vetor que não depende do tempo. Neste caso, o sistema é autônomo. A solução particular deste sistema é obtida fazendo-se $\dot{z} = 0$. Isto é:

$$\dot{z} = A \bar{z} + b = 0$$

APÊNDICE A

A solução particular é, então, dada por:

$$\bar{z} = -A^{-1}b$$

A solução geral do sistema linear de n equações diferenciais não homogêneas de primeira ordem é obtida somando-se a solução particular com a solução da parte homogênea do sistema linear. Isto é:

$$z = \bar{z} + \sum_{i=1}^{n} C_i v_i e^{\mu_i t}$$

5. Condições Iniciais e Terminais da Solução do Sistema de Equações Diferenciais

Na solução do sistema linear de n equações diferenciais de primeira ordem existem n constantes a serem determinadas, que dependem das condições iniciais e (ou) terminais do problema. Nesse sistema de equações diferenciais há dois tipos de variáveis, as predeterminadas e as variáveis livres (ou de salto, *jump* em inglês). As variáveis predeterminadas são aquelas cujos valores, no momento inicial, são dados do problema. As variáveis livres, como o seu próprio nome indica, podem tomar qualquer valor no instante inicial e devem ser determinadas no problema.

Analisaremos a seguir, três casos, quando o sistema linear tem: i) n variáveis predeterminadas, ii) n variáveis livres e iii) n_1 variáveis predeterminadas e n_2 variáveis livres $(n = n_1 + n_2)$.

Quando o sistema linear tiver n variáveis predeterminadas, ele tem uma solução que converge para o equilíbrio estacionário, se todas as raízes características forem negativas. Neste caso, as constantes são determinadas resolvendo-se o seguinte sistema de equações:

$$z(0) = \bar{z} + \sum_{i=1}^{n} C_i v_i e^{0.t}$$

Segue-se então, que:

$$\sum_{i=1}^{n} C_i v_i = z(0) - \bar{z}$$

Quando o sistema linear tiver n variáveis livres, o sistema tem uma única solução, se todas as raízes características forem positivas. Neste caso, todas as constantes devem ser iguais a zero:

$$C_i = 0, i = 1, \cdots, n$$

Equações Diferenciais

A solução do sistema linear de equações diferenciais é a solução de equilíbrio estacionário. Isto é:

$$z(0) = \bar{z}$$

Quando o sistema linear tiver n_1 variáveis predeterminadas e n_2 variáveis livres, a solução do sistema é única se o número de raízes negativas for igual ao número de variáveis predeterminadas. As constantes das variáveis livres, que correspondem às raízes características positivas, são iguais a zero:

$$C_i = 0, i = n_1 + 1, \cdots, n$$

As constantes das variáveis predeterminadas são determinadas pela solução do sistema de equações:

$$\sum_{i=1}^{n_1} C_i v_i^* = y(0) - \bar{y}$$

onde os vetores z e v_i foram particionados de acordo com $z = [y, x]'$ e $v_i = [v_i^*, v_i^{**}]'$, y é o vetor de variáveis predeterminadas e x o vetor de variáveis livres, e v_i^* tem n_1 elementos.

6. Histerese

Quando o determinante da matriz A do sistema linear de equações diferenciais é igual a zero,

$$|A| = a_{11}a_{22} - a_{21}a_{12} = 0$$

uma das raízes é igual a zero (lembre-se que o produto das raízes é igual ao determinante). Admita-se que o sistema de equações diferenciais tem uma infinidade de soluções. Logo, a seguinte condição deve ser satisfeita:

$$\frac{b_1}{b_2} = \frac{a_{12}}{a_{22}} = \frac{a_{11}}{a_{21}}$$

Neste caso o sistema de equações diferenciais produz o fenômeno de histerese, no qual a solução do sistema depende da história, ou seja, a solução depende das condições iniciais do modelo. Com esta condição, as duas equações, de $\dot{x} = 0$ e de $\dot{y} = 0$, são idênticas:

$$a_{11}\bar{x} + a_{12}\bar{y} + b_1 = 0$$

$$a_{21}\bar{x} + a_{22}\bar{y} + b_2 = 0$$

APÊNDICE A

Sistema Estável

O sistema de equações é estável quando o traço da matriz A for negativo:

$$trA = a_{11} + a_{22} < 0$$

Para que o traço seja negativo os coeficientes da matriz A devem satisfazer as seguintes restrições:

$$a_{11} < 0, a_{22} < 0, a_{12} > 0, a_{21} > 0$$

Quando $\dot{x} = 0$ e $\dot{y} = 0$ os pontos que correspondem à abscissa x e a ordenada y pertencem à reta:

$$y = -\frac{b_1}{a_{12}} - \frac{a_{11}}{a_{12}}x$$

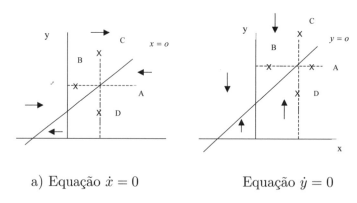

a) Equação $\dot{x} = 0$ Equação $\dot{y} = 0$

Figura A8. Diagrama de fases

Os diagramas da Figura A8 mostram a dinâmica do sistema para os pontos que não pertencem a esta reta. A análise dos pontos A, B, C ou D desta figura permite determinar facilmente a direção das setas que indicam o movimento das variáveis x e y. O diagrama de fases da Figura A9 combina estes dois diagramas e descreve a dinâmica do sistema de equações diferenciais. Admita-se que o ponto inicial do sistema é o ponto A. O equilíbrio deste sistema converge para o ponto B, que é uma solução estacionária do sistema.

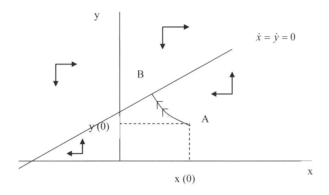

Figura A9. Diagrama de fases: sistema estável

Solução Instável

A solução do sistema de equações diferenciais é instável quando o traço da matriz A é positivo,

$$tr A = a_{11} + a_{22} > 0$$

Para que este traço seja positivo os coeficientes da matriz A devem satisfazer as seguintes desigualdades:

$$a_{11} > 0, a_{22} > 0, a_{12} < 0, a_{21} < 0$$

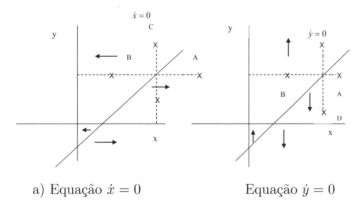

a) Equação $\dot{x} = 0$ Equação $\dot{y} = 0$

Figura A10. Diagrama de fases

Os diagramas de fases da Figura A10 indicam a direção de movimento das variáveis do sistema quando em desequilíbrio. A Figura A11 combina estes dois diagramas e mostra que as variáveis não convergem para o equilíbrio se o sistema não estiver em equilíbrio estacionário.

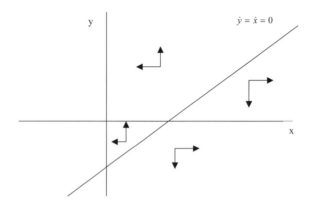

Figura A11. Diagrama de fases: sistema instável

7. Exercícios

1) Com auxílio do operador $Dx = \dot{x}$ o sistema de equações diferenciais

$$\begin{cases} \dot{x} = a_{11}x + a_{12}y + b_1 \\ \dot{y} = a_{21}x + a_{22}y + b_2 \end{cases}$$

pode ser escrito como:

$$\begin{cases} (D - a_{11})x - a_{12}y = b_1 \\ -a_{21}x + (D - a_{22})y = b_2 \end{cases} \quad \text{ou ainda}$$

$$\begin{bmatrix} D - a_{11} & -a_{12} \\ -a_{21} & D - a_{22} \end{bmatrix} \begin{bmatrix} x \\ y \end{bmatrix} = \begin{bmatrix} b_1 \\ b_2 \end{bmatrix}$$

a) Mostre que a solução deste sistema é dada por:

$$\begin{bmatrix} x \\ y \end{bmatrix} = \frac{1}{(D - a_{11})(D - a_{22}) - a_{21}a_{12}} \begin{bmatrix} D - a_{22} & -a_{12} \\ -a_{21} & D - a_{11} \end{bmatrix} \begin{bmatrix} b_1 \\ b_2 \end{bmatrix}$$

b) Mostre que as propriedades do operador $D, Dx = \dot{x}$ e $D^2x = \ddot{x}$, permitem escrever este sistema como:

$$\begin{cases} \ddot{x} - (trA)\dot{x} + |A|x = a_{12}b_2 - a_{22}b_1 \\ \ddot{y} - (trA)\dot{y} + |A|y = a_{21}b_1 - a_{11}b_x \end{cases}$$

Equações Diferenciais

2) O modelo de mercado de um bem é especificado pelas equações:

demanda: $q^d = \alpha - \beta p$

oferta: $q^s = \gamma + \delta p$

ajustamento: $\dot{p} = \frac{dp}{dt} = \phi\left(q^d - q^s\right), \phi > 0$

a) Qual o preço de equilíbrio deste bem?

b) Dado um valor inicial de preço $[p(0) = p_0]$, qual a trajetória do preço?

c) Mostre num diagrama de fases [$\dot{p}$ no eixo vertical e p no eixo horizontal] as respostas dos itens a) e b).

3) Modelo Harrod-Domar de crescimento econômico – a poupança é proporcional ao produto interno bruto,

$$S = sY$$

O investimento é proporcional à taxa de variação do produto,

$$I = v\dot{Y}$$

Os parâmetros s e v são positivos. O mercado de bens e serviços está em equilíbrio quando a poupança for igual ao investimento:

$$I = S$$

a) Qual a trajetória do produto desta economia supondo que o valor do produto no instante inicial é igual a Y_o?

b) Mostre num diagrama de fases [$\dot{Y}$ no eixo vertical e Y no eixo horizontal] a trajetória do produto desta economia.

4) Modelo de determinação de preço do ativo – numa economia existem dois ativos, um de renda fixa e outro de renda variável. A taxa de juros do ativo de renda fixa é igual a r. O ativo de renda variável não tem risco, e paga, por unidade de tempo, dividendos iguais a um valor v. Por arbitragem as taxas de retornos nos dois ativos devem ser iguais. Isto é:

$$r = \frac{v + \dot{p}^e}{p}$$

onde $\dot{p}^e$ é a variação esperada do preço p do ativo de renda variável. Admita que a previsão do preço do ativo seja perfeita, no sentido de que:

$$\dot{p}^e = \dot{p}$$

a) Qual o preço de equilíbrio deste ativo?

b) O preço de mercado pode divergir do preço de equilíbrio?

c) Você seria capaz de montar este modelo com variáveis discretas?

APÊNDICE A

5) O modelo de uma economia é especificado pelas equações:

ajustamento no mercado de bens e serviços: $\dot{y} = \alpha\,(d - y)$

dispêndio: $d = c + i + g$

consumo: $c = \beta y$

investimento: $i = \bar{i}$

regra de política fiscal: $\dot{g} = -\gamma\,(y - \bar{y})$

Os símbolos têm o seguinte significado: y = produto real; $\dot{y} = dy/dt, d$ = dispêndio; c = consumo; i = investimento; g = gastos do governo; $\bar{y}$ = produto de pleno emprego; α, β e γ são parâmetros positivos.

a) Qual o valor do produto real de equilíbrio?

b) A regra de política fiscal conduz o produto real desta economia ao produto de pleno emprego?

6) O modelo de uma economia é especificado pelas equações:

ajustamento no mercado de bens e serviços: $\dot{y} = \alpha\,(d - y)$

dispêndio: $d = c + i$

consumo: $c = \beta y$

ajustamento no mercado monetário: $\dot{r} = \gamma\left(m^d - m\right)$

demanda de moeda: $m^d = \delta y - \lambda r$

Os símbolos têm o seguinte significado: y = produto real; $\dot{y} = dy/dt$; d = dispêndio, c = consumo; i = investimento; r = taxa de juros; m^d = quantidade demandada de moeda, m = quantidade ofertada de moeda; $\alpha, \beta, \gamma, \delta$ e λ são parâmetros positivos.

a) Analise o equilíbrio e a dinâmica deste modelo quando o investimento for constante, $i = \bar{i}$.

b) Analise o equilíbrio e a dinâmica deste modelo quando o investimento depender da taxa de juros de acordo com $i = \tau - \theta r$ onde θ é um parâmetro positivo.

7) Considere o seguinte modelo:

$$
\begin{aligned}
\dot{P} &= \alpha\,(d - y)\,, \alpha > 0 \\
\dot{r} &= \beta\left(L\,(y,r) - \frac{M}{P}\right), \beta > 0 \\
d &= d\,(y,r)\,, \frac{\partial d}{\partial y} > 0, \frac{\partial d}{\partial r} < 0 \\
y &= \bar{y}
\end{aligned}
$$

onde P é o índice de preços, d é o nível de dispêndio, y é o produto real, r é a taxa de juros, M é o estoque nominal de moeda, e $\bar{y}$ é o produto potencial.

Analise o equilíbrio e a estabilidade deste modelo.

Equações Diferenciais

8) Considere o seguinte modelo:

$$
\begin{aligned}
\dot{p} &= \beta\left(\frac{M}{p} - L(y,r)\right), \beta > 0 \\
\dot{r} &= \alpha(i + g - t - s), \alpha > 0 \\
i &= i(r), \frac{\partial i}{\partial r} < 0 \\
s &= s(y), \frac{\partial s}{\partial y} > 0 \\
y &= \bar{y}
\end{aligned}
$$

onde p é o índice de preços, M é o estoque nominal de moeda, y é o produto real, r é a taxa de juros, i é o nível de investimento, g é a despesa do governo, t é a receita tributária, s é o nível de poupança, e $\bar{y}$ é o produto potencial. Analise o equilíbrio e a estabilidade deste modelo.

9) Considere o seguinte modelo:

$$
\begin{aligned}
\dot{y} &= \alpha(d - y), \alpha > 0 \\
\frac{M}{P} &= L(y,r) \\
d &= d(y,r), \frac{\partial d}{\partial y} > 0, \frac{\partial d}{\partial r} < 0 \\
M &= \bar{M}, P = \bar{P}
\end{aligned}
$$

onde y é o produto real, d é o nível de dispêndio, M é o estoque nominal de moeda, p é o índice de preços, e r é a taxa de juros. Analise o equilíbrio e a estabilidade deste modelo.

10) Considere o seguinte modelo:

$$
\begin{aligned}
\dot{y} &= \Phi(d - y) \\
\pi &= \pi^e + \delta(y - \bar{y}) \\
\dot{\pi}^e &= \theta(\pi - \pi^e) \\
d &= d(y, \pi^e), \frac{\partial d}{\partial y} > 0, \frac{\partial d}{\partial \pi^e} > 0
\end{aligned}
$$

onde y é o nível do produto real, $\bar{y}$ é o nível do produto potencial, d é o nível de dispêndio, π é a taxa de inflação, e π^e é a taxa de inflação esperada ϕ, δ e θ são parâmetros positivos. Analise o equilíbrio e a dinâmica deste modelo.

APÊNDICE A

11) Considere o seguinte modelo:

$$\begin{aligned}
\pi &= \pi^e + \Phi(d - y) \\
\dot{y} &= \Psi(\bar{y} - y) \\
\dot{\pi}^e &= \theta(\pi - \pi^e) \\
d &= d(y, \pi^e), \frac{\partial d}{\partial y} > 0, \frac{\partial d}{\partial \pi^e} > 0
\end{aligned}$$

onde os símbolos têm o mesmo significado do exercício anterior, e ϕ, Ψ e θ são parâmetros positivos. Analise o equilíbrio e a dinâmica deste modelo.

12) Considere o seguinte modelo:

$$\begin{aligned}
d &= \alpha_0 + \alpha_1 y - \alpha_2(R - \pi^e) + \alpha_3 f \\
\dot{y} &= \phi(d - y) \\
m &- p = \beta_0 + \beta_1 y - \beta_2 r \\
\dot{R} &= R - r
\end{aligned}$$

onde: d = dispêndio real; y = produto real; R = taxa de juros de longo prazo; π^e = taxa de inflação esperada; f = variável de política fiscal (gastos do governo); m = logaritmo da quantidade nominal de moeda; p = logaritmo do índice de preços; e r = taxa de juros de curto prazo.

a) Qual o efeito sobre o produto real do aumento dos gastos do governo?

b) Qual o efeito sobre o produto real do aumento da quantidade de moeda?

13) Em uma situação de desequilíbrio, a taxa de juros de mercado (r) é diferente da taxa de juros natural (r^*), e o excesso de investimento (I) sobre a poupança (S) é financiado através da emissão de moeda. Isto é:

$$I - S = -\alpha(r - r^*) = \frac{dM}{dt}, \alpha > 0$$

A variação dos preços $\left(\dot{p} = \frac{dp}{dt}\right)$ depende do excesso de demanda:

$$\dot{p} = \beta(I - S), \beta > 0$$

O Banco Central muda a taxa de juros $\left(\dot{r} = \frac{dr}{dt}\right)$ de acordo com a seguinte equação:

$$\dot{r} = \gamma(p - \bar{p}) + \delta\dot{p}, \gamma > 0, \delta > 0$$

onde $\bar{p}$ é a meta para o nível de preços. Analise o equilíbrio e a dinâmica deste modelo.

Equações Diferenciais

14) Considere o seguinte modelo:

demanda agregada: $y = k + \alpha \log \frac{M}{P} + \beta \pi^e + \gamma f$

curva de Phillips: $\pi = \pi^e + \delta (y - \bar{y})$

previsão perfeita: $\pi^e = \pi$

onde os símbolos têm o seguinte significado: y é o produto real, M é o estoque nominal de moeda, P é o índice de preços, π^e é a taxa de inflação esperada, f representa uma variável fiscal, π é a taxa de inflação $(\pi = d \log P/dt)$, $\bar{y}$ é o produto potencial da economia.

a) Analise o efeito de uma mudança na política fiscal do governo, nas seguintes situações:

   i) permanente, não antecipada;

   ii) permanente, antecipada;

   iii) transitória, não antecipada;

   iv) transitória, antecipada.

b) Analise o efeito de uma mudança na taxa de crescimento do estoque de moeda $\left(\mu = \frac{d \log M}{dt} \right)$, nas seguintes situações:

   i) permanente, não antecipada;

   ii) permanente, antecipada;

   iii) transitória, não antecipada;

   iv) transitória, antecipada.

15) Admita que o aluguel (A), explícito ou implícito, de um imóvel é dado por:

$$A = (\delta + r - \pi + \tau) P - \dot{P}$$

onde P é o preço do mesmo, δ a taxa de depreciação, r a taxa de juros nominal, π a taxa de inflação, τ a alíquota do imposto (IPTU) do imóvel, e $\dot{P} = dP/dt$ a variação do preço do imóvel. A equação inversa de demanda de aluguel do imóvel depende da quantidade de imóveis (H) de acordo com,

$$A = A(H), \frac{dA}{dH} < 0$$

A variação do estoque de imóveis depende da oferta de novos imóveis e da taxa de depreciação. Isto é:

$$\dot{H} = S(P) - \delta H$$

onde $S(P)$ é a curva de oferta de novos imóveis e $dS/dP > 0$.

a) Analise o equilíbrio e a dinâmica deste modelo no plano H (eixo horizontal) e P (eixo vertical)

b) Analise as consequências no mercado de imóveis (P e H) de um aumento da alíquota do IPTU quando o aumento da alíquota é:

APÊNDICE A

i) permanente, não antecipada;

ii) permanente, antecipada;

iii) transitória, não antecipada;

iv) transitória, antecipada.

16) Considere o seguinte modelo:

$$\dot{q} = (r + \delta)\, q - F'(K), F''(K) < 0$$

$$\dot{K} = I(q) - \delta K, \qquad I'(q) > 0$$

onde os símbolos têm o seguinte significado: $q = q$ de Tobin; $r =$ taxa de juros; $\delta =$ taxa de depreciação; $F'(K) =$ produtividade marginal do capital; $K =$ estoque de capital, $\dot{q} = dq/dt, \dot{K} = dK/dt$.

a) Qual a interpretação econômica das equações do modelo?

b) Na trajetória de sela q e K estão correlacionados negativamente?

c) Quais os efeitos de curto e de longo prazo de um aumento da taxa de juros que seja:

i) permanente, não antecipado;

ii) permanente, antecipado;

iii) transitório, não antecipado;

iv) transitório, antecipado.

APÊNDICE B: Teoria do Controle Ótimo

Este apêndice apresenta de maneira sucinta a teoria do controle ótimo. A primeira seção trata do problema básico de controle ótimo. A segunda introduz o hamiltoniano e a condição de transversalidade. A terceira seção trata do problema de controle ótimo com taxa de desconto e horizonte infinito. A quarta seção apresenta o controle ótimo linear. A quinta seção analisa a dinâmica comparativa da solução do problema do controle ótimo.

1. Controle Ótimo: Problema Básico

A teoria do controle ótimo trata do problema de otimização de sistemas dinâmicos. O objetivo a ser maximizado é um funcional que associa as trajetórias das variáveis de estado (x) e de controle (u) um número real. Isto é:

$$\max \int_{t_0}^{t_1} f\left(t, x(t), u(t)\right) dt$$

sujeito às seguintes restrições:

$$\dot{x} = g\left(t, x(t), u(t)\right)$$

$$x(t_0) = x_0$$

$$x(t_1)\text{livre}$$

$$t_0, x_0 \text{ e } t_1 \text{ fixos}$$

O símbolo t representa o tempo. O momento inicial t_0 e o final t_1 do problema são fixos. O valor inicial da variável de estado é dado, mas o valor final não é conhecido. A equação diferencial de primeira ordem da variável de estado é a equação de estado, ou equação de transição. Conhecida a trajetória da variável de controle, a equação de transição permite que se calcule a trajetória da variável de estado.

APÊNDICE B

Admita que $u(t)$ seja uma solução para este problema e considere pequenas perturbações na vizinhança desta trajetória, de acordo com o gráfico da Figura B1. Analiticamente, a trajetória na vizinhança do controle ótimo é dada por:

$$u(t,a) = u(t) + ah(t)$$

onde a é um parâmetro e $h(t)$ uma função arbitrária fixa. A trajetória próxima do controle ótimo corresponde a uma trajetória da variável de estado, $u(t,a) \to x(t,a)$. Quando $a = 0$ tem-se a trajetória ótima para a variável de estado, $x(t,0) = x(t)$, e o valor fixo inicial da variável de estado, $x(t_0, a) = x_0$.

A equação de estado pode ser escrita como:

$$g(t, x(t,a), u(t,a)) - \dot{x}(t,a) \equiv 0, \forall t \in [t_0, t_1]$$

Segue-se, então, que:

$$\int_{t_0}^{t_1} \mu(t) \left[g(t, x(t,a), u(t,a)) - \dot{x}(t,a) \right] dt \equiv 0$$

onde $\mu(t)$ é uma variável de coestado, uma função do tempo, mas desconhecida.

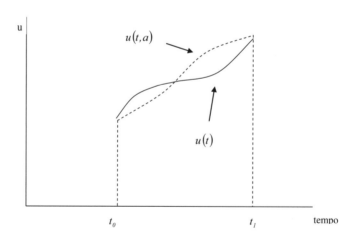

Figura B1

Usando-se esta restrição, as condições de primeira ordem do problema de controle ótimo podem ser deduzidas a partir da função F do parâmetro a. Isto é:

$$F(a) = \int_{t_0}^{t_1} \left[f(t, x(t,a), u(t,a)) + \mu(t) \left[g(t, x(t,a), u(t,a)) - \dot{x}(t,a) \right] \right] dt$$

Teoria do Controle Ótimo

A integração por partes, $\int u dv = uv - \int v du$, do termo nesta expressão que contém a derivada da variável de estado com relação ao tempo resulta em:

$$\int_{t_0}^{t_1} \mu(t)\dot{x}(t,a)\, dt = \mu(t)x(t,a)\,|_{t_0}^{t_1} - \int_{t_0}^{t_1} \dot{\mu}x(t,a)\, dt$$

ou ainda:

$$\int_{t_0}^{t_1} \mu(t)\dot{x}(t,a)\, dt = \mu(t_1)x(t_1,a) - \mu(t_0)x(t_0,a) - \int_{t_0}^{t_1} \dot{\mu}x(t,a)\, dt$$

Substituindo-se esta expressão na função $F(a)$ obtém-se:

$$F(a) = \int_{t_0}^{t_1} \left[f(t,x(t,a),u(t,a)) + \mu(t)g(t,x(t,a),u(t,a)) + \dot{\mu}x(t,a) \right] dt$$

F (a) é uma função do parâmetro a e $F(0) \geq F(a)$. Logo: $F'(0) = 0$. Portanto:

$$\begin{aligned} F'(a) &= \int_{t_0}^{t_1} \left(f_x + \mu g_x + \dot{\mu} \right) \frac{\partial x(t,a)}{\partial a}\, dt + \int_{t_0}^{t_1} \left(f_u + \mu g_u \right) h(t)\, dt \\ &\quad - \mu(t_1)\frac{\partial x(t_1,a)}{\partial a} + \mu(t_0)\frac{\partial x(t_0,a)}{\partial a} = 0 \end{aligned}$$

As derivadas parciais são definidas por:

$$f_x = \frac{\partial f(t,x,u)}{\partial x}; f_u = \frac{\partial f(t,x,u)}{\partial u}; g_x = \frac{\partial g(t,x,u)}{\partial x}; g_u = \frac{\partial g(t,x,u)}{\partial u}$$

As condições de primeira ordem para um máximo da função $F(a)$, $F'(0) = 0$, são então, dadas por:

$$f_x + \mu g_x + \dot{\mu} = 0$$

$$f_u + \mu g_u = 0$$

$$\mu(t_1) = 0$$

Quando a condição inicial da variável de estado não for um valor conhecido, isto é, quando $x(t_0)$ não for um dado do problema, e sim uma variável endógena, a variável de coestado no ponto inicial deve ser igual a zero: $\mu(t_0) = 0$. Esta condição decorre do fato de que, nestas circunstâncias, $\partial x(t_0,a)/\partial a \neq 0$.

APÊNDICE B

2. Hamiltoniano e Condição de Transversalidade

As condições de primeira ordem do problema do controle ótimo podem ser escritas com auxílio do hamiltoniano H definido por:

$$H = H(t, x, u, \mu) = f(t, x, u) + \mu g(t, x, u)$$

A condição de primeira ordem implica que o hamiltoniano deve ser maximizado com relação à variável de controle:

$$\frac{\partial H}{\partial u} = f_u + \mu g_u = 0$$

A derivada parcial do hamiltoniano com relação à variável de estado é igual à derivada da variável de coestado com relação ao tempo com sinal trocado:

$$\frac{\partial H}{\partial x} = f_x + \mu g_x = -\dot{\mu}$$

A derivada parcial do hamiltoniano com relação à variável de coestado resulta na equação de transição:

$$\frac{\partial H}{\partial \mu} = g(t, x, u) = \dot{x}$$

A condição inicial do problema é dada por:

$$x(t_0) = x_0$$

A outra condição para determinar a solução do problema é a condição terminal limítrofe, conhecida como condição de transversalidade, dada por:

$$\mu(t_1) = 0$$

Condição de Transversalidade: Interpretação Geométrica

Seja $V = \int_{t_0}^{t_1} f(t, x, u) \, dt$ o valor máximo do problema de controle ótimo. Admita-se que o instante final t_1 e o valor $x(t_1)$ não sejam conhecidos. O valor ótimo depende, então, destas variáveis:

$$V = V(t_1, x(t_1)) = V(t_1, x_1)$$

Admita-se, também, que t_1 e $x(t_1)$ devam satisfazer a restrição:

$$T = T(t_1, x(t_1)) = T(t_1, x_1) = 0$$

As condições terminais são, então, obtidas maximizando-se

$$V(t_1, x_1)$$

com a condição de que a seguinte restrição seja satisfeita:

$$T(t_1, x_1) = 0$$

O lagrangiano deste problema é dado por:

$$\ell = V(t_1, x_1) + \varphi T(t_1, x_1)$$

onde φ é o multiplicador de Lagrange. A condição de primeira ordem deste problema implica que:

$$\frac{\frac{\partial V}{\partial x_1}}{\frac{\partial V}{\partial t_1}} = \frac{\frac{\partial T}{\partial x_1}}{\frac{\partial T}{\partial t_1}}$$

O nome condição de transversalidade vem da seguinte interpretação geométrica desta equação: o gradiente da curva V intercepta a curva T num ângulo reto no ponto final ótimo, como indicado na Figura B2. Quando o tempo t_1 é fixo, a função T é dada por:

$$T(t_1, x_1) = t_1 - \bar{t}_1 = 0$$

Logo, $\partial T/\partial x_1 = 0$ e

$$\frac{\partial V}{\partial x_1} = \mu(t_1) = 0$$

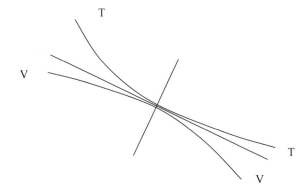

Figura B2

APÊNDICE B

Sistema Dinâmico

As condições de primeira ordem para que se determine o controle ótimo, o princípio do maximum, mais a condição inicial da variável de estado e a condição de transversalidade são as seguintes:

$$
\begin{aligned}
H_u &= 0 \\
\dot{\mu} &= -H_x \\
\dot{x} &= H_\mu \\
x(0) &= x_0 \\
\mu(t_1) &= 0
\end{aligned}
$$

Observe-se que a solução deste problema transforma-se na solução de um sistema de duas equações diferenciais, quando se substitui a variável de controle obtida da condição de primeira ordem de maximização do hamiltoniano, como função das variáveis de estado e de coestado, nas equações diferenciais destas variáveis. A condição inicial da variável de estado e a condição de transversalidade da variável de coestado determinam, então, as trajetórias destas variáveis. Isto é:

$$
\begin{aligned}
\dot{\mu} &= M\left(\mu, x, \alpha\right) \\
\dot{x} &= X\left(\mu, x, \alpha\right) \\
x(0) &= x_0 \\
\mu(t_1) &= 0
\end{aligned}
$$

onde α é um vetor de parâmetros que afeta o sistema dinâmico. Este sistema supõe que o tempo não seja um argumento das equações diferenciais, ou seja, que o sistema é autônomo. A Figura B3 mostra o diagrama de fases deste sistema dinâmico, admitindo-se que haja um ponto de sela. SS é a sela convergente e DD a sela divergente. A trajetória AB é a solução ótima do problema de controle. O ponto A tem como abscissa o valor inicial $(x(t_0))$ da variável de estado, e o ponto B tem como ordenada o valor final $(\mu(t_1))$ da variável de coestado. A trajetória AB é tal que o intervalo de tempo para percorrer esta trajetória é igual a t_1.

Interpretação Econômica

Uma interpretação econômica do princípio do maximum pode ser obtida multiplicando-se o hamiltoniano H pelo intervalo de tempo dt:

$$
Hdt = f\left(t, x, u\right) dt + \mu g\left(t, x, u\right) dt = f\left(t, x, u\right) dt + \mu \dot{x} dt
$$

onde levou-se em conta a equação de transição. Como $\dot{x}dt = dx$ segue-se, então, que:

$$Hdt = f(t, x, u) dt + \mu dx$$

O primeiro componente desta expressão é a contribuição direta para o objetivo do problema, quando a variável de estado é igual a x e aplica-se o controle u. O segundo componente mede a contribuição indireta, para o objetivo do problema, da variação da variável de estado x, quando a variável de controle é igual a u no intervalo de tempo dt. O coeficiente μ pode ser interpretado como o preço sombra (*shadow price*) da variável de estado.

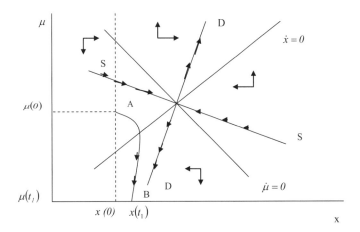

Figura B3

3. Controle Ótimo com Taxa de Desconto e Horizonte Infinito

Na maioria dos problemas de controle ótimo da teoria econômica o objetivo a ser otimizado é descontado por um fator, a taxa de preferência intertemporal no caso dos consumidores e a taxa de juros quando se trata de fluxo de caixa das empresas. Seja ρ a taxa de desconto e $f(x, u)$ a função que representa o critério do agente. O problema de controle ótimo consiste, então, em

$$\max \int_0^T e^{-\rho t} f(x, u) dt$$

APÊNDICE B

sujeito às seguintes restrições:

$$\dot{x} = g(x, u)$$
$$x(0) = x_0, \text{ dado}$$

O hamiltoniano de valor presente H^* é expresso por:

$$H^* = e^{-\rho t} f(x, u) + \mu g(x, u)$$

e o hamiltoniano de valor corrente, H, é definido por:

$$H = H^* e^{\rho t}$$

Substituindo-se a equação de H^* na equação anterior obtém-se:

$$H = f(x, u) + \lambda g(x, u)$$

onde a nova variável de coestado λ é igual a:

$$\lambda = \mu e^{\rho t}$$

As condições de primeira ordem deste problema são:

$$\frac{\partial H^*}{\partial u} = e^{-\rho t} f_u + \mu g_u = 0$$
$$\frac{\partial H^*}{\partial x} = e^{-\rho t} f_x + \mu g_x = -\dot{\mu}$$
$$\frac{\partial H^*}{\partial \mu} = g(x, u) = \dot{x}$$

A primeira equação implica que:

$$f_u + \mu e^{\rho t} g_u = f_u + \lambda g_u = 0$$

onde levou-se em conta a definição de λ. Logo, a condição de primeira ordem para maximização do hamiltoniano de valor presente é equivalente a seguinte condição para a maximização do hamiltoniano de valor corrente:

$$\frac{\partial H}{\partial u} = f_u + \lambda g_u = 0$$

A segunda equação das condições de primeira ordem para o problema de controle ótimo pode ser escrita como:

$$f_x + \mu e^{\rho t} g_x = -e^{\rho t} \dot{\mu}$$

A derivada da variável de coestado λ com relação ao tempo é igual a:

$$\frac{d\lambda}{dt} = \dot{\mu} e^{\rho t} + \rho \mu e^{\rho t}$$

Teoria do Controle Ótimo

Logo:

$$e^{\rho t}\dot{\mu} = \dot{\lambda} - \rho\lambda$$

Substituindo-se esta expressão na condição de primeira ordem resulta:

$$f_x + \lambda g_x = -\left(\dot{\lambda} - \rho\lambda\right)$$

Esta equação pode ser escrita, portanto, como:

$$\dot{\lambda} = \rho\lambda - (f_x + \lambda g_x) = \rho\lambda - H_x$$

É fácil verificar que:

$$\frac{\partial H}{\partial \lambda} = g(x, u) = \dot{x}$$

A condição inicial da variável de estado é um dado do problema. Isto é:

$$x(t_0) = x_0$$

A condição de transversalidade transforma-se em

$$\mu(T) = \lambda(T)e^{-\rho T} = 0$$

O problema de controle ótimo com taxa de desconto pode ser resolvido tanto com auxílio do hamiltoniano de valor presente como através do hamiltoniano de valor corrente. Esta é uma questão de preferência. A solução do problema é exatamente a mesma, exceto pela interpretação da respectiva variável de coestado. As condições de primeira ordem, a condição inicial e a condição de tranversalidade são, então, dadas por:

$$\begin{cases} H_u = f_u + \lambda g_u = 0 \\ \dot{\lambda} = \rho\lambda - H_x = \rho\lambda - (f_x + \lambda g_x) \\ H_\lambda = \dot{x} = g(x, u) \\ x(t_0) = x_0 \\ \lambda(T) = 0 \end{cases}$$

Quando $T \to \infty$ tem-se o caso de horizonte infinito. Obviamente a integral a ser otimizada

$$\int_0^\infty e^{-\rho t} f(x, u)\, dt$$

deve ser uma integral própria, ou seja, ela deve existir. A condição de transversalidade transforma-se em:

$$\lim_{T \to \infty} \lambda(T)e^{-\rho T} = 0$$

Quando a variável de estado tem de satisfazer a condição de não-negatividade no período final, $x(T) \geq 0$, a condição de transversalidade é dada por:

$$\lim_{T \to \infty} \lambda(T)x(T)e^{-\rho T} = 0$$

APÊNDICE B

A equação diferencial da variável de coestado,

$$\dot{\lambda} = \rho\lambda - H_x$$

pode ser escrita como uma equação de arbitragem para determinação do preço λ, isto é:

$$\frac{\dot{\lambda} + H_x}{\lambda} = \rho$$

A taxa de retorno do capital obtida dividindo-se a soma do lucro de uma unidade adicional de capital com o ganho de capital pelo seu preço deve, em equilíbrio, ser igual a taxa de juros. A solução desta equação determina o preço do capital λ, de acordo com:

$$\lambda(t) = \int_t^\infty e^{-\rho(\tau-t)} H_x d\tau$$

4. Controle Ótimo Linear

Em alguns problemas de controle ótimo o hamiltoniano é linear na variável de controle. Isto é:

$$H = f(x, u) + \lambda g(x, u) = F(x, \lambda) + \sigma(x, \lambda) u$$

onde F e σ são funções que não dependem da variável de controle. Admita-se que a variável de controle seja limitada tanto superiormente ($\bar{u}$) como inferiormente ($\underline{u}$), de acordo com:

$$\underline{u} \leq u \leq \bar{u}$$

A função $\sigma(x, \lambda)$ é denominada função de mudança (*switching function*). Se $\sigma > 0$, o máximo de H ocorre quando $u = \bar{u}$. Se $\sigma < 0$, o valor máximo do hamiltoniano corresponde a $u = \underline{u}$. Este tipo de controle ótimo é chamado controle "bang bang", pois a variável de controle oscila entre estes dois valores, de acordo com o sinal de σ.

Quando existem valores de x e λ tal que $\sigma(x, \lambda) = 0$ é possível que exista uma solução para o controle ótimo, que não é obtida pelo princípio do maximum. Neste caso, o controle ótimo é denominado controle singular.

5. Dinâmica Comparativa

A solução do problema de controle ótimo com horizonte infinito pode ser obtida com um sistema autônomo de equações diferenciais nas variáveis de coestado (λ) e de estado (x), quando o valor do controle ótimo (u) da equação $H_u = 0$ é substituído nas demais equações das condições de primeira ordem. O sistema é, então, dado por:

$$\begin{aligned}
\dot{\lambda} &= \Gamma\left(\lambda, x, \alpha\right) \\
\dot{x} &= G\left(\lambda, x, \alpha\right) \\
x(0) &= x_0 \\
\lim_{T \to \infty} &\quad \lambda(T)x(T)e^{-\rho T} = 0
\end{aligned}$$

onde α é um vetor de parâmetros, o valor inicial da variável de estado é dado e a condição de transversalidade deve ser satisfeita. No estado estacionário, $\dot{\lambda} = \dot{x} = 0$, as variáveis de coestado e de estado dependem do vetor α. Isto é:

$$\begin{aligned}
\overline{\lambda} &= \overline{\lambda}(\alpha) \\
\overline{x} &= \overline{x}(\alpha)
\end{aligned}$$

A dinâmica comparativa analisa como a solução ótima do problema muda quando o parâmetro α muda de valor. Quatro casos devem ser considerados: i) mudança permanente não antecipada; ii) mudança permanente antecipada; iii) mudança transitória não antecipada; iv) mudança transitória não antecipada.

5.1 Mudança Permanente: Não Antecipada $\times$ Antecipada

A Figura B4 mostra uma mudança não antecipada no parâmetro α, aumentando de α_0 para α_1. O gráfico da Figura B4 supõe que os valores de estado estacionário das variáveis de coestado e de estado aumentem quando isto acontece. Esta hipótese será também usada nos demais casos analisados nesta seção. A variável de estado no momento inicial é predeterminada, porém a variável de coestado no instante inicial é livre e pode mudar repentinamente de valor.

A Figura B5 mostra a dinâmica do sistema com a mudança do parâmetro α. A variável de coestado no momento inicial, quando ocorreu a mudança, dar um salto para a nova sela. As variáveis de coestado e de estado convergem, então, para o novo estado estacionário.

A Figura B6 mostra uma mudança permanente antecipada do parâmetro α. No momento inicial, isto é, quando $t = 0$, anuncia-se que em T períodos este parâmetro aumentará de α_0 para α_1.

A Figura B7 descreve o comportamento do sistema dinâmico depois do anúncio da mudança do parâmetro α. No momento do anúncio a variável de coestado dar um pulo, isto é, muda seu valor repentinamente para $\lambda(0_+)$. A variável de estado no momento do anúncio não muda de valor, pois ela é uma

APÊNDICE B

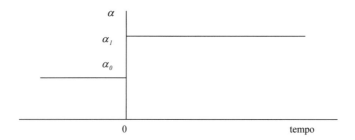

Figura B4

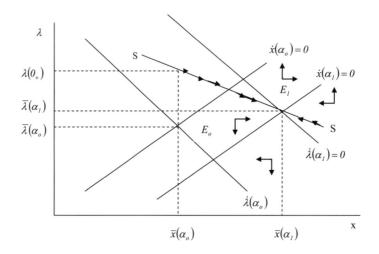

Figura B5

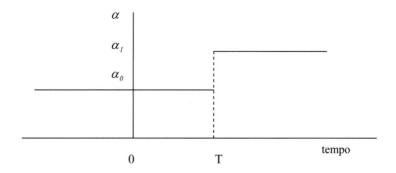

Figura B6

variável predeterminada. No momento T, o sistema de equações diferenciais muda e tem como seu novo ponto de equilíbrio o ponto E_1. O pulo da variável de coestado no momento inicial tem que ser tal que no momento T a economia esteja na nova sela. Caso contrário a economia não convergiria para seu novo ponto de equilíbrio. A trajetória no intervalo de tempo antes da mudança do parâmetro segue a dinâmica das setas tracejadas, na direção nordeste. Do momento T em diante a trajetória ótima segue a sela até o novo ponto de equilíbrio E_1.

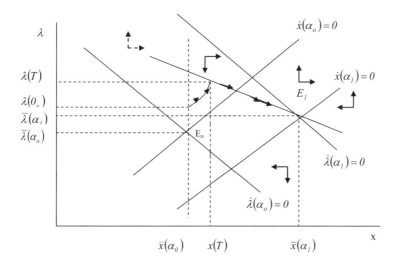

Figura B7

5.2 Mudança Transitória: Não Antecipada × Antecipada

A Figura B8 mostra uma mudança transitória não antecipada no parâmetro α, que muda de α_0 para α_1 no momento $t = 0$, mas que retorna ao seu valor inicial depois de um intervalo de tempo igual a T. No momento inicial, o sistema de equações diferenciais desloca-se, passando pelo novo ponto de equilíbrio correspondente ao valor α_1, como descrito na Figura B9. A dinâmica do sistema é determinada pelas setas indicadas nesta figura. No momento T as equações diferenciais voltam para suas posições originais, e a sela convergente do sistema é representada pelas letras SS. A variável de coestado no momento inicial dar um salto para um novo valor, de tal sorte que no momento T a economia esteja na sela convergente SS. No longo prazo a economia retorna ao seu equilíbrio inicial.

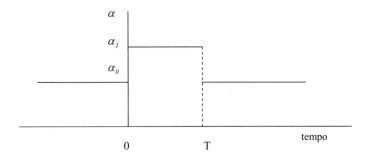

Figura B8

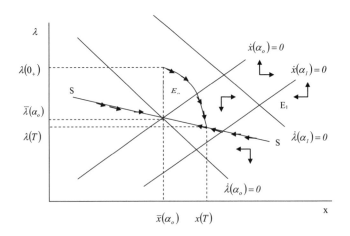

Figura B9

A Figura B10 descreve uma mudança antecipada no parâmetro α, que muda de α_0 para α_1 daqui a T_1 períodos, e volta ao seu valor inicial depois de decorrido um intervalo de tempo T_2, a contar de $t = 0$.

No momento do anúncio, a variável de coestado muda de valor e dar um salto para $\lambda(0_+)$, como indicado na Figura B11. No momento T_1, quando o parâmetro muda de valor, a dinâmica do sistema será regida pela nova configuração das equações diferenciais (setas ortogonais com linhas cheias). Até lá a dinâmica é dada pela configuração inicial (setas ortogonais tracejadas). Portanto, depois do salto da variável de coestado, o sistema toma uma trajetória com a direção nordeste. No momento T_1, quando ocorre a mudança do parâmetro, a dinâmica do sistema de equações diferenciais é dada pelo novo sistema de equações diferenciais que tem como ponto de equilíbrio estacionário o ponto E_1, e a trajetória toma o rumo sudeste. No

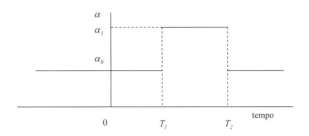

Figura B10

momento T_2 o parâmetro α volta ao seu antigo valor. Neste momento a trajetória da economia tem que encontrar a sela do sistema, para que ela convirja para seu equilíbrio estacionário de longo prazo.

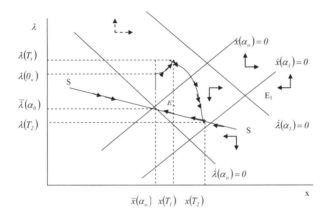

Figura B11

6. Exercícios

1) (Cálculo de variações) Considere o seguinte problema:

$$\max \int_{t_0}^{t_1} F(t, x, \dot{x})\, dt$$

$$x(t_0) = x_0, \text{ dado}$$

$$x(t_1) \text{ livre}$$

a) Transforme este problema em um problema de controle ótimo definindo a variável de controle $u = \dot{x}$.

APÊNDICE B

b) Deduza a condição necessária para a solução do problema, a equação de Euler:

$$\frac{d}{dt}\left(\frac{\partial F}{\partial \dot{x}}\right) = \frac{\partial F}{\partial x}$$

ou na sua forma alternativa:

$$\frac{\partial^2 F}{\partial \dot{x}\partial \dot{x}}\ddot{x} + \frac{\partial^2 F}{\partial x\partial \dot{x}}\dot{x} + \frac{\partial^2 F}{\partial t\partial \dot{x}} - \frac{\partial F}{\partial x} = 0$$

c) Mostre que a condição de transversalidade é dada por:

$$\frac{\partial F}{\partial \dot{x}}\Big|_{t=t_1} = 0$$

2) O agente representativo maximiza

$$\int_0^\infty e^{-\rho t}u(c)dt$$

sujeito às seguintes restrições:

$$\dot{k} = f(k) - c - \delta k$$

$$k(0) = k_0$$

onde c é o consumo, $u(c)$ a função utilidade, ρ a taxa de preferência intertemporal, k o estoque de capital, $f(k)$ a função de produção e δ a taxa de depreciação do capital. As funções utilidade e produção seguem as propriedades tradicionais. Denomine por λ a variável de coestado do problema.

a) Analise, num diagrama de fases, com λ no eixo vertical e k no eixo horizontal o equilíbrio e a dinâmica deste modelo.

b) Use o cálculo de variações (exercício 1) para resolver este problema.

3) O indivíduo, quando está em uma situação de desequilíbrio, tem um custo de ajustamento (C) com dois componentes. O primeiro é o custo de não estar em equilíbrio $(x - \bar{x})$ e o segundo componente é o custo de mudança $(\dot{x})$, de acordo com a seguinte função:

$$C = \frac{\alpha}{2}\left(x - \bar{x}\right)^2 + \frac{1}{2}\dot{x}^2$$

O indivíduo resolve o seguinte problema

$$\min \int_0^\infty e^{-\rho t}\left[\frac{\alpha}{2}\left(x - \bar{x}\right)^2 + \frac{\dot{x}^2}{2}\right]dt$$

$$x(0) = x_0,\ \text{dado}$$

Aplique a equação de Euler para mostrar que a trajetória da variável x é dada pela equação diferencial:

$$\dot{x} = k\left(\bar{x} - x\right)$$

Teoria do Controle Ótimo

4) Considere o seguinte modelo
IS: $y - \bar{y} = -\alpha\,(r - \bar{r})$
CP: $\dot{\pi} = \beta\,(y - \bar{y})$

A função de perda do Banco Central é dada por:

$$L = \frac{1}{2}\,(\pi - \bar{\pi}) + \frac{\varphi}{2}\,(y - \bar{y})^2$$

O Banco Central determina a taxa de juros nominal resolvendo o seguinte problema:

$$\min \int_0^\infty e^{-\rho t}\left[\frac{1}{2}\,(\pi - \bar{\pi})^2 + \frac{\varphi}{2}\,(y - \bar{y})^2\right] dt$$

sujeito à seguinte restrição:

$$\dot{\pi} = \beta\,(y - \bar{y})$$

$$p(0) \text{ e } \pi(0) \text{ dados}$$

onde ρ é a taxa de desconto do Banco Central e tanto o nível de preços quanto a taxa de inflação iniciais são dados.
Deduza a fórmula da taxa de juros nominal fixada pelo Banco Central.

5) O consumidor decide a estrutura temporal do seu consumo resolvendo o seguinte problema:

$$\max \int_0^\infty e^{-\rho t} u(c) dt$$

sujeito às seguintes restrições:

$$\dot{a} = ra + y - c$$

$$a(0) = a_0, \text{ dado}$$

onde ρ é a taxa de preferência intertemporal, $u(c)$ a função consumo, $u'(c) > 0, u''(c) < 0, a$ é o total de ativos financeiros, y o nível de renda e c o consumo.

a) Admita a existência de equilíbrio estacionário. Analise o equilíbrio e a dinâmica do modelo num diagrama de fases com c no eixo vertical e a no eixo horizontal.

b) No caso do item anterior, mostre o que acontece, no diagrama de fases, quando corre uma mudança na renda: i) permanente, não antecipada; ii) permanente, antecipada; iii) transitória, não antecipada; iv) transitória, antecipada.

c) No caso do item anterior, mudanças transitórias têm efeitos permanentes (problema da raiz unitária)?

d) Admita a inexistência de equilíbrio estacionário. Deduza a equação de consumo quando:

$$u(c) = \frac{c^{1-\frac{1}{\sigma}}}{1 - \frac{1}{\sigma}}, \sigma \neq 1$$

$$u(c) = \log c, \sigma = 1$$

APÊNDICE B

6) (q de Tobin) O fluxo de caixa de uma empresa é obtido subtraindo-se da receita (pQ) o custo da mão de obra (ωL), o investimento (I) e o custo de instalação ($C(I)$). A empresa resolve, então, o seguinte problema:

$$\max \int_0^\infty e^{-\rho t} \left[pQ\left(K, L\right) - \omega L - I - C(I) \right] dt$$

sujeito às seguintes restrições:

$$
\begin{aligned}
\dot{K} &= I - \delta K \\
K(0) &= K_0, \text{ dado}
\end{aligned}
$$

$Q = Q(K, L)$ é a função de produção com retornos constantes de escala, que depende do capital (K) e da mão de obra (L), p é o preço do produto, ω é o salário, I o investimento δ a taxa de depreciação do capital. A função custo de instalação é dada por:

$$C(I) = \alpha \frac{I^2}{K}$$

a) Represente pela letra q (q de Tobin) a variável de coestado e analise o equilíbrio e a dinâmica deste modelo num diagrama de fases com q no eixo vertical e K no eixo horizontal.

b) Mostre que:

$$q(0)K_0 = V_0$$

onde V_0 é o valor da empresa. Interprete este resultado.

c) O que acontece quando o parâmetro α é igual a zero?

7) O objetivo da política monetária é maximizar o valor presente da senhoriagem,

$$\frac{\dot{M}}{P} = \frac{\dot{M}}{M} \frac{M}{P} = \mu m$$

onde $\mu = \dot{M}/M, m = M/P$, M é a base monetária e P o nível de preços. Isto é:

$$\max \int_0^\infty e^{-\rho t} \mu m \, dt$$

sujeito à restrição:

$$\dot{m} = \mu m - \tau(m)$$

onde $\tau(m) = \pi m$ é o imposto inflacionário. Admita que as expectativas são racionais, que o nível de preços inicial $P(0)$ é uma variável endógena e que a base monetária no instante inicial, $M(0)$, é dada.

a) Mostre que a condição de primeira ordem implica que:

$$\tau'(m) = -\rho$$

Teoria do Controle Ótimo

diferente de $\tau'(m) = 0$, que maximiza o imposto inflacionário.

b) Mostre que esta política é inconsistente, pois o Banco Central tem incentivo para mudá-la, aumentando a taxa de expansão monetária para o nível compatível com a maximização do imposto inflacionário.

8) Usando a restrição,

$$\dot{m} = \mu m - \tau(m)$$

mostre que:

$$\int_0^\infty e^{-\rho t} \mu m\, dt = \int_0^\infty e^{-\rho t} \tau(m) dt + \int_0^\infty e^{-\rho t} \rho \left(m - m(0)\right) dt$$

admitindo que $\lim_{t\to\infty} m e^{-\rho t} = 0$.

9) (Política do governo 'honesto'). Admita que o objetivo da política monetária seja maximizar o valor presente da senhoriagem, mas que o nível de preços no momento inicial $P(0)$ seja mantido constante através de variações do estoque inicial de moeda. O governo, nestas circunstâncias, é honesto, pois não permite ganhos ou perdas de capital pelos detentores da moeda. O objetivo do Banco Central consiste, portanto, em maximizar,

$$\int_0^\infty e^{-\rho t} \mu m\, dt + m(0) - m(0_-)$$

onde $m(0) - m(0)$ é a variação do estoque real de moeda no momento inicial.

Mostre que, neste caso, não há inconsistência dinâmica, pois o Banco Central não tem incentivo para mudar a política monetária.

10) O objetivo da política monetária é maximizar o valor presente da senhoriagem,

$$\int_0^\infty e^{-\rho t} \mu m\, dt$$

sujeito à restrição,

$$\dot{m} = -\frac{\alpha\beta}{1-\alpha\beta}\mu m - \frac{\beta}{1-\alpha\beta}m \log m$$

e a condição inicial,

$$m(0) = m_0$$

a) Mostre que a equação de estado é obtida da equação de demanda de moeda,

$$\log m = -\alpha \pi^e$$

e do mecanismo de expectativa adaptativa,

$$\dot{\pi}^e = \beta \left(\pi - \pi^e\right)$$

APÊNDICE B

onde α e β são parâmetros positivos e π^e é a taxa de inflação esperada.

b) Mostre que não existe um controle ótimo para este problema, a não ser que $m_0 = \bar{m}$, onde $\bar{m}$ é a solução estacionária do controle linear.

c) Suponha que o Banco Central pode injetar ou retirar moeda no momento inicial. Existe uma política monetária ótima neste caso?

11) (Inconsistência dinâmica) A economia produz um bem de consumo (c), cuja produção é afetada pelo imposto (x), de acordo com:

$$c = f(x), f(x) > 0, \underline{x} < x < \bar{x}, \underline{x} < 0, \bar{x} > 0$$
$$f(\underline{x}) = f(\bar{x}) = 0, f''(x) < 0, f(0) > 0, f'(0) = 0$$

A quantidade real demandada de moeda $(m = M/P)$ depende da taxa de inflação esperada:

$$\log m^d = -\alpha\pi^e, \alpha > 0$$

As expectativas são racionais e o mercado de moeda está em equilíbrio:

$$\pi^e = \pi$$
$$m^d = m^s$$

A restrição orçamentária do governo é expressa por:

$$\frac{\dot{M}}{P} = -x$$

O agente representativo maximiza seu bem-estar. A função utilidade é aditiva:
$$U(c, m) = u(c) + v(m)$$

com as funções $u(c)$ e $v(m)$ obedecendo às propriedades tradicionais.

a) Mostre que o problema do agente representativo consiste em maximizar
$$\int_0^\infty e^{-\alpha} \left[u\left(c\left(f(x)\right)\right) + v(m) \right] dt$$

sujeito à restrição:
$$\dot{m} = m\frac{\log m}{\alpha} - x$$

b) Analise o equilíbrio e a dinâmica deste modelo num diagrama de fases com a variável de coestado no eixo vertical e a quantidade real de moeda no eixo horizontal.

c) Neste problema, a quantidade real de moeda inicial (m_0) não é dada. Ela é uma variável endógena do modelo. A condição de transversalidade obriga que a variável de coestado no momento inicial seja igual a zero, $\lambda(0) = 0$. O que acontece nestas circunstâncias?

Teoria do Controle Ótimo

12) O Banco Central controla a taxa de crescimento da base monetária μ e fixa o seu valor minimizando

$$\int_0^\infty e^{-\rho t}\left[\frac{\varphi}{2}x^2 + \frac{1}{2}\pi^2\right]dt$$

onde ρ é a taxa de juros real, x o hiato do produto, π a taxa de inflação e φ um parâmetro positivo, sujeito às seguintes restrições:

$$\begin{aligned}
\dot{\pi} &= \alpha(\pi - \mu) + \beta x \\
\dot{x} &= \gamma(\pi - \mu) + \delta x \\
\pi(0) &= \mu_0 \\
x(0) &= 0
\end{aligned}$$

a) O hamiltoniano (H) é linear na variável de controle μ. Determine uma solução do modelo de tal sorte que H não dependa da variável de controle.

b) Analise o equilíbrio e a dinâmica da solução num diagrama de fases com π no eixo vertical e x no eixo horizontal.

13) A sociedade tem um recurso não renovável cujo estoque atual é igual a S. O consumo (c) deste recurso tem que satisfazer à condição:

$$\int_0^T c(t)dt = S$$

onde T é o horizonte de tempo em que o recurso será totalmente consumido. O estoque remanescente (x) do recurso não renovável, no tempo t, é definido, portanto, por:

$$x(t) = S - \int_0^t c(\tau)d\tau$$

O consumidor maximiza

$$\int_0^T e^{-\rho t}u(c)dt$$

sujeito às seguintes condições:

$$\begin{aligned}
\dot{x}(t) &= -c(t) \\
x(0) &= S \\
x(T) &= 0
\end{aligned}$$

a) Determine a trajetória ótima do consumo.

b) O que acontece com a trajetória quando $\rho = 0$?

APÊNDICE B

14) Uma empresa extrai um produto não renovável cujo estoque é igual a S:

$$\int_0^T q(t)dt = S$$

O estoque remanescente (x) no período t é, portanto, dado por:

$$x(t) = S - \int_0^t q(\tau)d\tau$$

O custo de extração deste recurso depende da quantidade extraída (q) e do estoque remanescente, de acordo com:

$$C = C\left(q,x\right), C_q > 0; C_x < 0$$

$$C_{qq} < 0; C_{xx} > 0$$

A empresa maximiza o fluxo de caixa,

$$\int_0^T e^{-\rho t}\left[pq - C\left(q,x\right)\right]dt$$

sujeito às seguintes restrições:

$$\begin{aligned} \dot{x} &= -q \\ x(0) &= S \\ 0 &< q < S \end{aligned}$$

a) Quando $C\left(q,x\right) = 0$, qual a solução deste problema? A taxa de juros é relevante na decisão da empresa?

b) Admita que $C\left(q,x\right) = c(x)q$, com $c'(x) < 0, c''(x) > 0$. Qual é a solução do controle ótimo neste caso?

15) O estoque de peixe (x) evolui de acordo com a equação de transição,

$$\dot{x} = f\left(x\right) - q$$

onde q é a quantidade pescada, e a função de reprodução $f(x)$ atende às seguintes propriedades: $f(x) > 0, f''(x) > 0, f(0) = f(S) = 0$.

A empresa de pesca resolve o seguinte problema:

$$\max \int_0^\infty e^{-\rho t}\left[p - c(x)\right]qdt$$

sujeito às seguintes restrições:

$$\begin{aligned} \dot{x} &= f\left(x\right) - q \\ x(0) &= 0 \\ 0 &\leq q \leq S \end{aligned}$$

430

onde $c(x), c'(x) < 0$, é o custo unitário da pesca.

a) Determine o controle ótimo desta empresa.

b) Repita o item anterior quando a função $f(x)$ for expressa por:

$$f(x) = \alpha x \left(1 - \frac{x}{S}\right)$$

APÊNDICE C: Equações de Diferenças Finitas

Este apêndice apresenta as condições para a estabilidade de equações lineares de diferenças finitas de primeira ordem. Os resultados são aplicados na análise da estabilidade dos modelos keynesiano e novokeynesiano.

1. Equação de Diferenças Finitas de Primeira Ordem

Na equação de diferenças finitas de primeira ordem a variável endógena depende de seu valor esperado para o futuro, de acordo com:

$$y_t = \alpha E_t y_{t+1} + \beta x_t, y_0 \text{ livre} \tag{C1}$$

onde y e x são escalares. Quando $|\alpha| < 1$ usamos o operador para frente $F(Fx_t = x_{t+1})$ para escrever:

$$E_t \left[(1 - \alpha F) y_t - \beta x_t \right] = 0$$

Depois de inverter o polinômio em $F, (1 - \alpha F)^{-1} = 1 + \alpha F + \alpha^2 F^2 + \dots$ obtém-se:

$$y_t = E_t \sum_{i=0}^{\infty} \beta \alpha^i x_{t+i}$$

Quando $|\alpha| > 1$ a equação de diferenças (C1) tem a seguinte solução:

$$y_t = \frac{1}{\alpha} y_{t-1} - \frac{\beta}{\alpha} x_{t-1} + \epsilon_t$$

onde ϵ é uma variável estocástica com valor esperado igual a zero, $E_t \epsilon_t = 0$. Portanto, quando $|\alpha| > 1$ o modelo não é determinado porque o valor inicial y_0 e ϵ são arbitrários. Usamos o operador de defasagem $L(Lx_t = x_{t-1})$ para escrever:

$$\left(1 - \frac{1}{\alpha} L \right) y_t = -\frac{\beta}{\alpha} \left(x_{t-1} - \frac{\alpha}{\beta} \epsilon_t \right)$$

432

Equações de Diferenças Finitas

Dividindo-se ambos os lados do polinômio em L, $\left(1 - \alpha^{-1}L\right)^{-1} = 1 + \alpha^{-1}L + \alpha^{-2}L^2 + \ldots$ obtém-se:

$$y_t = -\frac{\beta}{\alpha}\sum_{i=0}^{\infty}\left(\frac{1}{\alpha}\right)^i\left(x_{t-1-i} - \frac{\alpha}{\beta}\epsilon_{t-i}\right)$$

Quando $\alpha = 1$ a equação de diferenças finitas (C1) pode ser escrita como

$$E_t\left(y_{t+1} - y_t\right) = E_t\triangle y_{t+1} = -\beta x_t$$

Considere, agora, o seguinte modelo linear

$$y_t = AE_t y_{t+1} + \epsilon_t$$

onde y é um vetor com dois componentes e a matriz A é dada por:

$$A = \left[\begin{array}{cc} a_{11} & a_{12} \\ a_{21} & a_{22} \end{array}\right]$$

O determinante e o traço desta matriz são dados por:

$$\begin{aligned} \det A &= a_{11}a_{22} - a_{21}a_{12} \\ trA &= a_{11} + a_{22} \end{aligned}$$

As raízes características da matriz A são obtidas pela solução da equação característica:

$$\left|\begin{array}{cc} a_{11} - \lambda & a_{12} \\ a_{21} & a_{22} - \lambda \end{array}\right| = 0$$

Esta equação é equivalente a

$$\lambda^2 - \left(trA\right)\lambda + \det A = 0$$

As raízes desta equação obedecem as seguintes propriedades

$$\begin{aligned} trA &= \lambda_1 + \lambda_2 \\ \det A &= \lambda_1\lambda_2 \end{aligned}$$

Deseja-se estabelecer as condições necessárias e suficientes para que as raízes desta equação estejam dentro do intervalo $(-1, 1)$, fora deste intervalo e, também, que uma raiz seja menor do que um em valor absoluto e outra seja maior do que um em valor absoluto. Seja o polinômio:

$$p(\lambda) = \lambda^2 - \left(trA\right)\lambda + \det A = \left(\lambda - \lambda_1\right)\left(\lambda - \lambda_2\right)$$

Portanto,

$$\begin{aligned} p(1) &= \left(1 - \lambda_1\right)\left(1 - \lambda_2\right) = 1 - trA + \det A \\ p(-1) &= \left(1 + \lambda_1\right)\left(1 + \lambda_2\right) = 1 + trA + \det A \end{aligned}$$

APÊNDICE C

I. Seja $p(1) = 1 - trA + \det A > 0$ e $p(-1) = 1 + trA + \det A > 0$. Então, se $|\det A| > 1$ as raízes serão maiores do que um em valor absoluto: $|\lambda_1| > 1$ e $|\lambda_2| > 1$. Por outro lado se $\det A < 1$ as raízes são menores do que um em valor absoluto: $|\lambda_1| < 1$ e $|\lambda_2| < 1$.

II. Seja $p(1) = 1 - trA + \det A < 0$ e $p(-1) = 1 + trA + \det A < 0$. Então, as raízes são maiores do que um em valor absoluto: $|\lambda_1| > 1$ e $|\lambda_2| > 1$.

III. Seja $p(1)p(-1) = (1 - trA + \det A)(1 + trA + \det A) < 0$. Então, uma raiz é maior do que um e a outra é menor do que um em valores absolutos: $|\lambda_1| < 1$ e $|\lambda_2| > 1$.

2. Modelos Prospectivo e Retroativo

O modelo prospectivo é dado por:

$$y_t = AE_t y_{t+1} + Bx_t, y_0 \text{ livre} \tag{C2}$$

Admite-se que as raízes características da matriz A estejam dentro do círculo unitário, Λ é a matriz diagonal dos autovalores de A, e Q é a matriz dos autovetores de A. Então,

$$A = Q\Lambda Q^{-1}$$

Usando-se esta propriedade, a equação de diferenças finitas (C2) pode ser escrita como:

$$Q^{-1}y_t = \Lambda Q^{-1}E_t y_{t+1} + Q^{-1}Bx_t$$

Esta equação é equivalente a

$$z_t = \Lambda E_t z_{t+1} + Q^{-1}Bx_t$$

usando-se a transformação linear: $Q^{-1}y_t = z_t$. É fácil verificar-se que

$$y_t = E_t \sum_{i=0}^{\infty} A^i Bx_{t+1}$$

levando-se em conta que

$$(I - \Lambda F)^{-1} = I + \Lambda F + \Lambda^2 F^2 + \cdots$$

e que as potências de A são dadas por:

$$A^i = Q\Lambda^i Q^{-1}$$

Quando as raízes de A estão fora do círculo unitário, as raízes da matriz inversa estão dentro do círculo unitário. Neste caso, a solução da equação (C2) é expressa por:

$$y_t = A^{-1}y_{t-1} - A^{-1}Bx_{t-1} + \epsilon_t$$

onde ϵ_t é uma variável estocástica com valor esperado igual a zero: $E_t\epsilon_t = 0$. O valor inicial y_0 e ϵ são arbitrários. Logo, a equação (C2) tem um número infinito de soluções. Para verificar que a equação acima é uma solução de (C2) pode-se escrever que:

$$y_{t+1} = A^{-1}y_t - A^{-1}Bx_t + \epsilon_{t+1}$$

O valor esperado, com respeito a informação disponível em t, é igual a:

$$E_t y_{t+1} = A^{-1}y_t - A^{-1}Bx_t$$

Substituindo-se este resultado na equação (C2) obtém-se:

$$y_t = A\left(A^{-1}y_t - A^{-1}Bx_t\right) + Bx_t = y_t$$

O modelo retroativo é dado por:

$$y_t = Ay_{t-1} + Bx_t, y_0 \text{ dado} \tag{C3}$$

Admite-se que as raízes da matriz A estão dentro do círculo unitário. Portanto, tem-se que:

$$Q^{-1}y_t = \Lambda Q^{-1}y_{t-1} + Q^{-1}Bx_t$$

Usando-se a transformação linear $Q^{-1}y_t = z_t$, esta equação pode ser escrita como:

$$z_t = \Lambda z_{t-1} + Q^{-1}Bx_t$$

É fácil verificar que:

$$y_t = \sum_{i=0}^{\infty} A^i Bx_{t-i}$$

levando-se em conta a inversa da seguinte matriz

$$(I - \Lambda L)^{-1} = I + \Lambda L + \Lambda^2 L^2 + \cdots$$

3. Modelo Keynesiano

O modelo keynesiano tem uma curva IS, uma curva de Phillips e uma regra de política monetária de acordo com a seguinte especificação:

IS: $x_t = \lambda x_{t-1} - \alpha\left(r_t - \bar{r}_t\right)$

CP: $\pi_t = \pi_{t-1} + \kappa x_t$

RPM: $r_t - \bar{r}_t = \phi\left(\pi_t - \bar{\pi}\right) + \theta x_t$

Usa-se a seguinte notação: π é a taxa de inflação, x o hiato do produto,

APÊNDICE C

r a taxa de juros real e os outros símbolos são parâmetros positivos. Combinando-se a curva IS e a regra de política monetária obtém-se:

$$x_t = \lambda x_{t-1} - \alpha\phi \left(\pi_t - \bar{\pi}\right) - \alpha\theta x_t$$

Esta equação e a curva de Phillips podem ser escritas como um sistema de equações de diferenças finitas. Isto é:

$$\begin{bmatrix} 1 & -\kappa \\ \alpha\phi & 1 + \alpha\theta \end{bmatrix} \begin{bmatrix} \pi_t \\ x_t \end{bmatrix} \begin{bmatrix} \pi_{t-1} \\ x_{t-1} \end{bmatrix}$$

Invertendo-se a matriz do lado esquerdo deste sistema obtém-se:

$$\begin{bmatrix} \pi_t \\ x_t \end{bmatrix} = A \begin{bmatrix} \pi_{t-1} \\ x_{t-1} \end{bmatrix}$$

A matriz A deste sistema é dada por:

$$A = \frac{1}{1 + \alpha\theta + \alpha\phi\kappa} \begin{bmatrix} 1 + \alpha\theta & \kappa\lambda \\ -\alpha\phi & \lambda \end{bmatrix}$$

O determinante e o traço da matriz A são iguais a:

$$\begin{aligned} \det A &= \frac{\lambda}{1 + \alpha\theta + \alpha\phi\kappa} \\ tr A &= \frac{1 + \alpha\theta + \lambda}{1 + \alpha\theta + \alpha\phi\kappa} \end{aligned}$$

O determinante e o traço da matriz A são ambos positivos. Portanto, $1 + tr A + \det A > 0$ e

$$1 - tr A + \det A = \frac{\alpha\phi\kappa}{1 + \alpha\theta + \alpha\phi\kappa}$$

Segue-se, então, que se $\phi > 0$ o equilíbrio do modelo é determinado.

4. Modelo Novokeynesiano

O modelo novokeynesiano tem duas equações, uma curva de Phillips e uma curva IS:

CP: $\pi_t = \beta E_t \pi_{t+1} + \kappa x_t$

IS: $x_t = E_t x_{t+1} - \sigma \left(r_t - \bar{r}_t\right)$

A notação é a mesma do modelo anterior, E é o operador de expectativas e os outros símbolos são parâmetros positivos.

Banco Central Fixa a Taxa de Juros Real

Admite-se que o Banco Central fixa a taxa de juros nominal de tal sorte que ele controla o hiato da taxa de juros real. Portanto, o modelo com esta regra de política monetária pode ser reduzido ao seguinte sistema de equações de diferenças finitas:

$$\begin{bmatrix} \pi_t \\ x_t \end{bmatrix} = A \begin{bmatrix} E_t \pi_{t+1} \\ E_t x_{t+1} \end{bmatrix} + \begin{bmatrix} 0 \\ \sigma \left(r_t - \bar{r}_t \right) \end{bmatrix}$$

Este modelo tem um equilíbrio único se e somente se a matriz A tem ambos autovalores dentro do círculo unitário. A matriz A é dada por:

$$A = \begin{bmatrix} \beta & \kappa \\ 0 & 1 \end{bmatrix}$$

O determinante e o traço desta matriz são iguais a:

$$\det A = \beta, \qquad tr A = 1 + \beta$$

A matriz A tem ambas as raízes dentro do círculo unitário se, e somente se, as condições do caso I são satisfeitas. É fácil verificar que uma raiz é igual a um e a outra é menor do que um. Portanto, o equilíbrio deste modelo não é único.

A conhecida proposição de Sargent/Wallace afirma que uma regra da taxa de juros que especifica uma trajetória exógena para a taxa de juros nominal produz um equilíbrio indeterminado. Portanto, esta proposição é válida, também, para uma trajetória exógena da taxa de juros real.

A curva de Phillips e a curva IS podem ser escritas como

$$\begin{aligned} \pi_t &= E_t \sum_{i=0}^{\infty} \kappa \beta^i x_{t+i} \\ \triangle x_t &= \sigma \left(r_{t-1} - \bar{r}_{t-1} \right) \end{aligned}$$

Combinando-se estas duas expressões a aceleração da taxa de inflação depende do valor esperado dos hiatos de juros, de acordo com:

$$\triangle \pi_t = \kappa \sigma E_t \sum_{i=0}^{\infty} \beta^i \left(r_{t+i-1} - \bar{r}_{t+i-1} \right)$$

A conclusão que se chega com este modelo é de que a variação do hiato do produto é retroativo, enquanto a aceleração da taxa de inflação é prospectiva.

APÊNDICE C

Banco Central Usa Regra de Taylor

O modelo novokeynesiano tem a seguinte especificação:

PC: $\pi_t = \beta E_t \pi_{t+1} + \kappa x_t$

IS: $x_t = E_t x_{t+1} - \sigma \left(i_t - E_t \pi_{t+1} - \bar{r}_t \right)$

RPM: $i_t = \bar{r}_t + (1 + \phi) \pi_t + \theta x_t$

onde i é a taxa de juros nominal. Combinando-se a curva IS e a regra de política monetária obtém-se:

$$(1 + \sigma\theta) x_t + \sigma (1 + \phi) \pi_t = E_t x_{t+1} + \sigma E_t \pi_{t+1}$$

Esta equação e a curva de Phillips podem ser escritas como o seguinte sistema de equações de diferenças finitas:

$$\begin{bmatrix} 1 & -\kappa \\ \sigma (1 + \phi) & 1 + \sigma\theta \end{bmatrix} \begin{bmatrix} \pi_t \\ x_t \end{bmatrix} = \begin{bmatrix} \beta & 0 \\ \sigma & 1 \end{bmatrix} \begin{bmatrix} E_t \pi_{t+1} \\ E_t x_{t+1} \end{bmatrix}$$

Invertendo-se a matriz do lado esquerdo desta equação obtém-se o sistema:

$$\begin{bmatrix} \pi_t \\ x_t \end{bmatrix} = A \begin{bmatrix} E_t \pi_{t+1} \\ E_t x_{t+1} \end{bmatrix}$$

A matriz A é dada por:

$$A = \frac{1}{1 + \sigma\theta + \sigma (1 + \phi) \kappa} \begin{bmatrix} (1 + \sigma\theta) \beta + \sigma\kappa & \kappa \\ -\sigma (1 + \phi) \beta + \sigma & 1 \end{bmatrix}$$

O determinante e o traço desta matriz são iguais a

$$\det A = \frac{\beta}{1 + \sigma\theta + \sigma (1 + \phi) \kappa}$$

$$trA = \frac{(1 + \sigma\theta) \beta + \sigma\kappa + 1}{1 + \sigma\theta + \sigma (1 + \phi) \kappa}$$

Ambos, o determinante e o traço, são positivos e $1 + trA + \det A > 0$. Portanto se

$$\theta (1 - \beta) + \phi\kappa > 0$$

o modelo tem um equilíbrio único porque

$$1 - trA + \det A = \frac{\sigma (\theta (1 - \beta) + \phi\kappa)}{1 + \sigma\theta + \sigma (1 + \phi) \kappa} > 0$$

Equações de Diferenças Finitas

5. Modelo Keynesiano Abrangente

A especificação abrangente das curvas IS e de Phillips, do modelo keynesiano, com variáveis discretas, é dada por:

IS: $\triangle x_t = \gamma x_{t-1} + \alpha_0 \left(r_t - \bar{r}_t \right) + \alpha_1 \left(r_{t-1} - \bar{r}_{t-1} \right) + \epsilon_t$

CP: $\triangle \pi_t = \rho \pi_{t-1} + \kappa_0 x_t + \kappa_1 x_{t-1} + \mu_t$

onde ϵ_t e μ_t são variáveis estocásticas. A Tabela C1 contém os sinais dos parâmetros e as condições iniciais para cada modelo keynesiano.

Tabela C1

Modelos	Parâmetros						Condições Iniciais
	γ	α_0	α_1	κ_0	κ_1	ρ	
K	< 0	< 0	0	> 0	0	0	$p(0), \pi(0)$
NK	0	0	> 0	0	< 0	> 0	$p(0)$
NKSI	0	0	> 0	> 0	< 0 $(\kappa_0 + \kappa_1 > 0)$	0	$p(0), \pi(0)$

A regra de política monetária é uma regra de Taylor:

$$r_t - \bar{r} = \phi \left(\pi_t - \bar{\pi} \right) + \theta x_t$$

Combinando-se esta regra com a curva IS obtém-se a seguinte equação:

$$(1 - \alpha_0 \theta) x_t = (1 + \gamma + \alpha_1 \theta) x_{t-1} + \alpha_0 \phi \pi_t + \alpha_1 \phi \pi_{t-1}$$

Admitiu-se, por simplicidade, que a meta de inflação é igual a zero, $\bar{\pi} = 0$, e que os termos estocásticos são, também, iguais a zero. Esta equação e a curva de Phillips formam o seguinte sistema de equações de diferenças finitas:

$$\begin{bmatrix} 1 & -\kappa_0 \\ -\alpha_0 \phi & 1 - \alpha_0 \theta \end{bmatrix} \begin{bmatrix} \pi_t \\ x_t \end{bmatrix} \begin{bmatrix} 1 + \rho & \kappa_1 \\ \alpha_1 \phi & 1 + \gamma + \alpha_1 \theta \end{bmatrix} \begin{bmatrix} \pi_{t-1} \\ x_{t-1} \end{bmatrix}$$

Portanto, invertendo-se a matriz do lado esquerdo desta equação obtém-se o sistema de equações de diferenças finitas na taxa de inflação e no hiato do produto:

$$\begin{bmatrix} \pi_t \\ x_t \end{bmatrix} = A \begin{bmatrix} \pi_{t-1} \\ x_{t-1} \end{bmatrix}$$

A matriz A associada com este sistema é dada por:

$$A = C \begin{bmatrix} (1 - \alpha_0 \theta)(1 + \rho) + \kappa_0 \alpha_1 \phi & (1 - \alpha_0 \theta)\kappa - 1 + \kappa_0(1 + \gamma + \alpha_1 \theta) \\ \alpha_0 (1 + \rho) + \alpha_1 \phi & \alpha_0 \phi \kappa_1 + 1 + \gamma + \alpha_1 \theta \end{bmatrix}$$

$$C = \frac{1}{1 - \alpha_0 (\theta + \phi \kappa_0)}$$

439

APÊNDICE C

O determinante e o traço da matriz A são iguais a:

$$\det A = \frac{(1+\gamma+\alpha_1\theta)(1+\rho)-\alpha_1\phi\kappa_1}{1-\alpha_0(\theta+\phi\kappa_0)}$$

$$tr A = \frac{(1-\alpha_0\theta)(1-\rho)+\phi(\alpha_0\kappa_1+\alpha_1\kappa_0)+1+\gamma+\alpha_1\theta}{1-\alpha_0(\theta+\phi\kappa_0)}$$

Tabela C2

Modelos	$1+trA+\det A$	$1-trA+\det A$	$|A|$	Raízes
K	> 0	> 0	< 1	$|\lambda_1| < 1$
				$|\lambda_2| < 1$
NK	> 0	> 0	> 1	$|\lambda_1| > 1$
				$|\lambda_2| > 1$
NKSI	> 0	< 0	—	$|\lambda_1| > 1$
				$|\lambda_2| < 1$

Para analisar o equilíbrio e a estabilidade dos modelos K, NK e NKSI temos que calcular os sinais de $1+trA+\det A$ e $1-trA+\det A$. A Tabela C2 contém esta informação. Para o modelo keynesiano $1+trA+\det A > 0$, $1-trA+\det A > 0$ e o valor absoluto do determinante é menor do que um, as duas raízes características são menores do que um, em valor absoluto, e o equilíbrio do modelo é determinando. Para o modelo novokeynesiano $1+trA+\det A > 0, 1-trA+\det A > 0$ e o determinante de A é maior do que um, em valor absoluto, as duas raízes características são maiores do que um, o equilíbrio do modelo é determinando. Para o modelo de rigidez de informação tem-se que $1+trA+\det A > 0$ e $1-trA+\det A < 0$. Logo, uma raiz característica é maior do que um e a outra é menor do que um. Portanto, o ponto de equilíbrio é um ponto de sela.

6. Modelos Híbridos

Considere o modelo

$$y_t = A_f E_t y_{t+1} + A_b y_{t-1} + C x_t, y_0 \text{ livre e } y_{-1} \text{ dado} \qquad (C4)$$

Se $A_f = 0$ e as raízes de A_b estão dentre o círculo unitário, o modelo é retroativo. Se $A_b = 0$ e as raízes de A_f estão dentro do círculo unitário, o modelo é prospectivo.

440

Equações de Diferenças Finitas

Os vetores z e v são definidos por:

$$z_t = \begin{bmatrix} y_t \\ y_{t-1} \end{bmatrix}, v_t = \begin{bmatrix} -Cx_t \\ 0 \end{bmatrix}$$

O modelo pode ser escrito em forma matricial de acordo com

$$\begin{bmatrix} A_f & 0 \\ 0 & I \end{bmatrix} \begin{bmatrix} E_t y_{t+1} \\ E_t y_t \end{bmatrix} = \begin{bmatrix} I - A_b & 0 \\ I & 0 \end{bmatrix} \begin{bmatrix} y_t \\ y_{t-1} \end{bmatrix} + \begin{bmatrix} -Cx_t \\ 0 \end{bmatrix}$$

Invertendo-se a matriz do lado esquerda desta expressão e usando-se as definições anteriores o sistema pode ser reescrito como:

$$E_t z_{t+1} = A z_t + v_t$$

A matriz A é dada por

$$A = \begin{bmatrix} A_f^{-1} & -A_f^{-1} A_b \\ I & 0 \end{bmatrix}$$

Este sistema dinâmico admite uma única solução se, e somente se, as raízes características da equação característica

$$|A - \lambda I| = 0$$

estejam fora do círculo unitário. Esta equação característica pode ser reescrita como

$$\det \begin{bmatrix} A_f^{-1} - \lambda I & -A_f^{-1} A_b \\ I & -\lambda I \end{bmatrix} = 0$$

O determinante da matriz particionada

$$B = \begin{bmatrix} B_{11} & B_{12} \\ B_{21} & B_{22} \end{bmatrix}$$

é igual a [ver, Graybill (1969), p. 164–166]:

$$|B| = |B_{22}| \left| B_{11} - B_{12} B_{22}^{-1} B_{21} \right|$$

Aplicando-se esta fórmula na equação característica anterior obtém-se

$$|A - \lambda I| = |-\lambda I| \left| A_f^{-1} - \lambda I - A_f^{-1} A_b \lambda^{-1} \right|$$

Portanto, a condição necessária e suficiente para que o equilíbrio de expectativa racional seja único é que n raízes do polinômio característico

$$p(\lambda) = \left| A_f^{-1} - \lambda I - A_f^{-1} A_b \lambda^{-1} \right| \tag{C5}$$

estejam fora do círculo unitário e que n raízes estejam dentro deste círculo.

APÊNDICE C

Caso Particular de Uma Equação

Considere o modelo onde a variável endógena depende do seu valor esperado no período seguinte, do seu valor defasado do período anterior e do processo exógeno de $\{x_t\}$, de acordo com:

$$y_t = a_f E_t y_{t+1} + a_b y_{t-1} + c x_t, y_{-1} \text{ dado}, \ y_0 \text{ livre} \qquad (C6)$$

Defina-se

$$z_t = \begin{bmatrix} y_t \\ y_{t-1} \end{bmatrix}, v_t = \begin{bmatrix} -cx_t \\ 0 \end{bmatrix}$$

O modelo pode ser escrito em forma matricial

$$\begin{bmatrix} a_f & 0 \\ 0 & 1 \end{bmatrix} \begin{bmatrix} E_t y_{t+1} \\ E_t y_t \end{bmatrix} = \begin{bmatrix} 1 & -a_b \\ 1 & 0 \end{bmatrix} \begin{bmatrix} y_t \\ y_{t-1} \end{bmatrix} + \begin{bmatrix} -cx_t \\ 0 \end{bmatrix}$$

Invertendo-se a matriz do lado esquerdo desta expressão, esta equação pode ser escrita como

$$E_t z_{t+1} = A z_t + v_t$$

A matriz A é dada por

$$A = \begin{bmatrix} \frac{1}{a_f} & -\frac{a_b}{a_f} \\ 1 & 0 \end{bmatrix}$$

O polinômio de autovalores associado a esta matriz é:

$$p(\lambda) = \lambda^2 - \frac{1}{a_f}\lambda + \frac{a_b}{a_f} \qquad (C7)$$

A soma das raízes e seu produto são iguais a

$$\lambda_1 + \lambda_2 = \frac{1}{a_f}; \lambda_1 \lambda_2 = \frac{a_b}{a_f}$$

O modelo tem um único equilíbrio se, e somente se, uma raiz estiver fora do círculo unitário e a outra dentro do círculo. Portanto, a seguinte condição deve ser satisfeita:

$$a_b + a_f < 1$$

O modelo é indeterminado, isto é, admite soluções múltiplas quando o polinômio característico (C7) é tal que $a_b + a_f > 1$, as raízes estarão fora do círculo unitário se $a_f < a_b$, e as raízes estarão dentro do círculo se $a_f > a_b$.

A equação (C6) pode ser escrita de modo prospectivo (para frente) ou retroativo (para trás) dependendo das raízes características do polinômio (C7). A equação (C6) pode ser escrita do seguinte modo:

$$E_t \left[a_f \left(y_{t+1} + \frac{a_b}{a_f} y_{t-1} - \frac{1}{a_f} y_t \right) + b x_t \right] = 0$$

Equações de Diferenças Finitas

Usando-se o operador para frente F e o operador de defasagem L esta expressão pode ser reescrita como

$$E_t \left[a_f L \left(F^2 - \frac{1}{a_f} F + \frac{a_b}{a_f} \right) y_t + b x_t \right] = 0$$

O polinômio F pode ser decomposto como o produto de dois monômios:

$$F^2 - \frac{1}{a_f} F + \frac{a_b}{a_f} = (F - \lambda_1)(F - \lambda_2) = \frac{a_b}{a_f} \left(1 - \frac{1}{\lambda_1} F \right) \left(1 - \frac{1}{\lambda_2} F \right)$$

Esta expressão admite que as duas raízes sejam maiores do que um. Se uma raiz é menor do que um usa-se a seguinte transformação:

$$1 - \frac{1}{\lambda_1} F = -\frac{1}{\lambda_1 L} (1 - \lambda_1 L)$$

Quando existe um único equilíbrio de expectativas racionais uma raiz estará dentro do círculo unitário e a outra fora do círculo. Portanto, a equação (C6) pode ser escrita com componentes para trás e para a frente:

$$E_t \left[-\frac{a_b}{\lambda_1} (1 - \lambda_1 L) \left(1 - \frac{1}{\lambda_2} F \right) y_t + b x_t \right] = 0$$

Esta expressão pode ser reescrita como

$$y_t = \frac{b \lambda_1}{a_b} E_t \sum_{j=0}^{\infty} \sum_{i=0}^{\infty} \lambda_1^j \left(\frac{1}{\lambda_2} \right)^i x_{t+i-j}$$

esta expressão mostra que a variável endógena depende dos valores passados, presente, e esperados para o futuro da variável exógena. Alternativamente, obtêm-se as seguintes soluções:

$$y_t = E_t \frac{1}{\lambda_2} y_{t+1} + \frac{\lambda_1 b}{a_b} \sum_{i=0}^{\infty} \lambda_1^i x_{t-i}$$

$$y_t = \lambda_1 y_{t-1} + \frac{\lambda_1 b}{a_b} E_t \sum_{i=0}^{\infty} \left(\frac{1}{\lambda_2} \right)^i x_{t+i}$$

Na primeira equação, a variável endógena depende do valor esperado da variável endógena no próximo período e dos valores passados da variável exógena. Na segunda equação, a variável endógena depende do seu valor no período passado e do valor descontado dos valores esperados da variável exógena no futuro.

Quando $a_b = a_f = 1$, existe pelo menos uma raiz unitária; existe uma raiz unitária e uma raiz fora do círculo unitário se $a_f < a_b$; uma raiz unitária e uma raiz dentro do círculo unitário se $a_f > a_b$; e duas raízes unitárias

APÊNDICE C

se $a_f = a_b$. Portanto, se a soma dos dois coeficientes for igual a um, a equação (C6) pode ser escrita como

$$\triangle y_t = \frac{a_f}{a_b} E_t \triangle y_{t+1} + \frac{b}{a_b} x_t \tag{C8}$$

Quando $a_f < a_b$ o único equilíbrio de expectativa racional é dado por

$$\triangle y_t = \frac{c}{a_b} E_t \sum_{i=0}^{\infty} \left(\frac{a_f}{a_b} \right)^i x_{t+i}$$

Quando $a_f > a_b$ a equação (C6) pode ser reescrita como

$$E_t \triangle y_{t+1} = \frac{a_b}{a_f} \triangle y_t - \frac{c}{a_f} x_t$$

É fácil concluir-se que existem múltiplos equilíbrios de expectativas racionais para uma sequência arbitrária de choques ϵ de acordo com

$$\triangle y_{t+1} = \frac{a_b}{a_f} \triangle y_t - \frac{c}{a_f} x_t + \epsilon_{t+1}$$

Esta equação pode ser escrita para trás, de modo retroativo:

$$\triangle y_t = -\frac{c}{a_f} \sum_{i=0}^{\infty} \left(\frac{a_b}{a_f} \right)^i \left(x_{t-i} - \frac{a_f}{c} \epsilon_{t-i} \right)$$

Quando $a_b = 0$ na equação (C6) o modelo tem uma única solução se, e somente se, $|a_f| < 1$. Quando $|a_f| \geq 1$ o modelo tem soluções múltiplas. Quando $a_f = 0$ na equação (C6) o modelo tem uma única solução se, e somente se, $|a_b| < 1$. Caso contrário, o modelo tem soluções múltiplas.

Um Exemplo de Curva de Phillips

A curva de Phillips com indexação especificada por Woodford [(2003), p. 215, equação (3.6)] é dada por:

$$\pi_t = \beta E_t \left(\pi_{t+1} - \gamma \pi_t \right) + \gamma \pi_{t-1} + \kappa x_t, \pi_0 \text{ livre}, \pi_{-1} \text{ dado}$$

Esta equação pode ser reescrita como:

$$\pi_t = \frac{\beta}{1 + \beta\gamma} E_t \pi_{t+1} + \frac{\gamma}{1 + \beta\gamma} \pi_{t-1} + \frac{1}{1 + \beta\gamma} x_t$$

Logo,

$$a_f = \frac{\beta}{1 + \beta\gamma}, a_b = \frac{\gamma}{1 + \beta\gamma}, b = \frac{1}{1 + \beta\gamma}$$

Equações de Diferenças Finitas

Como $a_f + a_b < 1$ o modelo tem um único equilíbrio de expectativas racionais e a taxa de inflação depende dos hiatos do produto do passado, do presente e dos valores esperados para o futuro, de acordo com:

$$\pi_t = \frac{b\lambda_1}{a_b} E_t \sum_{j=0}^{\infty} \sum_{i=0}^{\infty} \lambda_1^j \left(\frac{1}{\lambda_2}\right)^i x_{t+i-j}$$

e

$$\lambda_1 + \lambda_2 = \frac{1}{a_f}; \lambda_1 \lambda_2 = \frac{a_b}{a_f}$$

7. Modelo Novokeynesiano Híbrido

O modelo novokeynesiano híbrido (NKH) tem três equações, uma curva de Phillips (CP), uma curva IS e uma regra de política monetária para a taxa de juros (RPM):

CP: $\pi_t = \omega_\pi E_t \pi_{t+1} + (1 - \omega_\pi) \pi_{t-1} + \kappa x_t$

IS: $x_t = \omega_x E_t x_{t+1} + (1 - \omega_x) x_{t-1} - \sigma (i_t - E_t \pi_{t+1} - \bar{r}_t)$

RPM: $i_t = \bar{r} + \phi_\pi \pi_t + \phi_x x_t$

Os pesos ω_π e ω_x são os coeficientes prospectivos das curvas de Phillips e IS, respectivamente. Eles estão compreendidos no intervalo entre zero e um. Usando-se a regra da taxa de juros para eliminar-se a taxa de juros nominal na curva IS obtém-se:

$$\begin{aligned} x_t &= \frac{\omega_x}{1 + \sigma\phi_x} E_t x_{t+1} + \frac{\sigma}{1 + \sigma\phi_x} E_t \pi_{t+1} - \frac{\sigma\phi_\pi}{1 + \sigma\phi_x} \pi_t + \frac{1 - \omega_x}{1 + \sigma\phi_x} x_{t-1} \\ &+ \frac{\sigma}{1 + \sigma\phi_x} (\bar{r}_t - \bar{r}) \end{aligned}$$

Esta equação e a curva de Phillips podem ser escritas no seguinte sistema de equações:

$$\begin{bmatrix} 1 & -\kappa \\ \frac{\sigma\phi_\pi}{1 + \sigma\phi_x} & 1 \end{bmatrix} \begin{bmatrix} \pi_t \\ x_t \end{bmatrix} = \begin{bmatrix} \omega_\pi & 0 \\ \frac{\sigma}{1 + \sigma\phi_x} & \frac{\omega_x}{1 + \sigma\phi_x} \end{bmatrix} \begin{bmatrix} E_t \pi_{t+1} \\ E_t x_{t+1} \end{bmatrix}$$

$$+ \begin{bmatrix} 1 - \omega_\pi & 0 \\ 0 & \frac{1 - \omega_x}{1 + \sigma\phi_x} \end{bmatrix} \begin{bmatrix} \pi_{t-1} \\ x_{t-1} \end{bmatrix} + \begin{bmatrix} 0 \\ \frac{\sigma(\bar{r}_t - \bar{r})}{1 + \sigma\phi_x} \end{bmatrix}$$

Este sistema, depois de inverter-se a matriz do lado esquerdo, transforma-se em

$$\begin{bmatrix} \pi_t \\ x_t \end{bmatrix} = A_f \begin{bmatrix} E_t \pi_{t+1} \\ E_t x_{t+1} \end{bmatrix} + A_b \begin{bmatrix} \pi_{t-1} \\ x_{t-1} \end{bmatrix} + v_t$$

APÊNDICE C

onde:

$$A = \eta \begin{bmatrix} \omega_\pi + \dfrac{\sigma}{1 + \sigma\phi_x} & \dfrac{\kappa\omega_x}{1 + \sigma\phi_x} \\ \dfrac{-\sigma\phi_\pi\omega_\pi + \sigma}{1 + \sigma\phi_x} & \dfrac{\omega_x}{1 + \sigma\phi_x} \end{bmatrix}, A_b = \eta \begin{bmatrix} 1 - \omega_\pi & \dfrac{\kappa(1 - \omega_x)}{1 + \sigma\phi_x} \\ \dfrac{-\sigma\phi_x(1 - \omega_\pi)}{1 + \sigma\phi_x} & \dfrac{1 - \omega_x}{1 + \sigma\phi_x} \end{bmatrix}$$

$$\eta = \frac{1 + \sigma(\phi_x + \kappa\phi_\pi)}{1 + \sigma\phi_x}, v_t = \begin{bmatrix} \dfrac{\kappa\sigma(\bar{r}_t - \bar{r})}{1 + \sigma\phi_x} \\ \dfrac{\sigma(\bar{r}_t - \bar{r})}{1 + \sigma\phi_x} \end{bmatrix}$$

Banco Central Fixa a Taxa de Juros Real

Quando o Banco Central controla o hiato da taxa de juros real o modelo híbrido (NKH) pode ser escrito no seguinte sistema de equações:

$$\begin{bmatrix} \pi_t \\ x_t \end{bmatrix} = \begin{bmatrix} \omega_\pi & \kappa\omega_x \\ 0 & \omega_x \end{bmatrix} \begin{bmatrix} E_t\pi_{t+1} \\ E_t x_{t+1} \end{bmatrix} + \begin{bmatrix} 1 - \omega_\pi & \kappa\omega_x \\ 0 & 1 - \omega_x \end{bmatrix} \begin{bmatrix} \pi_{t-1} \\ x_{t-1} \end{bmatrix}$$
$$+ \begin{bmatrix} -\kappa\sigma(r_t - \bar{r}) \\ -\sigma(r_t - \bar{r}) \end{bmatrix}$$

Este modelo é um caso particular do próximo modelo a ser apresentado e seu equilíbrio será analisado a seguir.

Banco Central Usa Regra de Taylor

Quando o Banco Central tem uma meta de inflação o modelo híbrido (NKH) é formado pelas curvas híbridas de Phillips e IS e pela regra de política monetária:

$$i_t = \bar{r} + \phi E_t \pi_{t+1}$$

Admite-se, por simplicidade, que o Banco Central adota uma regra estrita para a taxa de juros e que a meta de inflação seja igual a zero. Portanto, a regra da taxa de juros não inclui o hiato do produto. Usando-se esta regra de política monetária para eliminar-se a taxa de juros nominal na curva IS obtém-se o seguinte sistema de equações de diferenças finitas:

$$y_t = A_f E_t y_{t+1} + A_b y_{t-1} + C z_t, y_{-1} \text{ dado}, y_0 \text{ livre}$$

onde

$$y_t = \begin{bmatrix} \pi_t \\ x_t \end{bmatrix}; A_f = \begin{bmatrix} \omega_\pi - \kappa\sigma(\phi - 1) & \kappa\omega_x \\ -\sigma(\phi - 1) & \omega_x \end{bmatrix}; A_b = \begin{bmatrix} 1 - \omega_\pi & \kappa(1 - \omega_x) \\ 0 & 1 - \omega_x \end{bmatrix}$$

$$C = \begin{bmatrix} 1 & \kappa \\ 0 & 1 \end{bmatrix}; z_t = \begin{bmatrix} 0 \\ \sigma(\bar{r}_t - \bar{r}) \end{bmatrix}$$

Equações de Diferenças Finitas

O polinômio característico [ver equação (C5)] deste sistema dinâmico é dado por:

$$p(\lambda) = a_4\lambda^4 + a_3\lambda^3 + a_2\lambda^2 + a_1\lambda + a_0$$

onde

$$
\begin{aligned}
a_4 &= 1; \\
a_3 &= -\left[\omega_x + \omega_\pi - \kappa\sigma\left(\phi - 1\right)\right]/\omega_x\omega_\pi; \\
a_2 &= \left[1 + \omega_\pi\left(1 - \omega_x\right) + \omega_x\left(1 - \omega_\pi\right)\right]/\omega_x\omega_\pi; \\
a_1 &= -\left[1 - \omega_x + 1 - \omega_\pi\right]/\omega_x\omega_\pi; \\
a_0 &= \left(1 - \omega_x\right)\left(1 - \omega_\pi\right)/\omega_x\omega_\pi
\end{aligned}
$$

Dado que a taxa de inflação e o hiato do produto do período $t-1$ são variáveis predeterminadas e as do período t são livres, o modelo híbrido (NKH) tem um equilíbrio determinado de expectativas racionais se, e somente se, duas raízes do polinômio característico estiverem fora e duas raízes dentro do círculo unitário. O polinômio característico $p\left(\lambda\right)$ tem as seguintes propriedades:

$$
\begin{aligned}
p(1) &= \kappa\sigma\left(\phi - 1\right)/\left(\omega_x\omega_\pi\right) > 0 \text{ se } \phi > 1 \\
p(0) &= \left(1 - \omega_x\right)\left(1 - \omega_\pi\right)/\left(\omega_x\omega_\pi\right) > 0 \\
p(-1) &= \left[4 - \kappa\sigma\left(\phi - 1\right)\right]/\left(\omega_x\omega_\pi\right) > 0 \text{ se } \phi < 1 + \frac{4}{\kappa\sigma} \\
\lim_{\lambda\to\infty} p(\lambda) &= \lim_{\lambda\to\infty} p(\lambda) = \infty
\end{aligned}
$$

Quando $\phi = 1, p(1) = 0$. Portanto, o modelo tem pelo menos uma raiz unitária. Na verdade, existem duas raízes unitárias e as outras duas raízes são positivas, podendo ser maior ou menor do que um, de acordo com,

$$\lambda_1 = \lambda_2 = 1; \lambda_3 = \frac{1 - \omega_x}{\omega_x}; \lambda_4 = \frac{1 - \omega_\pi}{\omega_\pi}$$

As duas raízes são maiores do que um se os coeficientes prospectivos não forem dominantes: $\omega_x < 1/2$ e $\omega_\pi < 1/2$. Nesta hipótese, o modelo apresenta um alto grau de inércia e pode se demonstrar que ele é determinado. Caso contrário, o modelo é indeterminado. Sargent e Wallace (1975) mostram que regras de taxa de juros que especificam uma trajetória exógena para a taxa de juros nominal produzem um equilíbrio indeterminado. Para o modelo híbrido (NKH) a proposição de Sargent e Wallace não é válida para uma trajetória exógena para a taxa de juros real quando os coeficientes retroativos são dominantes.

A regra de sinais de Descartes afirma que o número de raízes positivas é igual a quatro ou dois se $a_3 < 0$. Para que isto ocorra o coeficiente de política monetária tem que satisfazer o seguinte limite superior

$$\phi < 1 + \frac{\omega_x + \omega_\pi}{\kappa\sigma}$$

APÊNDICE C

Esta condição é equivalente a afirmar-se que a soma das raízes é positiva. Em virtude do fato que $p(-1) = (1 + \lambda_1)(1 + \lambda_2)(1 + \lambda_3)(1 + \lambda_4) > 0$ e que ao menos duas raízes são positivas, se as outras duas raízes forem negativas, elas estarão ambas dentro ou fora do círculo unitário. A última propriedade do polinômio característico afirma que o polinômio é sempre positivo para valores elevados, tanto positivo quanto negativo, das raízes λ.

A partir dos sinais do polinômio característico e de suas propriedades não é possível determinar quantas raízes estão dentro ou fora do círculo unitário. Em virtude desta dificuldade analítica usa-se técnicas numéricas. Os parâmetros do modelo híbrido, κ, σ e ϕ, serão calibrados de acordo com os valores usados na literatura. Eles são: $\kappa = 0.01, 0.03, 0.05$; $\sigma = 1.0$; e $\phi = 1.5$. Os coeficientes prospectivos das curvas de Phillips e IS tomam os seguintes valores $\omega_\pi, \omega_x = 0.1, 0.2, \ldots, 0.8, 0.9$. A calibração envolve 243 modelos NKH. Somente poucos destes modelos, menos do que 10%, têm equilíbrio de expectativas racionais determinados, porque as condições de que duas raízes estejam fora e de que duas raízes estejam dentro do círculo unitário não são satisfeitas. Os modelos que têm equilíbrio de expectativas racionais correspondem a parâmetros que estão na diagonal da Figura C1, para $\kappa = 0,01$, onde os coeficientes prospectivos e retroativos são iguais, ou na diagonal ou próximo dela como na Figura C2, para $\kappa = 0,03$ e $\kappa = 0,05$. Portanto, pode-se concluir que o modelo híbrido novokeynesiano (NKH) tem poucos equilíbrios de expectativa racionais.

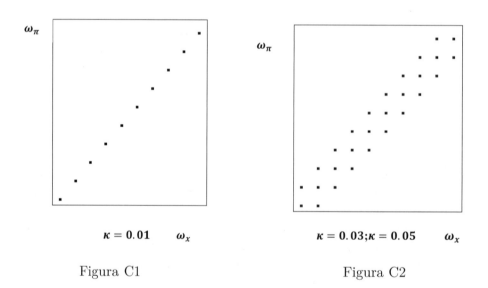

Figura C1   Figura C2

Equações de Diferenças Finitas

8. Exercícios

1) Considere o modelo:
IS: $x_t = E_t x_{t+1} - \sigma \left(i_t - E_t \pi_{t+1} - \bar{r}_t \right)$
CP: $\pi_t = \beta E_t \pi_{t+1} + \kappa x_t$
RPM: $i_t = \bar{r}_t$
a) Analise o equilíbrio e a estabilidade deste modelo.
b) O equilíbrio é único?

2) Considere o seguinte modelo;
IS: $x_t = E_t x_{t+1} - \sigma \left(i_t - E_t \pi_{t+1} - \bar{r}_t \right)$
CP: $\pi_t = \beta E_t \pi_{t+1} + \kappa x_t$
RPM: $i_t = \bar{r}_t + \phi E_t \pi_{t+1} + \theta x_t$
a) Analise o equilíbrio e a estabilidade deste modelo.
b) O equilíbrio independe dos valores dos parâmetros da regra de política monetária?
c) Responda os dois itens anteriores quando a regra de política monetária for substituída pela regra: $i_t = \bar{r}_t + \phi E_t \pi_{t+1} + \theta E_t x_{t+1}$.
d) Responda os itens a) e b) quando a regra de política monetária for substituída pela regra $i_t = \bar{r}_t + \phi \left(p_t - \bar{p}_t \right) + \theta x_t$, onde p é o índice de preços e $\bar{p}$ é a meta do índice de preços.

3) Considere o seguinte modelo:
IS: $x_t = E_t x_{t+1} - \sigma \left(i_t - E_t \pi_{t+1} - \bar{r}_t \right)$
CP: $\pi_t - \bar{\pi} = \beta \left(E_t \pi_{t+1} - \bar{\pi} \right) + \kappa x_t$
RPM: $i_t = \bar{r}_t + \bar{\pi} + \phi \left(E_t \pi_{t+1} - \bar{\pi} \right) + \theta x_t$
O símbolo $\bar{\pi}$ representa a meta da taxa de inflação. Analise o equilíbrio e a estabilidade deste modelo.

4) Considere o modelo novokeynesiano:
PC: $\pi_t = \beta E_t \pi_{t+1} + \kappa x_t$
IS: $x_t = E_t x_{t+1} - \sigma \left(i_t - E_t \pi_{t+1} - \bar{r}_t \right)$
RPM: $i_t = \bar{r} + \pi_t + \phi \pi_t + \theta x_t$
a) Qual a condição que os parâmetros devem satisfazer para que o modelo tenha um único equilíbrio?
b) Esta condição implica que o parâmetro ϕ seja sempre positivo?

5) Considere a equação de diferenças finitas: $z_t = a E_t z_{t+1} + u_t$.
a) Mostre que se $|a| < 1$ existe uma única solução, prospectiva, desta equação e dada por:
$$z_t = \sum_{i=0}^{\infty} a^i E_t u_{t+i}.$$

449

APÊNDICE C

b) Mostre que se $|a| > 1$ existem infinitas soluções, retrospectivas, para esta equação e dadas por:

$$z_t = -\frac{1}{a} \sum_{i=0}^{\infty} \left(\frac{1}{a}\right)^i u_{t-1-i} + \varepsilon_t$$

para z_0 arbitrário e $\{\varepsilon_t\}$ um processo estocástico qualquer que satisfaça $E_t \varepsilon_{t+1} = 0$.

c) Mostre que se $|a| = 1$ podem existir as seguintes soluções: i) prospectiva: $z_t = \sum_{i=0}^{\infty} E_t u_{t+i}$; e ii) retrospectivas: $z_t = z_{t-1} - u_{t-1} + \varepsilon_t$ e $\{\varepsilon_t\}$ um processo estocástico qualquer que satisfaça $E_t \varepsilon_{t+1} = 0$.

6) Considere a curva IS novokeynesiana: $x_t = E_t x_{t+1} - \sigma (r_t - \bar{r}_t)$.
   a) Quais as soluções desta equação de diferenças finitas?
   b) A solução prospectiva é consistente com a teoria econômica usada na obtenção desta curva?

7) Considere a curva de Phillips novokeynesiana: $\pi_t = E_t \pi_{t+1} + \kappa x_t$.
   a) Quais as soluções desta equação de diferenças finitas?
   b) As soluções são inconsistentes com a teoria econômica usada na obtenção desta curva?
   c) Existe algum critério para escolher uma solução?

Bibliografia

I) Geral

Acemoglu, Daron e Jaume Ventura (2002). The World Income Distribution. *Quarterly Journal of Economics*, **117**:659–694.

Auernheimer, Leonardo (1974). The Honest Government's Guide to the Revenue from the Creation of Money. *Journal of Political Economy*, **82**:598–606.

Barbosa, Fernando de Holanda (1991). O Mercado Aberto Brasileiro: Análise dos Procedimentos Operacionais. *Revista Brasileira de Mercado de Capitais*, **16**:36–60.

Barbosa, Fernando de Holanda (1992). Política Monetária Ótima no Combate à Inflação. *Revista de Econometria*, **12**:57–80.

Barbosa, Fernando de Holanda (1999). Taxa de Câmbio e Poupança: Um Ensaio sobre o Efeito Harberger-Laursen-Metzler. *Estudos Econômicos*, **29**:5–21.

Barbosa, Fernando de Holanda, Felipe D. Camelo e Igor C. João (2016). A Taxa de Juros Natural e a Regra de Taylor no Brasil: 2003/2015. *Revista Brasileira de Economia*, **70**:399–417.

Barbosa, Fernando de Holanda (2017). *Exploring the Mechanics of Chronic Inflation and Hyperinflation*. Cham, Suíça: Springer.

Bailey, Martin J. (1956). The Welfare Costs of Inflationary Finance. *Journal of Political Economy*, **64**:93–110.

Barro, Robert J. (1974). Are Governments Bonds Net Wealth? *Journal of Political Economy*, **82**:1095–1117.

Barro, Robert J. e David B. Gordon (1983a). A Positive Theory of Monetary Policy in a Natural Rate Model. *Journal of Political Economy*, **91**:589–610.

Barro, Robert J. e David B. Gordon (1983b). Rules, Discretion and Reputation in a Model of Monetary Policy. *Journal of Monetary Economics*, **12**:101–120.

Baumol, William (1952). The Transactions Demand for Cash: An Inventory Theoretic Approach. *Quarterly Journal of Economics*, **67**:545–556.

Bernanke, Ben S. e Allan S. Blinder (1988). Credit, Money and Aggregate Demand. *American Economic Review*, **78**:435–439.

I) Geral

Bernanke, Ben S. , Thomas Laubach, Frederic S. Mishkin e Adam S. Posen (1999). *Inflation Target Lessons from the International Experience*. Princeton: Princeton University Press.

Bernanke, Ben S. e Michael Woodford (2005). *The Inflation-Targeting Debate*. Chicago: The University of Chicago Press.

Blanchard, Olivier J. e C. M. Khan (1980). The Solution of Linear Difference Models Under Rational Expectations. *Econometrica*, **48**:1305–1311.

Blanchard, Olivier J. (1981). Output, the Stock Market and Interest Rates. *American Economic Review*, **71**:132–143.

Blanchard, Olivier J. (1985). Debts, Deficits and Finite Horizons. *Journal of Political Economy*, **93**:223–247.

Blanchard, Olivier J. (2000). What Do We Know about Macroeconomics that Fisher and Wicksell did not? *Quarterly Journal of Economics*, **115**:1375–1499.

Blanchard, Olivier J. e Nabuhiro Kiyotaki (1987). Monopolistic Competition and the Effects of Aggregate Demand. *American Economic Review*, **77**:647–666.

Blinder, Allan S. e Robert M. Solow (1973). Does Fiscal Policy Matter? *Journal of Public Economics*, **2**:319–337.

Bosworth, Barry e Susan M. Collins (2003). The Empirics of Growth: An Update. *Brookings Papers on Economic Activity*, **34**:113–206.

Bosworth, Barry e Susan M. Collins (2008). Accounting for Growth: Comparing China and India. *Journal of Economic Perspectives*, **22**:45–66.

Branson, W. H. e D. W. Henderson (1985). The Specification and Influence of Asset Markets. In R. W. Jones e P. B. Kenen (organizadores). *Handbook of International Economics*, Vol. II, Cap. 15. Amsterdam: North Holland.

Brock, William e L. J. Mirman (1972). Optimal Economic Growth and Uncertainty: The Discounted Case. *Journal of Economic Theory*, **4**:479–515.

Brock, William (1974). Money and Growth: the Case of Long-Run Perfect Foresight. *International Economic Review*, **15**:750–777.

Brock, William A. (1975). A Simple Perfect Foresight Monetary Model. *Journal of Monetary Economics*, **1**:133–150.

Bruno, Michael e Stanley Fischer (1990). Seigniorage, Operating Rules and High Inflation Trap. *Quarterly Journal of Economics*, **105**:353–374.

Buiter, W. H. (1988). Death, Population Growth, Productivity Growth and Debt Neutrality. *Economic Journal*, **98**:279–93.

Cagan, Phillip (1956). The Monetary Dynamics of Hyperinflation. In Milton Friedman (organizador) *Studies in the Quantity Theory of Money*. Chicago: Chicago University Press.

Calvo, Guillermo A. (1978). On the Time Inconsistency of Optimal Policy in a Monetary Economy. *Econometrica*, **46**:1411–1428.

Calvo, Guillermo A. (1983). Staggered Prices in a Utility Maximization Framework. *Journal of Monetary Economics*, **12**:983–998.

Bibliografia

Calvo, Guillermo A. (1987). Real Exchange Rate Dynamics with Nominal Parities, Structural Change and Overshooting. *Journal of International Economics*, **22**:141–155.

Chang, F. R. (1994). Optimal Growth and Recursive Utility: Phase diagram Analysis. *Journal of Optimization Theory and Applications*, **80**:425–439.

Clarida, R., J. Galí e M. Gertler (1999). The Science of Monetary Policy: A New Keynesian Perspective. *Journal of Economic Literature*, **37**:1661–1707.

Clower, Robert W. (1967). A Reconsideration of the Microfoundations of Monetary Theory. *Western Economic Journal*, **6**1–8.

Corden, W. Max (1984). Booming Sector and Dutch Disease Economics: Survey and Consolidation. *Oxford Economic Papers*, **36**:359–380.

Denison, Edward F. (1961). *The Sources of Growth in the United States*. Nova York: Commitee for Economic Development.

Dixit, A. e Joseph Stiglitz (1977). Monopolistic Competition and Optimum Product Diversity. *American Economic Review*, **67**:297–308.

Dorfman, R. (1969). An Economic Interpretation of Optimal Control Theory. *American Economic Review*, **59**:817–831.

Drazen, Allan (1984). Tight Money and Inflation Further Results. *Journal of Monetary Economics*, **15**:113–120.

Epstein, Larry G. (1987). A Simple Dynamic General Equyilibrium Model. *Journal of Economic Theory*, **41**:68–95.

Feenstra, Robert C. (1986). Functional Equivalence Between Liquidity Costs and the Utility of Money. *Journal of Monetary Economics*, **17**:271–291.

Feldstein, Martin S. e C. Horioka (1980). Domestic Saving and International Capital Flows. *Economic Journal*, **90**:314–329.

Fischer, Stanley (1977). Long-Term Contracts, Rational Expectations, and the Optimal Money Supply Rule. *Journal of Political Economy*, **85**:191–205.

Frankel, M. (1962). The Production Function in Allocation and Growth: A Synthesis. *American Economic Review*, **52**:995–1022.

Friedman, Milton (1953). *Essays in Positive Economics*. Chicago: The University of Chicago Press.

Friedman, Milton (1956). The Quantity Theory of Money: A Restatement. In Milton Friedman (organizador) *Studies in the Quantity Theory of Money*. Chicago: Chicago University Press.

Friedman, Milton (1957). *A Theory of Consumption Function*. Princeton: Princeton University Press.

Friedman, Milton (1960). *A Program for Monetary Stability*. Nova York: Fordham University.

Friedman, Milton (1969). *The Optimum Quantity of Money and Other Essays*. Chicago: Aldine.

Friedman, Milton (1971). *A Theoretical Framework for Monetary Analysis*.

I) Geral

Nova York: NBER, Columbia University Press.

Friedman, Milton (1994). *Money Mischief Episodes in Monetary History*. San Diego: Harvest.

Friedman, Milton e Anna J. Schwartz (1963). *A Monetary History of the United States, 1867-1960*. Princeton: Princeton University Press.

Friedman, Milton e Anna J. Schwartz (1982). *Monetary Trends in the United States and the United Kingdom: Their Relation to Income, Prices and Interest Rates*. Chicago: Chicago University Press.

Giavazzi, Francesco e Charles Wyplosz (1985). The Zero Root Problem: A Note on the Dynamic Determination of the Stationary Equilibrium in Linear Models. *Review of Economic Studies*, **52**:353–357.

Goodfriend, Marvin e Robert G. King (1997). The New Neoclassical Synthesis and the Role of Monetary Policy. *NBER Macroeconomics Annual*, **12**:231–283.

Goodfriend, Marvin (2004). Monetary Policy in the New Neoclassical Symthesis: A Primer. *Federal Reserve Bank of Richmond Economic Quarterly*, **90**:21–45.

Gordon, Robert J. (1974). *Milton Friedman's Monetary Framework: A Debate with His Critics*. Chicago: University of Chicago Press.

Griliches, Zvi (1996). The Discovery of the Residual: A Historical Note. *Journal of Economic Literature*, **34**:1324–1330.

Grossman, Gene M. e Elhanan Helpman (1994). Endogenous Innovation in the Theory of Growth. *Journal of Economic Perspectives*, **8**:23–44.

Hall, Robert E. (1978). Stochastic Implications of the Life Cycle-Permanent Income Hypothesis: Theory and Evidence. *Journal of Political Economy*, **86**:971–987.

Hansen, Gary D. (1985). Indivisible Labor and the Business Cycle. *Journal of Monetary Economics*, **16**:309–328.

Harberger, Arnold C. (1950). Currency Depreciation, Income and the Balance of Trade. *Journal of Political Economy*, **58**:47–60.

Hayashi, Fumio (1982). Tobin's Marginal q and Average q: A Neoclassical Interpretation. *Econometrica*, **50**:213–224.

Heller, Daniel e Yvan Lengwiler (2003). Payment Obligations, Reserve Requirements and the Demand for Central Bank Balances. *Journal of Monetary Economics*, **50**:419–432.

Hodrick, Robert J. e Edward C. Prescott (1997). Postwar US Business Cycles: An Empirical Investigation. *Journal of Money, Credit and Banking*, **29**:1–16.

Hotelling, Harold (1931). The Economics of Exhaustible Resources. *Journal of Political Economy*, **39**:137–175.

Inada, Ken-Ichi (1963). On a Two-Sector Model of Economic Growth: Comments and a Generalization. *Review of Economic Studies*, **34**:249–280.

Jorgenson, D. W. (1963). Capital Theory and Investment Behavior. *American Economic Review*, **53**:247–259.

Kirman, Alan P. (1992). Whom or What Does the Representative Individual Represent? *Journal of Economic Perspectives*, **6**:117–136.

Klein, Lawrence R. e Arthur S. Goldberger (1955). *An Econometric Model of the United States, 1929-1952*. Amsterdam: North-Holland.

Kouri, Penti J. K. (1976). The Exchange Rate and the Balance of Payments in the Short Run and in the Long Run: A Monetary Approach. *Scandinavian Journal of Economics*, **78**:280–304.

Kydland, Finn E. e Edward C. Prescott (1996). The Computational Experiment: An Econometric Tool. *Journal of Economic Perspectives*, **10**:87–104.

Laubach, T. e J. C. Williams (2003). Measuring the Natural Rate of Interest. *Review of Economics and Statistics*, **85**:1063–1070.

Laursen, Svend e Lloyd A. Metzler (1950). Flexible Exchange Rates and the Theory of Employment. *The Review of Economics and Statistics*, **32**:281–299.

Liviatan, Nissan (1984). Tight Money and Inflation. *Journal of Monetary Economics*, **13**:5–15.

Lombra, Raymond e Michael Moran (1980). Monetary Institutions and the Policy Process. *Carnegie-Rochester Conference Series on Public Policy*, **13**:9–68.

Long, John B., Jr. e Charles I. Plosser (1983). Real Business Cycles. *Journal of Political Economy*, **91**:39–69.

Lucas, Robert E., Jr.(2000). Inflation and Welfare. *Econometrica*, **68**:247–274.

Mankiw, N. Gregory, David Romer e David N. Weil (1992). A Contribution to the Empirics of Economic Growth. *Quarterly Journal of Economics*, **107**:407–37.

Mankiw, N. Gregory (1995). The Growth of Nations. *Brookings Papers on Economic Activity*, **1**:275–326.

Mankiw, N. Gregory. (2000). The Savers-Spenders Theory of Fiscal Policy. *American Economic Review*, **90**:120–125.

Mankiw, N. Gregory e Ricardo Reis (2002). Sticky Information Versus Sticky Prices: A Proposal to Replace the New Keynesian Phillips Curve. *Quarterly Journal of Economics*, **117**:1295–1328.

McCallum, Bennett T. (1981). Price Level Determinacy with an Interest Rate Policy Rule and Rational Expectations. *Journal of Monetary Economics*, **8**:319–329.

McCallum, Bennett T. (1984). Are Bond-Financed Deficits Inflationary? A Ricardian Analysis. *Journal of Political Economy*, **92**:123–135.

McCallum, Bennett T. e Edward Nelson (1999). An Optimizing IS-LM Specification for Monetary Policy and Business Cycle Analysis. *Journal of Money, Credit and Banking*, **31**:296–316.

McCallum, Bennett T. e Edward Nelson (2000). Monetary Policy for an Open Economy An Alternative Framework with Optimizing Agents and

I) Geral

Sticky Prices. *Oxford Review of Economic Policy*, **16**:74–91.

Metzler, Lloyd A. (1951). Wealth, Saving and the Rate of Interest. *Journal of Political Economy*, **59**:93–116.

Modigliani, Franco e Richard Brumberg (1954). Utility Analysis and the Consumption Function: An Interpretation of Cross-Section Data. In K.K. Kurihara (organizador). *Post-Keynesian Economics*. New Brunswick, N.J.: Rutgers University Press.

Modigliani, Franco e Albert Ando (1963). The Life Cycle Hypothesis of Saving: Aggregate Implications and Tests. *American Economic Review*, **53**:55–84.

Modigliani, Franco (1988). The Role of International Tranfers and Life Cycle Saving in the Accumulation of Wealth. *Journal of Economic Perspectives*, **2**:15–40.

Mussa, Michael (1986). Nominal Exchange Rate Regimes and the Behavior of Real Exchange Rates, Evidnce and Implications. In Karl Brunner e Allan Meltzer (organizadores), *Real Business Cycles, Real Exchange Rates, and Actual Policies*. Amsterdam: North Holland.

Muth, John F. (1961). Rational Expectations and the Theory of Price Movements. *Econometrica*, **29**:315–335.

Obstfeld, Maurice e Kenneth Rogoff (1983). Speculative Hyperinflation in Macroeconomic Models: Can We Rule them Out? *Journal of Political Economy*, **91**:675–687.

Obstfeld, Maurice (1990). Intertemporal Dependence, Impatience, and Dynamics. *Journal of Monetary Economics*, **26**:45–75.

Okun, Arthur M. (1962). Potential GNP: Its Measurement and Significance. In *American Statistical Association Proceedings of the Business and Economics Section*, 98–104.

Pack, Howard (1994). Endogenous Growth Theory: Intellectual Appeal and Empirical Shortcomings. *Journal of Economic Perspectives*, **8**:55–72.

Patinkin, Don (1965). Money, Interests, and Prices. Nova York: Harper and Row.

Pearce, I. (1961). The Problem of the Balance of Payments. *International Economic Review*, **2**:1–28.

Phelps, Edmund S. (1961). The Golden Rule of Capital Accumulation: A Fable for Growthmen. *American Economic Review*, **51**:638–643.

Phelps, Edmund S. (1967). Phillips Curves, Expectations of Inflation and Optimal Unemployment Over Time. *Economica*, **34**:254–281.

Poole, William (1970). Optimal Choice of Monetary Policy Instrument in a Simple Stochastic Macro Model. *Quarterly Journal of Economics*, **84**:197–216.

Prachowny, Martin F. J. (1993). Okun's Law: Theoretical Foundations and Revised Estimates. *Review of Economics and Statistics*, **75**:331–336.

Rebelo, Sergio (1991). Long-Run Policy Analysis and Long-run Growth. *Journal of Political Economy*, **96**:500–521.

Rebelo, Sergio (2005). Real Business Cycle Models: Present and Future. *Scandinavian Journal of Economics*, **107**:217–238.

Reis, Ricardo (2007). The Analytics of Non-Neutrality in the Sidrauski Model. *Economics Letters*, **94**:129–135.

Roberts, John M. (1995). New Keynesian Economics and the Phillips Curve. *Journal of Money, Credit and Banking*, **27**:975–984.

Rogoff, Kenneth (1985). The Optimal Degree of Commitment to an Intermediate Monetary Target. *Quarterly Journal of Economics*, **100**:1169–1189.

Romer, David (2000). Keynesian Macroeconomics Without the LM Curve. *Journal of Economics Perspectives*, **14**:149–169.

Romer, Paul. M. (1994). The Origins of Endogenous Growth. *Journal of Economic Perspectives*, **8**:3–22.

Rotemberg, J. J. e M. Woodford (1997). An Optimizing-Based Econometric Framework for the Evaluation of Monetary Policy. *NBER Macroeconomics Annual*, **12**:297–346.

Ryder, Jr., Harl E. e Geoffrey M. Heal (1973). Optimal Growth with Intertemporally Dependent Preferences. *Review of Economic Sudies*, **40**:1–31.

Salter, W. (1959). Internal and External Balance The Role of Price and Expenditure Effects. *Economic Record*, **35**:226–238.

Samuelson, Paul A. (1939). Interaction Between the Multiplier and the Principle of Acceleration. *Review of Economics and Statistics*, **21**:75–78.

Samuelson, Paul A. (1947). *Foundations of Economic Analysis*. Nova York: Atheneum.

Samuelson, Paul A. e Robert M. Solow (1960). Analytical Aspects of Anti-Inflationary Policy, *American Economic Review*, **50**:177–194.

Sargent, Thomas (1982). The End of the Four Big Inflations. In Robert H. Hall (org.), *Inflation: Causes and Effects*. Chicago: Chicago University Press.

Sargent, Thomas J. e Neil Wallace (1973). The Stability of Models of Money and Growth with Perfect Foresight. *Econometrica*, **41**:1043–1048.

Sargent, Thomas e Neil Wallace (1981). Some Unpleasant Monetarist Arithmetic. *Federal Reserve Bank of Minneapolis Quarterly Review*, **5**:1–17.

Sargent, Thomas e Neil Wallace (1987). Inflation and the Government Budget Constraint. In Razin, A. e E. Sadke (organizadores). *Economic Policy in Theory and Practice*. McMillan: Nova York.

Sidrauski, Miguel (1967). Rational Choice and Patterns of Growth in a Monetary Economy. *American Economic Review*, **57**:534–544.

Slutsky, Eugen (1937). The Summation of Random Causes as the Source of Cyclic Processes. *Econometrica*, **5**:312–330.

Smets, Frank R. e Rafael Wouters (2003). An Estimated Dynamic Stochastic General Equilibrium Model of the Euro Area. *Journal of the*

I) Geral

European Economic Association, **1**:1123–1175.

Solow, Robert M. (1994). Perspectives on Growth Theory. *Journal of Economic Perspectives*, **8**:45–54.

Strotoz, Robert H. (1956). Myopia and Inconsistency in Dynamic Utility Maximization. *Review of Economic Studies*, **23**:165–180.

Summers, Lawrence H. (1991). The Scientific Illusion in Empirical Macroeconomics. In Hylleberg, Svend e Martin Paldam (organizadores). *New Approaches to Empirical Macroeconomics*. Oxford: Blackwell Publishers.

Swan, Trevor. (1956). Economic Growth and Capital Accumulation. *Economic Record*, **32**:334–361.

Swan, Trevor. (1960). Economic Control in a Dependent Economy. *Economic Record*, **36**:51–66.

Taylor, John B. (1979). Staggered Wage Setting in a Macro Model. *American Economic Review*, **69**:108–113.

Temin, Peter (1989). *Lessons from the Great Depression*. Cambridge, Massachusetts: MIT Press.

Tinbergen, Jan (1952). *On the Theory of Economic Policy*. Amsterdam: North-Holland.

Tobin, James (1955). A Dynamic Aggregative Model. *Journal of Political Economy*, **63**:103–15.

Tobin, James (1958). Liquidity Preference as Behavior Towards Risk. *Review of Economic Studies*, **25**:65–86.

Tobin, James (1965). Money and Economic Growth. *Econometrica*, **33**:14 pp.

Tobin, James (1967). The Neutrality of Money in Growth Models: A Comment. *Economica*, February:73–74.

Tobin, James (1968). Notes on Optimal Monetary Growth. *Journal of Political Economy*, **76**:p. 833.

Tobin, James (1969). A General Equilibrium Approach to Monetary Theory. *Journal of Money, Credit and Banking*, **1**:15–29.

Tobin, James (1975). Keynesian Models of Recession and Depression. *American Economic Review*, **65**:195–202.

Tobin, James e William C. Brainard (1977). Asset Markets and the Cost of Capital. In Bela Belassa e Richard Nelson (org.), *Economic Progress, Private Values and Public Policy: Essays in Honour of William Fellner*.

Uzawa, Hirofumi (1968). Time Preference, the Consumption Function, and Optimum Asset Holdings. In J. N. Wolfe (organizador) *Value, Capital and Growth: Papers in Honor of Sir John Hicks*. Chicago: Aldine Publishing Company.

Weil, Philippe (1989). Overlapping Families of Infinitely-Lived Agents. *Journal of Public Economics*, **38**:183–198.

Weil, Philippe (1991). Is Money Net Wealth? *International Economic Review*, **37**:37–53.

458

Wilson, Charles (1979). Anticipated Shocks and Exchange Rate Dynamics. *Journal of Political Economy*, **87**:639–647.

Woodford, Michael (1995). Price Level Determinacy without Control of a Monetary Aggregate. *Carnegie-Rochester Conference Series on Public Policy*, **43**:1–46.

Yaari, Menahen E. (1965). Uncertain Lifetime, Life Insurance, and the Theory of the Consumer. *Review of Economic Studies*, **32**:137–150.

II) Clássicos

Cass, David (1965). Optimum Growth in an Aggregative Model of Capital Accumulation. *Review of Economic Studies*, **32**:233–40.

Diamond, Peter (1965). National Debt in a Neoclassical Growth Model. *American Economic Review*, **55**:1126–50.

Domar, Evsey V. (1946). Capital Expansion, Rate of Growth and Employment. *Econometrica*, **14**:137–47.

Dornbusch, Rudiger (1976). Expectations and Exchange Rate Dynamics. *Journal of Political Economy*, **84**:1161–76.

Fisher, Irving (1930). *The Theory of Interest*. Nova York: Macmillan.

Fleming, J. Marcus (1962). Domestic Financial Policies under Fixed and under Floating Exchange Rates. *International Monetary Fund Staff Papers*, 9, 369–79.

Friedman, Milton (1968). The Role of Monetary Policy. *American Economic Review*, **58**:1–17.

Harrod, Roy F. (1939). An Essay in Dynamic Theory. *Economic Journal*, **49**:14–33.

Hicks, John R. (1937). Mr. Keynes and the 'Classics': A Suggested Interpretation. *Econometrica*, **5**:147–59.

Keynes, John Maynard (1936). *The General Theory of Employment, Interest and Money*. Londres: Macmillan.

Koopmans, Tjalling C. (1965). On the Concept of Optimal Economic Growth. In *The Econometric Approach to Development Planning*. Amsterdam: North-Holland.

Kydland, Finn E. e Edward C. Prescott (1982). Time to Build and Aggregate Fluctuations. *Econometrica*, **50**:1345–70.

Lucas, Robert E., Jr. (1972). Expectations and the Neutrality of Money. *Journal of Economic Theory*, **4**:103–24.

Lucas, Robert E., Jr. (1976). Econometric Policy Evaluation: A Critique. In *The Phillips Curve and the Labor Market* (organizadores: Karl Brunner & Allan H. Meltzer), 19–46. Amsterdam: North-Holland.

Lucas, Robert E., Jr. (1988). On the Mechanics of Economic Development. *Journal of Monetary Economics*, **22**:3–42.

III) Livros-Textos, Manuais e Coletâneas

Modigliani, Franco (1944). Liquidity Preference and the Theory of Interest and Money. *Econometrica*, **12**:45–88.

Mundell, Robert A. (1963). Capital Mobility and Stabilization Policy under Fixed and Flexible Exchange Rates. *Canadian Journal of Economics and Political Science*, **29**:475–85.

Phillips, A. W. (1958). The Relationship between Unemployment and the Rate of Change of Money Wages in the United Kingdom, 1861-1957. *Economica*, **25**:283–99.

Ramsey, Frank R. (1928). A Mathematical Theory of Saving. *Economic Journal*, **38**:543–59.

Romer, Paul M. (1986). Increasing Returns and Long-Run Growth. *Journal of Political Economy*, **94**:1002–37.

Romer, Paul M. (1990). Endogenous Technological Change. *Journal of Political Economy*, **98**:71–102.

Samuelson, Paul A. (1958). An Exact Consumption-Loan Model of Interest with or without the Social Contrivance of Money. *Journal of Political Economy*, **66**:467–82.

Solow, Robert M. (1956). A Contribution to the Theory of Economic Growth. *Quarterly Journal of Economics*, **70**:65–94.

Solow, Robert M. (1957). Technical Change and the Aggregate Production Function. *Review of Economics and Statistics*, **39**:312–20.

Taylor, John B. (1993). Discretion versus Policy Rules in Practice. *Carnegie-Rochester Conferences Series on Public Policy*, **39**:195–214.

Wicksell, Knuck (1907). The Influence of the Rate of Interest on Prices. *Economic Journal*, **17**:213–19.

III) Livros-Textos, Manuais e Coletâneas

Acemoglu, Daron (2009). *Introduction to Modern Economic Growth*. Princeton: Princeton University Press.

Agénor, Pierre Richard e Peter J. Montiel (1996). *Development Macroeconomics*. Princeton: Princeton University Press.

Aghion, Phillippe e Peter Howitt (2009). *The Economics of Growth*. Cambridge, Massachusetts: MIT Press.

Aghion, Philippe e Peter Howitt (1998). *Endogenous Growth Theory*. Cambridge, Massachusetts : MIT Press.

Azariadis, Costas (1993). *Intertemporal Macroeconomics*. Cambridge, Massachusetts: Blackwell.

Barro, Robert J. (org.) (1989). *Modern Business Cycle Theory*. Cambridge, Massachusetts: Harvard University Press.

Barro, Robert J. e Xavier Sala-I-Martin (1995). *Economic Growth*. Nova York: McGraw-Hill.

Bibliografia

Bénassi, Jean-Pascal (2011). *Macroeconomic Theory*. Oxford: Oxford University Press.

Blanchard, Olivier J. e Stanley Fischer (1989). *Lectures on Macroeconomics*. Cambridge, Massachusetts: MIT Press.

Braun, Martin (1993). *Differential Equations and their Applications*, 4a Edição. Nova York: Springer-Verlag.

Brock, W. A. e A. G. Malliaris (1989). *Differential Equations, Stability and Chaos in Dynamic Economics*. Amsterdam: North-Holland.

Chiang, Alpha C. (1992). *Elements of Dynamic Optimization*. Nova York: McGraw-Hill.

Cooley, Thomas F. (org) (1995). *Frontiers of Business Cycle Research*. Princeton: Princeton University Press.

Claassen, Emil-Maria (1996). *Global Monetary Economics*. Oxford: Oxford University Press.

Galor, Oded (2011). *Unified Growth Theory*. Princeton: Princeton University Press.

Galí, Jordi (2008). *Monetary Policy, Inflation and the Business Cycle, an Introduction to the New Keynesian Framework*. Princeton: Princeton University Press.

Gartner, Manfred (1993). *Macroeconomics under Flexible Exchange Rates*. New York: Harvester Wheatsheaf.

Graybill, Frank (1969). *Introduction to Matrices with Applications to Statistics*. Belmont, Ca.: Wadsworth.

Hansen, Alvin H. (1949). *Monetary Theory and Fiscal Policy*. Nova York: McGraw-Hill.

Hartley, James E. , Kevin D. Hoover e Kevin D. Salyer (org.) (1998). *Real Business Cycle a Reader*. Londres: Routledge.

Havrilesky, Thomas M. (org.) (1985). *Modern Concepts in Macroeconomics*. Arlington Heights, III.: Harlan Davidson.

Heijdra, Ben J. e Frederick van der Ploeg (2002). *Foundations of Modern Macroeconomics*. Oxford: Oxford University Press.

Intriligator, M. D. (1971). *Mathematical Optimization and Economic Theory*. Englewood Cliffs, New Jersey: Prentice Hall.

Kamien, Morton I. e Nancy. L. Schwartz (1991). *Dynamic Optimization: The Calculus of Variations and Optimal Control in Economics and Management*. Amsterdam: North-Holland.

Leonard, Daniel e Ngo Van Long (1992). *Optimal Control Theory and Static Optimization in Economics*. Cambridge: Cambridge University Press.

Ljungqvist, Lars e Thomas J. Sargent (2004). *Recursive Macroeconomic Theory*. Cambridge, Massachusetts: MIT Press.

Lucas, Robert E., Jr., e Thomas J. Sargent (org.) (1981). *Rational Expectations and Econometric Practice*, Vols. 1 e 2. Minneapolis: The University of Minnesota Press.

III) Livros-Textos, Manuais e Coletâneas

Lucas, Robert E., Jr. (1987). *Models of Business Cycles*. Oxford: Basil Blackwell.

Lucas, Robert E, Jr. (2002). *Lectures on Economic Growth*. Cambridge, Massachusetts: Harvard University Press.

Mankiw, N. Gregory e David Romer (orgs.) (1991). *New Keynesian Economics*, Vols 1 e 2. Cambridge, Massachusetts: MIT Press.

Miller, Preston J. (org.) (1994). *The Rational Expectations Revolution – Readings from the Frontline*. Cambridge, Massachusetts: MIT Press.

Mundell, Robert A. (1971). *Monetary Theory Inflation, Interest, and Growth in the World Economy*. Pacific Palisades, California: Goodyear Publishing Company, Inc.

Nagatani, Keizo (1981). *Macroeconomic Dynamics*. Cambridge: Cambridge University Press.

Obstfeld, Maurice e Kenneth Rogoff (1996). *Foundations of International Macroeconomics*. Cambridge, Massachusetts: MIT Press.

Ploeg, Frederick van der (1994). *The Handbook of International Economics*. Oxford: Blackwell.

Romer, David (2006). *Advanced Macroeconomics*. 3a. Edição. Nova York: McGraw-Hill.

Sargent, Thomas J. (1979). *Macroeconomic Theory*. Nova York: Academic Press.

Sehti, Suresh P. e Gerald L. Thompson (2000). *Optimal Control Theory Applications to Management Science and Economics*, 2a edição. Norwell, Ma.: Kluwer Academic Publishers.

Seierstad, A. e K. Sydsaeter (1987). *Optimal Control Theory with Economic Applications*. Nova York: Elsevier.

Snowdon, Bian & Howard R. Vane (org.) (1997). *A Macroeconomic Reader*. Londres: Routledge.

Snowdon, Bian & Howard R. Vane (2005). *Modern Macroeconomics, its Origins, Development and Current State*. Cheltenhan,UK: Edward Elgar.

Solow, Robert M. (2000). *Growth Theory an Exposition*, 2a. Edição. Nova York: Oxford University Press.

Stiglitz, Joseph E. e Hirofumi Uzawa (org) (1969). *Readings in the Modern Theory of Economic Growth*. Cambridge, Massachusetts: MIT Press.

Stokey, Nancy e Robert E. Lucas Jr. (1989). *Recursive Methods in Economic Dynamics*. Massachusetts: Harvard University Press.

Sydsaeter, Knut, Arne Strom e Peter Berck (2000). *Economist's Mathematical Mannual*. Berlim: Springer-Verlag.

Takayama, Akira (1993). *Analytical Methods in Economics*. Ann Harbor: University of Michigan Press.

Taylor, John B. e Michael Woodford (org.) (1999). *Handbook of Macroeconomics*. North-Holland: Amsterdam.

Theil, Henri (1971). *Principles of Econometrics*. Nova York: John Wiley.

Tobin, James (1980). *Asset Accumulation and Economic Activity*. Chicago:

Chicago University Press.

Turnovsky, Stephen J. (1995). *Methods of Macroeconomic Dynamics*. Cambridge, Massachusetts: MIT Press.

Turnovsky, Stephen J. (1997). *International Macroeconomic Dynamics*. Cambridge, Massachusetts: MIT Press.

Walsh, Carl E. (1998). *Monetary Theory and Policy*. Cambridge, Massachusetts: MIT Press.

Wickens, Michael (2008). *Macroeconomic Theory, a Dynamic General Equilibrium Approach*. Princeton: Princeton University Press.

Woodford, Michael (2003). *Interest and Prices Foundations of a Theory of Monetary Policy*. Princeton: Princeton University Press.

ÍNDICE

Índices:
    preços, 70
    quantidades, 70

Acemoglu, 151
Agente representativo:
    economia aberta, 45
    economia fechada, 15
Aghion, 157
Agregação de bens, 45–48
Arbitragem de preços:
    paridade de poder de compra
        absoluta, 252
    paridade de poder de compra
        relativa, 253
    relação (termos) de troca, 255
    taxa de câmbio real, 254
Arbitragem de taxa de juros:
    nominal coberta, 259
    nominal descoberta, 256
    real descoberta, 260
Aritmética monetária perversa,
    348

Balanço de pagamentos:
    condição de Marshall Lerner,
        262
    conta-corrente, 261, 267
    enfoque monetário, 275
Banco Central:
    balanço, 319
    consolidação das contas com
        o Tesouro, 318
Baumol, 5

Bifurcação de Hopf, 244
Bolha:
    hiperinflação, 331
    preço da moeda, 353
Brumberg, 5

Cálculo de variações, 423
Calvo, 208
Capital humano:
    modelo de Lucas, 153
    modelo de Solow, 117
    valor presente, 76, 81
Cass, 208
Choques:
    demanda, 211
    oferta, 213
Ciclos reais, 33–40
Clarida, 6
Cobb-Douglas, 47, 128, 129
Concorrência monopolista,
    188–189
Condição de transversalidade,
    412–413
Consumo:
    função consumo em modelos
        intertemporais, 77–79,
        92–93
    função consumo keynesiana,
        165
Contabilidade do crescimento,
    125
Controle ótimo:
    hamiltoniano, 412

ÍNDICE

linear, 418
Convergência:
    absoluta, 110
    relativa, 111
Crescimento econômico:
    endógeno, 143–146
    exógeno, 47
Curva de indiferença, 170
Curva de Phillips:
    keynesiana, 186–196, 227, 270
    novokeynesiana, 198–201,
        227, 272
    novokeynesiana com rigidez
        de informação, 228–229
Curva IS:
    keynesiana, 169, 225, 265
    novokeynesiana, 59, 85–88,
        174, 177–178, 226, 265
Curva LM:
    keynesiana, 179–181
    microfundamentos, 182–186
Custo social da inflação, 326–329

Déficit público:
    nominal, 320
    primário, 320
Déficits gêmeos, 267
Dívida externa: sustentabilidade,
    124
Dívida pública:
    equivalência ricardiana,
        81–82, 340–342
    restrição orçamentária
        intertemporal, 325
    sustentabilidade, 321–325
Desemprego:
    taxa, 191
    taxa natural, 191
Diagrama de fases, 387, 392–396
Dinâmica comparativa, 418–423
Domar, 3

Elasticidade de substituição:

intertemporal do consumo,
    171–172
    produção, 115–116
Enfoque monetário do balanço de
    pagamentos, 275
Equação de Euler, 131, 172, 270
Equações de diferenças finitas:
    prospectiva, 432, 434
    retroativa, 432, 434
Equações diferenciais:
    primeira ordem, 386
    segunda ordem, 387
    sistemas lineares, 391, 396
Equivalência ricardiana, 81–82,
    340–342
Expectativa:
    adaptativa, 206
    racional, 3, 165

Fleming, 2, 3
Friedman, ii, 2, 5

Galí, 6
Gerações superpostas:
    crescimento econômico, 138
    curva IS novokeynesiana, 85
    economia aberta, 82, 95
    vida finita, 88
    vida infinita, 74
Gertler, 6
Goldberger, 5
Goodfriend, 6

Hamiltoniano:
    valor corrente, 414
    valor presente, 414
Hansen, 3
Harberger/Laursen/Metzler, 276
Harrod, 3
Hiato:
    câmbio, 265
    inflação, 187
    juros, 169
    produto, 168
Hicks, 3

ÍNDICE

Hiperinflação, 330–339

Imposto inflacionário, 325
Inércia da inflação, 194–196
Inconsistência dinâmica, 362–363
Ineficiência dinâmica, 108–109
Inflação:
    crônica, 241
    hiperinflação, 330–339
    inercial, 194–196
    programa de metas, 373–374
Investimento:
    q de Tobin, 408, 426
    função investimento
        keynesiana, 165

Jogo de Ponzi, 20
Jorgenson, 5
Juros:
    equação de Fisher, 165
    nominal, 165
    real, 165
    suavização, 363

Keynes, 2
Klein, 5
Koopmans, 4
Kydland, 4

Lei do preço único, 253
Limite zero da taxa de juros,
    360–361
Lucas, 3
Lucas:
    crítica de Lucas, 3
    expectativas racionais, 3, 165
    modelo de crescimento
        econômico, 153

Marshall-Lerner, 262
Mercados completos, 61–62
Modelo Harrod/Domar, 403
Modigliani, 2, 3, 5
Moeda:
    bolha, 355

equilíbrio múltiplo, 356
    fundamentos, 355
    indeterminação, 357
    neutralidade, 26–27
    preço, 352
    quantidade ótima, 358–359
    superneutralidade, 26–27
    velocidade renda, 204
Mundell, 2, 3

Okun, 192
OLG (*overlapping generations*):
    gerações superpostas com
        vida finita, 88
    gerações superpostas com
        vida infinita, 74
Overshooting, 239, 263, 295

Partenogênese, 74
Phillips, 2, 3
Política econômica:
    regra de política fiscal, 215,
        377
    regra de política monetária,
        25, 29
Política monetária:
    procedimentos operacionais,
        374
    regras, 186–187, 269–270
    sustentabilidade, 344–345
Ponto de sela, 396
Ponzi, 20
Poupança:
    comportamental, 166
    intertemporal, 130–135,
        138–143
Prêmio de risco, 55
Prescott, 4
Produtividade de mão de obra,
    107, 119, 126, 127, 136,
    143, 149
Produto:
    hiato, 168
    potencial, 107

ÍNDICE

Programa de metas de inflação, 374

Progresso tecnológico:
endógeno, 143–147
exógeno, 102

Q de Tobin, 408, 426
Quantidade ótima de moeda, 358–359

Ramsey, 4
Regime cambial:
câmbio fixo, 279, 285, 291
câmbio flexível, 296, 306, 309
Regime monetário:
sustentabilidade, 344
Regra de Keynes-Ramsey, 17
Regra de Leibnitz, 17, 349
Regra de ouro, 108
Regra de Taylor:
economia aberta, 269–270
economia fechada, 186–187
Reservas bancárias, 186, 384
Restrição orçamentária:
consumidor, 20
governo, 20
Restrição prévia de liquidez, 184
Rigidez:
inflação, 194
preço, 194–196
Riqueza, 20, 79
Romer, 8

Salário: curva de Phillips, 190–191
Samuelson, ii, 4
Solow, 3
Solow:
modelo básico, 100
modelo com capital humano, 117–119
modelo na economia aberta, 120–124

Suavização da taxa de juros, 363
Suavização da taxa de juros:
modelo keynesiano, 364
modelo novokeynesiano, 367

Título atuarial, 89–90
Taxa de câmbio:
natural, 265
nominal, 265
real, 253
Taxa de juros:
estrutura a termo, 377–382
natural, 65, 67, 178–179
nominal, 165
real, 165
regra de taxa de juros, 186–187, 269–270
Taxa de preferência intertemporal:
constante, 48, 171
variável, 51
Taylor:
regra de política monetária, 186–187, 269–270
Teoria fiscal do nível de preços, 342–344
Termos de troca, 255
Tesouro Nacional: consolidação com o Banco Central, 318
Theil, ii
Tobin, ii, 5, 408, 426

Undershooting, 313
Utilidade:
elasticidade intertemporal de substituição constante, 170
moeda na função utilidade, 182–183

Ventura, 149

Este livro foi impresso nas oficinas gráficas da Editora Vozes Ltda.,
Rua Frei Luís, 100 – Petrópolis, RJ.